»Richtig reisen«

Marokko

»Richtig reisen«

DuMont

Marokko

Reise-Handbuch

Michael Köhler

DuMont Buchverlag Köln

Umschlagvorderseite: Straßencafé in Chechaouen (Rifgebirge)
Umschlaginnenklappe: Ziegenhirte im Anti-Atlas
Umschlagrückseite: Soukstraße in Marrakech
Kalligraphie S. 1: »Allah sei gelobt« in geometrischer Kufi-Schrift
Frontispiz S. 2: In einer Medersa in Meknes

CIP-Kurztitelaufnahme der Deutschen Bibliothek

Köhler, Michael
Marokko/Michael Köhler, – Köln: DuMont 1981
(Richtig reisen/Reise-Handbuch)
ISBN 3-7701-1136-2
NE: GT

6., überarbeitete Auflage 1986

Satz und Druck: Rasch, Bramsche
Buchbinderische Verarbeitung: Bramscher Buchbinder Betriebe

Printed in Germany ISBN 3-7701-1136-2

Inhalt

Regionskarten

Im Gelben Info-Teil

Vorbemerkungen

Marokko zählt seinem außerordentlichen Reichtum an landschaftlichen und kulturellen Attraktionen wegen zweifellos zu den schönsten Ländern der Erde, und die Nähe zu Europa sowie die für afrikanische Verhältnisse gut ausgebaute touristische Infrastruktur haben den ›westlichen Eckpfeiler‹ des Islam inzwischen auch zu einem beliebten Reiseziel werden lassen. Das vorliegende Reise-Handbuch soll zum Verständnis dieses von islamischer Tradition einerseits und den Problemen eines Landes der Dritten Welt andererseits geprägten Maghreb-Staates beitragen und zugleich sämtliche praktischen Informationen liefern, die vor und während einer Marokko-Reise von Bedeutung sind. Dabei wurde versucht, die Fülle der Angaben möglichst übersichtlich zu gliedern.

Das Reise-Handbuch beginnt mit einer allgemeinen Einführung in Geographie, politische, wirtschaftliche und soziale Verhältnisse, Geschichte, Religion und Kunst Marokkos. Es folgen detaillierte Ortsbeschreibungen, geordnet nach geographisch-historischen Regionen: Die Hauptfährhäfen Tanger und Ceuta mit ihrem Hinterland (Tetouan) machen den Anfang, dann wird die Atlantikküste von Nord nach Süd beschrieben, danach das Landesinnere von Nord nach Süd (Rifgebirge – Meknes/Fès – Mittlerer Atlas – Marrakech – Hoher Atlas – Südmarokko) und schließlich die wenig besuchten Gebiete der Zentralmeseta und Ostmarokkos. Jedes Kapitel innerhalb der Ortsbeschreibungen ist dabei in der Reihenfolge Allgemeiner Überblick – Geschichte – Stadtgliederung und Besichtigung – Praktische Hinweise (Verkehr, wichtige Adressen, Unterkunft, Ausflüge) aufgebaut; wo erforderlich, bilden Karten der Region und Stadtpläne eine Ergänzung. Der Gelbe Teil am Schluß des Reise-Handbuches enthält allgemeine praktische Informationen, deren Reihenfolge dem Ablauf einer Reise entspricht (Reisevorbereitungen – Anreise – Reisen in Marokko – Sehenswürdigkeiten und Urlaubsaktivitäten mit Routenvorschlägen – Unterkunft – Essen – Sprache – Sonstige Informationen von A–Z – Weiter- und Rückreise). Den Gebrauch des Reise-Handbuchs erleichtern verschiedene Zusammenfassungen: Eine Übersicht über die Geschichte gibt die Zeittafel (S. 46), eine kurze Charakterisierung der wichtigsten Orte und Landschaften finden Sie in den Kapiteln Sehenswürdigkeiten und Urlaubsaktivitäten/Routenvorschläge (S. 338–349), die häufig auftauchenden arabischen Begriffe sind im Sprachführer (S. 357–360) erläutert, und die genaue Gliederung der praktischen Reiseinformationen können Sie dem detailierten Inhaltsverzeichnis des Gelben Teils (S. 313f.) entnehmen. Des weiteren steht ein ausführliches Register zur Verfügung (S. 382ff.).

Die Wiedergabe arabischer und berberischer Begriffe in diesem Reise-Handbuch entspricht der in Marokko offiziell verwendeten französischen Transkription; spanische Schreibweisen, die im einst spanischen Nordmarokko noch verwendet werden (z. B. Xauen für Chechaouen) oder alte Bezeichnungen (z. B. Port Liautey für Kenitra) werden in Klammern angegeben (Ausnahmen bilden die von Marokko beanspruchten Orte Ceuta und El Aioun, deren spanische Schreibweisen bevorzugt werden). Allerdings sind die Transkriptionen im Land selbst nicht völlig einheitlich, neben lokalen Varianten tauchen gelegentlich sogar innerhalb eines Ortes verschiedene Schreibweisen desselben Namens auf. Diese Uneinheitlichkeit findet sich vor allem bei der Wiedergabe der Laute ›dsch‹ (Jebel/Djebel), ›u‹ (Marabout/Marabut), und ›k‹ (Okba/Oqba), den arabischen Kehllauten (Tidighin/Tidirhin, gelegentlich auch Tidiquin, nur angedeuteten Vokalen (Mahdia, Mehdia) und dem nicht gesprochenen ›e‹ am Wortende (Tafraout/Tafraoute). Bei geläufigen Namen und Begriffen wurde die meistverbreitete Transkription gewählt, bei lokalen Bezeichnungen die ortsübliche Schreibweise. Die französischen Akzente – die man in Marokko recht willkürlich setzt – sind im vorliegenden Buch nur dort berücksichtigt, wo sie durchgängig verwendet werden und einen eindeutigen phonetischen Sinn haben (so im Falle Fès und Salé, nicht aber bei Meknes oder Tetouan).

Problematischer noch ist die Wiedergabe von Straßennamen, da seit der Unabhängigkeit Marokkos zahlreiche französische und spanische Bezeichnungen durch arabische ersetzt werden (Änderung der Eigennamen, aber auch Charia für Avenue/Boulevard, Zankat für Rue und Sahat für Place), häufig die alten Straßenschilder aber noch nicht beseitigt sind, neue nur arabische Beschriftung tragen oder der alte Name der Bevölkerung noch geläufiger ist. Selbst neuere offizielle Publikationen (z. B. der Fremdenverkehrsämter) sind diesbezüglich kaum verläßlich; in der Regel geben sie jedoch – wie auch das vorliegende Buch – den ›eingebürgerten‹ Bezeichnungen den Vorzug.

Insgesamt sind deshalb trotz größten Bemühens um eine einheitliche Schreibweise Unstimmigkeiten nicht zu umgehen.

Die in diesem Reise-Handbuch angegebenen Preise entsprechen in der Regel dem Stand von Sommer 1986 (ältere Angaben sind ausgewiesen); sie können daher nur als Vergleichsbasis dienen. Für 1987 ist mit einem mindestens 10 % höheren Preisniveau zu rechnen, und gewiß werden auch in den folgenden Jahren die Preise nicht sinken.

Alle Angaben des vorliegenden Reise-Handbuches wurden zwar mit Sorgfalt zusammengetragen und – soweit möglich – für die Neuauflage überprüft (zuletzt im Juni 1986), angesichts der Fülle von Informationen sind Fehler und Ungenauigkeiten aber unvermeidlich, zumal sich gerade bei Verkehrsverbindungen, Adressen, Hinweisen zu Hotels, Preisangaben u. ä. kurzfristig erhebliche Veränderungen ergeben können, neueste statistische Angaben nicht in allen Fällen zur Verfügung standen und insbesondere bezüglich kleiner bzw. besonders abgelegener Orte/Regionen beim besten Willen kein alljährliches ›Nachchecken‹ erfolgen kann. Autor und Verlag danken an dieser Stelle allen, die kritisch auf Fehler oder überholte Angaben in den ersten fünf Auflagen hingewiesen haben, und bitten auch weiterhin dringend um alle Informationen, die zur Korrektur etwaiger Mängel und zur Aktualisierung künftiger Auflagen beitragen können (vgl. Adresse S. 381).

Für Beratung, wertvolle Hinweise und Hilfe bei der Literaturbeschaffung verdient Herr Frank Rainer Scheck besonderen Dank.

MAROKKO: VERGANGENHEIT UND GEGENWART

Allgemeine Landesübersicht

Lage und Größe

Marokko nimmt den westlichsten Teil des Maghreb (arabisch: Westen) ein, zu dem im weiteren noch die nordafrikanischen Staaten Algerien und Tunesien gehören. Mit etwa 460 000 km² Bodenfläche ist das Land fast doppelt so groß wie die Bundesrepublik Deutschland. Die Grenze zu Algerien ist nur in einigen Abschnitten genau festgelegt, bestimmte Randgebiete sind umstritten. Marokko beansprucht außerdem die spanischen Besitzungen Ceuta und Melilla und das ca. 270 000 km² große Gebiet der ehemaligen Spanischen Sahara (Nordteil seit 1976, Südteil seit 1979 besetzt; Kontrolle jedoch nur über die Städte).

Marokko besitzt ausgedehnte Küsten (450 km am Mittelmeer, 850 km am Atlantik), war in der Vergangenheit aber trotzdem praktisch ein Binnenland. Die hohen Gebirgsriegel im Norden, Osten und Süden sowie die ungegliederte Sandküste im Westen, die kaum natürliche Häfen aufweist, erschwerten stets den Zugang. Gute Verbindungen zur Außenwelt wurden erst in diesem Jahrhundert durch den Bau künstlicher Häfen und guter Paßstraßen geschaffen.

Landschaftliche Gliederung

Kernlandschaft Marokkos ist die **Zentralebene**, die wegen ihrer Ähnlichkeit zu Zentralspanien auch ›marokkanische Meseta‹ genannt wird. Ihre fruchtbaren Randgebiete – besonders die atlantische Küstenebene im Westen und das Sebou-Becken im Norden – sind die am dichtesten besiedelten Gegenden des Landes. Hier liegen fast alle großen marokkanische Städte.

Umgeben wird die Zentralebene vom mächtigen Gebirgskranz des Atlas, der mit Ausnahme des älteren Anti-Atlas zur gleichen geologischen Formation gehört wie die europäischen und asiatischen Faltengebirge. Den Nordteil dieses Gebirgskranzes bildet das bis 2456 m hohe **Rifgebirge;** den Ostteil der bis 3340 m hohe **Mittlere Atlas;** den Südteil der **Hohe Atlas,** das mit 4165 m höchste Gebirge Nordafrikas. Südlich des Hohen Atlas verläuft der bis 2531 m hohe **Anti-Atlas,** der die fruchtbare **Sous-Ebene** einschließt.

Jenseits des Gebirgskranzes beginnt die Übergangszone zur Wüste: Im Osten schließen sich karge, steppenartige Hochplateaus an, die **ostmarokkanische Meseta;** im Südosten und Süden folgt eine von großen Oasenketten **(Dra, Dades, Tafilalet)** durchsetzte Halbwüstenlandschaft, die südlich des Djebel Bani in **Vollwüste** (überwiegend Steinwüste, nur wenige Sanddünengebiete) übergeht.

Gewässer

Marokko besitzt das reichste Gewässernetz aller Maghreb-Staaten. Die Flüsse werden allerdings fast ausschließlich für die Bewässerung genutzt, die Schiffahrt beschränkt sich auf den Bereich der Flußmündungen.

Die meisten Flüsse entspringen an den Westhängen von Hohem und Mittlerem Atlas und münden in den Atlantik. Es sind dies von Nord nach Süd:

Loukkos (Mündung bei Larache);
Sebou (Mündung bei Kenitra, wirtschaftlich wichtigster Fluß Marokkos);
Bou Regreg (Mündung bei Rabat);
Oum er Rbia (Mündung bei Azemmour, mit 600 km längster der ganzjährig wasserführenden Flüsse);
Tensift (Mündung südlich von Safi).

Der einzige bedeutende Fluß, der ins Mittelmeer mündet, ist der im östlichen Mittleren Atlas entspringende Moulouya (Mündung bei Saidia). Am Südhang des Hohen Atlas entspringen einige weitere Flüsse. Davon erreicht allerdings nur der Sous das Meer (Mündung bei Agadir), die übrigen (Dades/Dra, Gheris, Ziz u. a.) versickern in der Wüste.

Eine Reihe von kleinen Seen (›Daiet‹ oder ›Aguelmane‹ genannt) gibt es im Mittleren Atlas. Hinzu kommen einige Stauseen an den großen Flußläufen.

Vegetation

Mit über 4000 Arten ist die Pflanzenwelt Marokkos sehr reichhaltig, und auch der Waldanteil ist mit 14 % vom Gesamtterritorium der höchste in Nordafrika. Mindestens 60 % der ursprünglichen Waldbestände sind allerdings durch Abholzungen, Viehverbiß und Waldbrände vernichtet worden. Ein intensives Aufforstungsprogramm soll diese Schäden wieder beheben.

Mediterrane Vegetation, die sich kaum von der Südspaniens unterscheidet, weist die Mittelmeerküste auf. Neben Pinien, Zwergpalmen und Macchiasträuchern gedeihen hier zahlreiche Obstbäume: Oliven, Mandeln, Zitrusfrüchte, Pfirsiche und Granatäpfel gehören zu den wichtigsten Obsterträgen.

Dichte Wälder mit Eichen und verschiedenen Nadelbäumen (Kiefern, Tannen, Zedern) finden sich im Rif und im westlichen Mittleren Atlas.

Die Vegetation der Zentralebene nimmt von Norden nach Süden ab. Im Norden gibt es noch zahlreiche dichte Buschwälder, die mit Ulmen, Pappeln und Eschen durchsetzt sind (am bedeutendsten der Korkeichenwald von Mamora bei Rabat). Nach Süden zu folgt der allmähliche Übergang zur Steppe, einer mit Kakteen und Agaven durchsetzten Graslandschaft. Bei Marrakech tauchen die ersten Dattelpalmen auf. Nur der Nordhang des Hohen Atlas und einige Küstenabschnitte tragen noch reichere Vegetation (Arganien zwischen Essaouira und Agadir, Thuja und Buchsbaum im Hohen Atlas).

Jenseits des Gebirgskranzes ist die Vegetation sehr karg. Das Halfagras der östlichen Hochplateaus und das Dorngestrüpp und die Kakteen der Halbwüste weichen schließlich der praktisch vegetationslosen Wüste. Nur in den Oasen findet sich dort noch nennenswerter Pflanzenwuchs, vor allem natürlich die Dattelpalme.

Tierwelt

Der einst sehr reiche Bestand an Wildtieren ist durch intensive Jagd seit der Zeit der Römer stark dezimiert worden. Der letzte der noch im vorigen Jahrhundert zahlreichen Berberlöwen wurde 1920 erlegt. Selten geworden sind inzwischen auch die Schakale der Wüsten und Steppen sowie die Leoparden und Affen (vor allem Paviane) des Mittleren Atlas. In großer Zahl finden sich dagegen noch Hasen, Wildkaninchen, Wildschweine, Stachelschweine, Eidechsen, Frösche, Schildkröten und Chamäleons. Zu den einheimischen Vogelarten (Raubvögel, Kolkraben, Störche, Ibisse und Marabus) gesellen sich im Winter zahlreiche europäische Zugvögel. Im Mittleren Atlas leben Mufflons, am Wüstenrand Gazellen, Wüstenfüchse, Leguane und Felseichhörnchen (Palmratte). Im Süden gibt es viele Schlangenarten, darunter die sehr giftige Puffotter (vgl. S. 375), außerdem Skorpione. In manchen Jahren wird der südliche Landesteil von Wanderheuschrecken heimgesucht.

Unter den Nutztieren überwiegen Schafe und Ziegen, daneben werden Esel, Rinder, Kamele, Pferde und Geflügel gehalten.

Klima

Marokko weist mehrere deutlich voneinander geschiedene Klimazonen auf; als große Klimascheide wirkt dabei vor allem der Gebirgskranz des Atlas.

An den Küsten herrscht ausgeglichenes maritimes Klima vor mit warmen, aber nie extrem heißen Sommern und milden Wintern. Die täglichen und jahreszeitlichen Temperaturschwankungen sind gering. Übrigens klettern die Temperaturen an der südlichen Atlantikküste im Sommer infolge kühler Meeresströmungen nicht höher als im Norden.

Das Innere der Zentralebene wird mit zunehmender Entfernung von der Küste stärker von kontinentalem Klima bestimmt: Im Sommer wird es heißer, im Winter kälter als an der Küste. Spitzentemperaturen über 40°C und Tiefsttemperaturen um den Gefrierpunkt sind keine Seltenheit. Im Sommer kann der Chergui, ein heißer Wüstenwind, für einige Tage Temperaturen bis zu 50°C bringen.

In den Gebirgen sind die Sommer warm, die Winter aber zum Teil extrem kalt. Die Tiefsttemperaturen können –20°C unterschreiten; bei Semrir im Hohen Atlas wurde mit –24,11°C die tiefste

Von Austrocknung bedrohte Landschaft im Tafilalet

jemals in Afrika festgestellte Temperatur gemessen. Zu Frostperioden kann es während acht oder neun Monaten im Jahr kommen. Schneefälle schneiden viele höhergelegene Ortschaften oft wochenlang von der Außenwelt ab, und in Lagen über 2500 m wird der Schnee mehrere Monate alt. Ewigen Schnee gibt es aber selbst in den größten Höhen nicht.

In Saharavorland, Wüste und ostmarokkanischer Meseta herrscht saharisches Klima mit extrem heißen Sommern und warmen Wintern. Die Spitzentemperaturen können 50°C überschreiten. Die täglichen Temperaturschwankungen sind sehr hoch, nachts kommt es häufig zu Frost.

Klimatabelle

Mittlere Höchsttemperaturen (H) und Tiefstt

Ort	Jan./Feb. H	Jan./Feb. T
Tanger	15–16	10
Al Hoceima	16–17	10
Chechaouen	13–15	6–7
Fès/Meknes	15–17	5–6
Rabat/Kenitra	18–19	5–6
Casablanca	17–18	7–8
Essaouira	18–19	9–11
Agadir	20–22	8–9
Marrakech	18–20	5–7
Ifrane	8–10	3–4
Tinerhir	11–14	3–4
Ouarzazate	17–20	1–3
Ksar es Souk	17–20	1–3
Zagora	21–23	3–6
Oujda	15–17	3–4

Die genannten Temperaturen sind Durchsch
können. Im Hochsommer gibt es außer an de
heiß werden und in den Wüstengebieten un
Thermometer bis −15°, im Hohen Atlas soga
vor.

Niederschlagstabelle

Ort	Jährliche Niederschläge (in mm)	Zahl der jährlichen Regentage
Tanger	750	90
Fès	500	70
Rabat	520	70
Casablanca	400	67
El Jadida	330	47
Essaouira	290	40
Agadir	230	23
Marrakech	240	45

Niederschläge

Marokko ist ein insgesamt niederschlagsarmes Land. Der meiste Regen fällt in der kühleren Jahreszeit zwischen November und April, in den Sommermonaten von Mai bis Oktober sind Niederschläge sehr selten.

Hohe Niederschläge (600–1000 mm; zum Vergleich: Bundesrepublik Deutschland 700 mm): Mittelmeerküste und Westhänge von Hohem und Mittlerem Atlas. Die höchsten Niederschläge im Gebiet um Ifrane (1200 mm).

Mittlere Niederschläge (400–600 mm): Altantikküste bis südlich von Casablanca, nördliche Zentralebene, Hochland der Gebirge.

raturen (T) in Grad Celsius

März/April		Mai/Juni		Juli/Aug.		Sept./Okt.		Nov./Dez.	
H	T	H	T	H	T	H	T	H	T
8–19	11–12	22–24	15–17	26–27	19–20	22–25	16–17	16–19	10–12
8–20	12–13	23–26	16–18	28–30	21–22	24–27	16–19	17–20	11–13
8–20	8–9	23–28	12–15	32–34	17–18	24–29	12–16	15–19	7–9
9–21	7–9	25–30	11–14	33–35	17–18	25–30	12–15	16–20	5–9
1–23	8–10	26–29	12–15	31–32	16–17	27–30	12–15	18–21	6–9
9–21	10–11	22–24	14–17	26–27	18–19	24–26	15–18	18–21	9–12
9–20	11–13	20–21	14–16	22–23	16–17	22–23	15–17	19–21	11–13
2–14	11–13	24–25	14–17	26–27	17–18	26–27	15–18	21–24	9–12
3–26	10–14	29–33	14–17	37–39	19–20	29–33	15–18	18–23	6–10
3–16	0–2	19–25	5–9	30–31	11–12	19–25	4–5	10–14	0–2
7–20	1–4	24–29	8–11	32–33	13–14	21–26	6–10	13–16	1–3
3–27	7–10	31–36	14–17	38–40	20	28–33	12–17	17–21	2–6
3–27	7–11	31–36	13–17	39–41	22–23	27–34	13–18	18–21	3–7
5–30	10–14	35–40	19–23	42–44	25–27	31–36	16–21	21–26	5–8
9–22	6–8	22–25	11–14	30–34	17–18	25–30	12–15	16–19	5–8

verte, von denen die tatsächlichen Spitzen- und Minimaltemperaturen erheblich abweichen
ten und in den Bergen fast überall Höchsttemperaturen um 40°, in Marrakech kann es über 45°
Im Winter dagegen ist die Temperatur in den Bergen oft sehr niedrig, in Ifrane kann das
nter −20° fallen. Auch in der Zentralebene und in der Wüste kommen im Winter Nachtfröste

Geringe Niederschläge (200–400 mm): Südliche Atlantikküste, südliche Zentralebene, östlicher Mittlerer Atlas.

Fast ohne Niederschläge (unter 200 mm): Östliche Hochplateaus, Halbwüsten- und Wüstengebiete.

Kurze, aber heftige Gewitter mit starken Regenfällen gehen im Spätsommer und Frühjahr häufig im Hohen Atlas nieder. Sie können zu Überschwemmungen, vor allem im Gebiet des Saharavorlandes, führen.

Regierungssystem

Der amtliche Name Marokkos lautet ›Al Mamlakah al Maghrebia‹, Königreich des Maghreb. Offiziell verwendet wird auch die französische Bezeichnung ›Royaume du Maroc‹. Nach der Verfassung von 1972 (geändert 1980) herrscht im Land eine »konstitutionelle demokratische und soziale Monarchie« mit dem Islam als Staatsreligion.

Staatsoberhaupt ist König Hassan II., der seit 1961 regiert. Er gilt als ›Scherif‹ (Nachkomme Mohammeds) und trägt den Titel ›Amir el Mouminin‹, Herr der Gläubigen. Damit ist er zugleich auch der höchste religiöse Würdenträger im Lande. Die Verfassung räumt ihm weitgehende Rechte ein: Er nennt den Regierungschef, den Regentschaftsrat und alle hohen Staatsbeamten; er ist Oberbefehlshaber der Armee; er kann vom Parlament beschlossene Gesetze ablehnen, den Ausnahmezustand verhängen und per Dekret das Parlament auflösen. Kritik an seiner Person ist gesetzlich verboten. Das Parlament – zuletzt im September 1984 für sechs Jahre gewählt – besteht aus einer Kammer mit 306 Abgeordneten. Zwei Drittel der Parlamentarier werden durch allgemeine Wahlen bestimmt, ein Drittel wird von Wahlgremien ernannt (diese setzen sich aus Vertretern der Provinzversammlungen, Handwerksgilden, Handelskammern und Gewerkschaften zusammen). Die Mehrheit der Sitze entfällt auf die drei ›zentristischen‹ Parteien der jüngeren königstreuen Elite (Verwaltungs- und Geschäftsleute), die vor allem liberale Wirtschaftsreformen anstreben: die ›Konstitutionelle Union‹ (24,8% der Stimmen, 55 Sitze per Wahl plus 27 ernannte), die ›Nationale Versammlung der Unabhängigen‹ (17,2%, 38 + 22) und die ›Nationaldemokratische Partei‹ (8,9%, 15 + 9). Große Zugewinne konnte die sozialistische USFP verzeichnen (12,4%, 34 + 4), während die kon-

König Hassan II., seit 1961 marokkanischer Herrscher

servativ-monarchistische Istiqlal, die einstige Vorkämpferin der Unabhängigkeit, stark zurückfiel (15,3%, 23 + 19). Vertreten sind außerdem die konservative Berberpartei ›Mouvement Populaire‹ (15,6%, 31 + 16), die kommunistische PPS (2,3%, 2), die linksradikale OADP (0,7%, 1) sowie fünf ernannte Abgeordnete der UMT-Gewerkschaft. Alle genannten Parteien unterstützen die Westsahara-Politik des Königs.

Die Verfassung garantiert formal alle Freiheitsrechte, demokratische Verhältnisse nach westlichem Verständnis herrschen in Marokko aber nicht. Die Parlamentsauflösungen von 1965 und 1971 und das oft sehr harte Vorgehen gegen Oppositionelle haben wiederholt deutlich gemacht, daß der König über eine fast absolute Machtfülle verfügt und durch Parlament und Verfassung in seiner Autokratie kaum eingeschränkt wird.

Zu den verläßlichsten innenpolitischen Stützen des Monarchen, der 1986 das 25jährige Jubiläum seiner Thronbesteigung feiern konnte, gehören die traditionellen Stammesoberhäupter (Caids und Sheiks; vgl. S. 28). In der alljährlichen, äußerst prunkvoll zelebrierten Ba'yu-Zeremonie verpflichten sie sich zu Ergebenheit gegenüber dem König, der dafür seinen Schutz garantiert. Zu einer Gefahr für Hassan könnten künftig die verschiedenen fundamentalistischen islamischen Bewegungen werden, die in den letzten Jahren an Einfluß gewannen. Die gewaltigen sozialen Spannungen haben in den letzten Jahren wiederholt zu spontanen Revolten geführt (vgl. S. 44).

Unterteilt ist Marokko in 32 Provinzen und zwei diesen gleichgestellte Stadtpräfekturen (Casablanca und Rabat/Salé). Die ehemalige Spanische Sahara wird von Marokko als Provinzen Laayoune, Smara und Boujdour angesehen. Offiziell gibt es z. Zt. also 37 marokkanische Provinzen.

Marokkanische Staatsflagge ist ein grüner, fünfzackiger Stern auf rotem Grund; das Staatswappen zeigt den Stern vor dem Hintergrund einer aufgehenden Sonne, von einer Krone bedeckt.

In außenpolitischer Hinsicht gilt Marokko als verläßlicher Bündnispartner des westlichen Lagers, von dem das Land auch wirtschaftlich völlig abhängig ist. Die USA (die hier Marine- und Luftwaffenbasen unterhalten), Frankreich und Saudi-Arabien gewähren ›großzügige‹ Militärhilfe – was den geschickten Taktiker Hassan allerdings nicht daran hindert, enge Handelsbeziehungen zur UdSSR zu pflegen (die zu den Hauptabnehmern des Phosphats gehört) und eine ›Staatenunion‹ mit Libyen einzugehen (vgl. S. 44).

Bevölkerung

Die Einwohnerzahl Marokkos betrug 1985 etwa 23 Millionen, die jährliche Zuwachsrate liegt mit 2,9% sehr hoch. 95 % der Bevölkerung sind sunnitische Moslems, der Rest überwiegend Christen. Die einst große jüdische Minderheit (früher über 250 000) ist durch Abwanderung vor allem nach Israel auf etwa 30 000 zusammengeschmolzen. Auch der Anteil der Ausländer ist gesunken: 1956 lebten noch 500 000 Fremde in Marokko (400 000 davon Franzosen, der Rest meist Spanier), heute sind es nur noch knapp über 100 000 (zur Hälfte Franzosen, zur anderen vorwiegend Spanier, Algerier und Tunesier).

Die Besiedlungsdichte liegt bei 50 Einwohnern pro Quadratkilometer (zum Vergleich: Bundesrepublik Deutschland 247, Österreich 90, Schweiz 153). Die Bevölkerung verteilt sich allerdings sehr ungleichmäßig auf das Staatsterritorium. Der größe Teil der Marokkaner lebt an der Küste und in den fruchtbaren Teilen der Zentralebene. Allein im Ballungsraum Casablanca – Rabat/Salé konzentriert sich mehr als ein Fünftel der Bevölkerung. Die Wüste, das Wüstenvorland und weite Teile der Gebirge sind dagegen fast menschenleer: In den acht Randprovinzen, die zwei Drittel der Landesfläche einnehmen, lebt nur ein Fünftel der Marokkaner. Die Besiedlungsdichte der Provinz Tarfaya am Sahararand etwa liegt bei nur 0,7 Einwohner pro Quadratkilometer.

Bevölkerungszahl der größten Städte (Schätzung 1983):

Casablanca	2,5 Millionen
Rabat/Salé	850 000
Fès	560 000
Marrakech	550 000
Meknes	490 000
Oujda	470 000
Kenitra	450 000
Tetouan	370 000
Tanger	300 000
Safi	260 000

Agadir, Mohammedio, El Jadida, Beni Mellal und Taza zählen jeweils zwischen 50 000 und 100 000 Einwohner.

Bidonville (»Kanisterstadt«, Slumviertel) in Casablanca

Land und Stadt: Noch leben fast drei Fünftel der Bevölkerung in ländlichen Siedlungen mit weniger als 2000 Einwohnern, der Anteil der Stadtbewohner wächst aber rasch. Aufgrund der Bevölkerungsexplosion und der Landflucht nehmen die Einwohnerzahlen der Städte jährlich um mehr als 5% zu. Der Städtebau kann damit nicht Schritt halten, und ständig wachsende Slums mit überfüllten Elendsquartieren sind die Folge. Am krassesten und alarmierendsten ist diese Entwicklung in Casablanca verlaufen.

Für die Zukunft ist eine weitere Zuspitzung der Probleme zu erwarten: Die Bevölkerung, in der schon heute jeder zweite jünger als 18 Jahre ist, wird sich bei gleichbleibender Wachstumsrate in etwa 20 Jahren verdoppelt haben. Geburtenkontrolle ist zwar gesetzlich erlaubt, wird aber kaum praktiziert: Religiöse Vorschriften verbieten sie, und angesichts fehlender oder unzureichender Sozialversicherung bieten Kinder oft die einzige Gewähr für eine Versorgung im Alter oder bei Krankheit.

Wirtschaft

Das Bruttosozialprodukt pro Kopf der marokkanischen Bevölkerung lag 1983 bei jährlich 750$ und ist damit das mit Abstand niedrigste des Maghreb (zum Vergleich: Bundesrepublik Deutschland 11420$, Österreich 9210$, Schweiz 16390$). Die hohen jährlichen Zuwachsraten vom Anfang der siebziger Jahre (erklärbar durch die Expansion des Phosphatexports bis über 9%) sind inzwischen auf eine jährliche Steigerungsquote von knapp über 2% abgesunken. Diese wird durch das hohe Bevölkerungswachstum (2,6%) zunichte gemacht. Die Einkommensunterschiede haben in den letzten Jahren zugenom-

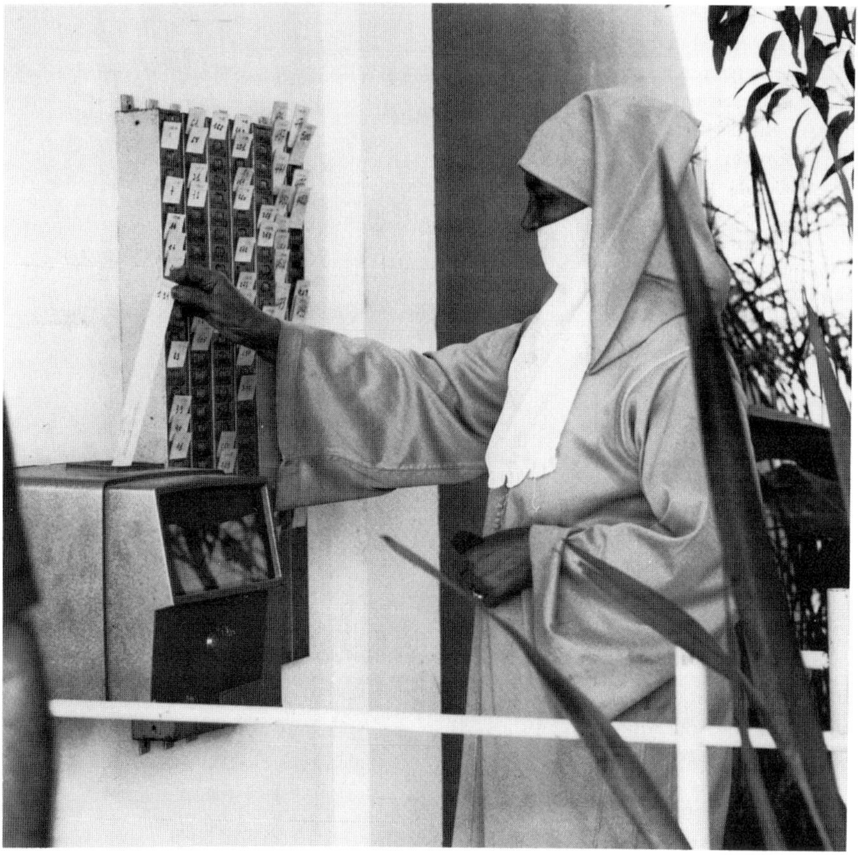

schließlich Staats- und Großgrundbesitz – werden mit Traktoren bearbeitet, der Rest noch nach traditionellen Methoden mit Zugtieren und Hakenpflug. Düngemittel und Saatgut sind Mangelware, die Bewässerung ist in vielen Gebieten unzureichend, und die in der Regel kurze Pachtdauer sowie das teilweise komplizierte traditionelle Bodenrecht (so wird Stammeseigentum in einigen Fällen periodisch unter den Mitgliedern neu aufgeteilt) verhindern eine langfristige Planung und geregelte, bodengerechte Bebauung.

Die Folge dieser Probleme ist eine Stagnation der landwirtschaftlichen Produktion und ein Rückgang der Pro-Kopf-Erträge. Getreide und Fleisch, die früher exportiert werden konnten, müssen heute eingeführt werden. Die Verarmung der Landbewohner nimmt zu, etwa die Hälfte von ihnen gilt als unterbeschäftigt. Dies bewirkt eine starke Abwanderung in die Städte. Besonders hart betroffen sind der Sous und die Oasengebiete (wo zusätzlich Wassermangel und Versandung die Agrikultur erschweren) sowie die Gebirgsregionen (Bodenerosion durch Abholzung und Überweidung). Verschärft wurde die Situation in den letzten Jahren durch wiederholte Dürreperioden (1980–1984), die sogar den Import von Grundnahrungsmitteln notwendig machten.

Die von der Regierung in den letzten Jahren begonnene Bodenverteilung an landlose Bauern hat an der Lage bisher kaum etwas geändert. Erfolgreicher war die Erschließung neuer Bewässerungsquellen durch den Bau von Staudämmen.

Viehzucht

Reine Viehzüchter sind nur die Kamelnomaden der Sahara und die schafzüchtenden Nomaden der ostmarokkanischen Hochplateaus. Überwiegend von der Viehhaltung leben auch die Teilnomaden in einigen Gebirgsregionen und im Wüstenvorland. Im übrigen betreibt man die Viehzucht einhergehend mit der Landwirtschaft. Insgesamt werden etwa 17 Millionen Schafe und Ziegen, 4 Millionen Rinder, 1,9 Millionen Esel und Maulesel, 200000 Kamele und 100000 Pferde gehalten.

Auf dem Markt von Mhamid (unteres Dra-Tal)

Handwerk

Das Handwerk ist noch überwiegend traditionell orientiert und sehr vielfältig, sein Anteil am Bruttosozialprodukt wegen des Imports ausländischer Waren aber rückläufig. Einen bedeutenden Wirtschaftsfaktor stellt es vor allem in Fès, Marrakech, Meknes, Tetouan, Rabat/Salé und in den Marktorten der Chleuh (hauptsächlich Tiznit und Ta-

roudannt) dar. Besonders in den Städten waren die Handwerker (1971 etwa 800000!) früher in Genossenschaften organisiert, zunehmend arbeiten sie aber heute für große Manufakturen. Im Handwerk sind auch heute noch besonders viele Kinder beschäftigt; vor allem in den großen Teppichknüpfereien arbeiten Mädchen von oft nur sieben oder acht Jahren unter härtesten Bedingungen und gegen dürftigste Entlohnung.

Handel

Der marokkanische Binnenhandel läuft noch immer weitgehend über die traditionellen Souks (vgl. S. 375ff.). Auf dem Lande ist ein Souk der meist einmal wöchentlich stattfindene Markt eines Stammes oder einer Stammesfraktion; in den Städten sind die Souks feste Einrichtungen mit nach Handelsgütern aufgeteilten Marktstraßen, im Westen besser unter dem persischen Begriff Basar bekannt. Die Zahl der Kleinhändler wurde um 1980 auf 300000 bis 500000 geschätzt, unter ihnen dominieren die Chleuh (vgl. S. 26) aus dem Sous und dem Anti-Atlas. Den größten Umschlag erzielen allerdings die Großhändler der Städte unter denen die alten Handelsfamilien aus Fès tonangebend sind.

Zunehmende Bedeutung hat der Export und Import moderner Handelsgüter, der vor allem über die großen Küstenstädte abgewickelt wird. Größter Hafen des Landes ist Casablanca mit ca. 55 % des marokkanischen Hafenumschlags, es folgen Safi (ca. 21 %; vorwiegend Phosphatexport), Mohammedia (15 %; vorwiegend Erdölimport), Agadir, Tanger, Nador und Kenitra. Wichtigster Außenhandelspartner Marokkos ist Frankreich, gefolgt von Spanien und der Bundesrepublik Deutschland. 1983 importierte Marokko Waren im Wert von ca. 3,6 Milliarden $, führte aber nur Güter im Wert von ca. 2,1 Milliarden $ aus. Die Außenhandelsbilanz weist also ein hohes Defizit auf.

Hauptexportartikel des Landes sind Phosphat und andere Bodenschätze (über 50%; vgl. S.24), Textilien (18%) sowie Agrar- und Fischereiprodukte (Marokko ist zweitgrößter Sardinenkonservenproduzent, drittgrößter Orangen- und siebtgrößter Olivenölexporteur der Welt). Marokko strebt eine Mitgliedschaft in der EG an.

Fischerei

Obwohl die marokkanische Atlantikküste, an der das kühle Auftriebwasser des Kanarenstroms entlangstreicht, sehr fischreich ist, hatte die Fischerei traditionell nur lokale Bedeutung. Seit der Protektoratszeit (vgl. S. 41) wird Fischerei aber kommerziell betrieben, und heute ist besonders der Sardinenfang ein bedeutender Wirtschaftsfaktor, Hauptfischereihäfen sind Safi, Casablanca, Agadir und Tan Tan.

Bergbau

Der Bergbau liefert gegenwärtig 15% des Bruttosozialprodukts und über die Hälfte der marokkanischen Exporterlöse. Mehr als 75% davon entfallen auf Phosphate, die für Düngemittel, Waschmittel und Viehfutter Verwendung finden. Phosphat wird bei Khouribga und Youssoufia abgebaut und über Casablanca und Safi verschifft. Die Erschließung neuer Vorkommen bei Meskala (südlich von Youssoufia) und der Bau eines neuen Hafens am Cap el Jorf Lasfar sind im Gange. Marokko ist heute der drittgrößte Phosphatproduzent der Erde (Förderung 1980 18,8 Millionen Tonnen, das sind über 15% des Weltbedarfs) und der größte Exporteur. Das Land verfügt über die Hälfte der vermuteten Weltreserven an diesem Rohstoff. Die Annexion des phosphatreichen Nordteils der Westsahara (Förderung 1975 3,3 Mill. Tonnen, seither wegen der Kriegswirren erheblich weniger, zeitweise sogar ganz eingestellt) hat diese Stellung verstärkt. Der Phosphatexport ist heute der wichtigste Devisenbringer des Landes, auch wenn die Weltmarktpreise von 1980–83 um 30% fielen. Der größte Teil des Rohstoffes verläßt das Land unverarbeitet, der Bau zusätzlicher eigener Verarbeitungsanlagen ist aber geplant.

Die wichtigsten übrigen Bergbauprodukte sind Mangan (bei Midelt und Ouarzazate), Blei (bei Midelt und Oujda; neunte Stelle in der Welt), Kohle (bei Djerada), Zink (bei Oujda) und Eisen (im Rif). Das Erdöl des Rharb deckt bislang weniger als ¼ des Eigenbedarfs. Der Bergbau beschäftigt insgesamt nur 40000 Menschen (mehr als 25000 allein im Phosphatbereich), die meisten von ihnen sind Saisonarbeiter aus dem Süden.

Industrie

Die marokkanische Industrie ist bisher noch wenig entwickelt, wenn auch in stetiger Expansion begriffen (stellt bereits 16% des Bruttosozialproduktes). Bedeutendste (Casablanca und Safi), die Fischkonservenherstellung (Casablanca, Safi, Agadir), die Metallindustrie (Nador) sowie Nahrungsmittel- und Textilverarbeitung (verschiedene Standorte). Erdölraffinerien gibt es in Mohammedia und Sidi Kacem, Montagewerke für PKW (Renault, Simca, Fiat) und französische LKW in Casablanca. Mehr als die Hälfte des gesamten Industriepotentials ist in Casablanca konzentriert.

Die Löhne in der Industrie liegen zwar fast doppelt so hoch wie in der Landwirtschaft, gemessen an mitteleuropäischen Verhältnissen aber sehr niedrig (für ungelernte Arbeiter 1982 unter 2 DM pro Stunde). Entsprechend zählen die Gewerkschaften zu den wichtigsten politischen Kräften im Lande. Einflußreichste ist die USFP-nahe UMT (Union Marocaine du Travail) mit (1980) 700000 Mitgliedern, es folgt die mit der Istiqlal-Partei verbundene UGTM (Union Générale des Travailleurs Marocains) mit 400000 Anhängern. Relativ bedeutungslos sind dagegen die regierungsnahen Gewerkschaften USL und UTM. Nach den 1981er Unruhen in Casablanca (vgl. S. 44) wurden die gewerkschaftlichen Rechte stark eingeschränkt.

Tourismus

Seit 1965 wurde dem Fremdenverkehr eine vorrangige Stellung in der marokkanischen Wirtschaftsplanung eingeräumt, und seit dem Beginn der siebziger Jahre hat sich Marokko zu einem der beliebtesten außereuropäischen Reiseziele entwickelt. Im Jahr 1985 besuchten fast 1,54 Millionen Touristen das Land (15% mehr als im Vorjahr!), darunter über 500000 Franzosen, gefolgt von Spaniern, fast 163000 Bundesdeutschen (knapp 20% mehr als im Vorjahr!) und Briten. Derzeit gibt es ca. 70000 klassifizierte Hotelbetten; eine weitere Expansion des Tourismus wird von offizieller Seite angestrebt (u.a. neue Großprojekte in Agadir – vgl. S. 141 –, Tanger und an der Plage Blanche südlich von Ifni). Die jährlichen Deviseneinnahmen aus dem Tourismus betragen über 400 Millionen $, und Handwerk, Handel und Dienstleistungsgewerbe leben heute in vielen Fällen von diesem Wirtschaftszweig. Gleichzeitig zeigen sich in Marokko aber unübersehbar die vielfältigen negativen Folgen des Tourismus in unterentwickelten Ländern: Abwanderung von meist jungen und ausgebildeten Arbeitskräften aus abgelegenen Regionen in touristische Zentren, einseitige Konzentration der infrastrukturellen Entwicklung auf für das Reisegeschäft attraktive Gebiete, Betteln und ›Teilzeitarbeit‹ (Fremdenführer oder Souvenir- bzw. Drogenhändler) als lukrativere Alternative zu anderen Tätigkeiten, kulturelle Zerstörung durch Abwertung alter Traditionen (z.B. Tanzvorführungen als reine Touristenattraktion, die reichen Fremden als beneidete Vorbilder insbesondere für marokkanische Jugendliche). Bedenkt man dazu noch die Krisenanfälligkeit und Saisonabhängigkeit des Reisegeschäfts sowie die Tatsache, daß ein Großteil der Deviseneinnahmen an ausländische Unternehmen bzw. an privilegierte Marokkaner geht oder für den Import von Luxusartikeln für Touristen ausgegeben werden muß, erscheinen die ›Segnungen‹ des Tourismus in eher zweifelhaftem Licht.

Bildungs- und Gesundheitswesen

Das Schulsystem wurde seit 1960 nach französischem Vorbild organisiert. Schulpflicht besteht seit 1959, aufgrund von Lehrer- und Raummangel, Kinderarbeit und großen Entfernungen auf dem Lande besuchen aber längst nicht alle Kinder eine Schule (nur ca. 78%). Die Analphabetenrate ist mit 72% (auf dem Lande 80%, darunter praktisch alle Frauen) noch immer sehr hoch. Auf dem Lande haben traditionelle Koranschulen, in denen vorwiegend Koransuren auswendig gelernt werden, teilweise größeren Einfluß als die Regierungsschulen.

Einzige Hochschule des Landes war bis 1956 die Kairaouine in Fès, in der vorwiegend islamische Theologie und traditionelles Recht gelehrt wurden. Die Gründung der Universität Mohammed V. in Rabat, die Ergänzung der Kairaouine in Fès durch die moderne Hochschule Sidi Mohammed ben Abdallah sowie der Bau der Universitäten Hassan II. in Casablanca, Cadi Ayyad in Marrakech und Mohammed I. in Oujda haben die Situation seither verbessert. Im weiteren gibt es heute auch einige Fachhochschulen. In Marokko lernen z.Zt. über 60000 Studenten, viele weitere in Europa (vor allem in Frankreich).

Gut ausgestattete Krankenhäuser findet man nur in größeren Städten, auf dem Lande ist die medizinische Versorgung unzureichend. Auf 10750 Einwohner kommt ein Arzt (zum Vergleich: Bundesrepublik Deutschland 1:450, Schweiz 1:410, Österreich 1:400), und die Kindersterblichkeit bis vier Jahre liegt etwa zwanzigmal höher als in Mitteleuropa (1/8 aller Neugeborenen stirbt vor Erreichen des ersten Lebensjahres!). Die durchschnittliche Lebenserwartung beträgt 52 Jahre; nur 53% der Bevölkerung haben Zugang zu sauberem Wasser.

Die Bevölkerungsgruppen Marokkos

Die verschiedenen Gruppen der marokkanischen Bevölkerung sind inzwischen so sehr miteinander vermischt und die Übergänge so fließend, daß eine deutliche Scheidung kaum noch möglich ist.

Die Berber

Älteste Bevölkerungsgruppe Marokkos sind die Berber, die Ureinwohner Nordafrikas. Ihre Herkunft ist unklar, sie bilden kein einheitliches Volk: Offenbar aus verschiedenen Stämmen hervorgegangen, haben sie sich später mit Arabern, Schwarzafrikanern und anderen ethnischen Gruppen vermischt. So gibt es unter ihnen sehr dunkelhäutige Menschen ebenso wie blonde und blauäugige. Die Berber sind eine ausgesprochene Mischrasse; von anderen Bevölkerungsgruppen können sie nur durch ihre Sprache klar unterschieden werden.

Ungewiß ist auch, zu welchem Zeitpunkt die Berber Nordafrika besiedelten; als sicher gilt nur, daß ihr Siedlungsgebiet schon im 3. Jahrtausend v. Chr. von den Kanarischen Inseln bis zu den Grenzen Ägyptens und bis weit in die Sahara reichte. Durch die Arabereinfälle wurden diese Wohngebiete zersplittert und die Berber vorwiegend in die Bergregionen zurückgedrängt. Die meisten Berber leben heute in Marokko, kleinere Gruppen auch verstreut in Algerien, Tunesien, Libyen und Mauretanien. Auch die Tuareg der Sahara gehören zu ihnen, unterscheiden sich in Kultur und sozialer Organisation aber erheblich von ihren nördlichen Verwandten.

Der Name ›Berber‹ geht auf das griechisch-lateinische ›Barbari‹ zurück, das von den Arabern übernommen wurde. Die Berber selbst nennen sich ›Imazighen‹ (Freie Menschen), verwenden aber häufiger ihre Stammesnamen.

Die Sprache der Berber, die in zahlreiche verschiedene Dialekte zerfällt, gehört zur afro-asiatischen (oder hamito-semitischen) Sprachfamilie und ist damit unter anderem mit dem Arabischen und dem Hebräischen entfernt verwandt (vgl. S. 355).

In Marokko sprechen etwa 40 bis 60 % der Bevölkerung einen Berberdialekt als Muttersprache. Die Angaben schwanken, weil viele Berber zweisprachig sind oder inzwischen das Arabische übernommen haben. Der Anteil derjenigen, die Berber unter ihren Vorfahren haben, dürfte noch weitaus größer sein. Hauptsiedlungsgebiet sind die Gebirge, einzige Großstadt mit überwiegend berberischer Bevölkerung ist Marrakech. Drei große Gruppen können nach ihren Dialekten unterschieden werden:

Die **Chleuh** (auch Schlöh geschrieben, Sprache: Tachelhait) bilden die größte Gruppe. Sie leben im westlichen Hohen Atlas und Anti-Atlas, im Sous und in den Tälern von Dra und Dades als seßhafte Ackerbauern. Viehzucht spielt nur eine geringe Rolle. Berühmt ist ihre Silberschmiedekunst; einige Chleuh-Stämme sind in ganz Marokko als Händler bekannt. Ihre Vorfahren sind die Masmouda, die älteste der marokkanischen Bergergruppen, aus denen die Almohaden-Dynastie hervorging.

Die **Beraber** (Sprache: Tamazirht) leben im östlichen Hohen und im Mittleren Atlas als schaf- und ziegenzüchtende Transhumanten (Teilnomaden): Im Winter haust der ganze Stamm im Tal, wo die Felder bestellt werden, im Sommer wandert ein Teil der Leute mit den Viehherden zu den Bergweiden. Dieser Lebensweise entsprechend besitzen die Beraber nur wenige feste Siedlungen; überwiegend leben sie in Khaimas (Ziegenhaarzelten). Ihre Vorfahren sind die Sanhadja-Nomaden, von denen sich die Almoraviden-Dynastie herleitet.

Die **Rifkabylen** (Sprache: Tarifi) leben im Rifgebirge überwiegend als seßhafte Bauern, die aber auch viel Schaf- und Ziegenzucht betreiben (besonders im Ostteil des Gebirges). Unter ihnen finden sich besonders viele blonde und blauäugige Menschen. Die Rifkabylen stammen von den Zenata-Nomaden ab, die zwischen dem 8. und 12. Jh. als letzte Berbergruppe nach Marokko einwanderten und aus denen später die Meriniden-Dynastie hervorging.

Die Übergänge zwischen den drei Gruppen sind fließend; der Anteil von Ackerbau und Viehzucht schwankt auch innerhalb einer Gruppe von Stamm zu Stamm. Die Tendenz geht heute zunehmend zur Seßhaftigkeit. Ähnlich ist bei allen Gruppen die soziale Organisation:

Grundlegende Sozialeinheit ist die Großfamilie oder Sippe, die vom ältesten Mann geleitet wird. Mehrere verwandte Sippen bilden einen Clan (Fekhda). Beschlußfassendes Organ ist hier die Männerversammlung (Djemaa), die einen Vorsteher (Amghar) wählt. Sippe und Clan sind wichtige soziale Einheiten.

Mehrere verwandte Clans bilden eine Stammesfraktion, die einen gemeinsamen Wochenmarkt unterhält und bei den Seßhaften zumeist mit einem Dorf (Ksar, Plural Ksour) identisch ist. Aus bis zu 15 Fraktionen setzt sich dann der Stamm (Taqbilt oder Kabila) zusammen, der allerdings im Alltag kaum eine Rolle spielt: Er tritt fast nur in Kriegs- oder Notzeiten als Einheit auf. Etwa 300 solcher Stämme gibt es in Marokko, die größten unter ihnen haben über 100000 Mitglieder. Auch Fraktionen und Stämme haben wiederum ihre Djemaas, die einen Vorsteher wählen. In Kriegszeiten schlossen sich einst gelegentlich mehrere Stämme zu lockeren, kurzfristigen Bündnissen zusammen.

Die Berber kannten stets nur die Einehe; die Stellung der Frau ist bei ihnen erheblich freier als bei den Arabern: Frauen gehen unverschleiert, nehmen an den Märkten teil und haben traditionell auch erheblichen Einfluß innerhalb der Familie.

Alle Berber bekennen sich heute zur Religion des Islam, doch haben sich viele vorislamische Riten und Vorstellungen in regional sehr verschiedener Ausprägung bis heute erhalten.

Auch in Musik, Tanz, Kleidung und Handwerk unterscheiden sich die Berber von den Arabern; typische Merkmale ihrer Kunst sind die einfachen geometrischen Ornamente und die Bauweise der mächtigen Kasbahs (vgl. S. 262ff.; Farbtafeln 34–37.)

Die Berber zeigten sich traditionell sehr kriegerisch: Streitigkeiten um Weidegebiete oder um Wasserrechte führten häufig zu Kämpfen zwischen verschiedenen Stämmen oder Fraktionen. Im Rif zog die Blutrache immer neue Konflikte nach sich, im Süden die Verteidigung gegen kriegerische Nomadenstämme. Gegen die Zentralmacht des Sultans und gegen fremde Eroberer lehnten sich die Berber häufig erfolgreich auf: Bis weit in die Kolonialzeit hinein waren viele Stämme praktisch unabhängig.

Trotz der häufigen Kämpfe untereinander konnten einzelne Sippen oder Stämme nur in Ausnahmefällen größere Gebiete unter ihre Herrschaft bringen: Die Zersplitterung in kleine soziale Einheiten und die egalitäre Organisation (demokratische Beschlußfassung, keine soziale Schichtung) verhinderten dies. Anders wurde es allerdings, als die Sultane begannen, die gewählten Vorsteher durch eingesetzte Caids (Stammesführer) und Sheikhs (Führer einer Fraktion) zu ersetzen. Diese konnten nun mit Rückendeckung des Sultans autokratisch herrschen, und in einigen Gebieten gelang es ihnen auch, Nachbarstämme zu unterwerfen. Besonders erfolgreich waren dabei die Caids einiger Chleuh-Stämme des Hohen Atlas, vor allem die mächtigen Glaoua (vgl. S. 251).

Berberhirte aus dem Anti-Atlas

Schon lange unterliegen die Berber einem Prozeß der Arabisierung. Besonders durch die Abwanderung in die Städte und durch die Einführung des Arabischen als Schulsprache (1956) hat sich diese Entwicklung beschleunigt. Fast alle Berber sind heute zweisprachig; äußerlich lassen sich die meisten kaum noch von den Arabern unterscheiden. Der Anteil der berbersprachigen Bevölkerung ist im Rückgang begriffen, und in Zukunft dürfte sich die völlige Angleichung der beiden großen Bevölkerungsgruppen Marokkos vollziehen.

Die Araber

Arabisch ist die Muttersprache etwa der Hälfte aller Marokkaner. Die meisten von ihnen leben in den großen Städten, der Zentralebene und in der Sahara. Sie werden als Araber bezeichnet, obwohl nur ein kleiner Teil von ihnen wirklich rein arabischstämmig ist, denn die meisten zählen auch Berber zu ihren Vorfahren. Entsprechend bilden sie keine ein-

heitliche Gruppe; die Unterschiede zwischen arabischen Stadtbewohnern und den Kamelnomaden der Sahara ist mindestens ebenso groß wie der zwischen Arabern und Berbern. Arabisch ist heute marokkanische Staatssprache, und auch die arabische Kultur dominiert im Lande.

Die ersten Araber stießen im 7. und 8. Jh. als islamische Eroberer von der Arabischen Halbinsel nach Marokko vor. Nur wenige blieben indessen, die meisten zogen nach Spanien weiter. Es gelang ihnen aber, ihre Religion im Land zu verbreiten. Gestärkt wurde das arabische Element durch den Einfall der arabischen Beni Hilal-Nomaden im 11. Jh.

Die größte Gruppe bildeten aber die andalusischen Araber, von den Spaniern ›Moriscos‹ (deutsch: Mauren) genannt. Die ersten Mauren wurden schon vom 9. Jh. an von den herrschenden Dynastien als Elite in die Residenzen gerufen. Weitere flohen vom 13. Jh. an vor der Reconquista, der christlichen Rückeroberung Spaniens: Die meisten kamen nach 1492 (Fall von Granada) und im Zuge der Vertreibung der letzten Moslems aus Spanien (1568–78 und 1609–14). Die Zahl dieser Flüchtlinge wird auf drei Millionen geschätzt, und in der Hauptsache ließen sie sich in den großen Städten Nordmarokkos nieder. Die Bezeichnung ›Mauren‹ wird deshalb heute vor allem für die dortige arabische Stadtbevölkerung verwendet (gelegentlich werden aber auch alle Nordafrikaner so genannt. Vgl. S. 58).

Gesellschaftliche Formen: Ursprünglich waren die Araber Nomaden. Ihre straff organisierten Stämme wurden patriarchalisch beherrscht von Caids (Stammesführer) und Sheikhs (Führer von Stammesfraktionen), deren Ämter innerhalb bestimmter Familien erblich waren. Das religiöse Gesetz der Scharia (vgl. S. 53) wurde streng befolgt. Häufige Auseinandersetzungen um Weidegebiete prägten das Gesicht der Stämme und ließen sie äußerst kriegerisch auftreten; seßhafte Oasenbewohner wurden von ihnen oft unterworfen, und in vielen Fällen hielten die arabischen Nomaden Sklaven. Größere Stammesbünde bildeten sich nur sehr selten heraus, häufiger kam es dagegen zu religiösen Zusammenschlüssen.

Die Frauen waren und sind weitgehend rechtlos, dem Willen ihrer Männer bedingungslos unterworfen. Lediglich ältere Frauen besitzen einen gewissen Einfluß in häuslichen Angelegenheiten und genießen begrenzte Freiheiten.

Die traditionelle Stammesorganisation findet sich seit langem nur noch bei den Nomadenstämmen der Sahara. Für die seßhaften Landbewohner hat sie nur noch eine geringe, für die Stadtbevölkerung praktisch keine Bedeutung mehr. Hier spielt die Großfamilie die dominierende Rolle. An der patriarchalischen Machtstellung des Mannes und der weitgehend rechtlosen Stellung der Frau hat sich allerdings nur wenig geändert; lediglich innerhalb der Gruppe der europäisierten Stadtbewohner zeichnet sich hier allmählicher Wandel ab.

Die Haratin

In den Oasen des Südens (vor allem im Dra-Tal) leben zahlreiche Schwarze, ›Haratin‹ genannt. Es handelt sich dabei um die Nachkommen von westafrikanischen Sklaven, die seit dem 16. Jh. (besonders unter den Saadiern und unter Moulay Ismail) nach Marokko verschleppt wurden. Sie sind heute stark mit Berbern und Arabern vermischt. Eigene

Beduinenmädchen aus dem Tafilalet

Stämme bilden sich nicht; eine klare Abgrenzung zu den anderen Bevölkerungsgruppen ist deshalb ebensowenig möglich wie eine genaue Angabe über ihre Zahl.

Obwohl schon lange keine Sklaven mehr, werden die Haratin bis heute von den übrigen Oasenbewohnern und Nomaden gering geachtet. Sie mußten in der Vergangenheit stets schwere und niedere Arbeiten leisten und verachtete Berufe wie Gerber oder Schmied ausüben. Entsprechend gehören sie zu den ärmsten Bevölkerungsgruppen des Landes. Andererseits spricht man vielen Haratin magische oder heilende Kräfte zu. Häufig treten sie auch als Tänzer, Musiker, Gaukler oder Akrobaten in den Marktorten des Südens auf.

Jüdische Braut (Gemälde, um 1870)

Die Juden

Eine zahlenmäßig heute kleine, in der marokkanischen Geschichte aber wichtige Minderheit stellen die Juden dar. Die ersten von ihnen sollen bereits 70 n. Chr., nach der Zerstörung von Jerusalem, ins Land gekommen sein, weitere nach dem Eindringen der Araber in Palästina im 7. Jh. Die Nachkommen dieser frühen Einwanderer – eine sehr kleine Gruppe – leben vor allem im Hohen Atlas. Sprachlich und kulturell haben sie sich den Berbern weitgehend angepaßt, unterscheiden sich aber durch die Religion und die Tracht (besonders durch die schwarze Kappe).

Die weitaus größte Gruppe von Juden kam erst zwischen dem 13. und 14. Jh. nach Marokko: andalusische Juden, ›Sephardim‹ genannt, die von den christlichen Spaniern ebenso wie die Moslems vertrieben wurden. Bis heute benutzen sie eine hebräisch-spanische Mischsprache, und ihre Familiennamen sind oft spanischen oder portugiesischen Ursprungs. Sie siedelten sich fast ausschließlich in den Städten des Nordens an und waren überwiegend als Händler, Handwerker (vor allem Goldschmiede) oder Geldverleiher tätig (Geldverleih ist den Moslems verboten).

Schon im 13. Jh. wurden den Juden eigene Wohnviertel – die Mellahs – zugewiesen. Sie genossen dort zwar eine gewisse Selbstverwaltung, mußten aber Sondersteuern entrichten. Auch Beruf und die Kleidung (besonders die schwarze Kappe) wurden ihnen vorgeschrieben. Zwar gelangten viele Juden, vor allem durch die Tätigkeit als Geldverleiher, zu einigem Wohlstand, doch hatten sie stets nur geringe Rechte und waren zahlreichen Beschränkungen und Übergriffen ausgesetzt. Wiederholt kam es auch zu Pogromen, bei denen die Mellahs geplündert und viele Juden getötet wurden. Die Mellahs gehörten – da meist völlig überbevölkert – stets zu den elendesten Vierteln der Stadt.

Aus dieser Notlage heraus versuchten die Juden schon früh, mit den Europäern zu kooperieren. 1912 hoben die Franzosen tatsächlich alle Beschränkungen für die Juden auf, und in der Folgezeit wurden sie – da viele Juden als Händler und Bankiers für die Kolonialmacht wichtig waren – sogar bevorzugt behandelt. Der Haß der übrigen Marokkaner gegen die französische Kolonialmacht richtete sich deswegen oft auch gegen die Juden. Die Einführung antisemitischer Rassengesetze – die die mit dem nationalsozialistischen Deutschland kollaborierende Vichy-Regierung auch in Marokko durchsetzen wollte – scheiterte zwar am Widerstand des Sultans, Ausschreitungen gegen Juden waren aber besonders gegen Ende der Kolonialzeit häufig. Mehrere Auswanderungswellen waren die Folge, vor allem nach 1948 (Gründung Israels), 1956 (Unabhängigkeit Marokkos) und nach 1967 (Sechstagekrieg). Die Zahl der Juden ist entsprechend von über 250000 (1948) auf heute knapp 30000 zurückgegangen. Die meisten leben in den Städten, vor allem in Casablanca. Sie sind nicht mehr an die Mellahs gebunden und äußerlich oft völlig europäisiert.

Traditionelle Kleidungs- und Wohnformen

In der Kleidung gab es stets große Unterschiede zwischen den verschiedenen Regionen des Landes, zwischen Stadt und Land und zwischen Arm und Reich. Dennoch lassen sich folgende grundsätzliche Beobachtungen machen.

Traditionelle Grundkleidung der Männer sind eine weite Hose und ein weites Hemd, über denen die Djellabah, ein leichtes, fast bodenlanges Gewand, getragen wird. Vor allem die Landbewohner tragen zusätzlich oft den Burnus, einen schweren Kapuzenmantel aus Wollstoff. Kopfbedeckung ist die Taqiya (gestrickte Kappe) bzw. auf dem Land der Turban, in der Stadt der Tarbusch (ähnelt dem alten türkischen Fes). Für die Nomaden des Südens sind ein Djellabahähnliches weites Baumwollhemd und der Scheck charakteristisch, ein mehrere Meter langes, gewickeltes Tuch (beide oft indigoblau gefärbt).

Die Frauen auf dem Land tragen eine bauschige Hose und mehrere Unterkleider, darüber ein gewickeltes Gewand aus einer langen Stoffbahn, das von einem Gürtel gehalten wird. In der Stadt ähneln die Frauenkleider den Djellabahs. Oft wird darüber der Haik oder die Hendira getragen, ein langer, einfacher Überwurf, der auch den Kopf verhüllt. Den Gesichtsschleier (Litham) sieht man nur bei arabischen Frauen, und zwar in der Stadt traditionell bei fast allen, weniger häufig dagegen auf dem Land. Berberfrauen gehen unverschleiert. Vielfach werden auch Kopftücher getragen.

Typisch für Berberfrauen sind der reiche Silberschmuck und die Gesichtstätowierungen; beide sollen – da sie vom Gesicht ablenken – der Abwehr des bösen Blicks (vgl. S. 54) dienen. Eine Besonderheit des Rifgebirges sind die breitkrempigen Strohhüte der Frauen.

An den Füßen tragen beide Geschlechter traditionell die Babouches, spitze Sandalen.

Farben und Muster von Kleidern und Tüchern, der Schmuck und die Gesichtstätowierungen wiesen früher deutlich auf die Stammeszugehörigkeit einer Person hin, besonders bei Frauen mit ihrer bunteren und reicher verzierten Kleidung. Heute verwischen sich die Unterschiede zunehmend, da die Stoffe oft importiert und die Kleider häufig seriell in Fabriken hergestellt sind.

Bei den Frauen werden die alten Wikkelkleider immer mehr von geschneiderten Baumwollkleidern nach Art der

Djellabahs abgelöst. Viele Männer tragen heute anstelle der traditionellen Turbane und Tarbusche kleine Baumwoll- oder Filzkäppchen; nur noch wenige sind bewaffnet. Die Unterbekleidung und oft auch die Schuhe sind heute weitgehend europäisch, besonders bei der städtischen Jugend häufig auch schon die Oberbekleidung.

Typisches Kennzeichen arabischer Häuser – vor allem in den Städten – ist ihre Abgeschlossenheit nach außen. Die oft reich geschmückten Räume öffnen sich auf einen zentralen Innenhof, der oft mit Garten und Brunnen ausgestattet ist. Die Außenfassaden sind selbst bei reichen Häusern schlicht und schmucklos. Fenster fehlen oft ganz, der Eingang ist unscheinbar. Im Gegensatz dazu sind die Häuser der Juden in den Mellahs mehr nach außen orientiert, was die vielfach reich verzierten Fenster und Türen deutlich zeigen.

Häufigster Bautyp sind kubische Lehm- oder Steinbauten, oft weiß getüncht (Farbtafel 21) und häufig in befestigten Dörfern (Ksar, Plural Ksour) zusammengefaßt. Im Nordwesten Marokkos finden sich viele spitzgiebelige, ziegelgedeckte Häuser; in der nördlichen Zentralebene sind Noualas (konische Hütten aus Rohrgeflecht) häufig. Typisch für den Hohen Atlas und die Saharandzone sind mehrstöckige Lehmbauten, etwa in Gestalt der mächtigen Kasbahs (Farbabb. 34–37; vgl. S. 262 ff.). Die Nomaden und Teilnomaden des Atlas, der östlichen Steppe und der Sahara leben in Zelten, den Khaimas (Farbabb. 15). In einigen Regionen – besonders im Mittleren Atlas – gibt es auch Höhlenwohnungen.

Haus in der Mellah von Casablanca

Die Geschichte Marokkos

Der Verlauf der marokkanischen Geschichte von dem ersten Auftauchen phönizischer Seefahrer bis weit in die Kolonialzeit hinein steht im Zeichen einer immer wiederkehrenden Auseinandersetzung: Die Zentralregierung des Landes – ob fremde Eroberer oder einheimische Herrscherdynastien sie stellten – lag in ständigem Kampf mit den unabhängigen Stämmen der Wüste und der Gebirge. Nur über kurze Zeiträume hinweg gelang es der jeweiligen Zentralmacht, diese Stämme zu unterwerfen und Tributzahlungen von ihnen zu erheben; stets folgten bald Revolten, in denen die Stämme ihre Unabhängigkeit zurückgewinnen konnten. Dieser alte Gegensatz drückt sich bis heute in der Unterscheidung zwischen ›Bled el Makhzen‹ (Land der Regierung) und ›Bled el Siba‹ (Land der Gesetzlosen) aus, die praktisch identisch ist mit der Unterscheidung zwischen Zentralebene und den Gebirgs- und Wüstengebieten. Auch der Wechsel der herrschenden Dynastien ging stets aus diesen Kämpfen hervor: Ein kriegerischer Gebirgs- oder Wüstenstamm eroberte das in inneren Wirren zerrissene Land und begründete ein neues Herrschergeschlecht. Eine kurze Periode der Reichseinheit und der kulturellen und wirtschaftlichen Blüte folgte. Bald aber verlor die Dynastie in Thronfolgestreitigkeiten an Kraft, und Stammesrebellionen ließen das Reich auseinanderbrechen. Dieser Ablauf wiederholte sich in diesen Grundzügen bis zum Anfang des 20. Jh.s, als auch die heute noch herrschende Alaouiten-Dynastie kurz vor ihrem Ende stand. Dann aber brachte die Kolonialzeit eine grundlegende Änderung: Die Franzosen brachen die Macht der unabhängigen Stämme, und die gemeinsame Haltung gegen die verhaßte Kolonialmacht schuf erstmals die Grundlagen eines marokkanischen Nationalbewußtseins.

Bis heute indessen ist der alte Gegensatz zwischen staatlicher Ordnung und Unabhängigkeitswillen noch spürbar, und in manchen Gebieten ist die Loyalität zum Stamm stärker ausgeprägt als das Gefühl, Marokkaner zu sein. Neue wirtschaftliche und soziale Unterschiede, die über die Stammesgrenzen hinweggehen, machen sich aber in letzter Zeit immer deutlicher bemerkbar und beginnen die alten Gegensätze aufzuheben.

Vor- und Frühgeschichte
(300 000–1100 v. Chr.)

Über die frühe Besiedlung Nordafrikas ist nur wenig bekannt; der Homo erectus (Vorläufer des heutigen Menschen) ist aber seit 300 000 v. Chr. belegt (Skelett des Atlanthrapus von Sidi Abderrahmane bei Casablanca). Der Homo sapiens tritt ab etwa 40 000 v. Chr. auf. Von ca. 5000 v. Chr. an datieren zahlreiche Felsbilder; sie stellen Giraffen, Elefanten, Nilpferde, Nashörner und Zebras dar und bezeugen damit, daß die Sahara zu jener Zeit noch fruchtbare Savanne war. Der Zeitpunkt der Einwanderung der Berber ist unbekannt (vgl. S. 26), sie siedeln aber schon im ganzen Land, als die Phönizier erstmals die nordafrikanischen Küsten berühren.

Phönizier und Karthager
(1100– 146 v. Chr.)

Die ersten phönizischen Stützpunkte Rusadir (Melilla) und Liks (das spätere Lixus) werden um 1100 v. Chr. angelegt, der phönizische Einfluß reicht kaum über diese Orte hinaus. Die Stützpunkte werden ab dem 5. Jh. von den Karthagern, selbst einst Bürger einer phönizischen Kolonie, übernommen. Um 450 v. Chr. soll der Karthager Hanno Afrika umsegelt haben. Die karthagische Expedition des Himilko führt bis an die Küste

der Bretagnc und nach Irland. Dic Karthager gründen etwa ein Dutzend weiterer Siedlungen, doch bleibt ihr Einfluß auf die Küste begrenzt. Im Landesinneren bildet sich in dieser Zeit das Berberreich Mauretanien heraus. Karthagos Einfluß im afrikanischen Westen endet mit der Zerstörung der Hauptstadt im Dritten Punischen Krieg durch Rom 146 v. Chr.

Unter römischer Herrschaft
(146 v. Chr. – 285 n. Chr.)

Die römische Oberhoheit ist lange Zeit nur nominell, das Land zerfällt in verschiedene unabhängige Berberreiche. Die Romanisierung beginnt erst ab 31 v. Chr. unter Kaiser Augustus, der die Verwaltung von ›Mauretania‹ um 25 v. Chr. dem Berberkönig Juba II. übergibt. Das Land muß Tribute zahlen und Soldaten stellen, die römische Kontrollc ist abcr nur indirckt. Λls dcr römische Kaiser Caligula den Nachfolger von Juba II., Ptolemaios, ermorden läßt,

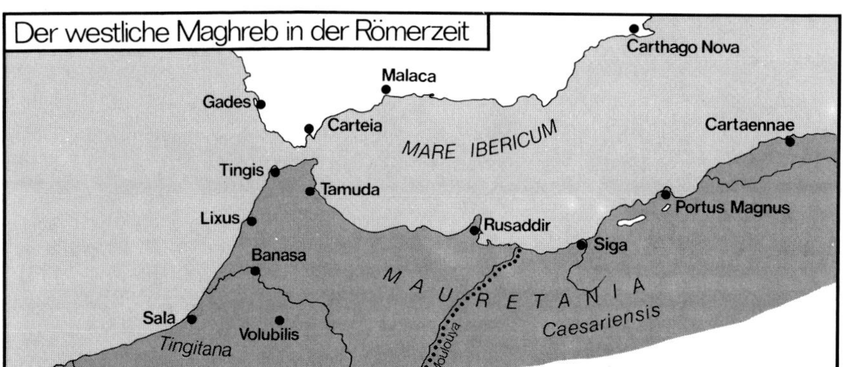

Der westliche Maghreb in der Römerzeit

kommt es um 40 n. Chr. zu einem Berberaufstand, der von den Römern erst nach langen Kämpfen niedergeschlagen wird. Nordmarokko (bis südlich der Linie Rabat – Meknes) wird nun (42 n. Chr.) als Provinz Mauretania Tingitana mit den Hauptorten Tingis (Tanger) und Volubilis direkt in den römischen Herrschafts- und Verwaltungsbereich einbezogen. Die Provinz ist ein wichtiger Getreidelieferant für Rom. Im 3. Jh. Beginn der Christianisierung. Berberaufstände führen zum Zerfall der Provinz. Im Jahre 285 müssen sich die Römer auf die Stadt Tingis zurückziehen.

Unabhängige Berberreiche und arabische Eroberung

(285–788)

Dem Rückzug der Römer folgt die Bildung zahlreicher kleiner Berberreiche. Im Jahre 429 Einfall von ca. 80 000 Vandalen, die aber nur Tanger und Ceuta erobern können. Sie halten sich dort bis zum Tod ihres Führers Geiserich (477). Ab 533 gehört Nordmarokko nominell zum Byzantinischen Reich, das aber ebenfalls nur Tanger und Ceuta kontrolliert. 683 dringt das erste arabische Heer unter Okba Ben Nafi (Oqba Ibn Nafi) über Taza bis in den Sous vor, zieht sich aber wieder nach Algerien zurück, wo es geschlagen wird. 703 zweiter arabischer Eroberungszug unter Moussa Ibn Noceir, der bis 711 das Land unterwirft und dem Reich der Omajaden (Residenzstadt ist Damaskus) einverleibt. Damit beginnt die Islamisierung Marokkos, die sich über mehrere Jahrzehnte hinzieht. 740–742 Aufstand kharedjitischer (schiitischer) Berber: Marokko wird wieder unabhängig. 772 erobern die in Bagdad residierenden Abbasiden, die inzwischen die Omajaden in der gesamten islamischen Welt mit Ausnahme Spaniens gestürzt haben, das Land.

Idrissiden, Fatimiden, Omajaden

(788–1061)

Um 788 wird unter Moulay Idris die abbasidische Herrschaft abgeschüttelt. Es bildet sich das erste größere unabhängige marokkanische Reich heraus. Idris – ein Nachkomme Mohammeds – war wegen der Teilnahme an einer Revolte vor den Abbasiden nach Marokko geflohen. Er stieg bald zum Anführer mehrerer Stämme in der Umgebung von Volubilis auf. Sein Reich ist allerdings auf Nordmarokko beschränkt, im Süden herrschen weiter unabhängige Stämme (die größten dieser Reiche sind das von Sijilmassa im Tafilalet und das der Berghouata in der Chaouia). Um 792 wird Idris im Auftrag des Abbasidenkalifen Harun al Raschid ermordet. Sein Sohn und Nachfolger Idris II., der Gründer von Fès,

Bismillah (Sureneinleitung) aus einem Koran (um 1000)

kann das Reich erweitern; nach seinem Tod wird es aber unter seine Söhne aufgeteilt und zerfällt. Ab etwa 920 ist Nordmarokko Schauplatz langwieriger Kämpfe zwischen den spanischen Omajaden und den tunesischen (später ägyptischen) Fatimiden (die inzwischen die Abbasiden als Oberherren Nordafrikas abgelöst haben). Zwischen den wechselnden Machtbereichen beider Parteien entstehen wiederum unabhängige Berberreiche. Die verworrenen Verhältnisse werden Anfang des 11. Jh.s noch komplizierter, als die arabischen Beni Hilal-Nomaden einfallen. Sie errichten keine dynastische Herrschaft, zerstören und plündern aber weite Teile des Landes.

Almoraviden
(1061–1147)

Zur gleichen Zeit beherrschen aus Mauretanien stammende kriegerische Sanhadja-Berber (Kamelnomaden) Teile des marokkanischen Südens und die Handelswege nach Westafrika. Sie schließen sich zu einem Ribat (militärisch-religiöser Orden) zusammen und nennen sich ›Almoraviden‹ (von al Morabitun = Leute des Ribat). Unter dem Banner des Djihad (heiliger Krieg) stoßen sie nach Norden vor. Ab 1061 beherrschen sie den größten Teil des Landes, 1079 steht Marokko zum ersten Mal in seiner Geschichte unter einheitlicher Herrschaft. Es folgen Eroberungszüge nach Algerien, in den Senegal und nach Andalusien (1086 bedeutender Sieg über den König von Kastilien). Erst unter den Almoraviden wird die Sunna (vgl. S. 53) im ganzen Land verbindlich. Der Zerfall des Großreichs beginnt allerdings schon Anfang des 12. Jh.

Almohaden
(1147–1248)

Um 1125 entsteht in Tinmal (Hoher Atlas) unter den Masmouda-Berbern, traditionellen Feinden der Sanhadja, ein Ribat. Seine Anhänger nennen sich ›Almohaden‹ (vgl. S. 254). Sie werfen den Almoraviden Abkehr vom Islam vor, rufen den heiligen Krieg aus und erobern zwischen 1140 und 1147 das almoravidische Reich. Danach weitere Eroberungen in Tripolitanien (Libyen) und Spanien: Zwischen 1185 und 1199 erreicht Marokko die größte Ausdehnung seiner Geschichte unter Yacoub el Mansour. Ab 1200 dann aber Rückeroberungen der Christen in Spanien. Die Flucht der spanischen Moslems nach Marokko bringt eine kulturelle Blüte, das Reich geht indessen durch Stammesrebellionen und durch den Abfall von Algerien und Tunesien unter. Die Almohaden-Dynastie zerbricht an Thronfolgestreitigkeiten.

Meriniden und Beni Ouattas
(1248–1548)

Die Meriniden, ein kriegerischer Nomadenstamm von Zenata-Berbern, beginnen ab 1216 ihre Eroberungszüge in Ostmarokko. 1248 kontrollieren sie von Fès aus den größten Teil des Reiches, 1269 beherrschen sie das gesamte Land. Im 14. Jh. erlebt Marokko unter den Meriniden seine größte kulturelle Blüte. Aus dieser Zeit stammen die meisten islamischen Prachtbauten, damals entsteht ein Großteil der Medersas (theologische Lehrstätten), und Fès steigt zur wichtigsten Stadt des westlichen Islam auf. Bald aber verbreiten sich einflußreiche mystische Sekten, und Spanier und Portugiesen beginnen ihre Vorstöße gegen die marokkanische Küste (1415 Einnahme von Ceuta). Thronfolgewirren folgen. 1465 werden die Meriniden von den mit ihnen verwandten Beni Ouattas abgelöst. Auch diese aber können der zunehmenden Unruhen nicht Herr werden. Granada, die letzte islamische Bastion in Spanien, fällt 1492. Spaniern und Portugiesen werden zahlreiche Stützpunkte an der marokkanischen Küste eingeräumt, über weite Landesteile herrschen rebellische Stämme oder religiöse Sekten.

Saadier
(1548–1667)

Bereits 1510 wird der Sous von den Saadiern, einem kurz zuvor in das Dra-Tal eingewanderten arabischen Stamm, erobert, dessen Angehörige sich als ›Scherifen‹ (Nachfahren Mohammeds) bezeichnen. Bald erlangen die Saadier die Kontrolle über die lukrativen Gold- und Sklavenhandelswege nach Westafrika. Erfolge im Kampf gegen die Portugiesen und die Eroberung der Beni-Ouattas-Hauptstadt Fès (1548) machen sie schließlich zu den neuen Herren des Landes. Mit den Saadiern gelangt die erste arabische Dynastie in ganz Marokko zur Macht. 1578 schlagen sie die Portugiesen bei Ksar el Kebir entscheidend, bald darauf stoßen sie nach Süden vor und erobern das Reich von Timbuktu. Der Gold- und Sklavenhandel floriert, und die Blütezeit der großen Karawanen beginnt. Marrakech wird zu einer prächtigen Metropole ausgebaut.

Der Versuch der Osmanen, in Marokko einzufallen, kann bei Taza vereitelt werden. Der Flüchtlingsstrom der letzten aus Spanien vertriebenen Moslems und Juden (besonders zwischen 1568 und 1578 sowie 1609 und 1614) bringt einen kulturellen Aufschwung. Zugleich entwickelt sich ein Seeräuber-Unwesen, von dem vor allem spanische Schiffe betroffen sind. Bald jedoch zerbricht auch die Saadier-Dynastie: Thronfolgestreitigkeiten (von elf Saadier-Herrschern werden acht ermordet) spalten das Land in zwei Teile (von Fès und Marrakech aus regiert), Bergstämme sowie religiöse Bruderschaften erheben sich, und die Piraten geraten außer Kontrolle (sie bilden eine unabhängige Republik in Rabat und Salé).

Alaouiten
(seit 1667)

Schon seit 1620 steht das Tafilalet unter der Kontrolle des arabischen Stammes der Alaouiten, die sich wie die Saadier als ›Scherifen‹ bezeichnen. Um 1650 erheben sie sich und erobern bis 1667 fast

Piraten auf Raubzug (Gemälde, Anfang 19. Jh.)

Arabischer Händler (Gemälde von Delacroix, 1832)

ganz Marokko; die letzte Saadier-Bastion Marrakech fällt 1669. Der zweite Herrscher der Alaouiten-Dynastie, Moulay Ismail (1672–1727), gilt als grausamster Sultan der marokkanischen Geschichte. Aus westafrikanischen Sklaven und ihren Nachkommen bildet er eine 150000 Mann starke Armee, mit der er die rebellischen Stämme unterwirft, einige europäische Stützpunkte an der Küste wiedererobert und die Türken im Osten zurückschlägt. Meknes läßt er zu einer prunkvollen Residenz ausbauen. Mit Frankreich werden Handelsbeziehungen angeknüpft. Nach dem Tod von Moulay Ismail kommt es wegen der hohen Steuerlasten zu Stammesrevolten, die sich über 30 Jahre hinziehen. Die Armee wird zum eigenständigen Machtfaktor, die Piratenorte der Küste sind aufs neue weitgehend unabhängig. Unter Mohammed I. (1757–1790) wird die Herrschaft des Sultans wieder durchgesetzt; eine schwere Pestepidemie ab 1799, die über 100000 Menschenleben fordert, und der Versuch, die religiösen Bruderschaften zu unterwerfen, führen aber zu neuen Unruhen.

Der europäische Einfluß wächst, besonders nach der französischen Besetzung Algeriens (1830). 1844 erleiden die Marokkaner bei Isly (Oujda) eine vernichtende Niederlage gegen die Franzosen (französische Truppen waren dem nach Marokko geflohenen algerischen Rebellenführer Abd el Kader gefolgt). Ebenfalls mit einer marokkanischen Niederlage endet der Krieg gegen Spanien 1859/60 (ausgelöst durch Rifkabylen-Angriffe auf die spanischen Besitzungen Ceuta und Melilla).

Sultan Moulay Hassan (1873–1894) ist der letzte der absolut regierenden marokkanischen Herrscher. Durch sein grausames Vorgehen kann er die Rebellen weitgehend unterwerfen. Den Einfluß der Europäer versucht er zurückzudrängen (Handelsbegrenzungen, Kündigung von ungleichen Verträgen), doch wird er auf der internationalen Konferenz von Madrid (1880) zu neuen Konzessionen gezwungen.

Endgültig besiegelt ist Marokkos Schicksal, als 1894 Abd el Aziz noch als Kind den Thron besteigt. Der schwache und verschwenderische Sultan kann in den folgenden Jahren weder der inneren Unruhen noch des äußeren Drucks Herr werden.

Um die Jahrhundertwende ist Marokko ärmer und rückständiger als jemals zuvor in seiner Geschichte. Der Sultan regiert als despotischer Herrscher mit absoluter Befehlsgewalt. Ihm unterstehen: der Makhzen (die Regierung, die aus dem Großwesir und drei Wesiren gebildet wird); die Kadis (Richter auf der Grundlage der Scharia, des religiösen Rechts); die Paschas (Verwalter der großen Städte) und die Caids (Führer der tributpflichtigen Stämme). Sie alle wetteifern darin, hohe Steuersummen einzutreiben, mit denen sie ihren verschwenderischen Lebensstil finanzieren. Das Volk verarmt immer mehr, die Infrastruktur verkommt. Geringste Vergehen werden mit dem Tode bestraft, die Köpfe Hingerichteter spießt man zur Abschreckung an den Stadttoren auf. Der Sklavenhandel blüht.

Als sich die elende Lage des Volkes zu Beginn des 20. Jh.s durch neuerliche Steuererhöhungen verschärft, brechen überall im Lande Aufstände aus. Bald sind weite Teile Marokkos außer Kontrolle des Sultans.

Die Franzosen nutzen diese Lage: Sie besetzen 1903/04 das östliche Grenzgebiet und schließen Nichteinmischungsverträge mit Italien, Großbritannien und Spanien (alle diese Länder erhalten als Gegenleistung freie Hand in anderen Teilen der Welt). Nur Deutschland – wegen Bergwerkskonzessionen der Gebrüder Mannesmann ebenfalls an Marokko interessiert – wendet sich gegen die französischen Absichten. 1906 versucht die internationale Konferenz von Algeciras die Krise zu lösen: Die Handelsfreiheit aller Nationen und die Souveränität des Sultans werden garantiert, die marokkanische Polizei aber den Franzosen und Spaniern unterstellt.

1907 nehmen die Franzosen antifranzösische Unruhen zum Anlaß, Oujda, Casablanca, Rabat, Safi, Essaouira und Agadir zu besetzen. Die Aufstände im Land mehren sich. Moulay Hafid – der Bruder des Sultans – läßt sich zum Gegensultan ausrufen und steigt im August 1908 tatsächlich zum Herrscher auf. Er regiert mit harter Hand, ist aber nicht in der Lage, die immer weiter um sich greifenden Unruhen und Revolten niederzuschlagen. Als Anfang 1911 rebellische Berberstämme Fès belagern, ruft er französische Truppen zu Hilfe. Deutschland antwortet mit der Entsendung des Kanonenbootes ›Panther‹ nach

Das Kanonenboot »Panther« vor Agadir

Agadir. Ein Krieg zwischen den beiden rivalisierenden Kolonialmächten droht, doch wird der Konflikt durch Gebietsabtretungen an Deutschland (in der Kongoregion) beigelegt.

Die Kolonialzeit

(1912–1956)

Am 30. 3. 1912 unterzeichnet Moulay Hafid den Protektoratsvertrag: Der Sultan bleibt danach formell Staatsoberhaupt, und auch die marokkanische Verwaltung darf weiter amtieren, doch wird ihr eine französische Verwaltung zur Seite gestellt. Die Spitzen beider Regierungen bilden das sogenannte ›Conseil de Gouvernement‹. Die Macht liegt beim französischen Generalresidenten: Ihm unterstehen Außenpolitik und Militär, er genehmigt alle wichtigen Erlasse und die Ernennungen hoher Beamter. Neue Hauptstadt wird Rabat.

Am 27. 11. 1912 wird die ca. 50 km breite Nordzone an Spanien übergeben; die Verwaltung folgt dem französischen Vorbild. Der Khalifa als Vertreter des Sultans wird formelles Oberhaupt, die Macht hält aber der spanische Hochkommisar in den Händen. Hauptstadt der Nordzone ist Tetouan.

Tanger wird zur internationalen Zone erklärt, das entsprechende Statut tritt aber erst 1923 in Kraft (vgl. S. 71).

Als Antwort auf die Kolonialisierung brechen überall im Land Aufstände aus, besonders im Sous, im Rif und im Mittleren Atlas. Bis 1914 kontrollieren die Franzosen nur die Zentralebene und Oujda, die Spanier nur den Nordwestteil ihrer Zone. Es beginnt nun die lange und blutige Unterwerfung des Landes, von den Kolonialmächten ›Befriedung‹ genannt.

Die Franzosen erobern 1919 den Sous und das Tafilalet, 1920 Ouezzane und bis 1922 den größten Teil des Mittleren Atlas. Die Kämpfe dauern im Tafilalet und im Mittleren Atlas aber noch bis 1932 an, im Hohen Atlas, Anti-Atlas und der Sahara sogar bis 1934. Die ›Befriedung‹ fordert auf französischer Seite insgesamt 27000 Menschenleben, die Verluste der Marokkaner betragen ein Mehrfaches (einige Schätzungen sprechen von 400000 Toten).

In der spanischen Zone ist die Lage nicht anders: Bis 1915 führen die Stämme des westlichen Rif unter El Raisouli einen Kleinkrieg gegen die Besatzungsmacht, Chechaouen wird erst 1920 von den Spaniern eingenommen. Die größte Herausforderung für die Spanier stellt aber der Rifkabylen-Aufstand unter Abd el Krim dar, der in der ganzen Welt bekannt wird. Er beginnt 1921 mit der vernichtenden Niederlage einer 15000 Mann starken spanischen Armee bei Annoual (Ost-Rif). Alle Rif-Stämme erkennen Abd el Krim daraufhin als Anführer an. Bald ist die gesamte spanische Zone mit Ausnahme von Tetouan und der Küstenstädte in der Hand der Rebellen, die 1925 die Republik des Rif ausrufen. Die völlige Niederlage der Spanier scheint unabwendbar. Dann aber dringen die Rebellen in die französische Zone vor, bedrohen Taza und stehen schließlich 20 km vor Fès. Franzosen und Spanier einigen sich nun auf ein gemeinsames Vorgehen und stellen den 20000 Rebellen eine 250000 Mann starke, modern ausgerüstete Armee entgegen. Der Einsatz von Flugzeugen und Giftgas, mit dem Felder und Herden vernichtet werden, zwingt Abd el Krim im Mai 1926 zur Aufgabe. Einzelne Stämme leisten noch ein weiteres Jahr Widerstand. Abd el Krim – zunächst nach Réunion verbannt, 1947 nach Ägypten geflohen und dort 1963 gestorben – wird bis heute in Marokko, besonders im Rif, als Nationalheld verehrt.

In den unterworfenen Gebieten – vor allem in der französischen Zone – hat inzwischen der Aufbau der Wirtschaft und Infrastruktur begonnen. Straßen, Eisenbahnen, Bergwerke, Fabriken, Schulen, Krankenhäuser, neue Stadtviertel und Häfen werden erbaut. Französische Siedler, ›Colons‹ genannt, kommen ab 1927 in großer Zahl ins Land und lassen sich vorwiegend im Rharb, in der Sais-Ebene und im Moulouya-Tal nieder.

Die durch die Kolonialherren geschaffene Infrastruktur und der wirtschaftliche Aufschwung bringen zweifellos auch den Marokkanern Vorteile; gleichzeitig entstehen aber neue gewaltige Probleme: Zahllose Bauern verlieren durch die Colons ihr Land; Handwerker können mit ihren Erzeugnissen gegen die billigen Massenimporte nicht konkurrieren; Bergbewohner werden durch die Kämpfe während der ›Befriedung‹ von ihren Weiden in der Ebene abgeschnitten. Sie alle wandern in die Städte ab, wo sogenannte ›Bidonvilles‹ (Kanisterstädte), die berüchtigten marokkanischen Slums, entstehen. Die großen Caids – von den Franzosen mit weitgehenden Privilegien ausgestattet, wenn sie zur Kollaboration bereit sind – herrschen besonders im Süden mit fast unumschränkter Willkür.

Vor allem in der französischen Zone wächst der Unmut der Bevölkerung. Die Franzosen versuchen daraufhin, eine Spaltung zwischen Arabern und Berbern zu provozieren. 1930 wird das ›Berberedikt‹ beschlossen; danach soll das traditionelle Berberrecht wieder an die Stelle der Scharia, des islamischen Rechts, treten. Der Versuch scheitert: Auch die Berber wehren sich gegen das Edikt, und so wird es 1934 wieder zurückgenommen. Eine neue Phase des marokkanischen Widerstands beginnt nun: Er wird nicht mehr von einzelnen Stämmen, sondern von landesweiten Organisationen getragen. Die Franzosen gehen mit harten Maßnahmen vor, schüren die Unruhen dadurch aber nur weiter.

In der spanischen Zone ist der Widerstand geringer: Die Kolonialisierung ist weit weniger intensiv als in der französischen Zone, und der Opposition werden früh Konzessionen gemacht. General Franco gewinnt hier sogar viele Anhänger, als seine Truppen in Melilla meutern (Juli 1936) und damit den spanischen Bürgerkrieg auslösen (130000 Marokkaner kämpfen schließlich auf seiten der spanischen Faschisten).

In der französischen Zone wächst der Widerstand, als von der Vichy-Regierung (die mit dem Hitler-Deutschland kollaboriert) eine Militärverwaltung eingesetzt wird. Im November 1942 landen englische und amerikanische Truppen an der Atlantikküste. 1943 wird die Istiqlal-Partei gegründet, die als erste die Unabhängigkeit des Landes von allen Kolonialmächten fordert. Blutige Unruhen folgen, die nach Kriegsende auch auf die spanische Zone übergreifen. 1947 spricht sich Sultan Mohammed V. erstmals für die Nationalistenbewegung aus und weigert sich mehrfach, Anordnungen des Generalresidenten Folge zu leisten. Als die französischen Repressionen ab 1951 (neuer Generalresident) zunehmen, kommt es zum offenen Konflikt: 1952 wird der Generalstreik ausgerufen, im ganzen Land finden Demonstrationen statt. Die Franzosen reagieren hart. Armeeeinsätze fordern allein in Casablanca im Dezember 1952 über 500 Tote. Die Gewerkschaften werden aufgelöst, Tausende von Oppositionellen verhaftet. El Glaoui – der engste Verbündete der Franzosen – belagert mit seinen Truppen den Sultanspalast. Im August 1953 wird der Sultan von den Franzosen abgesetzt und ins Exil geschickt. Erneute blutige Unruhen folgen, und selbst die Spanier protestieren gegen das Vorgehen der Franzosen. Die gesamte französische Zone befindet sich nun im Aufruhr: Attentate, Sabotageakte, Demonstrationen, Angriffe auf französische Siedler und Gegenschläge der französischen Armee sowie der Colons reißen nicht mehr ab; Mohammed Zerktouni, einer der

Führer des Widerstands, entzieht sich der Haft durch Selbstmord. Ihren Höhepunkt erreicht diese Entwicklung im August 1955: Innerhalb von zwei Tagen werden über tausend französische Siedler ermordet (die meisten in der Gegend von Oued Zem); der folgende französische Gegenschlag fordert mehrere tausend Tote. Der Aufruhr im Innern und die internationalen Proteste zwingen die Franzosen schließlich zum Aufgeben: Im November 1955 wird Sultan Mohammed V. – inzwischen zur Symbolfigur des Widerstandes geworden – die Rückkehr gestattet; er wird triumphal empfangen. Am 2.3. 1956 folgt die Unabhängigkeitserklärung der französischen Zone. Die spanische Zone wird ihr am 7.4. angeschlossen, danach auch Tanger.

Das unabhängige Marokko

Nach der Unabhängigkeit ändert sich an der Verwaltungsstruktur nur wenig. Staatsoberhaupt bleibt Sultan Mohammed V., der ab 1957 den Titel ›König‹ annimmt. Das junge Land sieht sich mit schweren Problemen konfrontiert: Racheakte an ehemaligen Kollaborateuren und französischen Siedlern fordern zahlreiche Tote; die Wirtschaft bricht völlig zusammen, weil ausländisches Kapital und Fachkräfte abgezogen werden. Auch die Vereinigung der verschiedenen Zonen sowie die Massenauswanderung von Franzosen und Juden bereiten große Schwierigkeiten.

1957/58 kommt es in der Spanischen Sahara und in Ifni zu einer Revolte, die von den Spaniern blutig niedergeschlagen wird. Flüchtlinge aus diesen Gebieten und aus Algerien, wo der Unabhängigkeitskrieg gegen Frankreich weiter andauert, verschärfen die wirtschaftliche Misere weiter. Die anhaltende Krise führt besonders 1958/59 zu ernsten Unruhen, und die Regierung sieht sich schließlich gezwungen, erneut französische Beamte, Lehrer und Wirtschaftsexperten ins Land zu holen. Der französische Einfluß nimmt damit wieder zu.

Am 26.2.1961 stirbt König Mohammed V. Nachfolger ist sein Sohn Hassan II., unter dem im Dezember 1962 die erste Verfassung des unabhängigen Marokko in Kraft tritt. Sie gewährt nominell alle bürgerlichen Freiheitsrechte, doch geht Hassan II. gegen politisch Andersdenkende weitaus härter vor als sein Vater. Vor den ersten Wahlen 1963 werden zahlreiche Oppositionelle wegen einer angeblichen Verschwörung verhaftet und elf Todesurteile gefällt. Im selben Jahr kommt es zu einem Grenzkrieg mit Algerien, ausgelöst durch marokkanische Ansprüche auf das rohstoffreiche Gebiet von Colomb-Béchar. 1965 schlägt das Militär Schüler- und Studentenunruhen blutig nieder, der Ausnahmezustand wird verhängt und das Parlament aufgelöst. Hassan II. regiert von nun an autokratisch. Der innere Druck wächst, versprochene Wahlen werden mehrfach verschoben. 1970 setzt der König ein Parlament ein. Am 10.7.1971 scheitert ein Attentat auf Hassan II. Erneut wird das Parlament aufgelöst, eine Verhaftungswelle soll die politischen Gegner des Königs ausschalten. Im August 1972 folgt ein zweites, ebenfalls erfolgloses Attentat, wie das erste von einer Gruppe von Armeeoffizieren geplant und ausgeführt. Die Opposition sieht sich schweren Repressalien ausgesetzt; Todesurteile werden ausgesprochen und vollstreckt. Eine neue Verfassung tritt in Kraft, die versprochenen Wahlen werden abermals verschoben.

Im Mai 1973 verabschiedet die Regierung einen neuen Fünfjahresplan, der unter der Parole einer ›Marocanisation‹ die Enteignung des verbliebenen ausländischen Grundbesitzes und die Entfernung aller Ausländer aus Industrie und Handel vorsieht. Die meisten in Marokko verbliebenen Europäer verlassen daraufhin das Land. Die versprochene Landverteilung an Landlose und Kleinbauern bleibt aber in ihren Anfängen stecken, Unruhen unter den Bauern (besonders im Rharb) sind die Folge. Eine gewisse wirtschaftliche Stabilisierung tritt aber durch die erhöhte Phosphatförderung und durch den sprunghaften Anstieg des Phosphatpreises ein.

In den Vordergrund der marokkanischen Politik ist seither das Problem der ehemaligen Spanischen Sahara getreten: Als Spanien 1973 den allmählichen Rückzug aus seiner Kolonie bekanntgibt, erhebt Hassan II. Anspruch auf das Gebiet. Im November 1975 wird der ›Friedensmarsch‹ von 350000 Marokkanern ins Grenzgebiet organisiert; die Spanier räumen ihre Kolonie daraufhin Anfang 1976. Marokkanische Truppen marschieren ein, treffen aber auf den erbitterten Widerstand der Befreiungsbewegung Polisario, die die Unabhängigkeit der Westsahara fordert. Seither ist Marokko in einen verlustreichen Kleinkrieg gegen die Polisario verwikkelt, die von Algerien unterstützt wird (vgl. S. 294). Das marokkanische Vorgehen ist international überwiegend auf Ablehnung gestoßen, die Exilregierung der ›Demokratischen Arabischen Republik Sahara‹ bislang von über 60 Staaten diplomatisch anerkannt worden. Besonders schlecht ist Marokkos Verhältnis zum Nachbarn Algerien: Die diplomatischen Beziehungen sind auf Eis gelegt, die Grenzen oft geschlossen, und mehrfach drohte in den letzten Jahren der Ausbruch eines Krieges (neuerdings zeichnet sich allerdings wieder eine Annäherung ab).

Außenpolitisch ist Marokko bis heute kaum zu Kompromissen bereit, innenpolitisch aber seit einigen Jahren in einer vorsichtigen – wenn auch von der Regierung strikt kontrollierten – Liberalisierung begriffen. Zwar sind Pressezensur und das Verbot der sozialistischen USFP schon seit längerem aufgehoben, rigide Repressionen und Schauprozesse gegen die Opposition dauern aber an. Im Juni 1977 finden die ersten freien Wahlen seit 1963 statt, sie bringen einen Sieg der Königstreuen und der konservativen Opposition. Im September 1984 gibt es Neuwahlen (vgl. S. 17). Alle großen Parteien bilden derzeit eine Koalitionsregierung.

1977 und 1978 werden marokkanische Truppen gegen die Shaba-Rebellen in Zaire eingesetzt. Zwischen 1979 und 1981 erreicht der Westsahara-Konflikt einen neuen Höhepunkt. Zwar kontrolliert Marokko inzwischen den größten Teil des Gebiets; der Krieg belastet die Wirtschaft des Landes jedoch stark. Alle Verhandlungsversuche sind bislang gescheitert (vgl. S. 293f.).

Im Juni 1981 erreichten die innenpolitischen Auseinandersetzungen einen neuen tragischen Höhepunkt: Ein durch extreme Preiserhöhungen (bis zu 76%!) für Grundnahrungsmittel hervorgerufener Generalstreik der Gewerkschaft UMT in Casablanca wird von Polizei und Militär blutig niedergeschlagen; die Regierung spricht von 66 Toten und 110 Verletzten, die Opposition von bis zu 500 Toten, an die 1000 Verletzten und 7000 Verhafteten. Im Januar 1984 hat der neuerliche (vom Internationalen Währungsfond geforderte) Versuch, die (subventionierten) Brotpreise zu erhöhen, eine landesweite Erhebung zur Folge. Die Angaben über die Zahl der Todesopfer reichen von 29 (offiziell) bis zu weit über 400.

Im August 1984 unterzeichnen Hassan II. und Libyens Staatschef Ghaddafi einen Vertrag über eine künftige ›Staatenunion‹. Hassan dürfte sich davon neben finanzieller Hilfe eine Schwächung der (früher von Libyen unterstützten) Polisario erwarten, Oberst Ghaddafi einen Schritt zur Verwirklichung seines panarabischen Traums, aber auch einen ›besseren Draht‹ zu Westeuropa. Ein wirklicher Zusammenschluß wird allerdings kaum erfolgen.

Königlicher Gardesoldat vor dem Mausoleum Mohammeds V. in Rabat

Zeittafel

Ab ca. 300 000 v. Chr. (?)	Erste Siedlungsspuren in Nordafrika
Ab ca. 40 000 v. Chr. (?)	Erstes Auftreten des Homo sapiens
Ab ca. 2 000 v. Chr. (?)	Berber besiedeln ganz Nordafrika
Um 1100 v. Chr.	Erste phönizische Stützpunkte entstehen in Rusadir und Liks
5. Jh. v. Chr.	Karthager übernehmen die phönizischen Siedlungen
146 v. Chr.	Zerstörung Karthagos durch die Römer
33 v. Chr.	Beginn der Latinisierung Marokkos
25 v. Chr.	Berberreich Mauretanien (Juba II.) unter römischer Oberhoheit

Um 40 n. Chr.	Großer Berberaufstand
42 n. Chr.	Nordmarokko wird zur römischen Provinz
2. und 3. Jh.	Christianisierung
Ende des 3. Jh.	Zerfall der römischen Herrschaft
429–477	Herrschaft der Vandalen in Tanger und Ceuta
533	Byzanz erobert Tanger und Ceuta
622	Flucht Mohammeds aus Mekka (Hedschra), Beginn der islamischen Zeitrechnung
683	Erster arabischer Vorstoß nach Marokko
711	Arabische Omajaden erobern Marokko, Beginn der Islamisierung
740–742	Berberaufstände beseitigen die Omajadenherrschaft
772	Abbasidentruppen erobern das Land
788	Idris I. gründet das erste marokkanische Reich
10. und 11. Jh.	Marokko zwischen Omajaden und Fatimiden umkämpft
11. Jh.	Einfall der arabischen Beni Hilal-Nomaden
1061	Herrschaftsantritt der Almoraviden-Dynastie (erstes marokkanisches Großreich)
1147	Herrschaftsantritt der Almohaden-Dynastie, Marokko erreicht die größte Ausdehnung seiner Geschichte
1248	Die Meriniden-Dynastie, unter der die maurische Kultur ihre größte Blütezeit hat, kommt an die Macht
1415	Die Portugiesen erobern Ceuta
1465	Die Beni Ouattas lösen die Meriniden ab
1493	Fall von Granada (letzte arabische Bastion in Spanien)
1548	Machtantritt der Saadier-Dynastie
1568–1614	Vertreibung der letzten Moslems aus Spanien
1667	Beginn der Alaouiten-Herrschaft, die Dynastie regiert bis heute
1672–1727	Herrschaft von Moulay Ismail

1830	Franzosen in Algerien
1844	Marokkanische Niederlage gegen die Franzosen bei Isly
1859/1860	Marokkanisch-spanischer Krieg
1880	Internationale Konferenz von Madrid
1903/1904	Franzosen besetzen das östliche Grenzgebiet
1906	Internationale Konferenz von Algeciras
1907	Franzosen besetzen die Atlantikküste
1908	Thronkrieg zwischen Abd el Aziz und Moulay Hafid
1911	Franzosen besetzen Fès
1912	Marokko wird französische Kolonie (der Nordteil des Landes wird spanisch)
1921–1926	Rifkabylen-Aufstand unter Abd el Krim
1930	Berberedikt
1934	›Befriedung‹ Marokkos beendet
1936	Aufstand der Franco-Truppen in Melilla, Beginn des Spanischen Bürgerkrieges
1942	Die Alliierten landen an der Atlantikküste
1943	Gründung der Istiqlal-Partei, Beginn des nationalistischen Widerstands gegen die Franzosen
1952	Generalstreik
1953–1955	Sultan Mohammed V. im Exil
1956	Unabhängigkeit Marokkos
1957/58	Unruhen in Sidi Ifni und der Spanischen Sahara
1961	Tod von Mohammed V., neuer König wird Hassan II.
1963	Erste Wahlen; Grenzkrieg mit Algerien
1965	Innere Unruhen, Auflösung des Parlaments
1971	Attentat auf Hassan II., erneute Parlamentsauflösung
1972	Zweites Attentat auf Hassan II., neue Verfassung
1973	Beginn der ›Marocanisation‹
1976	Besetzung der ehemaligen Spanischen Sahara durch Marokko, Widerstand der Polisario
1977	Erste Wahlen seit 1963
1977/78	Marokkanische Truppeneinsätze in Zaire
1979	Besetzung des Südteils der Westsahara
1981	Blutige Unruhen in Casablanca
1982	Konferenz von Fès der Arabischen Liga (›Charta von Fès‹, die einen Acht-Punkte-Plan zur Lösung des Nahost-Konflikts vorschlägt)
1984 (Januar)	›Brotrevolte‹ mit Hunderten von Toten
1984 (August)	›Staatenunion‹ mit Libyen (›Vertrag von Oujda‹)
1984 (September)	Parlamentswahlen

Der Islam

Marokkanische Staatsreligion ist der Islam, eine streng monotheistische Weltreligion mit ca. 600 Millionen Anhängern vor allem in Nordafrika und Vorderasien. ›Islam‹ bedeutet sinngemäß ›Unterwerfung unter den Willen Gottes‹; die Gläubigen nennen sich ›Moslems‹, ›in den Stand des Heils Eingetretene‹.

Begründer des Islam ist der um 570 n. Chr. in Mekka geborene Mohammed. Als Kaufmann lernt er auf seinen Reisen die Religionen der verschiedenen arabischen Stämme, der Juden und der Christen kennen. Um 607 tritt er erstmals als Prediger einer neuen Religion auf. Den Auftrag dazu leitet er aus verschiedenen Visionen ab, in denen ihm der Engel Gabriel erschienen sei. In seiner Heimatstadt Mekka gewinnt er schnell viele Anhänger, wird aber schließlich von den dort herrschenden Familien vertrieben. Diese Flucht, ›Hedschra‹ genannt, fand 622 statt. Sie markiert den Beginn der islamischen Zeitrechnung. In Yathrib, dem heutigen Medina, schart Mohammed zahlreiche Anhänger um sich, mit denen er 630 Mekka erobern kann. Bis zu seinem Tode (632) gelingt es ihm, die ganze Arabische Halbinsel zu unterwerfen und den Islam zur Religion aller arabischen Stämme zu machen. Unter seinen Nachfolgern, den Kalifen, breiten sich die arabische Herrschaft und die neue Religion innerhalb weniger Generationen bis nach Spanien im Westen und Pakistan im Osten aus. Die ersten arabischen Heere erreichen Marokko 683, und zwischen 703 und 711 wird das Land schließlich unterworfen. Wenige Jahrzehnte später haben fast alle Stämme Marokkos den Islam angenommen.

Mohammed schuf keine völlig neue Religion, sondern verband Elemente der arabischen Stammesreligionen, in denen bereits Allah verehrt wurde, mit jüdischen, persischen und christlichen Überlieferungen sowie zahlreichen praktischen Verhaltensregeln. Juden und Christen werden als Vorläufer des Islam anerkannt; Thora und Bibel gelten als heilige Bücher, zahlreiche biblische Stammväter und Propheten (darunter Abraham, Moses und Johannes der Täufer, aber auch Jesus, den der Islam als Prophet akzeptiert) werden als wichtige Wegbereiter Mohammeds angesehen. Vorgeworfen wird den Christen, daß sie mit dem Dreifaltigkeitsglauben vom ursprünglichen Monotheismus ihrer Überlieferung abgewichen seien. Die Feindschaft gegen die Christen entstand in Marokko erst durch die Vertreibung der Moslems aus Spanien im Zuge der Reconquista; die feindselig-verächtliche Haltung gegenüber den Juden reicht bis ins 13. Jh. zurück, als die Sultane die oft als Händler, Goldschmiede und Geldverleiher tätigen und deshalb wohlhabenden Juden mit Sondersteuern und Beschränkungen belegten (vgl. S. 31).

Grundlage des Islam ist der Glaube an den einzigen Gott Allah. Mohammed gilt als sein letzter und vollkommenster Prophet, wird aber ganz als Mensch, nicht etwa als Gottes Sohn gesehen. Allahs Wille bestimmt das Schicksal eines jeden Menschen, sein Mektoub (besser

Bismillah (Sureneinleitung, die stets aus den Worten besteht: »Im Namen Allahs, des Erbarmers, des Barmherzigen«), 1849 ▷

بسم الله الرحمان الرحيم

bekannt unter der türkischen Bezeichnung Kismet). Allerdings haben auch die Taten eines Menschen Einfluß darauf, ob er beim Jüngsten Gericht am Weltenende ins Paradies erhoben oder mit den Qualen der Hölle bestraft wird. Ob ein Mensch ein gutes oder schlechtes Leben führt, hängt von der Einhaltung zahlreicher Gebote und Verbote ab. Diese Regeln umfassen alle Bereiche des privaten und öffentlichen Lebens und greifen in den Alltag eines Gläubigen viel stärker ein als etwa die Gebote des Christentums. Eine ausgebildete Mystik oder komplexe Kulthandlungen gibt es im Islam nicht, die Religion ist sehr nüchtern und auf praktische Bedürfnisse ausgerichtet. (Ein mystischer Zug bestimmt jedoch die Glaubenswelt einiger islamischer Sekten.)

Das wichtigste Gebot des Islam ist die Einhaltung der als ›die fünf Säulen‹ bezeichneten Grundregeln. Es sind dies:

Sahada, das Glaubensbekenntnis, bestehend aus der Formel: ›Es gibt keinen Gott außer Allah und Mohammed ist sein Prophet‹, die stets in Arabisch vorgetragen werden muß.

Salat, das Gebet, das der Gläubige fünfmal täglich in Richtung Mekka spricht. Die Zeiten (morgens, mittags, nachmittags, abends und nachts) werden durch den Ruf des Muezzin angekündigt. Eine Waschung von Füßen, Händen und Gesicht muß dem Gebet jeweils vorausgehen. Die Gebetsformeln und die Körperhaltungen (eine Folge von Stehen, Knien, sich Niederwerfen und Bodenberührungen mit der Stirn) folgen festen Regeln. Der Besuch einer Moschee ist nur für das Mittagsgebet am Freitag, dem Feiertag der Moslems, vorgeschrieben. Außerhalb der Moschee soll ein Gebetsteppich verwendet werden. Oft benutzen die Gläubigen auch Rosenkränze, die sie während des Gebets durch die Finger gleiten lassen.

Sakat, die Pflicht, Almosen an Arme zu geben. Diese Abgabe wurde früher als Steuer erhoben, ist heute aber freiwillig.

Fasten im Monat Ramadan, dem neunten Monat des arabischen Jahres, in dem der Engel Gabriel Mohammed erschienen sein soll. Während des Ramadan ist es dem Gläubigen zwischen Sonnenaufgang und Sonnenuntergang verboten, zu essen, zu trinken, zu rauchen und Geschlechtsverkehr zu haben. Ausgenommen sind nur Alte, Kranke, Schwangere, Säuglinge und Reisende. Im Ramadan sind zusätzliche Gebete und Moscheebesuche obligatorisch: abends werden festliche Essen gegeben. Das Fastengebot wird besonders auf dem Lande streng eingehalten, eine Verletzung der Regel strafrechtlich verfolgt.

Der Ramadan dauert 29 Tage, sein Beginn verschiebt sich wegen des kürzeren arabischen Mondjahres jährlich: 1981 beginnt er Anfang Juli, in den folgenden Jahren jeweils zehn Tage früher.

Hadsch, die Pilgerfahrt nach Mekka. Sie ist Pflicht für jeden Gläubigen, sofern er die Mittel dazu besitzt und seine Gesundheit es erlaubt. Doch nur ein kleiner Teil der marokkanischen Moslems kann die lange Reise nach Arabien durchführen, ein siebenmaliger Besuch von Moulay Idris wird oft als Ersatz angesehen.

Neben diesen fünf Grundregeln gibt es noch zahlreiche weitere Gebote und Verbote. Untersagt sind vor allem der Genuß von Alkohol und Schweinefleisch, das Glücksspiel und der Geldverleih gegen Zins. Die übrigen Regeln sind meist Vorschriften für das Verhalten in bestimmten Situationen. Auffallend ist dabei stets die untergeordnete Stellung der Frau. Der Koran verbietet zwar eine schlechte Behandlung der Frau, doch besitzt sie kaum Rechte und damit auch keine Möglichkeiten, sich gegen den Mann und etwaige Übergriffe zu behaupten. Die Heilige Schrift des Islam

Blick in den Hof der Kairaouine-Moschee in Fès

gestattet jedem Mann vier Ehefrauen und eine unbegrenzte Zahl von Konkubinen; die staatlichen Gesetze schreiben heute allerdings die Einehe vor.

Rassische Vorurteile kennt der Islam nicht, alle Völker und Hautfarben werden als gleich angesehen. Auch Reichtums- und Standesunterschiede gelten nicht als gottgewollt.

Über den Djihad, den heiligen Krieg, gibt es widersprüchliche Aussagen: Früher nahm man bestimmte Koranpassagen als Auftrag, den Islam gewaltsam zu verbreiten. Die arabisch-islamische Expansion vor allem im 7. und 8. Jh. ist ohne das Djihad-Konzept nicht denkbar. Seit langem wird es nun aber nur noch als Pflicht interpretiert, den Glauben gegen Angriffe zu verteidigen.

Der ›unteilbare‹ Gott Allah gebietet nach islamischem Glauben über zahlreiche Engel, die als unsterblich und nichtmenschenähnlich gelten. Tiefer stehen menschenähnliche, oft als böse beschriebene Geister, die Djiins. Auch der Teufel (Schaitan) ist dem Islam geläufig. Verehrt werden auch zahlreiche Propheten, vor allem Mohammed.

Der Name »Allah« in stilisiertem Kufi

Die Aufnahme in die Gemeinschaft der Gläubigen wird bei den Knaben durch die Beschneidung (etwa im siebten Lebensjahr) vollzogen. Eine ähnliche Zeremonie für Mädchen gibt es nicht.

Ein institutionalisierter Priesterstand ist unbekannt. Die Imane, die Vorbeter in den Moscheen, sind lediglich besonders angesehene Gemeindemitglieder ohne eine besondere Machtstellung. Auch eine den christlichen Kirchen vergleichbare religiöse Organisation gibt es im Islam nicht. Hohe religiöse Würdenträger bekleideten stets zugleich hohe politische Ämter; Staat und Kirche bildeten traditionell also immer eine untrennbare Einheit. Die Ulema, die einflußreichen Gelehrten des islamischen Rechts, waren zugleich als Richter (Kadis), hohe Staatsbeamte oder politische Berater des Sultans tätig. Auch im heutigen Marokko ist diese Einheit noch spürbar: Als ›Amir el Mouminin‹ (Herr der Gläubigen) ist König Hassan II. der höchste religiöse Würdenträger.

Das Heilige Buch des Islam ist der Koran. Die in ihm enthaltenen Mitteilungen gelten als Offenbarungen Allahs, durch den Engel Gabriel an Mohammed weitergegeben. Mohammed diktierte diese Wahrheiten seinen Schreibern, gesammelt und zusammengestellt wurden sie aber erst nach seinem Tode. Die einzelnen Abschnitte, Suren genannt, wurden dabei der Länge nach geordnet. Die Reihenfolge der insgesamt 114 Suren wirkt deshalb unsystematisch: Anrufungen und Lobpreisungen Allahs wechseln ab mit Regeln für das tägliche Leben, Schilderungen der Paradiesfreuden oder der Schrecken der Hölle, Beschreibungen der Visionen Mohammeds und Erzählungen aus seinem Leben. Volle Gültigkeit hat der Koran nur in arabischer Sprache, denn das Arabische ist die heilige Sprache, in der Allah sich mitteilte. Die erste Übersetzung in eine Berbersprache wurde Anfang des 12. Jhs. von Ibn Toumert angefertigt.

Ergänzt wird der Koran durch die Sunna, die ›Gewohnheiten des Propheten‹. Es handelt sich dabei um eine umfangreiche Sammlung von Aussprüchen Mohammeds und von Berichten über sein Leben, die zunächst in Form mündlicher Erzählungen (Hadith) weitergegeben wurden. Ihre Niederschrift erfolgte erst im 9. Jh. Von der Sunna leitet die Mehrheit der Moslems, die Sunniten, ihren Namen ab. Die Schiiten (s. u.) lehnen die Sammlung ab.

Da Koran und Sunna wichtige Fragen offen lassen und gelegentlich auch widersprüchliche Aussagen enthalten, kommt den Auslegungen anerkannter Gelehrter, der Ulema, zu den Grundlagen des Islam teilweise kanonische Bedeutung zu. Koran, Sunna und die zahlreichen Auslegungen bilden zusammen die Scharia, das religiöse Recht, von dem es vier verschiedene ›orthodoxe‹, in einigen Fragen voneinander abweichende Schulen gibt (die Marokkaner folgen dem relativ strengen malekitischen Ritus). Es umfaßt alle Bereiche des privaten und öffentlichen Lebens. Teile der Scharia sind bis heute in Marokko Grundlage der Rechtsprechung.

Schon kurz nach Mohammeds Tod, im Jahre 656, kam es zu einer folgenschweren, bis heute andauernden Spaltung innerhalb des Islam. Grund war ein Machtkampf um das Amt des Kalifen, des Propheten-Nachfolgers. Der vierte Kalif Ali, ein Vetter Mohammeds, bestand darauf, daß nur leibliche Verwandte des Propheten dieses Amt bekleiden dürften und bestritt damit die Rechtmäßigkeit seiner drei Vorgänger. Die folgenden Auseinandersetzungen führten zur Ermordung Alis und zur Flucht seiner Anhänger, die sich ›Schiiten‹ (von Schia = Partei) nannten. Die Schiiten lehnen die Sunna ab, verehren ihre Imame (wie sie ihre ersten zwölf Führer nennen) wie Heilige und sind in ihrer religiösen Auffassung stark mystisch geprägt. In Marokko wurde die egalitär-puritanische Fraktion der sogenannten ›Kharedjiten‹ vor allem zwischen dem 8. und 10. Jh. einflußreich. Moulay Idris, der Gründer des ersten marokkanischen Reiches, war ein Nachkomme und Anhänger Alis. Auch einige der kleinen unabhängigen Berberreiche dieser Zeit bekannten sich zu den Kharedjiten. Seither spielen die Schiiten in Marokko aber keine Rolle mehr. Heute gehören ihnen insgesamt 8% aller Moslems an, überwiegend im Iran und Irak.

Sekten und Volksglaube

Mystische Anschauungen werden vom orthodoxen sunnitischen Islam zwar abgelehnt, doch entstanden in vielen islamischen Ländern mystische Bewegungen, die man unter dem Sammelbegriff ›Sufismus‹ faßt. In Marokko verbreiteten sich solche Sekten (wie ihre Stammsitze ›Zaouia‹ genannt) vor allem seit dem 13. Jh. mehr als in jedem anderen arabischen Land. Manche von ihnen gelangten zu großem politischen Einfluß, vor allem die Scherifen von Ouezzane, deren Macht die des Sultans zeitweise übertraf. Einige Zaouias befolgen asketische Lebensregeln und vollziehen Buß- und Fastenübungen, Opfer und andere Riten, die bis hin zur ekstatischen Selbstmarterung reichen können, andere Sekten unterscheiden sich von ihren orthodoxen sunnitischen Glaubensbrüdern nur dadurch, daß sie ihre Gründer wie Heilige verehren.

Diese Heiligenverehrung ist indessen keineswegs auf die Mitglieder von Sekten beschränkt. Überall in Marokko gelten Verstorbene, denen ein vorbildliches Leben und Wundertaten zugeschrieben werden, als Heilige. Man nennt sie ›Marabouts‹, bei den Berbern auch ›Igouramen‹. Oft handelt es sich dabei um die Gründer von Sekten, manchmal auch um legendäre Personen. Die Verehrung mancher Marabouts ist auf ein kleines

Koubba bei Tinezouline (Dra-Tal)

Gebiet begrenzt, andere genießen Ansehen im ganzen Land.

Die Grabstätten solcher Heiligen (Koubba oder Marabout) sind meist das Ziel von Wallfahrten, die mit religiösen Festen (Moussems) verbunden sind. Das wichtigste Pilgerziel Marokkos ist der Ort Moulay Idris (vgl. S. 201 f.), in dem der Gründer des ersten marokkanischen Reiches sein Grab hat (Farbtafel 21). Moulay Idris kann als marokkanischer Nationalheiliger bezeichnet werden.

Neben der Heiligenverehrung gibt es in Marokko noch zahlreiche andere Anschauungen, die von der orthodoxen islamischen Lehre abweichen. Sie stammen oft aus vorislamischer Zeit und sind besonders auf dem Lande, vor allem unter den Berbern, sehr verbreitet.

Sehr ausgeprägt ist etwa die Furcht vor bösen Geistern (Djiins), von denen zahlreiche Erzählungen handeln. Geistern, aber auch manchen Menschen wird der ›böse Blick‹ zugeschrieben, der angeblich Krankheit, Unglück und Tod bringt. Zahlreiche Zaubermittel und Amulette sollen davor schützen, vor allem die Henna-Pflanze und die ›Hand der Fatima‹ oder Khamsa (Fünf), das Bild einer gespreizten Hand, deren Bezeichnung sich auf die Tochter des Propheten Mohammed, Fatima, bezieht. Die Fatima-Hand findet sich oft als bemalung an Hauswänden, als Stickerei auf Kleidern, als Teppichmuster und als Silberanhänger. Die fünf Finger werden

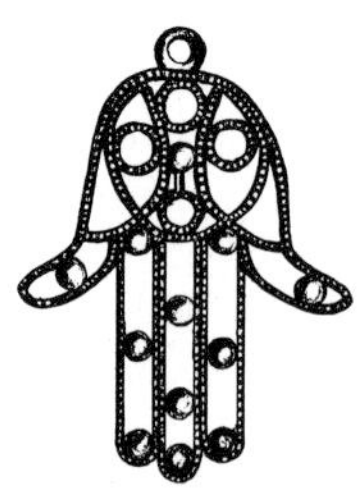

gelegentlich als Symbol für die ›fünf Säulen‹ des Islam interpretiert, das gleiche Zeichen findet sich aber bereits in vorislamischer Zeit bei Juden und Phöniziern.

Mit dem Farbstoff Henna tragen Frauen und Kinder Muster auf Hände, Füße und Gesicht auf. Die Farbe wird aus den Blättern der Henna-Pflanze gewonnen und mit Kalkmilch zu einem Brei verrührt. Die in oft stundenlanger Wiederholung aufgeschminkten Muster sind rot bis schwarz in ihrer Färbung und äußerst dauerhaft.

Verbreitet ist auch der Glaube an die Baraka, eine segenbringende, heilige und heilende Kraft. Sie soll bestimmten Menschen (vor allem Heiligen) innewohnen, aber auch vielen Dingen (z. B. der Henna-Pflanze, manchen Bäumen und Quellen), und man versucht, ihrer durch Berührung oder Aufenthalt in einem Baraka-›Kraftfelde‹ teilhaftig zu werden.

Manchen Menschen wird auch die Fähigkeit zu Zauberei oder Wahrsagerei nachgesagt.

Von seiten der islamischen Gelehrten wurden alle diese Anschauungen teils geduldet, teils erfolglos bekämpft. Für die Bevölkerung bilden der Islam und die davon abweichenden Bräuche allerdings keinen Gegensatz, sondern eine untrennbare Einheit. Die Religiosität der Marokkaner nimmt übrigens keineswegs ab; es ist im Gegenteil sogar – insbesondere unter Jugendlichen – eine Tendenz zur Reislamisierung zu beobachten.

Auf dem Friedhof von Salé

Kunst in Marokko

Vor- und Frühgeschichtliche Kunst

Die ältesten künstlerischen Zeugnisse Marokkos sin die prähistorischen Felsbilder (Zeichnungen und Gravuren) aus der Jungsteinzeit (ab ca. 5000 v. Chr.). Sie stellen vor allem geometrische Figuren, Waffen, Werkzeuge, Menschen und

Felszeichnung in Oukaimeden

Tiere dar, darunter solche, die heute nur noch in tropischen Zonen leben (z. B. Elefanten, Giraffen, Nilpferde). Die Zeichnungen stammen zweifellos von verschiedenen Bevölkerungsgruppen; allgemein unterscheidet man vier Epochen (die jüngste endet erst um 700 n. Chr.!).

Die bekanntesten Felsbilder sind die in der Umgebung von Foum el Hassane (vgl. S. 292) und bei Oukaimeden (vgl. S. 256; zahlreiche weitere prähistorische Grafitti finden sich in anderen Orten des Sahara-Randgebietes so bei Akka, Taouz, Tafraoute, Figuig und El Aioun. Nur die von Oukaimeden sind leicht zugänglich, alle anderen erfordern lange Anfahrten, strapaziöse Fußmärsche oder Ritte, manche sogar einen Führer. Da sie bei weitem nicht so eindrucksvoll sind wie Felsmalereien in Spanien, Frankreich oder Algerien, ist eine Besichtigung nur bei speziellem Interesse zu empfehlen.

Aus der Zeit vom 2. Jahrtausend v. Chr. an sind auch die Reste einiger megalithischer Grabanlagen erhalten, besonders eindrucksvoll der Kromlech von Msoura bei Asilah (vgl. S. 92).

Kultur und Kunst der Phönizier und Karthager sind in Marokko lediglich mit spärlichen Fundamentresten repräsentiert, da die Römer auf den Grundmauern punisch-karthagenischer Siedlungen neue Orte errichteten.

Kunst der Römerzeit

Die Ruinen einer Reihe von Römersiedlungen – vorwiegend aus dem 2. und 3. Jh. n. Chr. – haben sich im Norden Marokkos erhalten, bei weitem am eindrucksvollsten darunter die Ruinen von Volubilis (vgl. S. 203f., Farbabb. 22).

Korinthische Säulen in Volubilis

Der leicht erreichbare Ort zählt besonders wegen seiner herrlichen Fußbodenmosaiken zu den sehenswertesten Kunststätten des Landes. Lohnend ist auch ein Besuch von Lixus (vgl. S. 94f.). Nur geringe Reste bieten Banasa (vgl. S. 97f.), Chellah (vgl. S. 111), Cotta (vgl. S. 78), Tamusida (vgl. S. 99) und Tamuda (vgl. S. 89).

Prähistorische Funde und Kleinkunst der Phönizier, Karthager und Römer sind in den Archäologischen Museen des Landes ausgestellt. Das reichhaltigste ist das von Rabat; lohnend auch die Museen in Tetouan und Tanger.

Die Kunst der Berber

Ihre hervorragendsten künstlerischen Leistungen haben die Berber auf dem Gebiet der Architektur hervorgebracht. Ihre mächtigen, festungsartigen Bauten sind in Nordafrika einmalig, und nur in der Baukunst des Jemen findet sie innerhalb des islamischen Kulturraumes eine Parallele. Unter der arabischen Sammelbezeichnung ›Kasbah‹ bekannt, werden sie von den Berbern selbst ›Agadir‹ oder ›Tighremt‹ genannt. Sie dienen als Gemeinschaftsspeicher eines Stammes, als Sippenwohnburgen und früher auch als Sitze mächtiger Stammesführer. Stammesfehden und die ständige Bedrohung durch räuberische Nomaden machten starke Befestigungsanlagen notwendig. Die ältesten Kasbahs sind etwa 400 Jahre alt, manche Grundmauern schon über 1000 Jahre. Da außer in den Ornamenten keine maurischen Einflüsse erkennbar sind, geht der Baustil sicher auf die vorislamische, vielleicht sogar schon auf die vorrömische Zeit zurück. Trotz aller regionalen Unterschiede folgen die Kasbahs einem Grundplan: Ein mehrstöckiger Zentralbau wird von einer hohen Mauer umschlossen, die oft von Ecktürmen flankiert ist. Häufig hat man mehrere solcher Bauten zu riesigen, verschachtelten Komplexen zusammengefügt. Als Materialien werden Stampflehm, luftgetrocknete Lehmziegel oder Bruchsteine

Berberkeramik

Kasbah in M'Semrir
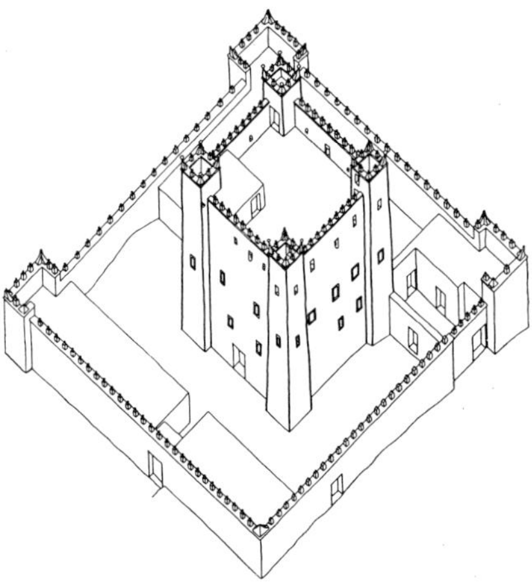

verwendet. Geometrische Ornamente – durch Einritzungen oder verschiedenartige Ziegel gebildet – verzieren die Außenwände. In manchen Gebieten werden die Wände verputzt und farbig getüncht. Reichen Innenschmuck tragen vor allem die ehemaligen Residenzen der großen Stammesführer.

Die meisten Kasbahs liegen in den Tälern von Dra und Dades (vgl. S. 60ff.), im Anti-Atlas (vgl. S. 286f.) und im westlichen Hohen Atlas (vgl. S. 251ff.). Manche von ihnen sind noch heute bewohnt, viele stehen aber leer und sind dem Verfall preisgegeben.

Die bemerkenswertesten Produkte des berberischen Kunsthandwerks sind die Silberschmiedearbeiten der Chleuh – vor allem Dolche und Frauenschmuck –, die Teppichknüpferei und die Töpferei. Die wesentlichen Unterschiede zum arabischen Handwerk darf man dabei im Vorherrschen geometrischer Muster und in der Verwendung figürlicher Darstellungen sehen.

Silberschmuck der Berber

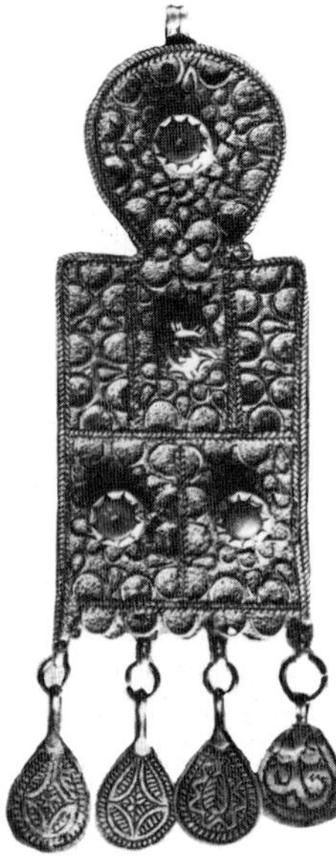

Die maurische Kunst

Jahrhundertelang war in Marokko das Zentrum des westlichen Islam, und zahllose bedeutende Bauten wurden in dieser Zeit geschaffen. Von den Zerstörungen, die die Eroberungszüge des Osmanischen Reiches dem übrigen Maghreb vom 16. Jh. an brachten, blieb Marokko weitgehend verschont. Das Land wurde auch erst wesentlich später zur Kolonie als seine östlichen Nachbarn. Von allen Maghrebstaaten verfügt Marokko deshalb über den reichsten Bestand an islamischen Baudenkmälern; seine Kunststätten zählen zu den bedeutendsten der gesamten islamischen Welt.

Die Geschichte der islamischen Kultur in Marokko beginnt mit der Eroberung Spaniens durch die arabischen Omajaden ab 711. Diese gründeten dort 756 das Emirat von Cordoba (ab 852 Kalifat genannt), das über drei Jahrhunderte das mächtigste Reich des westlichen Islam bilden sollte. Die andalusischen Araber wurden von den Spaniern ›Moriscos‹ (Mauren) genannt – ein Begriff, der bald auch auf die arabische Bevölkerung des Maghreb ausgeweitet wurde. Die maurische Kultur in Spanien erlebte ihre Blütezeit im 10. Jh. 1030 zerfiel das Kalifat von Cordoba in verschiedene Kleinstaaten. Als diese 1090 von den marokkanischen Almoraviden unterworfen wurden, trat Marokko das Erbe Andalusiens an; die bemerkenswertesten Schöpfungen dieser zweiten Blüte der maurischen Kultur entstanden unter den Almohaden und Meriniden zwischen dem 12. und 15. Jh. Durch Flüchtlinge aus Andalusien, das in der Reconquista von den Christen zurückerobert wurde, kamen dabei immer wieder neue Impulse. Zeitgenössische Reiseberichte von Europäern schildern die maurische Kultur mit höchster Bewunderung und bezeugen, daß sich damals kein Land Europas mit ihrem Entwicklungsstand messen konnte.

Die Ornamentalkunst

Die wohl vollkommenste Schöpfung der islamischen Kultur ist die Ornamentik. Ornamente beherrschen die Architektur und füllen oft jede freie Fläche im Inneren der Gebäude aus, sie dominieren aber auch in der Kleinkunst, besonders in den prachtvollen Koranhandschriften. Es handelt sich hier nicht um eine reine Dekoration, sondern um eine eigene, abstrakte Kunstform, die sich aller verfügbaren Techniken und Materialien bedient.

Der außerordentliche Reichtum der islamischen Ornamentalkunst hat seine Ursache in dem religiösen Verbot, Lebewesen darzustellen, denn, so die Begründung, der Mensch dürfe nicht mit Gott, dem Schöpfer, wetteifern, der allein Leben einhauchen könne. Die frühen Moscheen von Jerusalem, Medina und Damaskus mit ihren teilweise unbeholfenen Versuchen, eine eigene, spezifisch islamische Ikonographie zu entwickeln, zeigen allerdings, daß das Bilderverbot weniger eine dogmatische Setzung des Korans als eine Reaktion auf die bildnerische Überlegenheit des Byzantinischen Reiches war und erst später durch bestimmte Hadith unterstrichen wurde. In der profanen Kunst – die besonders im

Stuckornament in der Medersa Attarine (Fès)

westlichen Islam aber stets nur eine untergeordnete Rolle spielte – wurde das Bilderverbot im übrigen nie konsequent befolgt. Was die Sakralkunst anbelangt, so finden sich Tierdarstellungen in Marokko nur an einem einzigen Bau: am Marmorbrunnen der Medersa Ben Youssef in Marrakech.

Der Verzicht auf figürliche Darstellungen zwang die islamischen Künstler, sich auf die Entwicklung abstrakter Formen zu konzentrieren. Drei Grundelemente sind es dabei, aus denen sich schließlich die ganze Vielfalt der Ornamentik ergibt:

Die Arabeske ist ein Muster, das aus eng miteinander verschlungenen, streng stilisierten Pflanzenranken besteht. Es geht auf byzantinische, letztlich auf hellenistische Vorbilder zurück.

Eine spezifisch arabische Errungenschaft ist die Kalligraphie, die Verwendung der Schrift als Ornament. Die meisten Schriftzüge sind religiösen Inhalts, vor allem aus dem Koran entnommen oder den Namen Allahs darstellend; bei manchen handelt es sich aber auch um eine reine ästhetische Aneinanderreihung von Buchstaben. Zwei Schriftstile lassen sich klar unterscheiden: das ältere Kufi, ein eckiger, streng geometrischer Stil, der im Architekturschmuck überwiegt, und das kursive, weichere und variantenreichere Neschi, das vorwiegend in Koranhandschriften verwendet wird.

Geradlinige, geometrische Muster werden durch die Verschlingung von Polygonen – überwiegend Oktogonen, häufig auch Hexagonen – erzielt.

Alle drei Grundelemente werden in zahllosen Varianten miteinander kombiniert. Hinzu kommt die Verwendung verschiedener Farben und Materialien. Somit stand den maurischen – wie überhaupt den islamischen – Ornament-Künstlern ein nachgerade unerschöpfliches Formenreservoir zur Verfügung.

Fayencendekor in den Saadiergräbern (Marrakech)

Die Architektur

Die maurische Architektur, deren Zeugen heute außer in Marokko noch in Andalusien (besonders Cordoba, Granada und Sevilla) und in Tlemcen (westliches Algerien) bewundert werden können, zeichnet sich durch einige charakteristische Merkmale aus: Die Bauten sind in die Breite gelagert, und die Raumgliederung erfolgt durch eine große Zahl schmaler, zierlicher Säulen. Mit den typischen Hufeisenbögen sind Fenster, Türen und Säulenjoche ausgestattet. Die Außenfassaden wirken oft schlicht, ja unscheinbar, die Ausschmückung konzentriert sich auf die Innenräume. In diesem Innenschmuck, der vor allem in der Gestaltung der Decken höchste Vollendung erreicht, hat die maurische Baukunst ihre bemerkenswertesten Leistungen erzielt: Mosaike aus Fayence-Fliesen (glasierten Tonplättchen) wechseln mit Steinreliefs, verschiedenfarbigem Ziegelmauerwerk und mit beschnitzten, bemalten und mit Einlegearbeiten versehenen Holzdecken ab. Besonders eindrucksvoll sind die Muqarnas, die Stalaktitgewölbe, so genannt, weil sie an

Stalaktiten (herabhängende Tropfsteine) erinnern. Ihr Material ist Stuck – Gips, aus dem man die Formen herausschneidet und der anschließend mit Kalkwasser wetterfest gemacht wird. Diese aus Persien stammende Kunst, Garant eines außerordentlichen Formenreichtums, erreichte bei den Mauren ihren glanzvollen Höhepunkt.

Sakrale und profane Bauten

Deutlich zeigt sich in der maurischen Baukunst die beherrschende Stellung der Religion: Fast alle bedeutenden Baudenkmäler sind **Sakralbauten.**

Religiöser Hauptbau ist die Moschee. Ihr arabischer Name ›Mesdjid‹ bedeutet ›Ort des Niederwerfens‹, d.h. Platz des Gebetes. Nur die großen Freitagsmoscheen werden ›Djemaa‹ (Versammlung) genannt, was zugleich die Bezeichnung für den Wochenfeiertag Freitag ist.

Die Anlage der maurischen Moscheen geht auf das Vorbild der alten omajadischen Moscheen von Kairouan und Cordoba zurück. Ihre vollendete Form erhielten sie unter den Almohaden. Während in den übrigen Maghreb-Staaten durch die türkische Herrschaft auch die Architektur gründlich verändert wurde, lassen sich in Marokko in späteren Epochen lediglich Detailveränderungen beobachten. Der klassische almohadische Grundplan wurde beibehalten. An ihm orientierten sich bis heute alle Moscheeneubauten.

Zentrum einer maurischen Moschee ist der rechteckige Innenhof, in dessen Mittelpunkt ein oft reich verzierter Reinigungsbrunnen steht. Der Hof wird auf allen Seiten von gedeckten Säulenhallen umgeben. Die nach Mekka gerichtete Seite nimmt der Gebetssaal ein, dessen Ausdehnung die des Hofes meist übertrifft. Er wird durch Säulenreihen in mehrere Schiffe unterteilt. Parallel zur Qibla – der nach Mekka gerichteten Gebetsmauer – verläuft ein von mehreren Kuppeln bekröntes Querschiff. Senkrecht dazu erstrecken sich das erhöhte Mittelschiff und verschiedene Seitenschiffe. Die maurischen Moscheen erhalten so ihre typische T-Form.

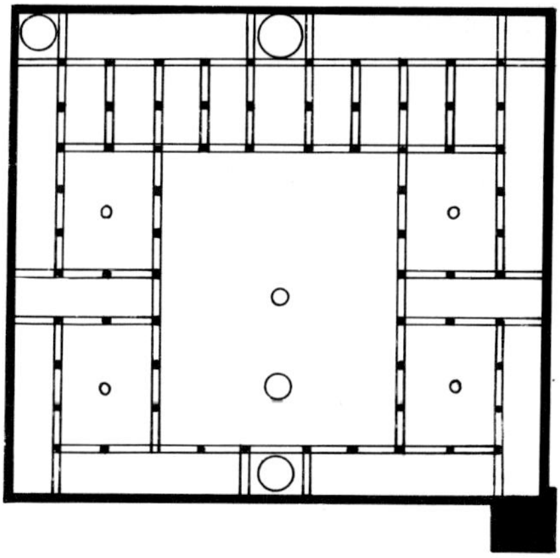

Grundriß der Kasbah-Moschee (Marrakech), deren Gebetssaal die typische T-Form zeigt

Den Mittelpunkt der Qibla-Mauer bildet der Mihrab, die Gebetsnische. Sie ist von allen Teilen der Moschee am reichsten geschmückt. Bei Gemeinschaftsgebeten wendet sich der Imam – der Vorbeter – ihr zu, um durch den Widerhall der Nische seine Stimme zu verstärken. Rechts daneben erhebt sich der Minbar, die Gebetskanzel. Sie besteht meist aus Holz (gelegentlich aus Marmor) und ist oft mit bemerkenswerten Schnitzereien verziert.

An der Moscheeseite gegenüber der Qibla-Mauer ragt das Minarett empor. Der in der islamischen Architektur Marokkos quadratische Turm besteht aus einem massiven Unterbau und einem schlankeren Aufsatz, der von einer kleinen Kuppel abgeschlossen wird, noch überragt von einer Stange mit drei goldenen Kugeln. Die Fassaden des Minaretts werden durch Fenster, Reliefs und farbige Fliesen gegliedert.

Marokkanische Moscheen dürfen von Nicht-Moslems nicht betreten werden.

Minarett der Koutoubia in Marrakech

Die glanzvollen Interieurs bleiben dem Touristen also verborgen.

Eine ähnliche Anlage wie die Moschee zeigt die Medersa, die höhere Lehranstalt für Theologie und islamisches Recht: Um den zentralen Innenhof gruppieren sich ein kuppelgekrönter Gebetssaal und die Nebengebäude, die im unteren Stockwerk Gebetsräume und im oberen die Wohnräume der Studenten enthalten. Die Architektur ist in der Regel einfach, aber mit aufwendigen und prachtvollen ornamentalen Verzierungen ausgestattet. Ein Medersa-Besuch muß – und kann – den Marokko-Reisenden über das Moschee-Verbot hinwegtrösten.

Weitere wichtige Sakralbauten sind Grabmäler (Koubbas oder Marabouts) und die Stammsitze religiöser Bruderschaften (Zaouias). Auf einem kubischen Unterbau erhebt sich über dem Grab das kuppel- oder pyramidenförmige Dach. Grabstätten und Zaouias, die oft miteinander kombiniert sind, bilden häufig zusammen mit einer Moschee eine Gesamtanlage.

Die prächtigsten unter den **Profanbauten** sind die Palastanlagen. Sie bestehen meist aus niedrigen Einzelgebäuden und Innenhöfen, die zu verschachtelten Komplexen ohne einheitlichen Gesamtplan zusammengewachsen sind. Verschiedene Funktionsbereiche sind indessen klar voneinander getrennt: Der Mechouar ist ein großer Hof für öffentliche Versammlungen und Gerichtsverhandlungen; der Diwan enthält den Thronsaal mit den Beratungsräumen; der Harem ist der Privatteil des Palastes mit Wohnräumen und Frauengemächern.

Von den alten maurischen Palastanlagen sind nur sehr kleine Teile erhalten geblieben, neuere Paläste folgen aber den klassischen Vorbildern.

Gut erhalten haben sich dagegen viele der mächtigen Festungsanlagen und Stadtmauern. Als reine Zweckbauten sind sie überwiegend schmucklos. Einige Monumentaltore, die außer zur Verteidigung einst auch als Ort öffentlicher Gerichtsversammlungen dienten, weisen aber prächtige Verzierungen an den Fassaden auf.

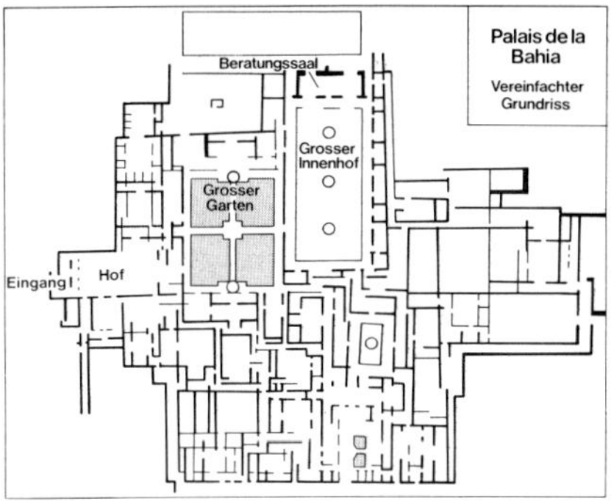

Die verschachtelte Anlage maurischer Paläste zeigt sich deutlich beim Palais de la Bahia in Marrakech

Am bedeutendsten unter den übrigen Profanbauten sind die Fondouks: Herbergen für Kaufleute und ihre Tiere und zugleich Großhandelslager. Auch einige Badehäuser (Hamam, bekannt als ›Türkisches Bad‹) sind bemerkenswert.

Eine wichtige Rolle spielen die oft verzierten Brunnen. Da sie zur rituellen Reinigung vor dem Gebet notwendig sind, finden sie sich in allen sakralen Bauten. Auch Gartenanlagen und öffentliche Plätze sind häufig mit großen Brunnen verschönt. In Fès etwa zählt man insgesamt 134 öffentliche Brunnenanlagen.

Als Teil der maurischen Baukunst können auch die hochentwickelten Gartenanlagen angesehen werden. Die Wasserarmut der meisten Gebiete Marokkos macht eine komplizierte künstliche Bewässerung nötig und läßt die grünenden Gärten als Symbole des Reichtums erscheinen. Die wohlhabenden Mauren wetteiferten stets darin, ihre Paläste mit den prächtigsten Parks und Wasserspielen zu versehen.

Ein bemerkenswertes Kennzeichen von sakralen Bauten, Königspalästen und anderen herausragenden öffentlichen Gebäuden ist die Deckung des Daches mit grünen Ziegeln (vgl. Farbtafel 21): Diese Ziegel werden nur hier verwendet, da Grün die Farbe des Islam ist.

Stilrichtungen des maurischen Marokko

Der maurische Stil zeigt zwar eine gewisse Einheitlichkeit, die verschiedenen Epochen sind aber doch durch einige eigene Merkmale gekennzeichnet.

Die **Kunst der Almoraviden** ist in der Regel sehr schlicht und zweckgebunden, wuchtige Bauten herrschen vor. Auf Ornamente wurde weitgehend verzichtet – eine Reaktion des almoravidischen Puritanismus auf den Formenreichtum des omajadischen Stils in Spanien. Nur wenige Bauten aus dieser Zeit haben sich erhalten, am bedeutendsten darunter die Mauern und Tore von Marrakech.

Unter den **Almohaden** beginnt die Blüte des maurischen Stils in Marokko. Anfangs bleiben die Ornamente schlicht, die Architektur dominiert, und die klassische Form der Moschee wird entwikkelt. Später nehmen die Ausschmückungen zu: Das Stalaktitgewölbe kommt auf, und die Arabeske wird zum vorherrschenden Ornament. Die bedeutendsten almohadischen Bauten sind die Moschee von Tinmal, die Koutoubia von Marrakech, der Hassanturm von Rabat (vgl. Farbabb. 26), die später mehrfach umgebaute Kairaouine von Fès und – außerhalb Marokkos – die Giralda von Sevilla. Bemerkenswert sind auch die mächtigen Monumentaltore von Marrakech und Rabat.

In der Zeit der **Meriniden** wird die Ornamentalkunst vervollkommnet: Sie

Merinidisches Ornament aus der Medersa Bou Inania, Meknes

wird komplexer und prunkvoller. Das Stalaktitgewölbe wird weiterentwickelt, und geschnitzte Holzdecken treten in den Vordergrund. Die Bautätigkeit konzentriert sich auf die Anlage von Medersas, architektonisch ändert sich aber nur wenig. Die bedeutendsten merinidischen Bauten sind die Medersas in Fès, Meknes und Salé sowie die Nekropole Chellah in Rabat.

Mit dem Ende der Meriniden ist auch die Blütezeit der maurischen Kunst vorüber. Die **Saadier** errichten zwar noch eindrucksvolle Bauten – zu nennen besonders die Saadier-Gräber und der El Badi-Palast in Marrakech –, diese variieren aber nur noch alte Formen. Später folgt unter den **Alaouiten** eine Steigerung klassischer Vorlagen ins Monumentale – herausragendes Beispiel ist die Ville Imperiale in Meknes. Im 19. Jh. werden die Ornamente immer einfacher, und grelle Farben beginnen die Muster zu beherrschen. Dennoch wird um die letzte Jahrhundertwende noch eine Reihe von bemerkenswerten Palästen in den Königsstädten errichtet. In neuerer Zeit greift man wieder verstärkt auf klassische Vorbilder zurück. Eindrucksvollster Neubau ist das Mausoleum Mohammeds V. in Rabat.

Wissenschaft, Philosophie und Kunsthandwerk

Gewiß ist die maurische Kultur in ihrer architektonischen Hinterlassenschaft am eindrucksvollsten repräsentiert, aber auch auf anderen Gebieten von Kunst und Wissenschaft wurden herausragende Leistungen erzielt.

Eine große Bedeutung maßen die Mauren den **Naturwissenschaften** bei, die der zeitgenössischen europäischen Forschung weit überlegen waren. Besonders Medizin, Astronomie und Mathematik erreichten einen hohen Stand und übten einen wichtigen Einfluß auf die Entwicklung der Wissenschaft in Europa aus. So stammt z. B. unser Dezimalsystem von den Arabern.

Auch **Literatur und Philosophie** der Mauren beeinflußten die europäische Geistesgeschichte: Die Kommentare zu Aristoteles – im 12. Jh. von dem bedeutendsten arabischen Philosophen, dem Marokkaner Averroës, verfaßt – gelten bis heute als Standardwerke. Wertvolle ethnographisch-historische Arbeiten stammen aus dem 14. Jh.: vor allem die ›Geschichte der Berber‹ von Ibn Khaldoun – die wichtigste alte Quelle über dieses Volk – und die Berichte von Ibn Batouta über seine Reisen nach Asien, die ihn bis nach China und Indonesien führten. Hochentwickelt war auch die maurische Dichtkunst, die sich vor allem durch ihre äußerst blumenreiche Sprache auszeichnet.

Vom großen Reichtum des **Kunsthandwerks** zeugen bis heute die Museen

Rosenwasserflasche

für marokkanische Volkskunst. Besonders eindrucksvoll sind die Leistungen auf dem Gebiet der Buchkunst: In prächtig illuminierten und gebundenen Koranhandschriften entfaltet sich die Ornamentik zu voller Blüte. Großartige Arbeiten brachten auch Holzschnitzer, Kupfer- und Silberschmiede, Teppichweber, Töpfer und Lederverarbeiter hervor. Den klassischen Vorbildern folgt das marokkanische Kunsthandwerk bis heute (Vgl. S. 363 f.).

Musik, Tanz und Unterhaltung

Traditionelle marokkanische Musik erfreut sich bis in die Gegenwart in allen Kreisen der Bevölkerung großer Beliebtheit: Sie ist ein Hauptbestandteil aller Radio- und Fernsehprogramme und ertönt aus zahlreichen Kassettenrecordern, die zum begehrtesten Besitz eines Marokkaners zählen. Musik hört man in Marokko zu jeder Zeit und an jedem Ort. Für europäische Ohren mag sie zunächst eintönig erscheinen, erst bei genauerem Hinhören erschließt sich ihre Vielfalt. Deutlich lassen sich zunächst die Stile der Araber und der Berber unterscheiden.

Die arabische Musik stammt ursprünglich aus Andalusien und hat ihre klassische Form am besten in Nordmarokko, vor allem in Fès und Tetouan, bewahrt. Ihre oft komplizierten Melodien werden vorwiegend auf Saiteninstrumenten (Laute, Zither, Mandoline und der violinenähnlichen Rebec) gespielt, dazu treten Gesang und Tamburin-Begleitung. Neben den klassischen Liedern in Hocharabisch (›Ala‹ genannt) gibt es volkstümliche, unterhaltsame

Haratin-Musikanten auf der Place Djemaa el Fna (Marrakech)

Balladen in Dialekt (Quasida) und religiöse Gesänge ohne Instrumentalbegleitung (Sama).

Die Musik der Berber ist melodisch sehr viel einfacher. Im Vordergrund steht der Rhythmus, der die vielfältigen Tänze akzentuiert. Hauptinstrumente sind entsprechend verschiedene Trommeln und Tamburine; den einfachen Melodie-Instrumenten (meist Flöten, daneben eine Art Dudelsack) kommt nur eine untergeordnete Rolle zu. Die regionalen Unterschiede sind groß.

Rhythmisch noch ausgefeilter ist die Musik der Haratin, der Nachkommen der westafrikanischen Sklaven. Ihre hervorragenden Trommelkünste kann der Marokko-Besucher auf vielen Marktplätzen des Südens, auch in Marrakech, erleben.

Tänze sind eine Spezialität vor allem der Berber. Die regionale Vielfalt ist groß, doch dominieren einige Tanzformen:

Haupttanz der Chleuh – vor allem in den Tälern des Hohen Atlas und im Gebiet um Ouarzazate – ist der Ahouach. Die Frauen tanzen im Kreis um die musizierenden Männer. Zwischen beiden Gruppen findet ein Wechselgesang statt, dessen Rhythmus sich ständig steigert.

Bei den Berabern ist besonders der Ahidou in seinen zahlreichen Varianten beliebt. Frauen und Männer tanzen hier gemeinsam in einem Kreis, begleitet von Tamburinen, Gesang und Gedichtrezitationen.

Im Rif herrschen kriegerische Tänze vor, die nur von Männern getanzt werden. Häufig werden dabei Kunststücke mit Waffen vorgeführt.

Der wohl bekannteste marokkanische Tanz ist die Guedra der Sahararandzone, die unter Berbern und Arabern gleichermaßen verbreitet ist. Es handelt sich dabei um den Solotanz einer knienden Frau zum Rhythmus einer Trommel, deren Schlagwirbel sich ständig steigert,

Tänzer auf einem Fest anläßlich des Geburtstags von Hassan II.

bis die Tänzerin, anfangs von zahlreichen Schleiern verhüllt, die sie nach und nach ablegt, schließlich erschöpft zusammenbricht. Diese sehr eindrucksvolle Tanzdarbietung von stark erotischem Charakter ist heute eine beliebte Touristenattraktion: In zahlreichen Orten des marokkanischen Südens werden Gue-

dras eigens für Reisegruppen arrangiert.

Bemerkenswert sind auch die Gnaoua, die ausgesprochen rhythmischen und oft mit akrobatischen Kunststücken verbundenen Tänze der Haratin.

Bauchtänze, wie sie heute in vielen Nachtclubs gezeigt werden, sind nicht typisch marokkanisch: Sie stammen aus der osmanischen Türkei und dienen im modernen Marokko vor allem als Touristenattraktion, als ›echt orientalisches‹ Vergnügen.

Bauchtänzerin in einem Nachtclub ▷

Schlangenbeschwörer in Marrakech

Als eigene Kunstgattung können auch die vielfältigen Formen der **Unterhaltung** angesehen werden, die vor allem an Markttagen geboten werden, wo Märchenerzähler mit oft beachtlichen pantomimischen Leistungen, Feuerschlucker, Schlangenbeschwörer, Akrobaten und andere Schausteller auftreten (Farbabb. 4, 8). Viele von ihnen sind Mitglieder religiöser Bruderschaften. Das größte Angebot an Unterhaltungskünsten findet sich in den Marktorten des marokkanischen Südens, besonders in der Stadt Marrakech.

Zu den modernen Formen der Unterhaltung gehört natürlich auch in Marokko der Sport. Die Nation wurde in einen wahren Begeisterungstaumel versetzt durch die beiden Goldmedaillengewinne bei der Olympiade 1984 in Los Angeles (Said Aouita über 5000 m der Männer, Nawal al Muttawahil über 400 m Hürden der Frauen) und durch den Erfolg bei der Fußballweltmeisterschaft 1986 in Mexiko, als die marokkanische Nationalelf als erstes afrikanisches Team bis ins Achtelfinale vordrang.

Europäische Bauten in Marokko

Aus der Zeit der spanischen und portugiesischen Herrschaft über eine Reihe von Küstenstädten haben sich einige eindrucksvolle Bauwerke erhalten, am bedeutendsten darunter die portugiesische Zisterne in El Jadida (vgl. S. 129 f.) und der Rest der portugiesischen Kathedrale in Safi (vgl. S. 131). Mächtige Festungsanlagen besitzen neben El Jadida und Safi auch Asilah, Larache und Azemmour.

ORTSBESCHREIBUNGEN

Tanger

300 000 Einwohner. Provinzhauptstadt und bedeutender Hafen- und Handelsort, landschaftlich schön in einer ausgedehnten Bucht an der Straße von Gibraltar gelegen. In der Protektoratszeit unter internationaler Verwaltung, damals als Finanz- und Handelszentrum weit wichtiger als heute. Auch gegenwärtig aber noch bedeutendster marokkanischer Fährhafen und beliebter Badeort, entsprechend stark auf Fremdenverkehr eingestellt. Sehenswert ist die Medina mit der Kasbah.

Geschichte

Die Umgebung des heutigen Ortes ist schon seit der Altsteinzeit bewohnt, eine feste Siedlung gab es wahrscheinlich bereits um 1600 v. Chr. Tanger ist damit der älteste ununterbrochen besiedelte Ort Marokkos.

Phönizischer und karthagischer Stützpunkt. Nach dem Untergang Karthagos ist der Platz zeitweise Teil des Berberreiches Mauretania, zeitweise unabhängig. 38 v. Chr. Eingliederung in die römische Provinz Hispania (Spanien). In der römischen Mythologie erwähnt als eine Gründung des Riesen Antäus, Neptuns Sohn, den Herkules bei Larache getötet haben soll. Nach der Eingliederung des restlichen Nordmarokko in das Römische Reich um 40 n. Chr. Aufstieg zum Handelszentrum der Provinz Mauretania Tingitana. Als Freie Stadt von Tributzahlungen befreit. Letzter römischer Stützpunkt in Marokko. 429 vandalische, 533 byzantinische Eroberung der Stadt. Neben Ceuta einziger marokkanischer Ort, der tatsächlich der Verwaltung von Byzanz unterstellt war. 705 Einnahme durch die Araber, Brückenkopf für die islamischen Vorstöße nach Spanien. Danach jahrhundertelang umkämpft zwischen spanischen Omajaden, ägyptischen Fatimiden und Berberstämmen der Umgebung. Ende des 10. Jh.s omajadisch, im 11. Jh. Eroberung durch die Almoraviden.

1471 portugiesische Kolonie, 1661 anläßlich der Heirat des englischen Königs Charles II. mit Katharina von Bragança an die Engländer abgetreten, die die portugiesischen Bauten zerstören und die Stadt neu befestigen. Ab 1678 Belagerung durch die Truppen von Moulay Ismail, 1684 Abzug der Engländer und Schleifung der Befestigungsanlagen. Tanger danach bedeutungslos.

Ende des 18. Jh.s, als europäische Siedler in den meisten marokkanischen Orten unerwünscht sind, wird das ›offene‹ Tanger der bevorzugte Stützpunkt ausländischer Händler und Diplomaten. Dadurch zunehmender europäischer Einfluß: Der Sultan übt schließlich kaum noch eine Kontrolle über die Stadt aus. 1892 Unterstellung von Teilen der Verwaltung unter eine internationale Kommission. 1912 wird bei der Aufteilung Marokkos der Beschluß gefaßt, daß Tanger einen Sonderstatus erhalten soll, der 1923 im Statut von Tanger geregelt wird:

Tanger ist fortan internationale Zone. Die Oberhoheit des Sultans – vertreten durch den Mendoub – bleibt formell bestehen, die Verwaltung wird aber einer internationalen Gesetzgebenden Versammlung (21 Europäer verschiedener Nationen, neun Marokkaner) unterstellt. Militärische Neutralisierung, Handelsfreiheit aller Nationen, Steuerfreiheit. Offizielle Sprachen sind Arabisch, Französisch und Spanisch.

Tanger wird ein bedeutendes internationales Handels- und Finanzzentrum, dazu wichtigster Hafen für die spanischen Zone. Im Zweiten Weltkrieg spanische Besetzung der Stadt. Danach internationales Zentrum des Rauschgift-, Waffen-, Gold- und Devisenschmuggels; damals ist Tanger eine der berüchtigsten Hafenstädte der Welt. Wirtschaftlich und politisch dominierend sind in dieser Zeit die Franzosen, den größten ausländischen Bevölkerungsanteil stellen die Spanier. Einflußreich auch die britische Kolonie. 1956 über 50000 europäische Bewohner.

Nach der Unabhängigkeit Aufhebung des internationalen Status, Steuervergünstigungen werden aber noch bis 1960 gewährt. Danach völlige Integration in den marokkanischen Staat. Die Bedeutung als internationales Kapital- und Marktzentrum geht verloren, die Stadt stagniert – noch heute sichtbar an großzügig geplanten, aber unbebauten Straßenzügen, um die neue Stadtviertel entstehen sollten (allerdings erfährt Tanger neuerdings wieder ein stürmisches Wachstum).

In den letzten Jahren neuer Aufschwung durch den Tourismus: Tanger ist als ›Tor Afrikas‹ der wichtigste Fährhafen Marokkos, der fünftgrößte Handelshafen (Umschlag 1984 fast 700000 Tonnen) und ein Badezentrum von Rang. Die Stadt zählt zu den wichtigsten Fremdenverkehrsorten des Landes. Der Bau weiterer großer Hotelkomplexe ist geplant.

Ihren Verruf als internationales Schmugglerzentrum hat die Stadt längst verloren, die Kriminalitätsrate liegt aber auch heute noch weit höher als in jeder anderen marokkanischen Stadt. Neben dem schwunghaften Drogenhandel sind vor allem Taschendiebstähle, Betrugsdelikte und Prostitution verbreitet. Zentren des Drogenhandels sind Petit Socco und das Bahnhofsgebiet, die Prostitution konzentriert sich vor allem auf die Bars und die Diskotheken der Neustadt. Gewaltverbrechen sind seltener als in Westeuropa, aber häufiger als sonst im Land. In Tanger ist daher für den Besucher besondere Vorsicht angebracht (vgl. S. 362f.).

Stadtgliederung

Die Medina von Tanger liegt auf einem Hügel, der den Hafen beherrscht. Die Spitze dieses Hügels wird von der Kasbah eingenommen. Um die Medina herum erstreckt sich die Neustadt, an die sich im Nordwesten der Villenvorort Montagne und im Südosten das Badezentrum von Malabata anschließen.

Stadtbesichtigung

Günstigste Standorte sind die Hotels um Petit Socco und Rue de la Plage/Av. de Espagne. Für die Besichtigung der Stadt genügt ein Tag.

Hafen, Busbahnhof und Bahnhof liegen dicht beieinander an einem langgestreckten Platz am Fuß der Medina. Um diesen Platz und an der anschließenden Avenue d'Espagne, die sich am Meer entlangzieht, sind zahlreiche Cafés, Restaurants, kleine und mittlere Hotels sowie Reisebüros zu finden. Gegenüber dem Bahnhof führt die steil ansteigende Rue de la Plage, in der ebenfalls einige kleine Hotels liegen, zum Grand Socco.

Der **Grand Socco** (Socco ist die spanische Form von Souk) ist der zentrale Platz von Tanger, zwischen Medina und Neustadt gelegen. Rund um den Platz kann der Reisende zwischen einigen Cafés, Restaurants und kleinen Hotels wählen, hier fahren die Stadtbusse ab, und vormittags findet auf dem Grand Socco ein Lebensmittelmarkt statt. Don-

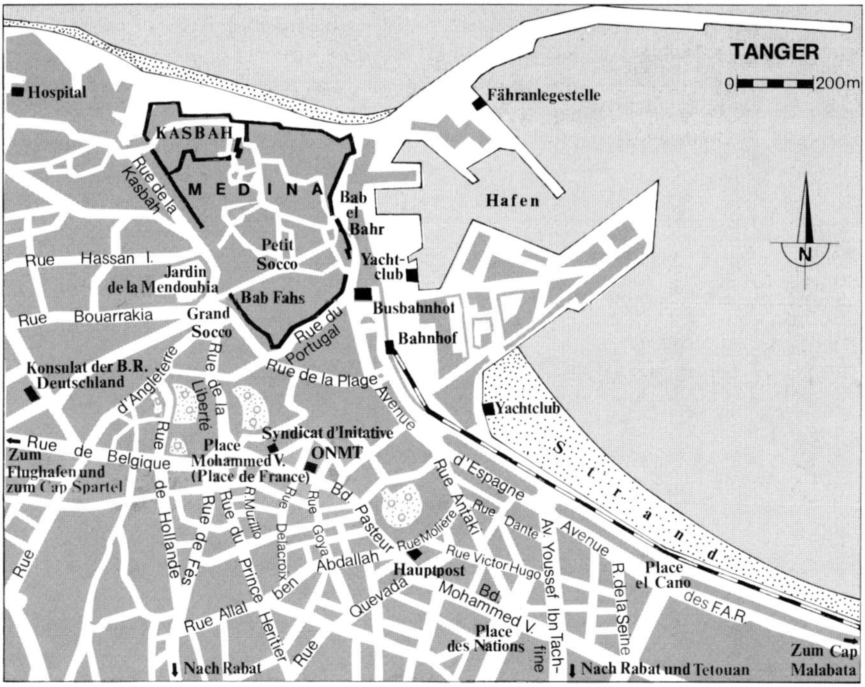

nerstags und sonntags kommen zahlreiche Berber aus der Umgebung zum großen Wochenmarkt. Die meisten dieser Berber, deren Frauen an den breitkrempigen Strohhüten zu erkennen sind, gehören dem Stamm der Fahciya an, in dem es besonders viele blonde und blauäugige Menschen gibt. Die den Grand Socco überragende Moschee stammt aus dem Jahre 1917.

Vom Grand Socco aus läuft eine Reihe von Straßen in die verschiedenen Stadtteile von Tanger. Von der Rue de la Plage gesehen, die von Bahnhof und Hafen herkommt, führt die nächste Straße links (die Rue de la Liberté) ins Zentrum der Neustadt, das kleine weiße Tor rechts zum Lebensmittelmarkt, die nächste Gasse rechts zur Rue es Siaghin, der Hauptachse der Medina, und das danach rechter Hand folgende große weiße Tor (Bab Fahs) zur Kasbah (biegt man gleich hinter dem Bab Fahs rechts ab, gelangt man ebenfalls in die Rue es Siaghin). Die übrigen Straßen (Rue d'Angleterre, Rue San Francisco und Rue Bouarrakia), die bei der Moschee beginnen, führen zum Villenvorort Montagne. Das Tor am Anfang der Rue Bouarrakia bildet den Zugang zum **Mendoubia-Park.** Dort stehen die ehemalige Residenz des Mendoub (Vertreter des Sultans in der internationalen Zone), die heute das Musée Forbes für militärische Miniaturen (90000 Zinnsoldaten!) beherbergt, etwa 40 alte europäische Bronzekanonen und einige mächtige alte Drachenbäume (der älteste soll über 800 Jahre alt sein.)

Medina

Die kleine, aber sehr belebte und verwinkelte Medina von Tanger besitzt zwar keine herausragenden Baudenkmäler, ist

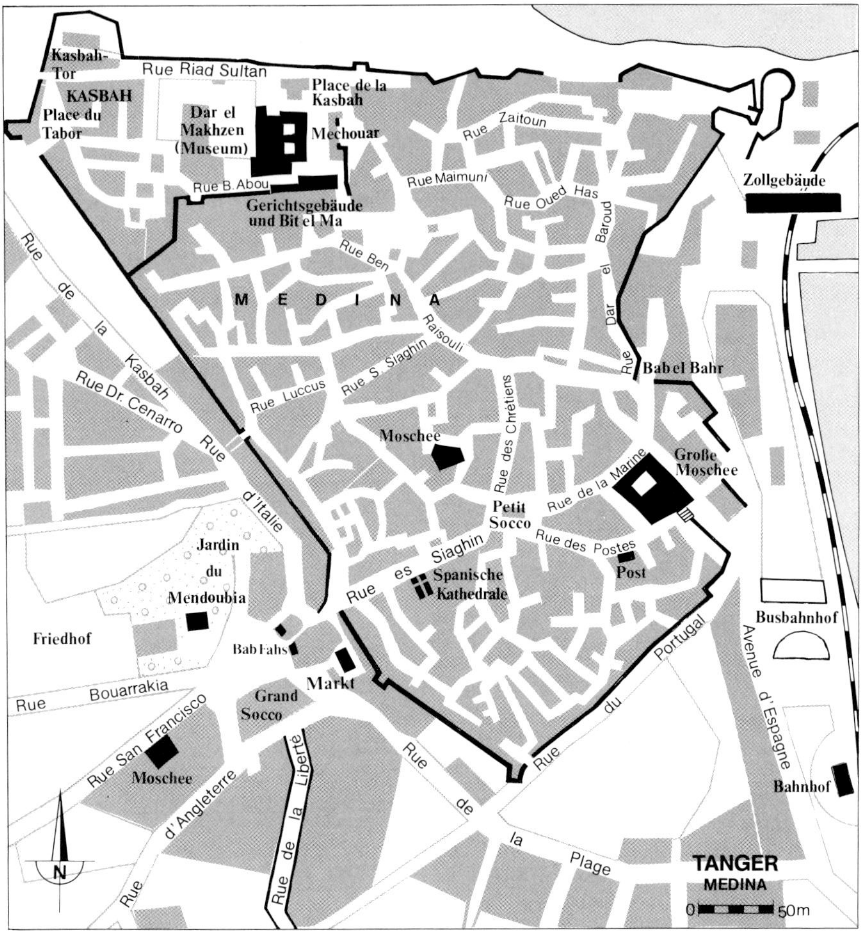

aber in ihrer Gesamtheit durchaus sehenswert. Den Haupteingang bildet das am Grand Socco gelegene Bab Fahs, hinter dem rechts die Rue es Siaghin beginnt (direkter Zugang dorthin auch über die zwischen Tor und Rue de la Plage gelegene Gasse; s. o.). Die von zahlreichen Souvenir- und Textilgeschäften gesäumte Straße führt an der Spanischen Kathedrale vorbei zum zentralen Platz der Medina, dem **Petit Socco** (spanisch: Socco Chico). Von Cafés und kleinen Hotels umgeben, gewinnt der Platz durch die schmiedeeisernen Fenstergitter und Balkone an den Häusern spanischen Charakter. Der starke spanische Einfluß in Tanger zeigt sich aber nicht nur in den Bauten und zahlreichen spanischen Bezeichnungen, sondern auch in der ›Franpagnol‹ genannten spanisch-französischen Mischsprache, die noch heute von vielen Bewohnern gesprochen wird. Der Petit Socco war früher eine Schaltstelle des internationalen Schmuggels, und auch heute konzentriert sich hier – außer in der Bahnhofsgegend – der Drogenhandel der Stadt. Um den Platz gruppieren sich die **Souks** von Tanger, die u. a.

In den Souks von Tanger ▷

Der Petit Socco

wegen der zahlreichen Tagesausflügler aus Spanien, die hier Souvenirs kaufen, sehr stark auf Touristen eingestellt sind. Die Preise in den Souks liegen deshalb höher als in anderen Städten; die Auswahl an Gegenständen des Kunsthandwerks aus dem ganzen Land ist allerdings auch entsprechend groß.

Vom Petit Socco führt die Rue de la Marine (beim Hotel Dante) zur **Großen Moschee,** einer Gründung des 17. Jh.s., deren jetzige Gestalt auf einen Umbau von 1815 zurückgeht. Ihr gegenüber eine heute nicht mehr benutzte Medersa aus dem 14. Jh. Hinter der Moschee liegt eine Terrasse, die eine **schöne Aussicht** auf den Hafen bietet. Die Rue de la Marine mündet beim Bab el Bahr (Meerestor), von dem eine Treppe hinunter zum Hafen führt. Parallel zur Rue de la Marine verläuft mit mehreren kleinen Hotels und Restaurants die Rue des Postes, die beim Hotel Fuentes ihren Anfang nimmt und an der Rückseite der großen Moschee mündet (Treppe Richtung Avenue d'Espagne).

Gleich linker Hand des Petit Socco (von der Rue es Siaghin aus gesehen) beginnt beim Hotel Mauretania die Rue des Chrétiens (jetzt: Rue des Almohades), früher das Zentrum des berüchtigten Vergnügungsviertels. An ihrem Ende (nach einer Linksbiegung) zweigt rechts die Rue Ben Raisouli ab; folgen Sie den gleich darauf beginnenden hügelan führenden Treppen, gelangen Sie zur Kasbah (der Weg ist nunmehr kaum zu verfehlen).

Die Kasbah

Die steilen Gassen münden beim Bab el Aissa, dem Haupttor der Kasbah. Hinter dem Tor liegt der Mechouar (Versammlungsplatz), der vom **Dar el Makhzen** beherrscht wird. Dieser im 17. Jh. erbaute und später mehrfach erweiterte ehemalige Sultanspalast beherbergt heute die Museen von Tanger. Die Sammlung des kleinen **Musée d'Art Marrocain** umfaßt vor allem Teppiche, Decken und Holzarbeiten. Das **Musée des Antiquités** mit der Abteilung für Stadtgeschichte enthält prähistorische und römische Funde aus der Umgebung sowie Bilder der Stadt aus jüngerer Zeit. Bemerkenswert sind vor allem das Modell eines punischen Grabes, die Kopien der wichtigsten Bronzestatuen aus Volubilis und einige Gemälde von Delacroix, die Tanger und Umgebung zeigen. Das Museum besitzt auch eine Sammlung von Waffen und Keramiken der Berber.

Neben dem Dar el Makhzen liegen das ehemalige **Gerichtsgebäude** und das **Bit el Ma,** die ehemalige Schatzkammer aus dem 17. Jh. An den Platz mit allen diesen Bauten schließt sich eine kleine Terrasse an, von der aus sich ein **eindrucksvoller Blick** auf die Bucht von Tanger mit dem gegenüberliegenden Cap Malabata, auf den Hafen mit seiner 1400 m langen Mole und auf das nur 14 km entfernte Spanien bietet. Ebenso eindrucksvoll ist der Ausblick von dem links dieser Terrasse in einem kleinen Park gelegenen Café du Detroit.

Die bei der Terrasse beginnende Straße, die entlang der Mauer verläuft (Rue Riad Sultan), führt über die Place du Tabor auf die Rue de la Kasbah. Diese Straße und ihre Verlängerung, die Rue d'Italie, bilden den direkten Weg zurück zum Grand Socco.

Neustadt

Vom Grand Socco führt die belebte Rue de la Liberté zum Zentrum der Neustadt, der Place Mohammed V. (früher Place du France). An diesen Platz schließt sich die Hauptgeschäftsstraße der Stadt an, der **Boulevard Pasteur.** Gleich am Anfang liegt hier eine Aussichtsterrasse (schöner Blick auf den Ha-

Neustadtgasse

fen). Die meisten modernen Geschäfte, größeren Restaurants, viele Cafés und Reisebüros sowie die beiden Fremdenverkehrsämter finden sich hier und in den Seitenstraßen, wo auch zahlreiche Hotels, Bars, Diskotheken und Nachtklubs liegen, die Tanger neben Casablanca zu der Stadt mit dem ausgeprägtesten Nachtleben Marokkos machen. Vom Boulevard Pasteur und seiner Verlängerung, dem Boulevard Mohammed V. mit der Hauptpost, führen einige Seitenstraßen hinunter zum Strand. Über die Rue de Belgique, die gegenüber des Boulevard Pasteur von der Place Mohammed V. abzweigt, erreicht man den Villenvorort **Montagne** mit einem Palast des Königs vom Ende des 19. Jh.s.

Strand

Die Strandzone von Tanger beginnt in der Nähe des Bahnhofs und erstreckt sich – zunächst entlang der Avenue d'Espagne – in östlicher Richtung bis zum Cap Malabata. Der breite, nur in Innenstadtnähe stärker frequentierte Sandstrand wird von zahlreichen Cafés, Restaurants, mittleren und großen Hotels sowie Badeeinrichtungen gesäumt; dahinter liegen einige der großen Hotels.

Umgebung von Tanger

Cap Malabata

Über die entlang des Strandes verlaufende Avenue d'Espagne oder über die Verlängerung des Boulevard Mohammed V. gelangt man zum 11 km vom Zentrum entfernten Cap Malabata, das die Bucht von Tanger im Osten begrenzt. Zwischen der Stadt und dem Cap liegt ein exklusives Hotel- und Bungalowzentrum (vgl. S. 80) auf dem Gelände der Villa Harris, des Ende des 19. Jh.s erbauten Wohnsitzes des ehemaligen ›Times‹-Korrespondenten Harris, der Anfang dieses Jahrhunderts von El Raisouli entführt wurde (vgl. S. 90). Das Badezentrum am Cap Malabata soll noch weiter ausgebaut werden: Das Projekt, das mit einem Kostenaufwand von umgerechnet zwei Milliarden DM zu den größten Bauvorhaben des Landes zählt, sieht neben zusätzlichen Hotels, Appartements, Villen (zusammen 30000 Betten geplant!) und ›Shopping Centres‹ die Anlage zweier künstlicher Seen und eines Yachthafens vor.

Am Cap Malabata selbst sind die Ruinen des portugiesischen **Leuchtturms El Menar** und das **Château Malabata,** die Anfang dieses Jahrhunderts errichtete Kopie einer mittelalterlichen Burg, sehenswert. Von der Höhe des Caps bietet sich zudem eine schöne Aussicht auf die Bucht und bis nach Spanien.

Cap Spartel und Herkulesgrotten

Vom Grand Socco führt die Rue San Francisco über die Straße S 701 zum 14 km entfernten Cap Spartel, dem nordwestlichsten Punkt Afrikas. Am Cap, wie Cap Malabata ein eindrucksvoller Aussichtspunkt, liegt ein Café-Restaurant.

Weiter auf der S 701 erreicht man nach noch einmal 4 km die **Grottes de Hercule** (Herkulesgrotten), am Meer gelegene Kalksteinhöhlen, die zur Besichtigung freigegeben sind. Interessant die noch sichtbaren Spuren des Kalksteinabbaus aus prähistorischer Zeit. In der Nähe liegen schöne Strände, ein Restaurant und ein Hotel.

Etwa 1 km südöstlich der Grotten kann man nahe der S 701 die spärlichen Ruinen der **Römersiedlung Cotta** besichtigen. Von dieser Siedlung, die auf karthagischen Fundamenten errichtet wurde, sind bisher nur die Grundmauern eines Tempels und von Thermen freigelegt. Eine Besichtigung lohnt sich nur für archäologisch besonders interessierte Reisende.

Verkehr

Bus: Busbahnhof an der Avenue d'Espagne in der Nähe des Hafens (CTM und Privatlinien); häufige Verbindungen nach Asilah/Larache/Rabat/Casablanca, Tetouan/Chechaouen, Meknes/Fès, Ksar es Seghir u. a. 7 × wöchentlich CTM-Fernbusse nach Paris (Fahrzeit ca. 2 Tage, über Bordeaux/Tours oder Nîmes/Avignon/Lyon) sowie nach Agadir/Tiznit und Marrakech.

Eisenbahn: Bahnhof an der Avenue d'Espagne, tägliche Verbindungen nach Sidi Kacem/Casablanca/Marrakech; in Sidi Kacem Umsteigemöglichkeit nach Fès/Meknes/Oujda; Zug von Algeciras nach Paris (vgl. S. 323).

Flugzeug: Flughafen Tanger-Boukhalf, 15 km südwestlich, Zubringerbus Nr. 70 ab Grand Socco, Taxis mit festen Tarifen.

Flüge: Amsterdam (Mi, Fr, Sa), Brüssel (Mo, Di, Mi, Fr, Sa), Frankfurt (Sa), Genf (So), Lissabon (Mo), Madrid (täglich), Marseille (Di, Mi, Sa), Wien (So). Daneben Flüge in verschiedene Französische Städte, nach Westafrika, Las Palmas, in die USA, nach Gibraltar (Gibair) sowie zahlreiche Binnenflüge.

Flugbüros: Royal Air Maroc, Place Mohammed V., ✆ 34722/21501/21501/21503; Air France, Iberia, Gibair, Swissair am Boulevard Pasteur.

Fähren: Anlegestelle im Nordteil des Hafens.

Verbindungen nach Algeciras, Gibraltar, Tarifa (Südspanien) und Sète (Frequenzen und Tarife vgl. S. 325 f.).

Büros der Schiffahrtslinien: Intercona/Trasmediterranea, 31 Rue Quevedo (nahe des Boul. Pasteur); Limadet, 13 Avenue Prince Moulay Abdallah (früher Rue Goya); Transtour, 54 Boulevard Pasteur; Bland Line, 22 Boulevard Mohammed V. (dort auch Auskunft über die Lissabon-Southampton-Fähre); Paquet, 21 Avenue d'Espagne; Comanav, Rue Victor Hugo/Ecke Rue Antaki. Tickets für die Fähren sind auch in den Reisebüros um den Bahnhof und am Boulevard Pasteur erhältlich.

Auto: Autovermietungen am Boulevard Pasteur/Boulevard Mohammed V. und Seitenstraßen. Touring Club du Maroc: 66 Boulevard Mohammed V.; Royal Automobile Club Marocain: 8 Rue du Vignes.

Wichtige Adressen

Information: O.N.M.T.: 29 Boulevard Pasteur, ✆ 32996/38240; Syndicat d'Initiative: Rue Vélasquez (Seitenstraße des Boulevard Pasteur bei der Aussichtsterrasse; seit 1983 ›vorübergehend‹ geschlossen), ✆ 35486; American Express: Boulevard Pasteur; Yachtclub: am Hafen; Jagdclub: Chasses Tourisme Maroc, Rue Charles Dickens; Fischereiclub: Maison Quintana, Rue Molière.

Öffentliche Einrichtungen: Hauptpost: 33 Boulevard Mohammed V.; Commissariat mit Fremdenpolizei: Rue de Belgique/Av. Hassan II.; Polizeinotruf: ✆ 19; Ambulanz: ✆ 15; Nachtapotheke (durchgehend geöffnet): 22 Rue de Fès, ✆ 32619.

Banken: im Zentrum der Neustadt, Bankschalter am Flughafen und am Hafen bei allen Abfahrten und Ankünften von Flugzeugen bzw. Schiffen geöffnet, samstags und sonntags Möglichkeit zum Geldwechseln im O.N.M.T.-Büro.

Konsulate und ausländische Einrichtungen: Konsulat der Bundesrepublik Deutschland: 45 Avenue Hassan II., ✆ 38700; Schweizer Konsulat: Rue Henri Regnault ✆ 34721; Spanisches Konsulat, 85 Rue Sidi Boabid, ✆ 35625; Goethe-Institut: Place Mohammed V. (2 × wöchentlich deutschsprachige Filme, Eintritt frei); Spanisches Fremdenverkehrsamt: Rue de la Libertè; Amerikanische Bibliothek: Rue de la Liberté.

Unterkunft und Verpflegung

Tanger hat neben Agadir und Marrakech das größte Angebot an Hotels in Marokko. Alleine die klassifizierten Hotels verfügen aber 6000 Betten, dazu kommen zahlreiche unklassifizierte kleine Hotels und Pensionen.

Klassifizierte Hotels: 5***** Hotel Tangier (früher: les Almohades), Avenue des F. A. R.; 5***** Hotel el Minzah, 85 Rue de la Liberté; 5***** Hotel Rif, Avenue d'Espagne; 5***** Hotel Safir-Malabata, Cap Malabata; 5***** Hotel Intercontinental, Park Brooks; 4****A Hotel el Oumnia, Avenue Beethoven; 4****A Hotel Solazur, Avenue des F. A. R.; 4****A Hotel Tanjah Flandria, 6 Boulevard

Mohammed V.; 4****A Hotel Chellah, Rue Allal Ben Abdallah; 4****A Hotel Rembrandt, Avenue Mohammed V.; 4****B Grand Hotel Villa de France, 143 Rue de Hollande; 4****B Hotel Pasadena, Route de Tetouan; 4****B Hotel Tarik, Route de Malabata; 4****B Africa Hotel, 17 Avenue Moussa Ben Noussair; 4****B Hotel Velazquez, 13 Rue Khalid Ibn al Walid; 3***A Ahlen Village (Motel und Bungalows), 5 km Richtung Rabat; 3***A Hotel Sheherazade, 11 Avenue des F. A. R.; 3***A Hotel Atlas, 50 Rue Moussa Ben Noussair; 3***A Tanger Hotel, 29 Rue Delacroix; 3***A Hotel les Grottes d'Hercule, Straße zum Cap Spartel; 2**A Hotel el Djenina, 8 Rue el Antaki (früher: Rue Grotius); 2**A Hotel Lutetia, 3 Avenue Moulay Abdallah, 2**A Hotel Residence Ritz, 1 Rue Soraya; 2**A Hotel Anjou, 3 Rue Ibn al Bana; 2**A Hotel Mamora, 19 Rue de la Poste; 2**A Hotel Charf, 25 Rue Dante; 2**A Hotel Valencia, 72 Avenue d'Espagne; 2**A Hotel Marco Polo, Avenue d'Espagne (deutsche Leitung); 2**A Hotel Bristol, 14 Rue el Antaki; 2**B Hotel Astoria, 10 Rue Achmed Chaouki; 2**B Hotel Miramar, Avenue des F. A. R.; 2**B Hotel Panoramic Massilia, 3 Rue Marco Polo; 1*A Hotel el Muniria, 1 Rue Magellan; 1*A Hotel de Paris, 42 Boulevard Pasteur; 1*A Hotel Andalucia, 14 Rue Vermeer; 1*A Hotel Cecil, 112 Avenue d'Espagne; 1*A Hotel al Farabi, 10 Zenkat Essaidia; 1*A Residence Bahia, Rue Moussa Ben Nouassir; 1*A Hotel Biarritz, 102 Avenue d'Espagne; 1*B Hotel Mauretania, Rue des Chrétiens; 1*B Hotel Bretagne (gehört jetzt zu Restaurant L'Marsa), 92 Avenue d'Espagne; 1*B Hotel Ibn Batouta, 8 Rue Magellan; 1*B Hotel Continental, 36 Dar el Baroud; 1*B Hotel Zagora, Rue Victor Hugo; 1*B Hotel Beccera, Petit Socco; 1*B Hotel Famili, Rue Lord Chadli; 1*B Hotel Maroc, Rue Prince Moulay Abdallah; 1*B Hotel Plaza, Rue Vélasquez; 1*B Hotel Olid, 12 rue des Postes.

Einfache Hotels: vor allem in der Nähe des Bahnhofes (Rue de la Plage und Avenue d'Espagne) und in der Umgebung des Petit Socco (vor allem Rue de la Poste, darunter auch sehr einfache), aber auch um den Grand Socco und in den Seitenstraßen des Boulevard Pasteur.

Jugendherberge: 39 Rue San Francisco (seit 1981 geschlossen).

Campingplätze: Miramonte, Route de la Vieille Montagne (westlich der Kasbah); Le Petit Bois, an der Straße zu den Herkulesgrotten; Robinson, bei den Herkulesgrotten; Tingis, an der alten Straße zum Cap Malabat (Nähe Feriendorf Mar-Bel); El Menar, am Cap Malabata (unweit des Leuchtturms), L'Helice Tripale, 14 km in Richtung Asilah.

Restaurants: Zahlreiche mittlere und teure, darunter auch einige mit italienischer, spanischer und chinesischer Küche, im Zentrum der Neustadt und an der Avenue d'Espagne (allein über 20 direkt am Strand). Einfache Restaurants um den Grand Socco, in der Rue de la Plage und in der Rue de la Poste. 24-Stunden-Snackbar in der Passage neben dem Hotel Paris, Boulevard Pasteur.

Nachtleben: Neben Casablanca das größte Angebot in Marokko. Bars, Nachtklubs und Diskotheken vor allem im Zentrum der Neustadt und in den großen Hotels, einige Nachtklubs auch beim Petit Socco.

Ceuta (arabisch Sebta)

65 000 Einwohner. 19,4 km^2 große spanische Enklave, auf einer schmalen Halbinsel an der Straße von Gibraltar gelegen. Wichtiger Fähr- und Militärhafen, beliebtes Ausflugsziel von Südspanien aus.

Geschichte

Gründung als karthagische Siedlung, danach römisch. In der griechischen und römischen Sage Erwähnung des nahen Monte Acho (Hacho) als eine der ›Säulen des Herkules‹. 428 vandalische Eroberung, 618 byzantinisch. Anfang des 8. Jh.s nach harten Kämpfen arabisch, im 10 Jh. zwischen Omajaden und Fatimiden heftig umkämpft. Danach Aufstieg zu einem wichtigen Hafen, Blütezeit im 13. und 14. Jh. unter den Meriniden. Zwischen 1316 und 1326 vom Meriniden-Reich unabhängig.

1415 portugiesische Besetzung (erster europäischer Besitz in Marokko!), zahlreiche erfolglose arabische Angriffe. 1580 durch die Angliederung Portugals an Spanien spanisch. Seither trotz häufiger Belagerungen (u. a. von 1674 bis 1701 durch die Truppen Moulay Ismails) ununterbrochen in spanischem Besitz. Letzter arabischer Angriff 1860.

Vom 19. bis zum Anfang des 20. Jh.s spanische Sträflingskolonie, in dieser Zeit eine der verrufensten Mittelmeerstädte. Ab 1912 großer Aufschwung als Haupthafen des spanischen Nordmarokko. Nach 1956 wegen Verlust des Hinterlandes Niedergang, Abnahme der Einwohnerzahl von 120 000 auf 75 000. Durch wachsenden Tourismus und Ausflugsverkehr in jüngster Zeit wieder größere Bedeutung.

Ceuta ist neben Tanger der wichtigste Fährhafen der marokkanischen Küste. Außer den Touristen, die nach Marokko weiterreisen, besuchen auch viele Kurzausflügler aus Spanien die Stadt wegen der günstigen Einkaufsmöglichkeiten (zollfreie Kameras, Benzin, Spirituosen u. a.) Der Fremdenverkehr spielt deshalb die beherrschende Rolle. Daneben ist Ceuta wegen seiner strategisch günstigen Lage nach wie vor ein wichtiger Militärstützpunkt.

Ceuta ist als ›Presidio‹ Teil der Provinz Cadiz. Die Bevölkerung setzt sich fast völlig aus Spaniern zusammen, nur 8 % der Ceutaner sind Moslems. Auch das Stadtbild unterscheidet sich kaum von dem anderer spanischer Städte, da alle maurischen Bauten abgerissen wurden. Ceuta ist im wesentlichen eine moderne Stadt, besitzt aber einige sehenswerte Bauten aus dem Spätbarock.

Weg von der Anlegestelle der Fähren zum Busbahnhof und zum Zentrum

Nach Verlassen des Hafens links einbiegen (Muelle Canoñero Dato mit dem Touristenbüro), immer am Wasser entlang (Calle del Generalissimo Franco) bis zur Kreuzung beim Fischereihafen. Dort beginnt halbrechts die Hauptstraße Calle José Primo de Rivera. In dieser Gegend liegen die meisten Hotels und Cafés. Rechts führt die Avenida Sanjuro zum Busbahnhof an der Plaza de la Constitucion.

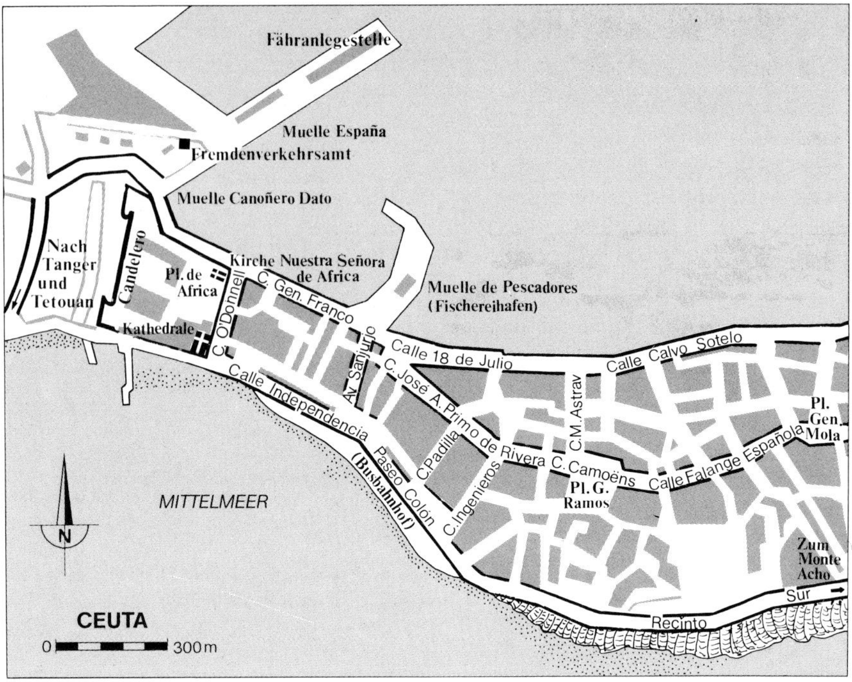

Stadtbesichtigung

Zentrum von Ceuta ist die Hauptgeschäftsstraße Calle José Primo de Rivera mit zahlreichen Cafés und Restaurants. Beim Fährhafen (Muelle de Pescadores) trifft sie auf die Calle del Generalissimo Franco. Diese mündet auf die Plaza de Africa, an der die **Kathedrale,** die **Kirche Nuestra Señora de Africa** und das **Rathaus** liegen. Alle diese Bauten stammen aus dem Spätbarock (18. Jh.). Die Besichtigung der beiden Kirchen ist lohnend. An der Stelle des Platzes lag früher das Zentrum der maurischen Medina mit der Großen Moschee, doch wurden die islamischen Bauten im 18. Jh. sämtlich niedergerissen.

In der Nähe des Afrika-Platzes erheben sich die Mauern der **Festung El Candelero.** Sie wurde um 1530 von den Portugiesen erbaut und im 17. und 18. Jh. verstärkt. Die Festungsmauern und ein davor liegender tiefer Wassergraben begrenzen die Stadt.

Direkt rechts nach dem Verlassen der Festung führt die Muelle Canoñero Dato zum Fährhafen.

Bei einem längeren Aufenthalt in Ceuta lohnt sich ein Ausflug zum 4 km entfernten **Monte Acho.** Er ist erreichbar über die Verlängerung der Calle José Primo de Rivera oder über die südliche Küstenstraße Reçinto Sur, die mehrere kleine Badestrände passiert. Vom 200 m hohen Monte Acho, einer der beiden ›Säulen des Herkules‹, bietet sich ein schöner Ausblick auf Ceuta wie auch auf das britische Gibraltar jenseits der Meeresstraße.

Verkehr

Busse: Busbahnhof an der Plaza de la Constitucion, Nähe Paseo Colon. Busse nach Tetouan ca. 10× täglich, außerdem Busse zur Grenze, von dort Sammeltaxis nach Bab Sebta (Marokko), von wo es wiederum Anschlüsse nach Tetouan gibt (Tanger direkt nur selten).

Fähren nach Algeciras: Muelle España, täglich häufige Verbindungen nach Tanger (vgl. S. 325). Büro der Trasmediterranea: Calle Generalissimo Franco; die Fährtickets sind auch in zahlreichen Reisebüros erhältlich.

Wichtige Adressen

Touristenbüro: Muelle Canoñero Dato (zwischen Muelle España und Calle Generalissimo Franco), ✆ 511379. Hauptpost: Plaza Garçia Valino.

Unterkunft

Klassifizierte Hotels (Kategorisierung nicht offiziell, sondern nach Einschätzung des Autors): 4**** Gran Hotel Ulisses, Camoens 5; 4**** Gran Hotel la Muralla, Plaza de Africa; 2** Hotel Miramar, Carretera Almadraba; 2** Hotel Atlante, Calle Gen. Franco; 2** Hotel Africa, Muelle Canoñero Dato; 2** Hotel Skol, Av. Reyes Catholicos; 1* Hotel Alhambra, Falange Español; 1* Hotel Terminus, Pedro de Meneses.

Einfache Hotels: Zahlreiche einfache Pensionen im Stadtzentrum (Calle José Primo de Rivera und Seitenstraßen), Jugendherberge, 27 Plaza Vieja.

Campingplatz: ›Ceuta Campingcesa‹, Richtung Tetouan an Berghang (Ortsteil Benitez).

Feste

13.6. Wallfahrt; 16.7. Feiertag Virgen del Carmen mit Prozession der Fischer in geschmückten Booten; 5.8. Feiertag Virgen de Africa.

Grenzübergang nach Marokko

Spanische Station: Tarajal, 4 km vom Zentrum. Marokkanische Station: Bab Sebta, einige 100 m weiter, dort Wechselstube (keine Schecks!). Die Grenzformalitäten werden im allgemeinen schnell und reibungslos abgewickelt; die ›Führer‹, die sich als Helfer anbieten, benötigt man nicht. Da Benzin in Ceuta erheblich billiger ist als in Marokko, sollten Sie gegebenenfalls volltanken.

Zwischen Tanger und Ceuta

Ksar es Seghir

Kleiner Fischerort an der Mündung des Oued Ksar in die Straße von Gibraltar. Bis zur Reconquista wichtiger Hafen für den Übergang nach Andalusien. 1458 für einige Jahre portugiesische Besetzung.

Reste einer almohadischen Festung (12. Jh.), einer merinidischen Siedlung (die einzige bekannte, die rund angelegt wurde!) und einer portugiesischen Zitadelle sind noch vorhanden.

Bei Ksar es Seghir erstreckt sich ein langer, schöner **Strand.** Das Gebiet ist touristisch bisher nicht erschlossen, nach der Fertigstellung der neuen Küstenstraße Tanger – Ceuta ist der Bau von Hotels aber geplant.

Busse nach Tanger.
Unterkunft: einfache Hotels, Campingplatz an der Flußmündung.

In der Umgebung gibt es zahlreiche weitere Strände, die nur selten besucht werden. Landschaftlich besonders reizvoll liegt der kleine Ort **Balyounech** (ebenfalls mittelalterliche Ruinen) am Djebel Moussa (nahe der Grenze zu Ceuta).

Tetouan

370 000 Einwohner. Provinzhauptstadt und bedeutendes Handelszentrum, im Tal des Oued Martil beim Djebel Dersa, dem Nordwestausläufer des Rif, gelegen. Ehemalige Hauptstadt der spanischen Zone. Zählt wegen ihrer ausgedehnten Medina, den sehr belebten Souks und ihrer beiden Museen zu den sehenswertesten Städten des Landes.

Geschichte

Als kleines Berberdorf seit dem 11. Jh. nachweisbar. Eigentliche Stadtgründung 1306 als meridinische Festung, die sich dann zum Piratenort entwickelt. Deswegen 1399 Zerstörung durch die Spanier. Neugründung Ende des 15./Anfang des 16. Jh.s durch Flüchtlinge aus Andalusien. Wiederum Entwicklung zu einem berüchtigten Piratenort, 1565 deshalb Zerstörung des Hafens durch die Spanier. Anfang des 17. Jh.s Niederlassung weiterer Flüchtlinge aus Spanien. Beginn der Blütezeit der Stadt, die Ende des 17./Anfang des 18. Jh.s auf der Grundlage ausgedehnten Handels mit Europa ihren Höhepunkt erreicht. Im 18. Jh. ist die Stadt Sitz vieler europäischer Gesandtschaften, die 1770 ausgewiesen werden. Auch danach bleibt Tetouan ein wichtiges Handelszentrum. Piraterie bis zum Beginn des 19. Jh.s. 1860–62 während des spanisch-marokkanischen Krieges von den Spaniern besetzt. 1903 fast ein Jahr lang Belagerung durch rebellische Rifberber. 1912 der spanischen Zone in Marokko zugeteilt, ab Anfang 1913 deren Hauptstadt. Im Rifkabylen-Krieg lange durch Rebellen belagert, im spanischen Bürgerkrieg durch republikanische Flugzeuge bombardiert.

Heute ist Tetouan vor allem eine Handelsstadt für die Produkte des westlichen Rifgebirges. Daneben gibt es Zement- und Papierfabriken. Tetouan gilt auch als Heimat der besten marokkanischen Musikanten, die die klassische andalusische Musik am getreuesten bewahrt haben. Die Medina der Stadt zählt zu den ausgedehntesten Marokkos, und die Souks sind nach denen von Marrakech, Fès und Meknes die größten des Landes.

Wegen der Nähe zu den Fährhäfen Tanger und Ceuta sowie zu den Badezentren der nördlichen Rifküste wird Tetouan von vielen Touristen besucht, darunter zahlreichen Kurzausflüglern aus Spanien. Der Drogenhandel in der Stadt ist lebhaft, und auch Diebstähle sind relativ häufig, wenngleich weit seltener als im benachbarten Tanger.

Ein kurzer Besuch von Tetouan sollte Teil jeder Marokkoreise sein.

Stadtgliederung

Tetouan gliedert sich in die ausgedehnte, von Mauern umgebene Medina und die westlich daran anschließende Neustadt. Im Unterschied zu den meisten Städten der ehemaligen französischen Zone wurde hier die Neustadt nicht deutlich von der Medina getrennt, sondern unmittelbar an diese angrenzend errichtet.

Stadtbesichtigung

Als Standorte für eine Stadtbesichtigung eignen sich wegen der relativ geringen

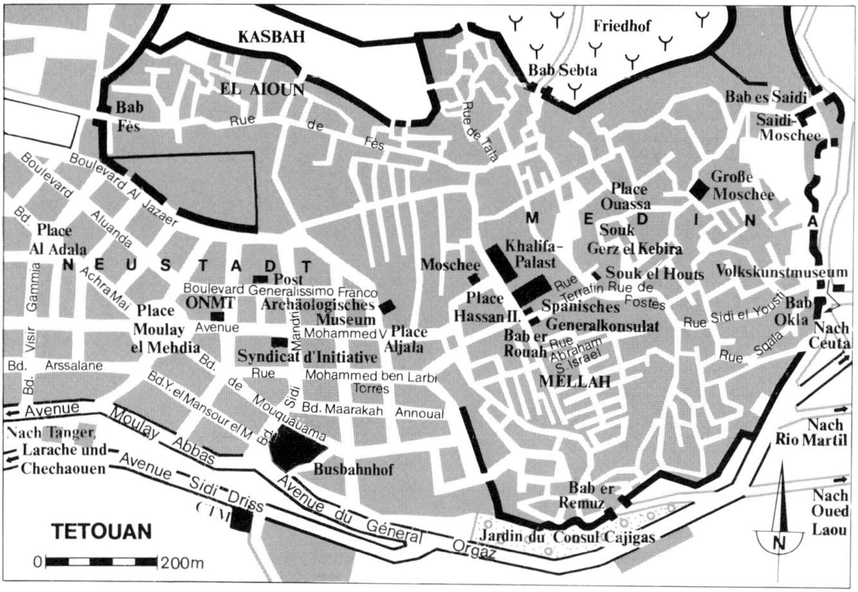

Entfernungen alle zentral gelegenen Hotels der Neustadt und der Medina. Für die Besichtigung reicht ein Tag aus.

Zentrum von Tetouan ist die zwischen Medina und Neustadt gelegene **Place Hassan II.** Die Medinamauer wurde an dieser Stelle eingerissen. Der Platz wird von Cafés und Restaurants gesäumt, im Zentrum liegt ein im spanischen Stil gehaltener Pavillon mit einem Brunnen. Zur Medinaseite hin begrenzt der **Khalifa-Palast** den Platz. Dieser im 17. Jh. errichtete, 1948 aber von Grund auf umgestaltete Palast war in der Protektoratszeit die Residenz des Khalifa, des Sultansvertreters in der spanischen Zone. Gegenüber erhebt sich eine kleine Moschee, die dem Khalifa zum Freitagsgebet diente, und neben dem Palast sieht man das **Gebäude des spanischen Generalkonsulats,** einstiger Sitz der spanischen Verwaltung. Seitlich davon bilden zwei Tore den Zugang zur Medina.

Die Medina

Die Medina stammt in ihrer heutigen Gestalt im wesentlichen vom Ende des 17./Anfang des 18. Jh.s. Sie wird noch an drei Seiten von einer Mauer umgeben, die durch sieben Tore durchbrochen ist. Die Medina besitzt etwa 70 Moscheen und wird von einer Kasbah überragt. Überragende Baudenkmäler finden sich hier nicht, die Ausdehnung und das gut erhaltene Gesamtbild machen die Medina von Tetouan aber zu einer der schönsten Altstädte Marokkos.

Der kleinere der beiden Medinaeingänge an der Place Hassan II. führt in die **Mellah,** die alte Judenstadt. Sie wurde 1807 angelegt. Eine Besonderheit ist das rechtwinklige Gitter ihrer Straßen. Sehenswert sind die teilweise überwölbten Seitengassen und die schmiedeeisernen Fenstergitter, die deutlichen andalusischen Einfluß zeigen. Einige Synagogen können besichtigt werden. Hauptstraße der Mellah ist die beim Haupteingang an der Place Hassan II. beginnende Rue Abraham S. Israel.

Der größere der beiden Eingänge an der Place Hassan II., das direkt neben dem spanischen Generalkonsulat gelegene Bab er Rouah, führt ins Zentrum der Medina. Hinter dem Tor beginnt die Rue Terrafin mit dem Souk der Textilhändler. Sie mündet auf den halblinks gelegenen **Souk el Houts,** den Fisch- und Lebensmittelmarkt. Hier befindet man sich schon mitten in den Souks, die zu den größten und belebtesten des Landes gehören. Besonders interessant sind sie wegen der zahlreichen Rifberber, die hierher kommen. Die bekanntesten Gewerbe der Souks von Tetouan sind die Leder- und Textilverarbeiter, daneben auch die Schuhmacher und Töpfer. Trotz des lebhaften Fremdenverkehrs sind die Einkaufsmöglichkeiten in Tetouan noch recht günstig.

Überquert man den Souk el Houts, in dessen Umgebung Ledersouks liegen, gelangt man in die Rue des Kzadriin, die zum **Souk Gherz el Kebira,** dem Mittelpunkt des Basarviertels, führt. Auf dem Platz befindet sich der Lebensmittel- und Trödlermarkt. Geradeaus folgt der Souk el Fouki – Brot- und Gewürzmarkt und Standort der Korb- und Flechtwarenhändler.

Vom Souk el Fouki zweigen mehrere Straßen ab: Rechts gelangt man zu der schönen kleinen **Place Ouassa** mit einigen Cafés. In der Nähe des Platzes befinden sich die **Große Moschee** (18. Jh.), ein **Fondouk** (Anfang des 19. Jh.s) und eine **Zauoia** (1760). Von der Großen Moschee führt die Rue Djamaa es Soukia zum Bab es Saidi mit der nahen Saidi-Moschee.

Halbrechts geht eine Straße zum Bab Sebta ab, vor dem ein großer Friedhof gelegen ist. Geradeaus steigt die steile, mehrfach gewundene Rue de Tala zur **Kasbah** an. Die Kasbah (Anfang des 17. Jh.s) kann selbst nicht betreten werden, von einer Terrasse in einem vorgelagerten kleinen Park aus hat man aber einen herrlichen Ausblick auf die Stadt.

Links vom Souk el Fouki verläuft die Rue du Fès, eine belebte Marktstraße mit vielen kleinen Restaurants, bis zum Bab Fès im Nordwesten der Neustadt.

Geht man am Beginn der Medina von der Rue Terrafine nicht halblinks zum Souk el Houts, sondern rechts in die Rue des Postes, so gelangt man zum Bab Okla. Hier liegt – zugänglich von der unmittelbar vor dem Bab Okla nach rechts abzweigenden Gasse oder über eine Treppe an der Außenseite der Stadtmauer (von außerhalb des Tores gesehen links) – das in einem Palast untergebrachte **Museum für marokkanische Volkskunst** (Musée d'Art Marocain). Das Museum ist sehenswert wegen eines hier aufgebauten traditionellen maurischen Empfangsraumes und wegen einer rekonstruierten alten Brautsänfte.

Eine Straße, die vom Bab Okla außerhalb der Stadtmauer zur Neustadt führt, passiert den **Jardin du Consul Cajigas,** einen schönen kleinen Park.

Neustadt

Hauptachse der von den Spaniern angelegten Neustadt ist die **Avenue Mohammed V.,** die von der Place Hassan II. gegenüber dem Haupteingang zur Medina abgeht. Zum Neustadtzentrum zählen auch die Parallel- und Seitenstraßen der Avenue Mohammed V. (Boulevard Generalissimo Franco, Rue Mohammed ben Larbi Torres, Boulevard Sidi Mandri) und der Boulevard Achra Mai, der sich an die Place Moulay el Mehdi am Ende der Avenue Mohammed V. anschließt. In diesen Straßen liegen die modernen Geschäfte, zahlreiche Cafés, Restaurants und Hotels. Viele Gebäude der Neustadt besitzen spanischen Charakter. Besonders deutlich wird dies an der Place Hassan II. und der Place Moulay el Mehdi. Der spanische Einfluß in Tetouan zeigt sich auch daran, daß Spanisch als Fremdsprache stärker verbreitet ist als das sonst in Marokko dominierende Französisch.

Sehenswert ist in der Neustadt vor allem das **Archäologische Museum.** Es liegt am Place Aljala zwischen dem Ende des Boulevard Generalissimo Franco und der Avenue Mohammed V. Neben einigen prähistorischen Exponaten enthält die Sammlung vor allem die römischen Funde aus der ehemaligen spanischen Zone. Besonders sehenswert sind Mosaiken aus Lixus, von denen man einige an der Außenfassade des Museums angebracht hat. Interessant ist auch das Modell des prähistorischen Kromlech von Msoura in der Nähe von Asilah (vgl. S. 92).

Verkehr

Busse: Busbahnhof der Privatlinien zwischen Boulevard Sidi Mandri und Avenue du Général Orgaz im Süden der Neustadt (der Boulevard Sidi Mandri führt zur Avenue Mohammed V.), CTM-Station unterhalb davon an Avenue Sidi Driss (die meisten CTM-Busse halten aber auch an dem Privatlinienbahnhof). Häufige Verbindungen nach Tanger, Ceuta, Chechaouen, Al Hoceima, Nador, Oujda, Meknes, Fès, Larache, Rabat und zu den Badeorten der nördlichen Rifküste.

Flugzeug: Flugplatz 5 km in Richtung Ceuta, nur Binnenflüge, kein Zubringerbus. Büro der Royal Air Maroc: Avenue Mohammed V., ✆ 6318/2576.

Wichtige Adressen

Information: O. N. M. T.: 30 Avenue Mohammed V., ✆ 4112; Syndicat d'Initiative: Avenue Mohammed V., ✆ 4407.

Öffentliche Einrichtungen: Hauptpost: Boulevard Generalissimo Franco; Polizeistation: Boulevard Generalissimo Franco.

Moschee bei Tetouan

Unterkunft und Verpflegung

Klassifizierte Hotels: 4****A Hotel Safir, Secteur de Touabel, Route de Ceuta; 2**A Hotel Dersa, 8 Boulevard Generalissimo Franco; 2**A Paris Hotel, 11 Rue Chakib Arsalane; 2**B Hotel Regina, 5 Boulevard Sidi Mandri; 1*A Hotel National, 8 Rue Mohammed; 1*A Hotel Principal, 20 Avenue de la Résistance; 1*A Hotel Trebol, 3 Rue Yacoub el Mansour.

Einfache Hotels: Im Zentrum der Neustadt (Place Hassan II., Avenue Mohammed V., Boulevard Generalissimo Franco, Boulevard Sidi Mandri nahe dem Busbahnhof) und am Medinaeingang.

Camping: in Rio Martil (s. u.) und ›Asma‹ 20 km außerhalb (Straße nach Oued Laou).

Restaurants: In mittlerer Preislage vor allem um die Avenue Mohammed V. (darunter viele mit spanischer Küche), einfache Restaurants um Place Hassan II. und in der Rue du Fès (Medina).

Umgebung von Tetouan

Tamuda

Spärliche **Ruinen einer Römersiedlung,** 5 km von Tetouan nahe der Straße nach Tanger. Schon seit dem 3. Jh. v. Chr. bewohnt, im 1. Jh. n. Chr. von den Römern zerstört und als Garnison wiederaufgebaut, im 5. Jh. aufgegeben. Der Besuch lohnt sich nur für archäologisch besonders Interessierte.

Martil (auch Rio Martil)

Kleiner Fischerort und Badestrand der Bewohner von Tetouan, 9 km von der Stadt an der Mündung des Oued Martil ins Meer gelegen. Schöne spanische Architektur. Ausgedehnter **Strand,** der sich bis nach Cabo Negro zieht. Von durchreisenden Touristen relativ häufig besucht. Moussem (Wasserfest) im Juli.

Busse: von und nach Tetouan alle 30 Minuten.
Kleine Hotels, Cafés und Restaurants am Strand und an der Hauptstraße.
Campingplatz an der Flußmündung.

Badeorte der nördlichen Rifküste

Zwischen Tetouan und Ceuta liegen die Orte **Cabo Negro, M'Diq und Restinga-Smir,** die zusammen den größten Touristenkomplex Marokkos nach Agadir und Tanger bilden. Er besteht aus verschiedenen modernen, recht exklusiven Hotel- und Bungalowsiedlungen mit zusammen 3500 Betten. Möglichkeit für Wassersport (Wasserski, Tauchen, Bootsverleih, Fischen) und andere Sportarten (Tennis, Reiten, Sportplätze) sind in allen Orten vorhanden. Überall

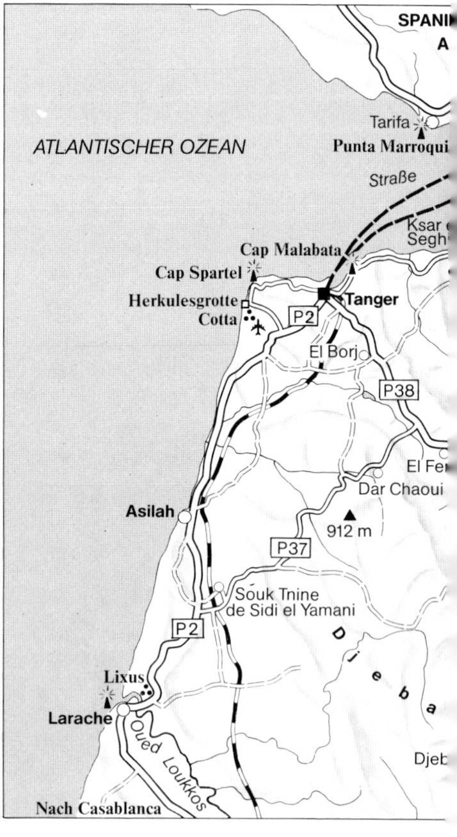

gibt es auch große Restaurants, Bars und Nachtklubs. Der Strand zieht sich fast ununterbrochen von Restinga bis Cabo Negro. Die Hotelkapazitäten von Cabo Negro und M'Diq sollen weiter ausgebaut, zwei Yachthäfen angelegt werden.

Alle Orte sind mit Tetouan durch **Busse** (etwa stündlich) verbunden. Ab M'Diq Hydrofoil nach Gibraltar (vgl. S. 325).

Cabo Negro (auch Taifor genannt) 15 km nordwestlich von Tetouan, moderner Ort am steil abfallenden gleichnamigen Cap gelegen, zwei Strände (einer bis M'Diq, einer bis Martil).

Unterkunft: 3***A Hotel Petit Metrou und Feriendorf ›Yasmina‹ des Club Méditerranée.

M'Diq: schließt sich nordwestlich an, besteht aus kleinem Fischerdorf und modernem Badezentrum mit Yachthafen.

Unterkunft: 4****B Hotel Kabila, außerhalb an der Straße nach Ceuta; 1*A Hotel Playa; Feriendörfer des Holiday Club und des Parc Hotel Méditeranée. Camping 5 km nördlich.

Restinga-Smir: ausgedehntester Teil des gesamten Badezentrums nördlich des Dorfes Smir, ca. 25 km von Tetouan. ›Populärer‹ (mehr von Familienurlaubern) geprägt als M'Diq und Cabo Negro.

Unterkunft: 3***A Hotel Karabo, 3***A Hotel Boustane, Feriendörfer von Maroc Tourist und Club Mediterranée. Campingplätze El Fraja und Tagounite.

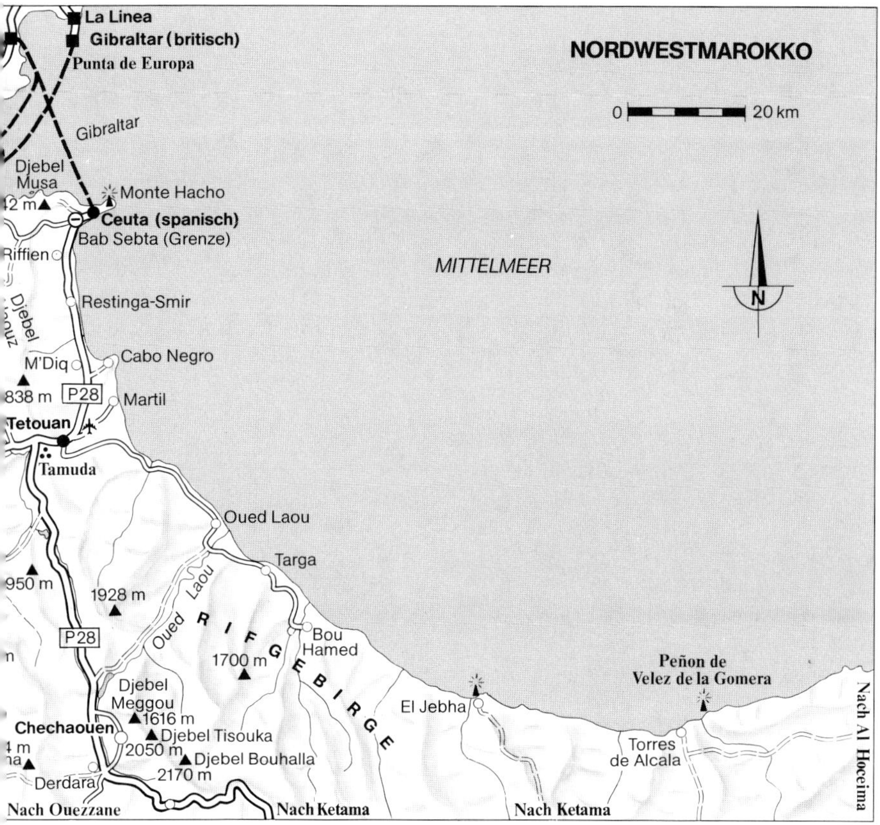

Nördliche Atlantikküste und der Rharb

Asilah

16000 Einwohner. Marktort und kleiner Fischereihafen (vor allem für Thunfisch) an der nördlichen Atlantikküste, besitzt eine gut erhaltene Medina und einen ausgedehnten Sandstrand.

Geschichte

Als ›Silis‹ bereits karthagische Siedlung, später römisch. Während der Aufstände gegen die Römer Verschleppung der Bewohner und Neubesiedlung mit römischen Bürgern aus Spanien. Im Mittelalter Zerstörung durch die Normannen. Wiederaufbau im 10. Jh. unter den Idrissiden, deren letzter Zufluchtsort Asilah war. Im 14. Jh. Aufstieg des Platzes zur wichtigen Hafenstadt. 1471 portugiesische Eroberung; danach ist Asilah einer der wichtigsten portugiesischen Stützpunkte in Marokko. 1578 Landung des später bei Ksar el Kebir vernichteten portugiesischen Heeres (vgl. S. 96). 1580 kommt Asilah unter spanische Oberhoheit, 1589 wird es von den Saadiern erobert. Ende des 17. Jh.s noch einmal kurz spanisch, 1691 wieder arabisch. 1829 als Seeräuberstützpunkt durch österreichische Schiffe beschossen. 1860 Beschießung durch die Spanier (spanisch-marokkanischer Krieg).

Anfang dieses Jahrhunderts Sitz des Stammesführers El Raisouli, der durch Überfälle auf Karawanen und Sultanstruppen sowie durch die Entführungen prominenter Ausländer zur Erpressung von Lösegeldern bekannt wird und sich 1906 zum Pascha von Asilah macht. 1907 aber Vertreibung durch Sultanstruppen. Während des Thronfolgekrieges von 1908 unterstützt El Raisouli den später siegreichen Moulay Hafid, erhält dafür die Paschawürde zurück. Danach auch Günstling der Spanier. Knüpft im Ersten Weltkrieg Kontakte zu den Deutschen, da diese seinen Anspruch auf die Sultanswürde unterstützen wollen; fällt dadurch in Ungnade bei den Spaniern und muß fliehen; stellt im Rif eine Rebellenarmee auf und belagert 1915 Tetouan; schließt dann einen Waffenstillstand mit den Spaniern. 1924 von Abd el Krim gefangengenommen, stirbt er bald darauf.

Asilah war bis vor wenigen Jahren touristisch völlig unerschlossen. In jüngster Zeit hat sich der Ort aber zu einem beliebten Treffpunkt jugendlicher Individualreisender entwickelt. Im Juli 1978 fand erstmals ein internationales Musikfestival mit prominenten Gästen (u. a. Ravi Shankar und Keith Jarett) statt. Die Medina wurde aus diesem Anlaß instand gesetzt und die Häuser mit bunten Wandmalereien geschmückt. Das Festival soll nun jährlich im Juli oder August stattfinden.

Stadtbesichtigung

Asilah besitzt eine sehenswerte, gut erhaltene **Medina** mit Mauern aus der portugiesischen Zeit (15. Jh.). Die Mauerkrone ist begehbar. Den Hauptzugang bildet das Bab el Djebel am großen Platz, dem Ort des Dienstagsmarktes. Die wei-

Fischer in Asilah ▷

ßen Häuser der Medina gewinnen durch ihre Schmiedeeisengitter teilweise ein andalusisches Gepräge.

Bedeutendste Sehenswürdigkeit von Asilah ist der Anfang dieses Jahrhunderts erbaute **Palais El Raisouli.** Das von außen unscheinbar wirkende Gebäude wurde im traditionellen maurischen Stil errichtet. Den Besucher erwarten ein reich geschmücktes Zedernholzportal, ein marmorgepflasterter Innenhof und mehrere mit Stuck- und Zedernholzdecken sowie Fayencefliesen verzierte Innenräume. Vom schmiedeeisernen Balkon der großen Halle bietet sich ein schöner Blick auf das Meer. Erhalten ist auch der Turm einer portugiesischen Kirche.

Gegenüber der Medina grenzt an den Marktplatz die kleine **Neustadt.** Am nahen Hauptplatz liegen mehrere Cafés, Restaurants und kleine Hotels. Auch die Busse halten hier. Große Discothek.

Zu beiden Seiten der Stadt erstrecken sich lange **Sandstrände** mit Umkleidekabinen, Bars und Restaurants.

Verkehr

Busse: Haltestelle am Hauptplatz der Neustadt (nahe des zentralen Marktplatzes), häufige Verbindungen nach Tanger, Rabat, Tetouan und Meknes/Fès.

Unterkunft

Klassifizierte Hotels: 3***A Hotel Al Khaima, Straße nach Tanger; 2**A Hotel Oued el Makhasine, Av. Melilla; 2**B Hotel L'Oasis, 8 Place des Nations Unies; 1*B Hotel Sahara, 9 Rue Tarfaya; 1*B Hotel Asilah, 79 Av. Hassan II.

Feriendorf des Safari Club an der Straße nach Tanger.

Einfache Hotels: einige um den Hauptplatz der Neustadt.

Camping: außerhalb an der Straße nach Tanger ein halbes Dutzend größerer Plätze (Sahara, International, Atlas, Oasis u. a.).

Umgebung von Asilah

Kromlech von Msoura: prähistorische Stätte (Megalithkultur, 2. Jahrtausend v. Chr.), besteht aus etwa 200 Steinen zwischen 0,5 und 6 m Höhe, die in einem Kreis von 54–58 m Durchmesser aufgestellt sind. Es handelt sich um die größte Steinsetzung dieser Art in Nordafrika. Ein Modell steht im Archäologischen Museum von Tetouan. Der Kromlech, 30 km südöstlich von Asilah, ist erreichbar über den Ort Souk Tnine de Sidi el Yamani (23 km von Asilah, Zufahrt zweigt von Straße nach Larache ab). Von dort 6 km lange Sandpiste nach Norden zum Douar Msoura (schwierig zu finden).

Larache
(arabische Schreibweise El Araish)

45 000 Einwohner, Handelszentrum und Hafen für landwirtschaftliche Produkte, in landschaftlich schöner Lage an der Mündung des Oued Loukkos in den Atlantik, von Obstplantagen umgeben. Sehenswerte Medina, in der Nähe die römischen Ruinen von Lixus.

Geschichte

In der Nähe von Larache bereits die phönizische, dann karthagische, dann römische Siedlung Lixus. Larache selbst ist bis zum Ende des 15. Jh.s ein unbedeutender Flecken. 1479 und 1504 kurze portugiesische Besetzungen. Im 16. Jh. Piratenort, 1618 spanisch, 1689 von Truppen Moulay Ismails erobert. Danach wieder Piraterie; deswegen Beschießungen durch die Franzosen (1765) und die Österreicher (1829). In dieser Zeit wichtiger Ausfuhrhafen für Meknes und Fès (bester Naturhafen an der Atlantikküste!). 1860 im spanisch-marokkanischen Krieg von den Spaniern beschossen. 1911 noch vor der Errichtung des

Protektorats spanisch besetzt. Die Bedeutung des Hafens nimmt danach ab, da die Verbindung zu Meknes und Fès abgeschnitten ist (einhergehend damit Aufstieg von Casablanca). Dennoch nach Tetouan wichtigste Stadt der spanischen Zone, Zentrum des reichsten Landwirtschaftsgebiets im spanischen Teil. Zeitweise fast 50 % spanische Einwohner.

Heute ist Larache vor allem Ausfuhrhafen der Loukkos-Ebene und des nördlichen Rharb wie auch Fischereihafen. Der Tourismus spielt nur eine sehr untergeordnete Rolle; die Stadt ist wegen ihrer Medina, der schönen Lage und der nahen Ruinen von Lixus aber durchaus sehenswert.

Stadtbesichtigung

Zentrum von Larache ist, zwischen Medina und Neustadt gelegen und von mehreren Cafés, Restaurants und Hotels gesäumt, die **Place de la Libération,** ein belebter Platz im Stil einer spanischen Plaza mit einem großen Brunnen. Die Hauptstraßen der Neustadt gehen von hier strahlenförmig ab.

Am Befreiungsplatz liegt auch das Bab el Khemis, das Haupttor der Medina, die vollständig umwallt ist. Flankiert wird sie vom portugiesischen **Fort Kebibat** an der Meeresseite und von der spanischen **Castillo de las Cigueñas** (Storchenburg) an der Flußseite. Ein schöner Blick auf

Die Medina von Larache

Der Socco de la Alcaiceria

die Maueranlagen bietet sich von einer **Aussichtsterrasse** in der Nähe der Place de la Libération (vom Platz aus sichtbar, an der dem Meer zugewandten Seite).

Hinter dem Bab el Khemis liegt der **Socco de la Alcaiceria** (auch Socco Chico genannt), das Zentrum der Medina. Der langgestreckte, arkadenbestandene Markt gehört zu den schönsten Plätzen Marokkos. An seinem rechten Ende führt das Tor Bab el Kasba zur Rue Moulay el Mehdi, die sich durch ein schönes altes Viertel zur spanischen Storchenburg (17. Jh.) hinzieht. Neben der Burg liegt der 1915 erbaute ehemalige Palast des spanischen Stadtkommandanten. Vom Vorplatz können der Hafen und das Loukkos-Tal überblickt werden.

Links vor dem Bab el Kasba zweigt eine Gasse ab, die hinunter zum lebhaften Hafen führt.

Lixus

3 km nördlich von Larache liegen links von der Straße nach Tanger die Ruinen von Lixus, der nach Volubilis bedeutendsten römischen Ruinenstätte in Marokko.

Die Spanische Storchenburg

Gründung schon durch die Phönizier (im 7. Jh. v. Chr., vielleicht schon im 11. Jh., damit älteste phönizische Siedlung in Marokko). Bedeutendster Stützpunkt der Karthager in Marokko, später römische Kolonie und wichtiges Zentrum für die Fischverarbeitung. Wahrscheinlich bis ins 5. Jh. n. Chr. besiedelt. Spielt eine Rolle in der griechisch-römischen Mythologie als jener Ort, an dem Herkules zwei seiner zwölf Taten vollbrachte: Hier erwürgte er den Libyschen Riesen Antäus, hier stahl er die goldenen Äpfel aus den Gärten der Hesperiden. In islamischer Zeit noch einmal bewohnt (mit Sicherheit zwischen dem 11. und 13. Jh.), dann zugunsten von Larache endgültig aufgegeben.

Entdeckung der Ruinen Mitte des 19. Jh.s durch den deutschen Afrika-Forscher Heinrich Barth. Die zahlreichen erhaltenen Baureste (vorwiegend aus dem 2. und 3. Jh. n. Chr.) sind weit weniger eindrucksvoll als die von Volubilis, lohnen bei geschichtlichem und kunstgeschichtlichem Interesse aber einen kurzen Besuch.

Das Ruinengelände gliedert sich in die auf einem Hügel gelegene **Oberstadt** (Akropolis) und die **Unterstadt** am Fuß des Hügels. Beide Bezirke sind jeweils von einer Mauer umgeben. Die Ost- und die Westmauer stammen noch aus vorrömischer Zeit (wahrscheinlich aus dem 2. Jh. v. Chr.). Im Südteil der Unterstadt liegen die Reste von **Fischverarbeitungsanlagen,** den größten ihrer Art in der antiken Welt. Hier wurde Garum, eine äußerst begehrte und kostspielige Fischpaste, hergestellt. Im Nordostteil sind das **Amphitheater** von Lixus (das einzige in Marokko) sowie die Ruinen von Thermen und Wohnhäusern zu sehen. Auf der **Akropolis** finden sich dann noch die Grundmauern einiger Tempel und eine Moscheeruine (aus der Zeit des islamischen Neuaufbaus). Der Blick von hier auf den Loukkos und das Meer ist eindrucksvoll.

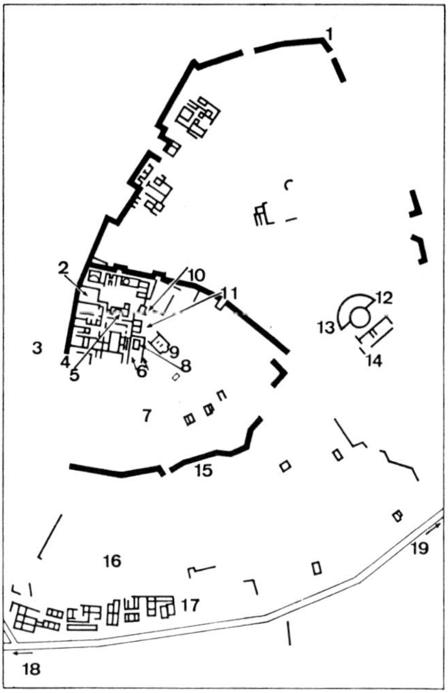

Plan von Lixus 1 Mauer 2 Tempel G 3 Tempel-Viertel 4 Westmauer 5 Tempel F 6 Tempel A u. B. 7 Akropolis 8 Bau D 9 Bethaus 10 Bau E 11 Tempel C 12 Theater 13 Amphitheater 14 Thermen 15 Mauer 16 Unterstadt 17 Fischverarbeitungsanlagen 18 nach Larache 19 nach Tanger

Die in Lixus gemachten Funde sind im Archäologischen Museum von Tetouan und in dem neuen kleinen Museum von Larache ausgestellt.

Verkehr

Busse: Busbahnhof an der Rue Mohammed Ben Abdallah (geht von der Place de la Libération ab, am Hotel Riad vorbei). Verbindungen nach Tanger, Rabat, Casablanca, Meknes, Fès, Ouezzane, Tetouan u. a.

Unterkunft

Klassifizierte Hotels: 2**B Hotel Riad (ehemals Hesperis), Rue Mohammed Ben Abdallah; 1*A Hotel Espana, Avenue Hassan II.; 1*B Hotel Cervantes, Place de la Libération.

Einfache Hotels: um die Place de la Libération und in der Rue Mohammed Ben Abdallah.

...in der Umgebung: 3 km in Richtung Rabat 1*B Hotel Flora und Campingplatz.

Bademöglichkeiten

Keine Strände in Larache selbst (felsige Küste), aber südlich der Stadt (Richtung Rabat) und besonders nördlich der Loukkos-Mündung.

Ksar el Kebir

35000 Einwohner. Bedeutendes Landwirtschaftszentrum in der fruchtbaren Loukkos-Ebene, großer Sonntagsmarkt, teilweise erhaltene Medina.

Geschichte

Gründung im 11. Jh. an der Stelle der römischen Siedlung Oppidum Novum. Im 12. Jh. Ausbau zu einer bedeutenden Festung, danach wichtige Handelsstadt.

1578 Schauplatz der ›Dreikönigsschlacht‹: Der Sultan Moulay Mohammed war 1574 von seinem Bruder Abd el Malek abgesetzt worden und nach Portugal geflohen. Dort gewann er den König Sebastian für einen Kriegszug nach Marokko. 1578 Landung der Portugiesen in Tanger und Asilah. Bei Ksar el Kebir vernichtende Niederlage gegen die Truppen Abd el Maleks; 25000 Tote, darunter die drei an der Schlacht beteiligten ›Könige‹. Die Niederlage schwächte Portugal so sehr, daß es 1580 zur Vereinigung mit Spanien gezwungen werden konnte.

Niedergang von Ksar el Kebir durch innermarokkanische Kriege Mitte des 17. und Anfang des 19. Jh.s. In der spanischen Zeit als ›Alcazarquivir‹ wichtiges Landwirtschaftszentrum, drittgrößte Stadt der spanischen Zone.

Seither Stagnation. Von Touristen wird die Stadt kaum besucht. Die Medina besitzt sehenswerte Teile, kann sich aber im Gesamtbild mit vielen anderen Städten des Landes nicht messen. Ein Besuch des Städtchens lohnt sich entsprechend nur, wenn man über ausreichende Zeit verfügt.

Stadtbesichtigung

Zentrum von Ksar el Kebir ist der Socco an der Durchgangsstraße, die von der Umgehungsstraße Tanger – Rabat abzweigt. Nördlich des Socco liegt das Medinaviertel Ech Charia; südlich das zum Fluß hin gelegene Viertel Bab el Oued, der älteste Teil der Stadt. Die Medina wird teilweise noch von Mauern aus dem 12. Jh. umgeben. Auffällig die vielen ziegelgedeckten Giebelhäuser.

Westlich des Socco beginnt die Neustadt, die den größten Teil der Medina umschließt.

Schönster Teil von Ksar el Kebir ist das **Viertel Bab el Oued** südlich des Socco mit Bauten vorwiegend aus dem 15. und 16. Jh. Es wird von den beiden Souk-Hauptstraßen durchzogen, an denen die Große Moschee (geht auf das 12. Jh. zurück), die Moschee Sidi Mohammed Cherif (bemerkenswert das achtekkige Minarett), mehrere Fondouks und Grabstätten liegen. Am interessantesten in den Souks die Läden der Tuchweber.

Busse: halten am Socco. Verbindungen nach Tanger, Meknes/Fès, Rabat/Casablanca und Ouezzane.
Eisenbahn: Bahnhof im Nordwesten der Neustadt, an der Linie Tanger – Casablanca, in Sidi Kacem Anschluß nach Meknes/Fès.
Unterkunft: mehrere einfache Hotels um den Socco.

Umgebung von Ksar el Kebir

5 km südlich der Stadt liegt an der Straße nach Rabat die verfallene **ehemalige**

Grenzstation zwischen der spanischen und der französischen Zone.

Arbaoua: kleines Dorf mit Montagsmarkt, an der Straße nach Rabat, 12 km von Ksar el Kebir. Bei einem Dorf beginnt das 35 000 ha große Jagdgehege von Arbaoua, das ausschließlich Touristen vorbehalten ist.

Unterkunft: 2** A Hostellerie Route de France, Campingplatz.

Moulay Bou Selham

Kleiner, bisher wenig erschlossener Badeort in herrlicher Lage an der Lagune Merdja Lerga, die mit dem Atlantik verbunden ist.

Im Ort befindet sich das **Grab von Moulay Bou Selham,** einem legendenumwobenen Heiligen, der im 10. Jh. lebte. Das Grab ist jedes Jahr im September Ziel eines großen Moussems. In der Umgebung gibt es noch Höhlen mit weiteren Gräbern; in einem davon soll ein Sohn des Aristoteles bestattet sein.

Die fisch- und vogelreiche Lagune (Naturschutzgebiet) und das Meer bieten zahlreiche hervorragende **Bademöglichkeiten,** dazu gilt der Ort als bester Platz der Atlantikküste zum **Tauchen** (Verleih von Ausrüstung).

Busse: nach Ksar el Kebir und Souk el Arba.
Unterkunft: 3*** A Hotel le Lagon, mehrere kleine Hotels, Campingplatz an der Lagune.

Der Rharb

Der Rharb (auch Gharb geschrieben) ist die von Oued Sebou durchflossene fruchtbare Küstenebene zwischen Ksar el Kebir, Sidi Kacem und Kenitra. Früher war dieses Gebiet oft vom Sebou überschwemmt, sumpfig und landwirtschaftlich wenig genutzt. Ab 1921 wurde der Rharb zum Hauptsiedlungsgebiet französischer Colons in Marokko. Sie legten die Niederung trocken und entwickelten sie zum wichtigsten Exportgebiet für landwirtschaftliche Produkte (besonders Getreide, Gemüse, Zitrusfrüchte, Wein). Die große Zahl französischer Siedler machte viele marokkanische Bauern landlos. Nach der Enteignung des ausländischen Grundbesitzes ging das Land dann überwiegend in die Hand marokkanischer Großgrundbesitzer über. Trotz des Reichtums des Rharb ist daher die Zahl armer Tagelöhner und Kleinpächter, die kein eigenes Land besitzen, bis heute sehr groß.

Sehenswürdigkeiten bietet der Rharb kaum. Die Landschaft ist eintönig, die Siedlungen sind neue Gründungen. Interessant lediglich die Ruinen von Banasa.

Souk el Arba du Rharb

12 000 Einwohner, Markt- und Agrarzentrum des nördlichen Rharb, französische Gründung. Großer Mittwochsmarkt.

Busse: nach Ouezzane, Tetouan, Meknes, Fès, Tanger und Rabat.

Unterkunft: 2** A Hotel du Gharbe; einfache Hotels.

25 km von Souk el Arba liegen die Ruinen von Banasa (Straße nach Kenitra, hinter Souk Tleta du Rharb links in die S 210 A, dann rechts in die S 210 einbiegen, von da an ausgeschilderte Piste. Nur mit eigenem Wagen erreichbar).

Banasa

Nach Volubilis und Lixus wichtigste römische Ruinenstätte Marokkos, im Vergleich zu den beiden anderen Plätzen aber nur spärliche Reste. Schon im 3. Jh. v. Chr. besiedelt, vom Ende des 1. Jh.s v. Chr. bis ins 3. Jh. n. Chr. römisch. Ausgrabungen seit 1933. Erhalten sind Grundmauern des Forums, des Kapitols, einiger Thermen und mehrerer Wohn- und Geschäftshäuser, dazu Reste einer 1100 m langen Umfassungsmauer. Der Besuch lohnt sich nur bei archäologischem Interesse.

Sidi Kacem (früher Petitjean)

25 000 Einwohner, Landwirtschaftszentrum und Standort einer Erdölraffinerie, größter Ort des Rharb. 1915 von den Franzosen gegründet, später deren Siedlungszentrum in der Küstenebene. Hoher Anteil (über 20 %) von Bewohnern, die aus dem Süden eingewandert sind. In der Umgebung geringe Erdölvorkommen. 2 km südlich die **Zaouia des Sidi Kacem** (großer Moussem im Oktober).

Busse: nach Meknes, Fès, Ouezzane/Tetouan, Tanger, Kenitra, Rabat.
Unterkunft: Einfache Hotels.

Sidi Slimane

10 000 Einwohner, Zentrum des Getreide- und Orangenanbaus, Zuckerfabrik. Die Umgebung wird vom **El Kansera-Stausee** (35 km südlich) bewässert.

Kenitra

450 000 Einwohner. Provinzhauptstadt, bedeutender Hafen, Industriestandort. Moderne Stadt ohne Sehenswürdigkeiten. Im Vorort Mehdia Strand und großer US-Marine- und Luftwaffenstützpunkt.

1913 als Port Liautey (nach dem ersten französischen Generalresidenten) gegründet. Ausbau zum Wirtschaftszentrum Marokkos geplant, durch den Aufstieg von Casablanca aber verhindert. Heute siebtgrößter Hafen des Landes (Verschiffung von Kork aus dem Mamora-Wald und von Agrarprodukten aus dem Sebou-Bekken; Umschlag 1984 ca. 450 000 Tonnen). Holzverarbeitende und Nahrungsmittelindustrie.

Zentrum der Stadt ist die Avenue Mohammed V. mit der Avenue Hassan II. und der Avenue Mohammed Diouri. Östlich des Zentrums ein älteres Viertel mit dem Souk. Am Hafen nördlich des Zentrums eine Kasbah-Ruine, der älteste Bau der Stadt. Die Avenue Mohammed Diouri führt zum 9 km entfernten Vorort Mehdia (häufige Busverbindungen).

Mehdia

Der Platz ist vielleicht schon eine karthagische Gründung. Unter den Almohaden Anlage des Hafens El Mamora. 1515 kurzzeitige portugiesische Eroberung. 1610 spanisch, 1614 holländischer Angriff. Ende des 17. Jh.s Vertreibung der Spanier durch die Truppen von Moulay Ismail, danach zeitweise Piratenort. 1795 Schließung des Hafens, unter den Franzosen zugunsten des Hafens von Kenitra ganz aufgegeben. Nach 1945 Anlage eines amerikanischen Luftwaffen- und Marinestützpunktes. Heute größter Kriegshafen und bedeutendste US-Militärbasis in Marokko.

Sehenswert ist vor allem die unter Moulay Ismail angelegte **Kasbah** mit einem mächtigen Tor, der ›**Porte Monumentale**‹ (1942 bei der Landung der Amerikaner beschädigt, aber wiederhergestellt). Nahebei ein Gouverneurspalast aus der gleichen Zeit. Auch Reste der spanischen Befestigungsanlagen sind noch vorhanden.

Der belebte **Strand** von Mehdia ist vor allem Ziel der Bewohner von Kenitra.

Verkehr und Information

Busse: Ab Avenue Mohammed V. nach Rabat, Casablanca, Tanger, Meknes, Fês, Khemisset, Ouezzane u. a.

Stadtbusse von der Avenue Mohammed Diouri nach Mehdia.

Information: Syndicat d'Initiative, Avenue Mohammed V., ✆ 2258

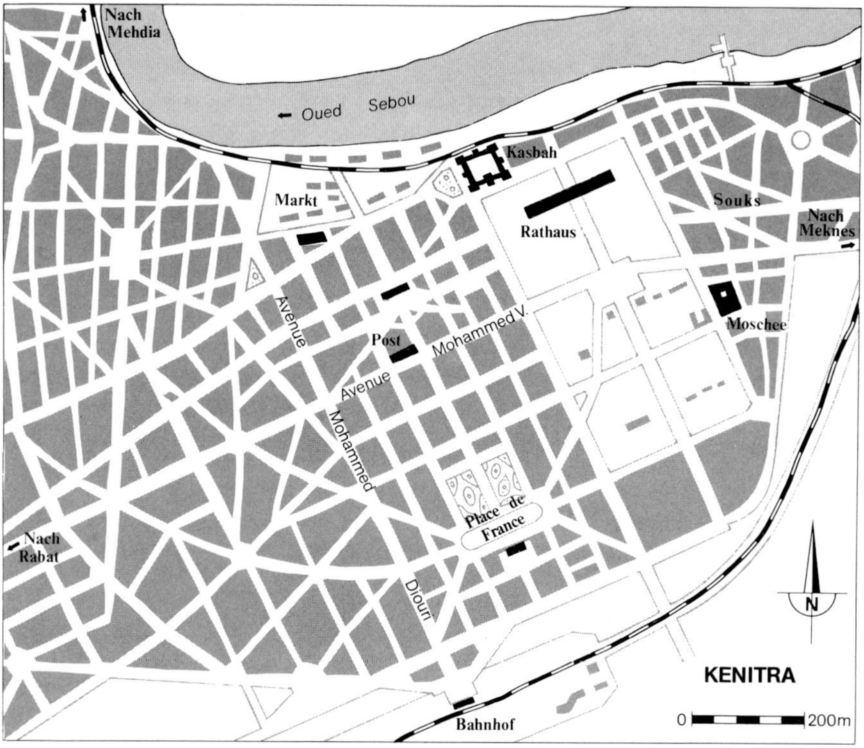

Unterkunft

Klassifizierte Hotels: 4****A Hotel Safir; 3***B Hotel Atlantide in Mehdia; 3***B Hotel Mamora, Avenue Hassan II.; 2**B Hotel Ambassy, Avenue Hassan II.; 2**A Hotel La Rotonde, 50 Avenue Mohammed Diouri; 1*A Hotel d'Europe, 63 Avenue Mohammed Diouri; 1*B Hotel Astor, 394 Avenue Mohammed V.; 1*B Hotel Studio, Avenue Mohammed Diouri. In Sidi Yahia du Rharb (Ort an der Straße nach Sidi Kacem) 2**A Hotel Amal.

Einfache Hotels im Stadtzentrum (Avenue Mohammed Diouri/Avenue Mohammed V.).

Jugendherberge: 22 Rue Mohammed Rharnit.

Camping: La Chendie, Kenitra; Mehdia Plage (Mehdia)

Umgebung von Kenitra

Mamora-Wald: größtes zusammenhängendes Waldgebiet Marokkos (ca. 1300 km^2), im Süden und Osten der Stadt. Der Baumbestand umfaßt vor allem Korkeichen, die kommerziell genutzt werden. Bewohnt wird der Wald vom Berberstamm der Zemmour, deren Zelte oft zu sehen sind. Das Gebiet ist wildreich und eignet sich gut für die Jagd.

Tamusida: spärliche Ruinen einer römischen Siedlung, 12 km nördlich von Kenitra an der Straße nach Tanger. Erhalten sind nur Reste der Grundmauern, ein Besuch lohnt sich nur für archäologisch speziell Interessierte.

Rabat

850000 Einwohner (mit Salé). Hauptstadt Marokkos und eine der vier Königsstädte, in landschaftlich schöner Lage an der Mündung des Bou Regreg in den Atlantik. Bildet zusammen mit der Schwesterstadt Salé am gegenüberliegenden Flußufer die Stadtpräfektur Rabat-Salé (im Rang einer Provinz). Reine Verwaltungsstadt mit großzügiger, überwiegend moderner Anlage. Besitzt bedeutende Baudenkmäler, zählt zu den sehenswertesten Städten des Landes.

Hauptsehenswürdigkeiten: Kasbah des Oudaias, Hassanturm, Chellah, Archäologisches Museum, Museum für Volkskunst mit Musée des Oudaias; in Salé die Medersa Aboul Hassan.

Geschichte

Besiedlung des Bou-Regreg-Mündungsgebietes schon in der Altsteinzeit. Nutzung der Flußmündung als Ankerplatz durch Phönizier und Karthager. Karthagische Siedlung Sala (im Gebiet der heutigen Chellah) seit dem 3. Jh. v. Chr., später unter den Römern wichtiger Handelsort. Ende des 1. Jh.s n. Chr. erhält der Platz römisches Stadtrecht. Der Zeitpunkt seiner Aufgabe ist ungewiß, bezeugt ist die Siedlung bis ins 4. Jh. n. Chr.

Vom 8. Jh. an in der Umgebung Aufstieg des unabhängigen Berberreiches der Berghouata, das der schiitischen Kharedija-Bewegung angehört. Diese Schiiten rebellieren gegen die arabischen Dynastien der Omajaden und Fatimiden, die damals um die Oberhoheit in Marokko kämpfen. Im Verlauf dieser Kämpfe im 10. Jh. Gründung von Rabat durch Zenata-Berber, die mit den spanischen Omajaden verbündet sind. Sie legen an der Stelle der heutigen Kasbah ein befestigtes Kloster (›Ribat‹) als Stützpunkt gegen die Berghouata an. Niedergang dieser Festung im 11 Jh., als auf der anderen Flußseite Salé gegründet wird, das ebenfalls als Festung dient.

Neuer Aufstieg des Ortes ab 1150, als die Almohaden die Berghouata unterwerfen. Salé wird als Vergeltung für einen Aufstand zerstört, Rabat dagegen mit einer neuen Kasbah versehen. Unter dem zweiten Almohaden-Herrscher Yacoub el Mansour (1184–1199) wird ›Ribat el Fath‹ (Klosterburg des Sieges) Hauptstadt des Reiches. Rege Bautätigkeit und großzügige Stadtplanung, nach dem Tod von el Mansour aber Verlegung der Residenz nach Marrakech, Verfall der halbfertigen Stadt.

Bis zum Beginn des 17. Jh.s bleibt Rabat unbedeutend, Salé hingegen steigt zum wichtigsten Atlantikhafen Marokkos auf.

Ab 1609 in Rabat und Salé Niederlassung andalusischer Flüchtlinge; besonders Rabat (damals ›Neu-Salé‹ genannt) erlebt dadurch einen raschen Aufstieg. Beginn der Piraterie gegen spanische Schiffe. 1627 bilden Rabat und Salé die unabhängige Republik Bou Regreg mit Hauptsitz in der Kasbah des Oudaias. Verwaltung nach spanischem Vorbild durch zwei gewählte Alkalden (Bürgermeister) und einen Divan (Gemeinderat).

Blütezeit der Seeräuberei, die sich nun gegen alle europäischen Schiffe richtet. Die Piraten – als ›Korsaren von Salé‹ in ganz Europa gefürchtet – kreuzen bis in englische Gewässer. Bald ist die Republik bedeutendster Piratenstützpunkt Nordafrikas neben Tunis, Algier und Tripoli. Großer Wohlstand auch durch den lebhaften Sklavenhandel (Daniel Defoe macht Salé zu dem Ort, an dem sein Robinson Crusoe zwei Jahre in der Gefangenschaft von Piraten lebt). Wiederholt erfolglose Beschießungen durch englische und französische Schiffe. Gegen Waffenlieferungen Abschluß von Waffenstillstandsverträgen mit einigen europäischen Staaten. Mehrfach auch interne Kämpfe zwischen rivalisierenden Piraten von Rabat und Salé.

1666 Eingliederung der Republik in das Alaouiten-Reich, die Piratenüberfälle werden aber fortgesetzt, und auch weitere europäische Vergeltungsschläge bleiben nicht aus. Im 18. Jh. dann Niedergang: 1727 heftige interne Kämpfe, da Rabat und Salé im Thronfolgekrieg nach dem Tod von Moulay Ismail verschiedene Parteien unterstützen; 1755 schwere Verwüstungen durch Erdbeben; 1765 mehrtägige Beschießung durch die Franzosen wegen Piraterie. Allmähliche Versandung des Hafens. Mit dem Aufkommen des Dampfschiffes endet die ›große Zeit‹ der Piraterie, 1829 wird das letzte Schiff gekapert.

Während Salé bedeutungslos bleibt, erhält Rabat in der zweiten Hälfte des 19. Jh.s neuen Aufschwung durch den Handel mit Europa.

1912 machen die Franzosen Rabat zur neuen Hauptstadt Marokkos, der Sultan verlegt seine Residenz von Fès hierher. Bis heute ist die Stadt seitdem politisches und Verwaltungszentrum des Landes geblieben, daneben wichtigster Hochschulstandort. Handel und Industrie spielen nur eine geringe Rolle, der Hafen ist wegen der Versandung bedeutungslos. Rabat ist im wesentlichen eine moderne Stadt, die aufgrund ihrer großzügigen Anlage mit vielen Grünflächen und meist niedrigen Bauten oft auch als eleganteste Stadt Marokkos bezeichnet wird. Tatsächlich kann die Neustadt – die sicherlich schönste des Landes – als Musterbeispiel für gelungenen modernen Städtebau gelten.

Daneben besitzt Rabat eine kleine, aber gut erhaltene Medina und einige der bedeutendsten Baudenkmäler Marokkos. Auch die größere Medina von Salé ist beachtenswert.

Seine Sehenswürdigkeiten, die günstigen Ausflugsmöglichkeiten und das große kulturelle Angebot machen Rabat zu einem der interessantesten Orte des Landes. Von Touristen wird die Stadt dennoch weit weniger besucht als die übrigen Königsstädte.

Stadtgliederung

Kern von Rabat ist die zwischen Meer und Fluß gelegene Medina. An sie grenzt südlich das moderne Geschäftszentrum an. Südlich des Zentrums liegt das Regierungsviertel mit Königspalast und Universität, südwestlich schließt sich der Villenvorort Agdal an.

Gegenüber der Medina liegt am rechten Flußufer die Medina von Salé, wie Rabat von modernen Wohnvierteln umschlossen.

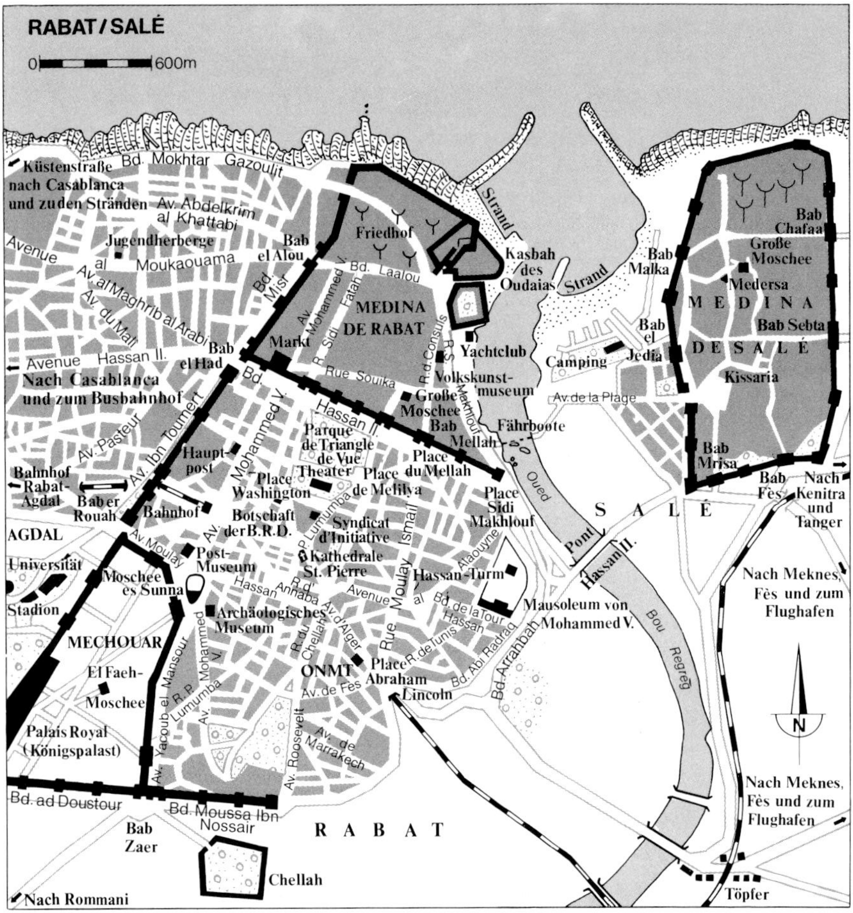

Stadtbesichtigung

Günstiger Standort sind die Hotels um die Avenue Mohammed V. Für die Stadtbesichtigung genügen zwei Tage.

Medina

Die Medina von Rabat wird an drei Seiten – nach Westen, zum Meer und zum Fluß hin – von der 1197 vollendeten **Almohaden-Mauer** umschlossen. Diese insgesamt 5250 m lange Maueranlage umgibt außerdem einen großen Teil der Neustadt, denn als Almohaden-Hauptstadt wurde Rabat sehr großzügig geplant. Aufgrund der Verlegung der Residenz nach Marrakech nach dem Tode El Mansours erreichte die Stadt die vorgesehene Größe jedoch bei weitem nicht. Die Medina erhielt ihre heutige Gestalt Anfang des 17. Jh.s durch andalusische Flüchtlinge. Viel kleiner als das von der Almohaden-Mauer viereinhalb Jahrhunderte zuvor umgrenzte Gebiet, wurde sie

Medina von Rabat, Beginn der Rue Souika

nach Süden durch die neue **Andalusier-Mauer** abgeschlossen.

Die Medina ist im Vergleich zu denen anderer marokkanischer Städte sehr übersichtlich gegliedert. Der Haupteingang liegt an der Kreuzung von Avenue Mohammed V. und Boulevard Hassan II. neben dem Gebäude des Lebensmittelmarktes (Marché Municipal; verschiedene Cafés). Unmittelbar hinter dem Eingang zweigt nach rechts die **Rue Souika** ab. Sie bildet zusammen mit ihrer Verlängerung, der Rue Souk es Sebbat, die Hauptstraße der Medina. Gleich am Anfang der Rue Souika findet der Besucher einige kleine Hotels und Cafés sowie zahlreiche Essensstände. Auf der rechten Straßenseite folgt bald die **Moschee Moulay Soliman** (1812). Einige hundert Meter weiter (links den Gewürzmarkt beachten!) beginnt die überdachte **Rue Souk es Sebbat,** das Zentrum der Souks. Hier liegt rechter Hand die **Große Moschee,** die im 14. Jh. erbaut, ab 1882 aber von Grund auf neugestaltet wurde (erst 1939 vollendet). Kurz hinter der großen Moschee wird die Rue Souk es Sebbat von der Rue des Consuls gekreuzt. Geht man geradeaus weiter, gelangt man durch das **Bab el Bahr** zum Fluß; wendet man sich nach rechts, betritt man das ehemalige Judenviertel, die 1808 angelegte **Mellah,** die vom Fluß und vom Boulevard Hassan II. begrenzt wird.

Nach links führt die Rue des Consuls zum **Teppichsouk,** dem wichtigsten Souk von Rabat (Rabat ist das bedeutendste städtische Zentrum der Teppichherstellung in Marokko). Jeden Donnerstag finden hier Teppichversteigerungen statt. Der Straßenname erklärt sich übrigens aus dem Umstand, daß ausländische Gesandte bis 1912 nur in dieser Straße wohnen durften. Sie mündet auf die ausgedehnte, von mächtigen Maueranlagen gesäumte **Place Souk el Ghezel,** den ehemaligen Slavenmarkt und späteren Textilmarkt, der vor einigen Jahren zum Vekehrsknotenpunkt Sahat el Oudaias ausgebaut wurde.

Kasbah des Oudaias

Diese Festungsanlage, deren gewaltiges Haupttor sich über der Place Souk el Ghezel erhebt, gehört zu den bedeutendsten Bauten der Stadt. Sie steht an der Stelle des im 10. Jh. errichteten Ribat, der Klosterburg. Die heutige Anlage stammt im Kern aus dem 12. Jh., wurde aber im 17. Jh. verstärkt und erweitert. Ihren Namen erhielt die Kasbah vom arabischen Stamm der Oudaias, der sich im 13. Jh. hier ansiedelte und dem Ende des 17. Jh.s von Moulay Ismail Steuerfreiheit als Gegenleistung für Söldnerdienste zugestanden wurde.

Den eindrucksvollen Haupteingang zur Kasbah bildet das riesige **Bab el Oudaia,** das wegen seiner reichen Reliefverzierungen zu den bedeutendsten Bauten der Almohaden-Zeit zählt. Das Tor, das mehrere alte Versammlungsräume enthält, kann bestiegen werden (lohnende Aussicht). Hinter dem Eingang nimmt die Rue Jama, die Hauptstraße

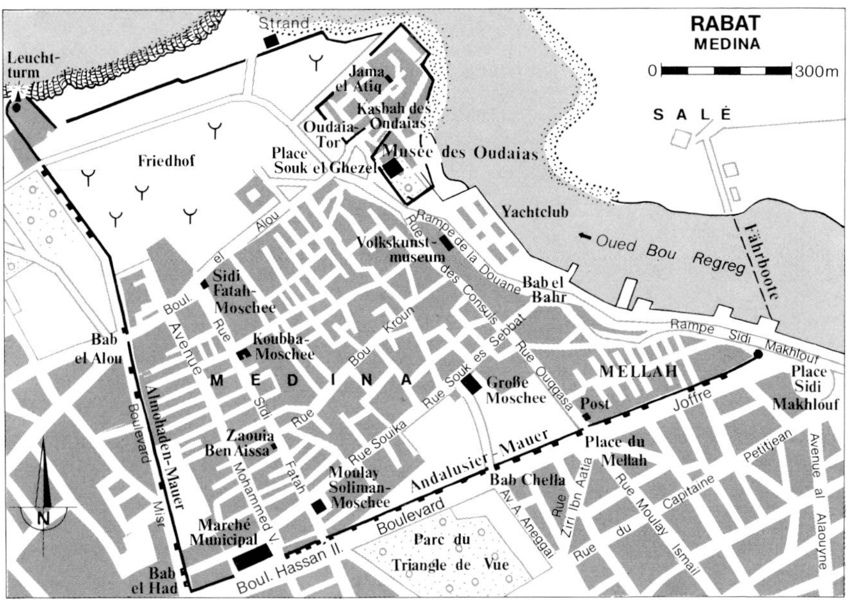

Friedhof vor der Medina von Rabat

der Kasbah, ihren Anfang. Sie führt durch ein Wohnviertel, mit kleinen, verwinkelten Gassen, in dem sich auch die **Moschee Jama el Atiq** ((12. Jh., Umbau um 18. Jh.) erhebt, und mündet auf eine große Terrasse an der steil zum Meer abfallenden Kasbah-Mauer. Von hier bietet sich ein **prachtvoller Rundblick** auf den Atlantik, den Fluß und auf Salé.

Unterhalb des Kasbah-Haupttores schließt sich zum Fluß hin eine weitere Maueranlage an. Der Bau, der durch ein Tor an der Place Souk el Ghezel betreten werden kann, wurde 1666–72 als Erweiterung der alten Kasbah angelegt (diente als Palast, später als Medersa).

Der prachtvolle **Garten** im Innenhof dieses Anbaus entstand Anfang dieses Jahrhunderts. Bemerkenswert: ein alter Noria, ein Brunnen, aus dem das Wasser früher durch ein von Eseln angetriebenes Drehrad geschöpft wurde. Durchschreitet man den Garten, erblickt man den Zugang zu einem Café. Es wird von Touristen häufig besucht, da sich von hier ein **herrlicher Blick** auf die Kasbah und auf Salé bietet (die beste Aussicht hat man von einer kleinen Terrasse, die durch eine Gasse vom ersten Caféteil aus erreicht werden kann).

Die Gebäude im Garten beherbergen in drei Raumfolgen das **Musée des Oudaias,** eine Sammlung marokkanischen Kunsthandwerks (wegen des prächtigen Innenhofes besonders sehenswert: der Teil unmittelbar hinter dem Garteneingang). Ähnliche, aber zahlreichere Exponate befinden sich in dem neuen **Museum für Marokkanische Volkskunst** schräg gegenüber des Kasbah-Komplexes an der Rampe de la Douane (vis-à-vis dem Kunsthandwerkszentrum Ensemble Artisanal). Die Sammlungen der beiden Museen, neben denen in Fès die reichhaltigsten ihrer Art in Marokko, umfassen vor allem Teppiche, Musikinstrumente, Schmuck, Töpferei, Kleidungsstücke und alte Korane; im Oudaias-Museum die Rekonstruktion eines Zemmour-Berberzeltes.

Für den Rückweg von Kasbah und Museum sollten Sie die jenseits des Souk el Ghezel beginnende, parallel zum Meer verlaufende neue Umgehungsstraße wählen (unterhalb der städtische Strand mit neuem Café/Restaurantkomplex). Sie durchschneidet einen ausgedehnten **Friedhof,** der sich am Meer entlang von der Almohaden-Mauer im Westen bis zur Kasbah hinzieht. Bei der **Koubba der Lalla Ksaba** findet am Achoura-Tag (vgl. S. 366) das Fest der Frauen von Rabat statt. Ein Spaziergang entlang der von LKW's stark befahrenen Straße lohnt sich wegen der schönen Ausblicke auf die Stadt und das Meer. Eindrucksvoll ist die oft sehr starke Brandung an dem ungeschützten Küstenabschnitt.

Von der Umgehungsstraße gelangt man über die Avenue Mohammed V. oder über die parallel dazu verlaufende Rue Sidi Fatah (einige Zaouias und zwei Moscheen) zum Medina-Eingang zurück.

Einen kurzen Abstecher vom Medina-Haupteingang lohnt das an der Südwestecke der Almohaden-Mauer gelegene **Bab el Had** (große Stadtbus-Station). An dem mächtigen almohadischen Tor wurden früher die Köpfe der Hingerichteten aufgespießt.

Die übrigen Sehenswürdigkeiten von Rabat liegen außerhalb der Medina.

Blick von Salé auf Rabat mit dem Hassanturm

Hassanturm

Folgt man dem vor der Andalusier-Mauer verlaufenden breiten Boulevard Hassan II. bis zum Fluß oder geht man von der Kasbah kommend am Fluß entlang, so stößt man auf die Place Sidi Makhlouf. Von hier führt eine Auffahrt zu dem schon von weitem sichtbaren Hassanturm (Tour Hassan), dem bedeutendsten Baudenkmal von Rabat (Hassane, ›Schönheit‹, war der alte Ortsname des hiesigen Geländes). Der Turm ist das Minarett der Großen Moschee, mit deren Bau um 1190 unter Yacoub el Mansour begonnen wurde. Sie sollte nach der Großen Moschee von Samarra (Irak) die größte Moschee der islamischen Welt überhaupt werden. Nach dem Tod von El Mansour (1199) und der Verlegung der Residenz nach Marrakech wurde das kostspielige Projekt aber abgebrochen, und der Bau blieb unvollendet. Das Erdbeben von 1755 zerstörte einen großen Teil der schon fertiggestellten Anlagen.

Die Moschee war auf 19 Schiffe konzipiert und sollte bei einer Ausdehnung von 183 × 139 m auf 424 Säulen und Pfeilern ruhen; 16 Tore sollten den Zugang bilden. Erhalten geblieben sind von dieser gewaltigen Bauruine noch Teile

Rekonstruierter Grundriß der unvollendeten Großen Moschee (1190 begonnen und als zweitgrößte Moschee der islamischen Welt konzipiert), von der nur das Minarett – Hassanturm genannt – sowie Reste von Mauern und Säulen erhalten geblieben sind.

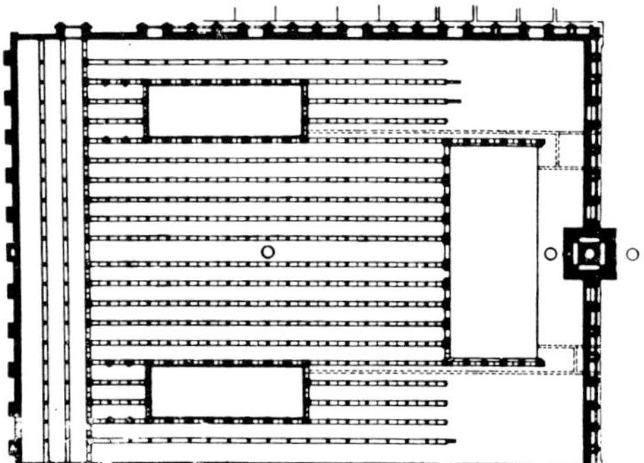

der Umfassungsmauer, eine Reihe von Säulen und vor allem der Hassanturm, das unvollendete Minarett (Farbabb. 26).

Der 44 m hohe quadratische Hassanturm (mit der fehlenden Spitze hätte er eine Höhe von 80 m erreicht) mit seinen 2,50 m dicken Mauern besitzt an den Außenfassaden reiche Reliefverzierungen, die an jeder Seite verschieden sind. Der Turm ähnelt der Koutoubia von Marrakech und der Giralda von Sevilla, die aus der gleichen Zeit stammen. Mit diesen zusammen gilt er als Höhepunkt der almohadischen Baukunst. Der Turm war früher über eine breite Rampe im Inneren, die sogar Pferde hinaufreiten konnten, zu besteigen. Die Decken der sechs Stockwerke tragen reiche Verzierungen (Besichtigung z. Zt. leider nicht möglich). Obgleich unvollendet, kündet der massige Hassanturm bis heute von der einstigen Größe des mächtigen Almohadenreiches.

Dem Hassanturm gegenüber, am anderen Ende der Moscheeruine, wurde zwischen 1961 und 1967 die **Grabstätte von König Mohammed V.** errichtet. Der 160 × 50 m messende Komplex besteht aus dem Mausoleum, einer Moschee und einem kleinen Museum mit Andenken aus dem Leben des Königs. Das Mausoleum, das betreten werden kann, wurde nach dem Vorbild traditioneller Grabstätten erbaut. Die Außenmauern bestehen aus Carrara-Marmor. Das Innere ist mit Schnitzereien und über 1000 m^2 Mosaiken reich – vielleicht überreich – geschmückt, wobei jeder Quadratmeter Mosaik 20000 Einzelsteine enthält. Die Ornamente folgen weitgehend dem Vorbild der Reliefverzierungen am Hassanturm, und der Marmorsarkophag ähnelt unübersehbar dem Sarkophag des Moulay Ismail in Meknes. Die ebenfalls nach traditionellem Vorbild errichtete **Moschee** erhebt sich genaut in der Achse der alten Großen Moschee. Der gesamte Komplex der Grabstätte wird oft als schönster neuzeitlicher Bau des Islam gepriesen.

Neustadt

Südlich der Medina liegt das Zentrum der großzügig angelegten Neustadt. Die Grenze zwischen den Stadtteilen bildet der parallel zur Andalusier-Mauer verlaufende Boulevard Hassan II.

Hauptgeschäftsstraße der Neustadt ist die **Avenue Mohammed V.,** die gegenüber dem Haupteingang zur Medina ihren Anfang nimmt. Hier liegen die Hauptpost, der Bahnhof, zahlreiche Geschäfte, Hotels, Cafés und Restaurants. Zum Geschäftszentrum zählen auch eine Parallelstraße, die Avenue Allal Ben Abdallah, und einige Seitenstraßen. Östlich davon – im Gebiet zwischen der Avenue Allal Ben Abdallah und der Avenue Abderrahman Annegai – finden sich zahlreiche öffentliche Gebäude (die Fremdenverkehrsämter, die Polizeipräfektur, das Theater u. a.). Man beachte in diesem Viertel, das zum Boulevard Hassan II. hin im schön angelegten **Parc du Triangle de Vue** endet, auch die französische **Kathedrale St. Pierre.**

Südlich des Zentrums erstreckt sich das **Regierungsviertel.** Dort, wo die Avenue Mohammed V. ausläuft, steht gleich an seinem Beginn die **Große Moschee Es Sunna.** Sie wurde Anfang dieses Jahrhunderts nach dem Vorbild der Koutoubia von Marrakech erbaut. Links von der Moschee (vom Zentrum aus gesehen) liegt schräg gegenüber dem Hotel Chellah in der Rue el Brihi das **Archäologische Museum** (Musée des Antiquités), das mit Abstand reichhaltigste seiner Art in Marokko. Neben prähistorischen und punischen Exponaten umfassen die Sammlungen vor allem den größten Teil der in Marokko gefundenen Objekte aus der Römerzeit. Sehenswertester Teil des Museums ist ein abseits der übrigen Ausstellungsräume gelegener

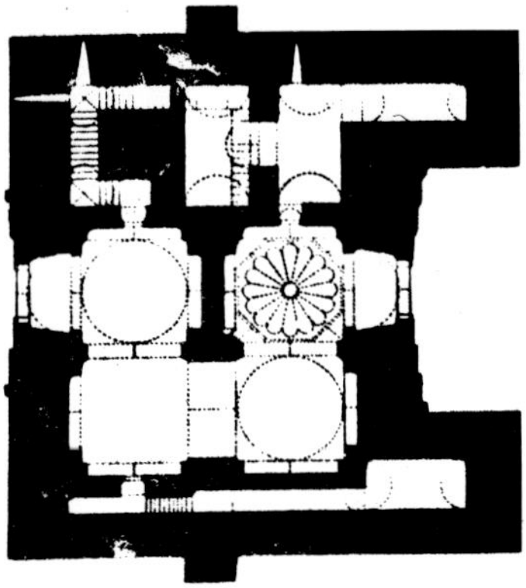

Grundriß des Bab er Rouah

Saal mit den Bronzestatuen aus Volubilis.

Vor der Es Śunna-Moschee zweigt rechts die Avenue Moulay Hassan ab. Sie führt zum **Bab er Rouah,** dem neben dem Kasbah-Tor schönsten Portal der Almohaden-Mauer. Der mächtige, außen reich verzierte Bau wird von zwei Türmen flankiert. Der Torgang, an dem mehrere Seitenräume liegen, ist aus Verteidigungsgründen dreifach geknickt. Bab er Rouah kann bestiegen werden.

Links des Tores liegen die Gebäude der **Universität Mohammed V.,** der mit 15000 Studenten größten Hochschule des Landes. Jenseits, auf dem **Mechouar,** dem ausgedehnten Versammlungsplatz vor dem **Königspalast,** kann man ab 9 Uhr morgens alle zwei Stunden bei der Ablösung der Palastwache zuschauen. Die Wachen, die traditionelle Tracht tragen, rekrutieren sich großenteils aus Schwarzen, den Nachkommen der von Moulay Ismail ausgehobenen Armee. Danach finden gelegentlich Führungen durch den Palastbezirk statt, die Hauptresidenz des Königs, deren zahlreiche niedrige Gebäude vorwiegend im 19. Jh. errichtet wurden. Der eigentliche Wohnsitz des Königs, im Kern der Anlage gelegen, ist nicht zu besichtigen.

Jeden Freitag begibt sich der König, wenn er in Rabat weilt, zum Gebet in die nahegelegene **El Faeh-Moschee** – ein Ereignis, das jeweils mit großem Pomp gefeiert wird.

Im Gebiet östlich des Königspalastes und südlich der Großen Moschee liegen die meisten Ministerien und ausländischen Botschaften.

Der Königspalast, Hauptresidenz von Hassan II.

Chellah

Über die bei der Großen Moschee beginnende Avenue Yacoub el Mansour – die Verlängerung der Avenue Mohammed V. – erreicht man die außerhalb der Stadtmauer gelegene Chellah.

Das Gelände auf einem kleinen Hügel wird von einer Mauer aus dem 14. Jh. umschlossen. Im Inneren befindet sich ein herrlicher Park mit Ruinen aus römischer wie vor allem auch aus merinidischer Zeit.

Die 1930 ausgegrabenen **römischen Fundamente** sind die spärlichen Überreste der Siedlung Sala, die schon von den Karthagern gegründet wurde.

Eindrucksvoller sind die Ruinen der im 13. und 14. Jh. angelegten **Meriniden-Nekropole.** Mehrere merinidische

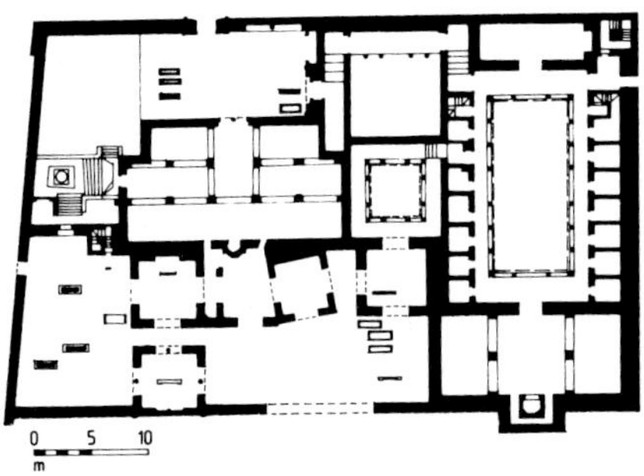

Chellah, Grundriß der Meriniden-Nekropole

Sultane wurden hier bestattet. Am besten erhalten ist das Grab des 1348 verstorbenen Sultans Abu el Hassan. Das Gelände der Nekropole umfaßt auch die Ruine einer **merinidischen Moschee** mit einer Medersa und einem gut erhaltenen Minarett.

Direkt daneben mehrere Kuppelgräber und ein **Teich** mit zahlreichen Aalen, die von den Besuchern mit Eiern gefüttert werden, wovon man sich Fruchtbarkeit und Wohlstand verspricht. Die Quelle, die diesen Teich speist, gilt als heilig, weil Marabouts sie einst zur Reinigung verwendeten.

Die gesamte Chellah wird als heilige Stätte angesehen. Ein Betreten des Bezirks war Nicht-Moslems deshalb früher untersagt.

◁ Das monumentale Eingangstor der Chellah

Salé

Am rechten Ufer des Bou Regreg, gegenüber der Medina von Rabat, liegt Salé. Die lange unabhängige Stadt bildet heute mit Rabat eine Verwaltungseinheit, die Stadtpräfektur Rabat-Salé. Salé steht schon lange im Schatten der größeren und bedeutenderen Schwesterstadt, hat aber seinen eigenständigen Charakter weitgehend bewahrt. Die traditionelle Rivalität zwischen den beiden Orten ist auch heute noch spürbar. In der Medina, die die von Rabat an Ausdehnung übertrifft, leben etwa 70000 Menschen. Mit den umliegenden modernen Vorstädten sind es ca. 200000, d.i. ein Viertel der Gesamtbevölkerung von Rabat-Salé.

Die vollständig ummauerte Medina ist weniger von europäischen Einflüssen berührt als die der Schwesterstadt. Ein Besuch von Salé ist deshalb lohnend.

Von Rabat nach Salé

Ruderboote fahren in Rabat an der Rampe Sidi Makhlouf (an der Flußseite der Medina, nahe dem Ende des Boulevard Hassan II.) ab (in der Nähe ist ein Yachthafen geplant).

Busse verkehren vom Boulevard Hassan II. (Linie 6) und von der Kasbah des Oudaias (Linie 14). **Zu Fuß** beträgt die Entfernung über den Pont Hassan II. (beim Hassanturm) etwa 2,5 km.

Besichtigung von Salé

Kommt man per Bus oder zu Fuß nach Salé, so gelangt man durch das **Bab el Mrisa,** das erste Tor in der Stadtmauer,

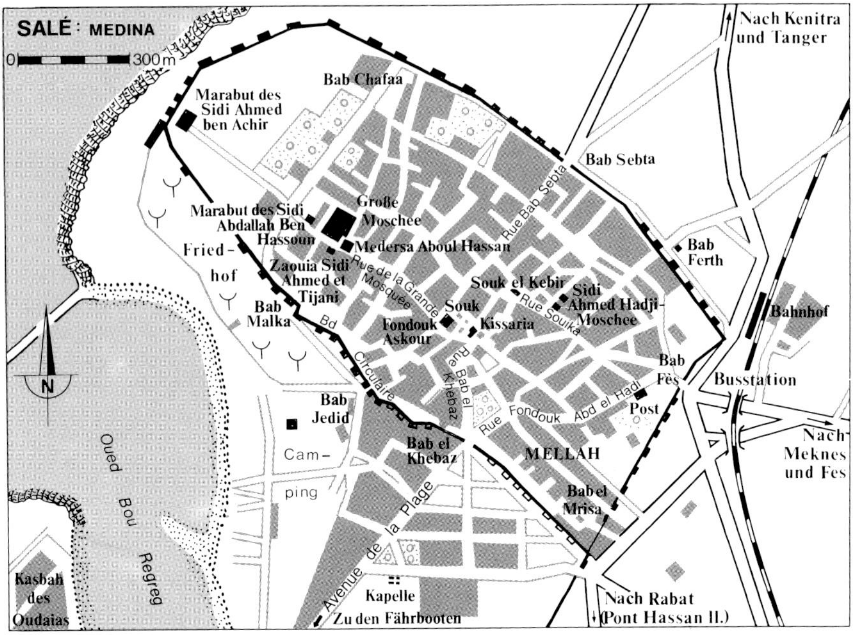

in die Medina. Es wurde im 13. Jh. erbaut und ist damit das älteste Tor von Salé. Dahinter liegt die **Mellah,** die früher zu den bedeutendsten Judenvierteln des Landes zählte. Bis heute ist Salé der nach Ouezzane wichtigste jüdische Wallfahrtsort in Marokko. Den Höhepunkt der Pilgerfahrten bildet das jüdische Osterfest, das besonders auf dem Friedhof der Mellah gefeiert wird.

Jenseits der Mellah stößt die vom Bab el Mrisa herkommende Straße auf einen großen, belebten Platz (in der Mitte Parkanlage), an dessen gegenüberliegender Seite ganz rechts die Rue Bab el Khebaz abgeht.

Läßt man sich mit dem Boot nach Salé übersetzen und geht von der Anlegestelle geradeaus auf die Medina zu, stößt man auf eine breite Lücke in der Stadtmauer (ehemaliges Bab el Khebaz). Dahinter liegt der erwähnte große Platz, an dessen jenseitigem Ende (etwas halblinks halten) die Rue Bab el Khebaz beginnt.

Die Rue Bab el Khebaz (am Ende Biegung nach links) führt geradewegs hinein in die Kissaria. Wenden Sie sich dort gleich in die belebte Gasse rechts, stoßen Sie auf den **Souk el Kebir,** das Zentrum des Marktviertels. Salé ist bekannt für seine Teppiche, Korbflechtereien, Keramiken sowie seine Eisenschmiede- und Holzarbeiten. Die Souks sind weniger auf Touristen eingestellt als die von Rabat, die Preise deshalb in der Regel niedriger. Der Souk el Kebir, auch Grand Souk genannt, war früher der berüchtigte Sklavenmarkt von Salé. Von hier führt die Marktstraße Rue Souika zum **Bab Fès,** durch das man die Medina wieder verlassen kann. Die bedeutendsten Sehenswürdigkeiten der Stadt liegen aber in der entgegengesetzten Richtung in der Nähe der Großen Moschee.

Der Weg dorthin verläuft über die Soukstraße Rue de la Grande Mosquée, die kurz vor der Kissaria links von der Rue Bab el Khebaz abzweigt (bei dem unvollendeten Minarett) und noch um den **Fondouk Askour** (14. Jh.) herumführt, bevor sie geradewegs auf die am höchsten Punkt von Salé gelegene **Große Moschee** zuläuft, die wahrscheinlich auf die Almohaden-Zeit (12. Jh.) zurückgeht. Unmittelbar links der Moschee liegt der bedeutendste Bau von Salé, die unbedingt sehenswerte **Medersa Aboul Hassan.** Um 1340 erbaut, gehört sie zu den schönsten Medersas der Meriniden-Zeit. Ihr reich geschmücktes Inneres kann besichtigt werden. Auch der Ausblick vom Dach ist lohnend.

Zwischen Moschee und Medersa führt eine kleine, überwölbte Gasse zur **Zaouia Sidi Ahmed et Tijani.** Wendet man sich dort nach rechts, passiert man zwei Portale der Großen Moschee und dann den **Marabut des Sidi Abdallah Ben Hassoun,** des Schutzpatrons von Salé. Hier findet am Vorabend des Mouloud-Tages der Höhepunkt des berühmten Wachslaternenfestes statt (vgl. S. 114).

Die Straße, an der der Marabut liegt, verläßt die Medina von Salé. Ein großer ehemaliger **Friedhof** erstreckt sich von den Medinamauern bis hinunter zum Meer. Der **Marabut des Sidi Ahmed Ben Achir** (16. Jh.) am unteren Ende ist am Mouloud-Tag ebenfalls Schauplatz großer Feiern.

Über die oberhalb des Friedhofs entlang der Stadtmauer verlaufende Straße erreichen Sie den Strand von Salé und die Anlegestelle der Boote nach Rabat. Dieser Rückweg ist wegen der herrlichen Ausblicke auf Rabat besonders empfehlenswert.

Wenn Sie genügend Zeit zur Verfügung haben, können Sie noch das **Töpferviertel** von Salé besuchen, das außerhalb der Medina bei der zweiten Bou Regreg-Brücke (etwa 1500 m südlich des Bab Mrisa) liegt. An Donnertagen ist auch ein Besuch des **Souk Hebdomadaire,** eines großen Landmarktes, interessant. Der Markt findet außerhalb der Stadt an der Straße nach Meknes/Fès statt.

Verkehr

Busse: neuer, moderner Busbahnhof (auffälliger Bau) für CTM und Privatlinien an der Avenue Hassan II. ca. 2,5 km westlich des Zentrums (Ausfallstraße nach Casablanca); Anfahrt mit Taxi oder verschiedenen Buslinien. Häufige Verbindungen nach Tanger, Tetouan, Meknes, Fès, Oued Zem, Kasba Tadla, Casablanca, Marrakech, Ouja u. v. a.

Busbahnhof Salé: am Bab Fès vor der Medina, CTM und Privatlinien. Alle Busse von Rabat in Richtung Tanger/Tetouan und Meknes/Fès halten hier.

Eisenbahn: moderner Hauptbahnhof Rabat-Ville an der Avenue Mohammed V., Zentrum der Neustadt, Nebenbahnhöfe: Salé, an der Straße nach Kenitra nahe dem Bab Fès; Rabat-Agdal, im Vorort Agdal südwestlich der Innenstadt.

Verbindungen: Meknes/Fès, Tanger, Marrakech sowie über 20× nach Casablanca (schnellste Verbindung mit den neuen TNR-Zügen ab Rabat-Ville und -Agdal, vgl. S. 124).

Flugzeug: Flughafen Rabat-Salé, 10 km nordöstlich an der Straße nach Meknes, innermarokkanische Flüge und Verbindungen nach Frankreich (täglich) und Dakar (mittwochs). Ab Air Terminal neben Bahnhof Rabat-Ville Direktbusse zu den Flughäfen Rabat-Salé (selten) und Casablanca-Mohammed V. (Fahrtzeit 1½ Stunden).

Flugbüros: Royal Air Maroc, Avenue Mohammed V., ✆ 322996/32297/32298/24604 und Rue Abou Faris al Marini, ✆ 21594/21595/31947; Air France, Avenue Mohammed V.; Air Afrique, Rue d'Alger.

Auto: Leihwagen im Zentrum der Neustadt; Touring Club du Maroc: 45 Rue Patrice Lumumba.

Innerstädtischer Verkehr: Ausgangspunkte der meisten Stadtbuslinien sind der Markt an der Kreuzung Boul. Hassan II./Avenue Mohammed V. beim Hauptmedinaeingang, der Vorplatz des Bab el Had und der Platz östlich des Parcs Triangle de Vue. Wichtigste Linien: 1, 2 und 4 zum Bab Zaer (bei der Chellah), 6 zum Hassanturm und nach Salé, 3 nach Agdal, Linie 14 von der Kasbah des Oudaias nach Salé. Bootsverkehr Rabat-Salé (vgl. S. 111).

Wichtige Adressen

Information: O.N.M.T.: 22 Avenue d'Alger, ✆ 21252/21253/21254; Syndicat d'Initiative: Rue Patrice Lumumba (gegenüber dem Grand Hotel, unweit der französischen Kathedrale), ✆ 23272; Yachtclubs: Federation de Yachting am Bab Marrakech, Rabat-Agdal, und am Quaie de la Tour Hassan; Reiten: Royal Polo Club Equestre, Rabat – Dar Es Salam.

Öffentliche Einrichtungen: Hauptpost: Avenue Mohammed V.; Polizei: Commissariat mit Fremdenpolizei, Place C. Lavigerie (bei der Kathedrale St. Pierre); Polizeinotruf: ✆ 19; Ambulanz: ✆ 15; Schwimmbad: beim Yachtclub am Quaie de la Tour Hassan.

Botschaften (Auswahl): Bundesrepublik Deutschland: 7 Zenkat Madnine (bei der Kreuzung Av. Moulay Abdallah/Place Washington im Zentrum der Neustadt), ✆ 32532, geöffnet Montag bis Freitag 8–12 (für Notfälle außerhalb dieser Zeiten ✆ 52109 oder 38197); Österreich: 2 Rue Tiddas (Regierungsviertel, Nähe US-Botschaft), ✆ 26003; Schweiz: Square Condo de Satriano (Regierungsviertel), ✆24695; Algerien: Botschaft z.Zt. geschlossen, Interessensvertretung (›Service des Interets) aber bei der Botschaft der Vereinigten Arabischen Emirate, 12 Rue Azrou (Parallelstraße zu Avenue de Fès); Tunesien: 6 Avenue de Fès; Mauretanien: 64 Rue Oum Errable, Rabat-Agdal; Lybien: 1 Chaouiah Ad Doukkali; Ägypten: 31 Rue d'Alger; Spanien: Zenkat Madnine (bei der deutschen Botschaft).

Goethe-Institut: Zankat al Jabli (Seitenstraße der Avenue Allal Ben Abdallah in Höhe des Bahnhofs), deutschsprachige Filme 2 × wöchentlich (Eintritt frei).

Unterkunft und Verpflegung

Klassifizierte Hotels: 5***** Hotel Rabat-Hilton, Aviation Souissi; 5***** Farah-Sofitel, Place Sidi Makhlouf; 5***** Hotel de la Tour Hassan, 34 Av. Abderrahman Annegai; 4****A Hotel Chellah, 2 Rue d'Ifni; 4****A Hotel Bélère, 33 Avenue Moulay Youssef; 4****B Hotel les Oudayas, 4 Rue Tobrouk; 3***A Hotel Sheherazade, 21 Rue de Tunis; 3***A Hotel Terminus, 388 Avenue Mohammed V.; 3***B Hotel Balima, Rue Jakarta; 3***B Hotel d'Orsay, 1 Avenue Moulay Youssef; 2**A Hotel Dahir, Avenue Hassan II.; 2**A Hotel Royal, 1 Rue Amman; 2**A Hotel Luxor, 2 et 4 Rue Abd el Moumen; 2**A Hotel Bou Regreg (früher: Rex), 1 Rue Nador/Ecke Boulevard Hassan II.; 2**A Hotel Capitol, 34 Avenue Allal Ben Abdallah; 2**A Grand Hotel, 19 Rue Patrice Lumumba; 2**A Hotel de la Paix, 2 Rue Ghazza; 2**B Hotel Splendid, 2 Rue du 18 Juin; 2**B Hotel Gaulois, 1 Zankat Hims; 2**B Hotel Velleda, 106 Avenue Allal ben Abdallah; 2**B Hotel Darna, 24 Boulevard El Alou; 1*A Hotel Central, 2 Rue Al Basra; 1*A Hotel Majestic, 121 Boul. Hassan II.; 1*B Hotel Dakar, Rue Dakar; 1*B Hotel Berlin, Avenue Mohammed V. (deutsche Leitung).

Einfache Hotels: Die meisten um den Hauptmedinaeingang (Kreuzung Rue Souika/Av. Mohammed V., vor allem Seitenstraßen der Av. Mohammed V.), einige um Boulevard El Alou/Souk el Ghezel (Meeresseite der Medina), in den Seitenstraßen des Neustadtzentrums; in Salé zwischen Bab Fès und Souk el Kebir.

Jugendherberge: 66 Av. de la Resistance (z. Zt. geschlossen).

Camping: hinter dem Strand von Salé.

Restaurants: mittlere und teurere im Zentrum der Neustadt, einfache am Medinaeingang und in der Rue Souika. In Śale einfache Restaurants um den Platz hinter dem Bab el Khebaz. Bars im Zentrum der Neustadt.

Feste

Wachslaternenfest (Dor esh Shemaa) in Salé, am Vorabend des Mouloud-Tages, gehört zu den bekanntesten Festen in Marokko. Ein aus vielen kleinen Wachsskulpturen zusammengesetztes Gestell (die sog. »Wachslaterne«) wird in einer großen Prozession zum Marabut des Sidi Abdallah Ben Hassoun (bei der Großen Moschee) getragen. Dort wird die ganze Nacht hindurch gefeiert. Der Ursprung des Festes sollen die Prozessionen der Korsaren vor ihren Kaperfahrten gewesen sein.

Wallfahrt der Juden zum Friedhof der Mellah von Salé, am jüdischen Osterfest.

Fest der Frauen von Rabat, am Achoura-Tag bei der Koubba Lalla Ksaba auf dem Friedhof vor der Medina.

Strände

Kleiner Strand vo der Kasbah des Oudaias (›Centre Touristique‹ mit Cafés und Restaurant), ein größerer in Salé an derBou Regreg-Mündung.

Umgebung von Rabat

Nördlich von Salé

Marabut von Sidi Moussa (Moussem im September) und **Ruine der Gnaoua-Kasbah** (unter Moulay Ismail erbaute Garnison): 3 km von Salé abseits der Straße am Meer; in der Umgebung schöner Steilküsten-Abschnitt.

Jardins Exotiques de Bouknadel: herrlicher, ausgedehnter botanischer Garten mit ca. 1500 vorwiegend tropischen Pflanzenarten, zwei beschilderte Rundgänge (ca. 45 Minuten bzw. ca. 2 Stunden). 9 km von Salé kurz vor dem Dorf Sidi Bouknadel.

Plage des Nations: beliebtester Strand der Bewohner von Rabat-Salé, besonders an Wochenenden stark besucht. Cafés, Restaurants, Umkleidekabinen. 15 km von Salé.
In der Umgebung einsame Strände ohne Einrichtungen.

Unterkunft: 4****A Hotel Firdaous, Bungalows

Südlich von Rabat

Dar Es Salam-Palast: nach traditionellem Vorbild erbauter Palast des Königs, diente dem letzten Schah von Persien zeitweise als Exil, an der Straße nach Rommani. Nahebei der **Golfclub** von Rabat (exklusivste Anlage ihrer Art in Marokko) und der Reitclub.

Steinbruch von Oued Akrech: in schöner Landschaft am Bou Regreg, 14 km von Rabat an der Straße S 203.

Zoologischer Garten: wenige Kilometer von Rabat an der Hauptstraße nach Casablanca; in der Nähe der neue, hypermoderne Sportkomplex.

Zwischen Rabat und Mohammedia

Entlang der ca. 90 km langen Strecke von Rabat nach Casablanca zieht sich am Meer ein von felsigen Abschnitten unterbrochener, landschaftlich nicht besonders reizvoller Sandstrand hin. An diesem Küstenabschnitt ist eine Reihe von Standorten entstanden, die mit Ausnahme von Mohammedia und Skhirat klein sind, aber als Badeplätze für die Bewohner des Ballungsraums Bedeutung haben (deshalb stark frequentiert!). Zu erreichen sind sie über die Küstenstraße S 222, die parallel zur Hauptstraße P 1 verläuft und auf der Busse und Sammeltaxis verkehren.

Die wichtigsten Strandorte: **El Harhoura** (13 km von Rabat, Restaurant); **Temara Plage** und **Sables d'Or** (Sehb-Eddehb; 25 bzw. 16 km von Rabat); **Ech-Chiana** mit Tahiti Plage (25 km von Rabat); **Skhirat** (29 km von Rabat; 10 000 Einwohner, exklusivster Badeort dieses Küstenabschnitts mit Sommerpalast des Königs); **Bouznika** (40 km von Rabat; Ausbau zum ›Resort‹ vorgesehen; im gleichnamigen Dorf einige km landeinwärts großer Freitagsmarkt.

Unterkunft: 3***A Hotel La Felouque und einfaches Hotel Casino in Temara, 4****B Hotel Kasbah Club und 1*B Auberge Gambusia in Ech-Chiana, 3***B Hotel Amphitrite und 1*B Auberge Potiniere in Skhirat; Campingplätze in Temara (La Palmeraie), Sables d'Or (Albatros), Ech-Chiana (Rose-Marie) und Bouznika Plage, zwei weitere bei Mansouria (vgl. S. 117).

Mohammedia
(früher Fedala)

70 000 Einwohner, bedeutender Badeort und wichtige Industriestadt an einer Bucht der Atlantikküste, keine besonderen Sehenswürdigkeiten.

Die Bucht dient seit dem 14. Jh. als Hafen, doch hat sich zunächst keine größere Siedlung hier entwickelt. 1773 Anlage einer Stadt, die aber bald wieder aufgegeben wird. 1913 Bau eines Hafens durch die Franzosen, um den Industrieanlagen und später auch ein Badezentrum entstehen.

Heute ist Mohammedia der drittgrößte Hafen Marokkos (1984 ca. 4,8 Millionen Tonnen Umschlag; vorwiegend Erdöleinfuhr) und bedeutender Industriestandort (vor allem eine große Erdölraffinerie, daneben Herstellung von Fischkonserven und Ziegeln sowie Verarbeitung von Baumwolle und landwirtschaftlichen Produkten). Der Hafen soll weiter ausgebaut werden.

Die Stadt ist außerdem der größte und exklusivste Badeort des Ballungsraumes Casablanca-Rabat (vor der Neugründung von Agadir 1960 sogar der größte Badeort Marokkos). Der Strand wird von Touristen nur selten besucht, er ist vorwiegend das Ziel wohlhabener Marokkaner.

Zentrum von Mohammedia ist das Gebiet um die Avenue Mohammed V. Die Avenue de la Kasbah führt von hier zur

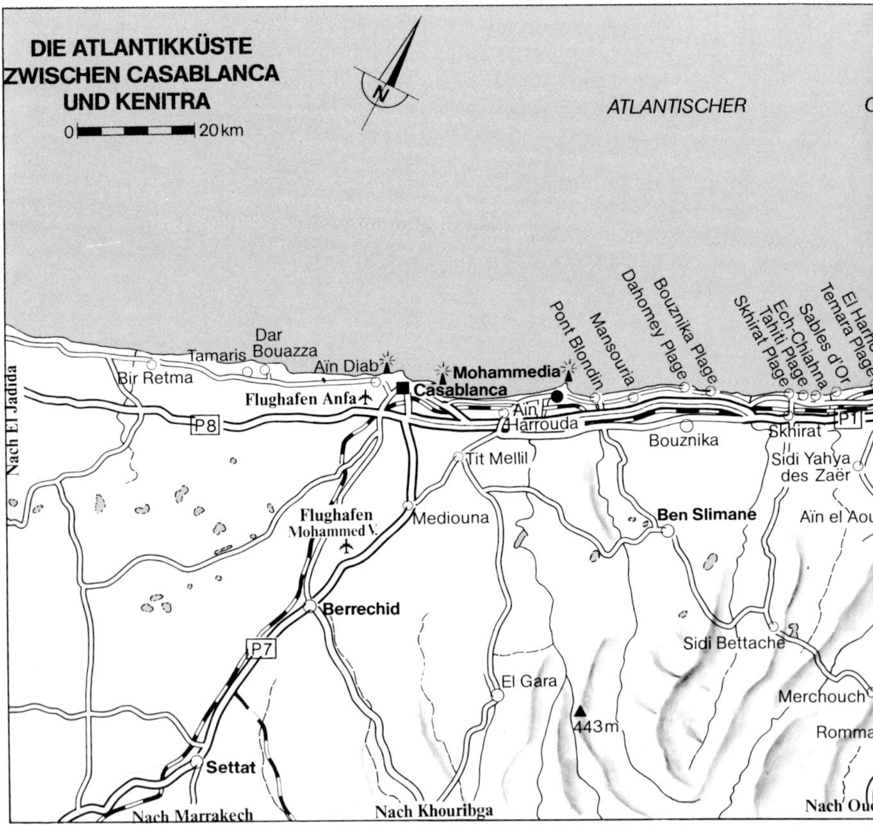

Kasbah, die vom Ende des 18. Jhs. stammt. Die Kasbah und die sie umgebende kleine Medina mit dem Souk sind der einzige ältere Teil der Stadt.

Die nördliche Verlängerung der Avenue Mohammed V. führt zum **Casino de Fedala** (Spielcasino). Westlich des Kasinos beginnt das Hafen- und Industriegebiet, östlich schließt sich die 5 km lange Badezone an.

Diese **Badezone** ist mit Luxushotels, zahlreichen Bars und Nachtclubs, dem größten Yachthafen Marokkos und einem Golfplatz ausgestattet. Man kann hier Wasserski fahren, segeln und fischen. Östlich der Hauptbadezone beginnt der Strand des Vorortes **Manesman.** Der Name erinnert an die deutschen Gebrüder Mannesmann, die Anfang dieses Jahrhunderts hier Grundstücke aufkauften.

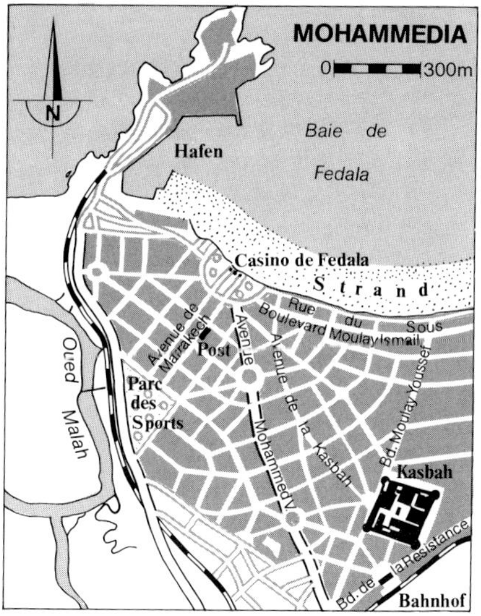

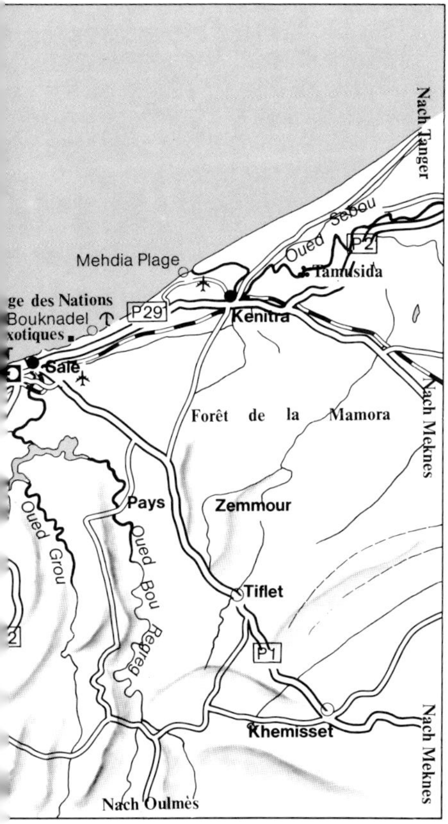

Verkehr

Busse: Häufige Verbindungen nach Casablanca und Rabat ab Stadtzentrum.

Eisenbahn: Bahnhof am Boulevard de la Résistance südlich des Zentrums, häufig Züge nach Casablanca und Rabat.

Unterkunft

Klassifizierte Hotels: 5***** Hotel Meridien-Miramar, Rue de Fès; 4****A Hotel Samir, 34 Boul. Moulay Youssef; 1*A Hotel de France, Rue de Mauretanie. Residence Touristique La Sablette.

Im Vorort **El Louizia** (6 km vom Zentrum an der Straße Casablanca-Rabat): 3***A Hotel la Noria.

Einfache Hotels: Zentrum und bei Kasbah.

Jugendherberge: 24 Rue 1, Quartier Industrielle (nördlich des Zentrums).

Camping: International Loran, am Manesman-Strand; Pont Blondin, östlich davon; Oubaha und Mimosa bei Mansouria (Richtung Bouznika Plage).

Casablanca
(arabisch Dar el Beida)

Über 2,5 Mill. Einwohner, größte Stadt und Industrie- und Handelszentrum Marokkos, bedeutendster Hafen Nordafrikas, an einer Bucht der Atlantikküste gelegen. Bildet eine Stadtpräfektur im Rang einer Provinz. Moderne Stadt ohne besondere Sehenswürdigkeiten. In der Umgangssprache wird die Stadt meist kurz ›Casa‹ genannt, daneben ist auch der arabische Name ›Dar el Beida‹ geläufig.

Geschichte

Eine Siedlung Anfa ist seit dem 8. Jh. n. Chr. nachweisbar. Im 15. Jh. entwikkelt sich der Platz zu einem berüchtigten Piratenort. 1468 und 1515 Zerstörung durch die Portugiesen, ab 1575 portugiesische Kolonie unter dem Namen ›Casa Branca‹ (weißes Haus). 1755 Zerstörung durch Erdbeben, Abzug der Portugiesen. Ende des 18. Jh.s Neubegründung durch die Araber und Niederlassung spanischer Kaufleute. Seither ist der Ort unter dem spanischen Namen Casablanca bekannt. Bald darauf Schließung des Hafens, da Stämme des Umlandes rebellieren, Verfall der Stadt. Ende des 19. Jh.s erneute Ansiedlung europäischer Händler, Entwicklung zur wichtigsten Europäerkolonie nach Tanger. Noch zu Beginn dieses Jahrhunderts nur wenige tausend Bewohner. 1906 wird auf der Konferenz von Algeciras der Beschluß gefaßt, den Hafen auszubauen. Kurz nach Beginn der Bauarbeiten kommt es

Die moderne Skyline von Casablanca ▷

zu einem folgenschweren Zwischenfall: Der Bau einer Straße über das Gebiet eines Heiligengrabes läßt den schwelenden Fremdenhaß der Bevölkerung offen ausbrechen: Neun französische Bauarbeiter werden am 30. 7. 1907 bei einem Überfall getötet, eine Beschießung der Stadt durch französische Schiffe folgt. Unruhen brechen aus, die Mellah (Judenviertel) wird geplündert, da die Juden der Kollaboration mit den Franzosen beschuldigt werden. Schließlich Besetzung der Stadt und des Umlandes durch französische Truppen, starker Zuzug von Europäern. 1912 Beschluß zum Bau eines Großhafens, nach dem Ersten Weltkrieg Durchführung dieses Projektes, großenteils mit deutschen Reparationszahlungen. Weiterer Aufschwung durch die Ausfuhr der Phosphate von Khouribga. Casablanca wird das Wirtschaftszentrum Marokkos. Wegen des rapiden Wachstums Beiname ›Ville Champignon‹. Bald leben in Casa 40 % aller französischen Marokko-Siedler, auch größte Mellah Marokkos. November 1942 Besetzung durch Alliierte, weiterer Hafenausbau als Nachschubbasis für den Nordafrikakrieg. Das bis heute andauernde rapide Wachstum der Stadt führt zum Entstehen der berüchtigten Bidonvilles (›Kanisterstädte‹, Slums). Im Juni 1981 und im Januar 1984 blutige Unruhen (vgl. S. 44).

Mehr als die Hälfte der marokkanischen Industrie hat heute in Casablanca ihren Standort. Zudem ist die Stadt Verwaltungssitz der meisten einheimischen und ausländischen Unternehmen. Der Hafen – mit 17,3 Millionen Tonnen Jahresumschlag (1984) der größte Nordafrikas – wickelt 55 % des marokkanischen Hafenhandels ab. Der Flughafen ist der größte des Landes. Neuerdings gibt es in Casablanca auch eine Universität (Universität Hassan II.). Das Stadtbild ist fast völlig modern mit zahlreichen Hochhäusern. Da besondere Sehenswürdigkeiten fehlen, wird Casablanca von Touristen nur selten besucht.

Stadtgliederung

Das Zentrum von Casablanca erstreckt sich anschließend an den Hafen. Mittelpunkt der Stadt ist die Place Mohammed V., die die alte Medina vom Hauptgeschäftsviertel trennt. Begrenzt wird das Geschäftszentrum durch die Place des

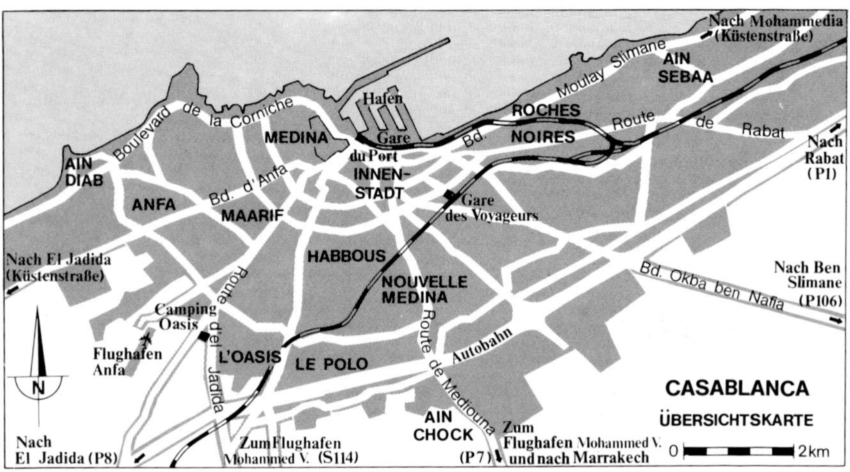

Nations Unies, die Avenue des F.A.R. und die Place de la Victoire, Hauptachse ist der Boulevard Mohammed V. Im Südwesten schließen sich der Villenvorort Anfa und das Badezentrum Ain Diab an, im Nordosten liegt das Industriegebiet Roches Noires. Östlich und nordöstlich der Stadt dehnen sich die Bidonvilles aus.

Stadtbesichtigung

Beste Standorte sind die Hotels im Geschäftszentrum und am Medinaeingang. Für die Besichtigung der Innenstadt genügt ein halber Tag.

Geschäftszentrum

Von der zentralen **Place Mohammed V.** führen Straßen in alle Teile der Stadt, und auch die meisten Stadtbuslinien fahren von hier ab. Am Platz die neue Nobelherberge Hyatt Regency, deren ›Bar Casablanca‹ Erinnerungen an den legendären Michael Curtiz-Film mit Humphrey Bogart und Ingrid Bergman beschwört.

Der **Boulevard Mohammed V.**, der von zahlreichen Geschäften, Kinos, Cafés, Restaurants und Banken gesäumt wird, ist die Hauptgeschäftsstraße der Stadt. Hier befinden sich auch das Syndicat d'Initiative, ein Postamt und die Halle des Lebensmittelmarktes. Am Anfang des Boulevards führt die Rue Aristide Briand (halbrechts) zum elegantesten Teil des Geschäftsviertels, der Place du 16. Novembre und der Fußgängerzone Avenue Prince Moulay Abdallah mit zahlreichen Straßencafés. Parallel zum Boulevard Mohammed V. verläuft die Avenue des F.A.R., an der die Büros der Reiseunternehmen, Schiffslinien und Fluggesellschaften, mehrere große Hotels und der CTM-Busbahnhof liegen. Zwischen Geschäftszentrum und der Alten Medina zieht sich der von Souvenirgeschäften und Reisebüros gesäumte, palmenbestandene Boulevard Mohammed El Hansali hin. Er führt zum **Hafeneingang,** wo rechterhand auch der Gare du Port, einer der beiden Hauptbahnhöfe der Stadt, mit der modernen Geschäfts- und Restaurantpassage ›Centre 2000‹ liegt. Eine Besichtigung des ausgedehnten Hafengeländes mit der 4 km langen Hauptmole und 5 km langen Kaianlagen ist mit einem Passierschein möglich, den die Préfecture Maritime am Eingang ausstellt. Gegenüber dem Boulevard Mohammed el Hansali geht von der Place Mohammed V. die Avenue Hassan II. zur **Place des Nations Unies** ab, an der die wichtigsten öffentlichen Bauten der Stadt liegen: die Polizeipräfektur, das Gericht, die Hauptpost, das Staatstheater, die Staatsbank, das Rathaus mit einem 50 m hohen Turm und die Gebäude der Stadtverwaltung. Mittelpunkt des Platzes ist ein Springbrunnen mit einer 30 m hohen Fontäne. Der Brunnen wird am Wochenende zu bestimmten Stunden beleuchtet, ein Schauspiel, das eine musikalische Begleitung untermalt. In der Nähe des Platzes beginnt der ausgedehnte, schön angelegte **Parc de la Ligue Arabe,** an dessen Nordwestecke (bei der Rue d'Alger) die 1930 erbaute französische **Kathedrale Sacre Cœur** steht.

Alte Medina

An der dem Geschäftszentrum gegenüberliegenden Seite der Place Mohammed V. befindet sich der Hauptzugang zur Alten Medina (Ancienne Medina). Dieses Viertel, der einzige ältere Teil von Casablanca, wurde Ende des 18. Jhs. errichtet, seine einstige Ausdehnung wurde seither durch Neubauten stark verkleinert. Die **Souks,** die weniger belebt sind als die der anderen großen marokkanischen Städte, beginnen beim Haupteingang an der Place Mohammed V. (bei dem grünen Minarett). Ihre leicht zu verfolgende Hauptachse (immer links

CASABLANCA
INNENSTADT
0
400m
N
Hafen
Großmarkthalle
Préfecture Maritime
Gare du Port
Bd. du Forbin
Bd. Moulay Abderrahman
Boulevard des Almohades
ANCIENNE MEDINA
Jama el Kebir
Jugendherberge
Place Marrakech
Dar el Makhzen
Grande Mosquée
Konsulat der B.R. Deutschland
CTM-Busbahnhof
Markt
Post
S.d'Initiative
Place Mohammed V.
Place Zellaga
Place Mirabeau
Place Cuny
Place Pierre Semard
Gare des Voyageurs
Place Albert I.
Bd. Mohammed V.
Bd. Emile Zola
Avenue Pasteur
Place N.Paquet
R.Pt. Gl.Patton
Place de Bandoeng
Place du 20 Août
Place de la Victoire
Place de Dakar
Bd. de la Résistance
Bd. Abdallah Ben Yacine
Rue Mohamed Smiha
Rue Barathon
Rue de Strasbourg
Busbahnhof (Privatlinien)
Route de Médiouna
Route des Oulad Ziane
Zur Nouvelle Medina
Place Lemaigre Dubreuil
Bd. de la Liberté
Rue Mustafa el Maâni
Av. Hassan II
Place des Nations Unies
Hauptpost
Parc de la Ligue Arabe
Place Pt. R.Curie
Place de l'Unité Africaine
Bd. Moulay Youssef
Place de la Fraternité
Place Oued Makhazine
Boulevard Rachidi
Av. Moussa Ben Noussair
Boulevard d'Anfa
Boulevard Ziraoui
Bd. Brahim Roudani
Bd. Mohammed Zertouni
R.Pt. d'Europe
ONMT
Rue d'Agadir
Boulevard Sidi Mohammed Ben Abdallah
Aquarium
Parc des Expositions (Ausstellungsgelände)
Piscine Municipale (Schwimmbad)
Nach Ain Diab
Bd. de Tiznit
Sour Jdid
Bd. Tahar el Alaoui
Bd. Maréchal Fayolle
Bordeaux

Warten auf den Bus in der Alten Medina

halten) führt zur Place Marrakech (belebter Marktplatz), bei der man die Medina wieder verläßt. Etwas unterhalb der Soukgassen beginnt ein zweiter Straßenzug (viele kleine Hotels und Cafés), der auf die Place Amiral Philibert mündet (altes Stadttor, hübscher Blick auf den Hafen). Bedeutende Bauten besitzt das Viertel nicht.

Neue Medina

Östlich des Zentrums, mit der Buslinie 6 von der Place Mohammed V. erreichbar, liegt die Neue Medina (Nouvelle Medina). 1923 erbaut, stellt sie einen durchaus gelungenen Versuch der Kombination von traditioneller marokkanischer Bauweise und modernem Städtebau dar. Auch dieses Viertel ist heute stark übervölkert. Sehenswert sind die **Moscheen Mohammed V.** und **Moulay Youssef** am Hauptplatz, die dem Vorbild der almohadischen Moscheen folgen. Interessant ist auch das **Mahakma** am Boulevard Victor Hugo, die zwischen 1941 und 1956 erbaute Nachbildung eines maurischen Palastes (früher Residenz des Paschas von Casablanca, heute islamischer Gerichtshof). Das mit 64 reich geschmückten Räumen ausgestattete Gebäude kann besichtigt werden.

Ain Diab und Anfa

Die Küstenstraße westlich des Hafens führt zu dem ca. 4 km entfernten Vorort Ain Diab. Die Route wird von der Buslinie 9 ab der Place Mohammed V. befahren. Beim Boulevard Sidi Mohammed Ben Abdallah passiert die Küstenstraße ein **Meerwasserschwimmbad** (Piscine Municipale), das mit einer Fläche von 480 × 75 m zu den größten Schwimmbecken der Erde gehört. Gegenüber liegt das sehenswerte **Aquarium,** in dem in 72 Tanks neben zahlreichen Fischarten auch Krokodile zu sehen sind (1986 wegen Renovierung geschlossen). Etwa 1500 m weiter passiert die Straße, nun als Boulevard de la Corniche, den 65 m hohen **Leuchtturm El Hank.**

Jenseits davon beginnt **Ain Diab,** das Bade- und Vergnügungsviertel von Casablanca. Die zahlreichen Hotels, Restaurants, Nachtclubs und Diskotheken konzentrieren sich vor allem um die palmenbestandene Corniche. Die Attraktion von Ain Diab sind die in die Felsenküste hineingebauten **Meer- und Süß-**

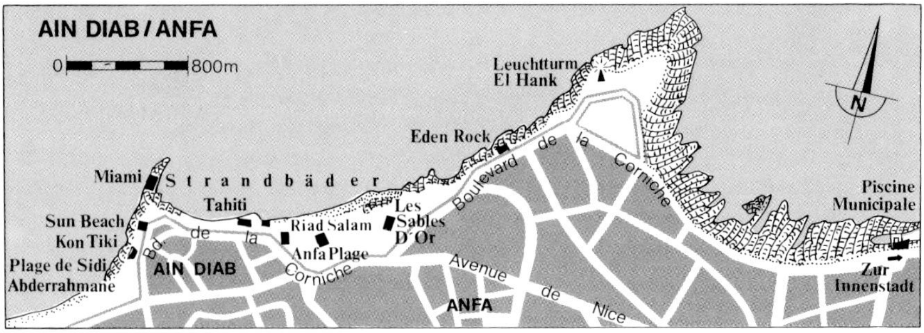

wasser-Schwimmbäder. Diese Bäder, die Namen wie Anfa Plage, Riad Salam, Hôtel Suisse, Acapulco, Miami, Sun Beach, Tahiti und Kontiki tragen, sind mit Sporteinrichtungen, Bars und Kinderspielplätzen ausgestattet (das Riad Salam verfügt zudem über ein modernes Kurzentrum). Angesichts relativ hoher Eintrittspreise verkehren hier nur die wohlhabenden Bewohner von Casablanca. An die Schwimmbäder schließt sich der lange, oft stark besuchte Strand von Sidi Abderrahmane an.

Zwischen Ain Diab und dem Stadtzentrum liegt – etwas landeinwärts – der Villenvorort **Anfa,** wo auch viele Wohlhabende aus den Ölstaaten der Arabischen Halbinsel Ferienhäuser besitzen. 1943 fand hier im Hotel Anfa die Konferenz von Casablanca statt, jenes Treffen von Roosevelt, Churchill, de Gaulle und Giraud, bei dem die bedingungslose Kapitulation von Deutschland zum Kriegsziel erklärt wurde.

Ausflüge

Südlich von Casablanca bieten die Strände von **Dar Bou Azza** und **Tamaris Plage** (Campingplatz) weitere Bademöglichkeiten. Ansonsten fehlen in der unmittelbaren Umgebung von Casablanca lohnende Ausflugsziele. Tagesausflüge können nach Rabat, Azemmour und El Jadida unternommen werden.

Verkehr

Busse: Casablanca hat getrennte Busbahnhöfe für die CTM und die Privatlinien.

CTM-Bahnhof: Zwischen Avenue des F. A. R. und Rue Leon l'Africaine (Zentrum).

Privatlinienbahnhof: Rue du Metz, in der Nähe der Kreuzung Boulevard de la Resistance/Rue de Strasbourg etwa 1500 m südöstlich des Zentrums (erreichbar zu Fuß über den Boulevard du 11. Janvier und den Boulevard Lahcen Ider oder mit der Buslinie 6 ab Place Mohammed V.).

Von beiden Bahnhöfen bestehen hervorragende Verbindungen in alle Landesteile, u. a. nach Rabat, Fès, Meknes, Tanger, Marrakech, El Jadida, Safi, Essaouira, Agadir, Oued Zem und Rommani. Die CTM unterhält einen Nachtbus nach Agadir und Tiznit, der um 21.00 Uhr in Casablanca abfährt und am frühen Morgen in Agadir eintrifft. Vom CTM-Bahnhof fahren auch halbstündlich (abends nur stündlich) Zubringerbusse zum Flughafen (Fahrtzeit ca. 45 Minuten) und die Fernbusse nach Frankreich (4 × wöchentlich Bordeaux–Tours–Paris, 3 × Nîmes–Lyon).

Eisenbahn: Casablanca hat zwei Hauptbahnhöfe, den Gare du Port am Haupteingang des Hafens (Zentrum) und den Gare des Voyageurs an der Place Pierre Sémard (ca. 2 km nordöstlich des Zentrums, erreichbar zu Fuß über den Boulevard Mohammed V. oder mit der Buslinie 2 ab Place Mohammed V.). Nur wenige Züge halten an beiden Bahnhöfen, die meisten nur an einem (vorher erkundigen!).

Verbindungen: Rabat über 25 × täglich, darunter 14 × mit dem neuen Schnellzug TNR (›Train Navette Rapide‹) ab Gare du Port (nur 50 Minuten bis Rabat-Ville, hält auch in Rabat-Agdal, z.T. auch in Mohammedia; Zuschlag), außerdem mehrmals täglich (zwischen 3 und 9 ×) Meknes/Fès, Oujda, Tanger, Marrakech und Khouribga/Oued Zem. Interantionale Züge: Direktzug nach Paris (Gare d'Austerlitz) über Tanger, Algeciras, Madrid und Bordeaux. Täglich ab Gare du Port 7.35 Uhr, im Sommer zusätzlicher Abendzug. Fahrtzeit bis Paris ca. 48 Std. Der ›Inter-Maghrebine‹ über Oujda–Oran–Algier nach Tunis verkehrt seit einigen Jahren nicht mehr.

Flugzeug: Casablanca hat zwei verschiedene Flughäfen, den älteren Casablanca-Anfa (über den praktisch keine Linienflüge mehr laufen) und den neuen, internationalen Casablanca-Mohammed V. (früher Nouasseur genannt). Der Flughafen Mohammed V. liegt 35 km südöstlich der Stadt. Halbstündlich (abends stündlich) Zubringerbusse ab CTM-Busbahnhof. Wegen der langen Fahrtzeit des Busses (ca. 45 Minuten) sollte man rechtzeitig am Busbahnhof sein. Seltener fährt auch ein Bus vom Flughafen direkt nach Rabat (Fahrtzeit 1½ Stunden; vgl. S. 113).

Verbindungen: Düsseldorf (Do), Frankfurt (Fr, Sa), Genf (täglich außer Mo), Wien (So), Zürich (Di, Do), Amsterdam, Brüssel, verschiedene französische Flughäfen, Spanien (Malaga, Madrid, Barcelona, Las Palmas), Lissabon, Nordafrika (Algier, Oran, Tunis, Tripoli, Kairo), Westafrika (Abidjan, Bamako, Conakry, Dakar, Nouakchott) und andere Ziele im Nahen Osten, den USA und Europa; außerdem Verbindungen zu allen marokkanischen Flughäfen.

Flugbüros: Royal Air Maroc, 44 Avenue des F. A. R., ✆ 271122/224141, Place Mohammed V., ✆ 273211, Avenue Mers Sultan, ✆ 263753/264989/265859; Air France, Iberia, Sabena, Swissair, Tunis Air, British Caledonian und andere in der Avenue des F. A. R.; Lufthansa im Hotel Casablanca, Place Mohammed V.; K. L. M. am Boulevard Mohammed El Hansali; Air Algerie, 20 Rue Allal Ben Abdallah; Ailes Atlas (Binnenflüge), 121 Rue Dumont d'Urville.

Fähren: Einzige regelmäßige Fährverbindung derzeit nur mit Normandy Ferries nach Southampton (über Lissabon und Cherbourg, 2 × monatlich; vgl. S. 326).

Agenturen: Paquet (Tanger-Sète), Avenue des F.A.R.; Normandy Ferries (Southampton), 28 Rue de Lille; Comanav (Tanger-Sète), 225 Avenue Mohammed V., Intercona (Agent für Limadet und Trasmediterranea; von Tanger, Ceuta und Melilla nach Spanien), 17/18 Rue Aristide Briand.

Daneben laufen zahlreiche Schiffe den Hafen von Casablanca an, die z.T. auch auf Anfrage Passagiere mitnehmen. Auskünfte über Schiffsverbindungen nach Amerika erteilt die Compagnie Générale Transatlantique, 225 Boulevard Mohammed V. Informationen über Schiffsankünfte auch bei den Fremdenverkehrsämtern.

Auto: Zahlreiche Leihwagen-Agenturen im Zentrum, vor allem an der Av. des F. A. R.; Touring Club du Maroc: 3 Avenue des F. A. R., ✆ 271304; Royal Automobile Club Marocain: 3 Rue Lemercier, ✆ 250562.

Innerstädtischer Verkehr: Die meisten Stadtbuslinien haben ihren Ausgangspunkt bei der Place Mohammed V, sie verkehren bis 20.00 Uhr. Die wichtigsten Linien sind: 2 zum Gare des Voyageurs, 6 zum Privatlinien-Busbahnhof und zur Nouvelle Medina, 9 nach Anfa und Ain Diab, 11 zum Schwimmbad, 14 nach Anfa.

Wichtige Adressen

Information: O.N.M.T., 55 Rue Omar Slaoui (nördlich der Place des Nations Unies, von dort erreichbar über die Rue Reitzer), ✆ 271177; Syndicat d'Initiative: 296 Boulevard Mohammed V., ✆ 221524/274904; Skilaufen und Bergsteigen: Club Alpin, Boulevard Brahim Roudani, ✆ 267641; Yachtclub: Société Nautique, ✆ 275721. Reisebüros: Avenue des F.A.R., Boulevard Mohammed el Hansali, Boulevard Mohammed V. und Umgebung.

Öffentliche Einrichtungen: Hauptpost: Place des Nations Unies; weiteres zentrales Postamt an Ecke Boulevard Mohammed V./Rue Colbert; Paketpost Avenue des F.A.R. Commissariat mit Fremdenpolizei: Boulevard Brahim Roudani; Polizeinotruf: ✆ 19; Ambulanz: ✆ 15; Gendarmerie: ✆ 61811; Nachtapotheke: Place des Nations Unies, ✆ 269491; Banken: Zentrum der Neustadt; Wechselstuben am Hafen und im Flughafen Mohammed V. bei Ankunft internationaler Schiffe bzw. Flüge geöffnet. An Wochenenden auch Wechselmöglichkeiten im O.N.M.T.-Büro.

Konsulate und ausländische Einrichtungen: Konsulat der Bundesrepublik Deutschland: 42 Avenue des F.A.R., ✆ 314872–74; Schweizer Konsulat: 79 Avenue Hassan II., ✆ 260211/260212; Österreichisches Konsulat: 26 Boulevard de la Resistance, ✆ 279615; Algerisches Konsulat: 159 Boulevard Moulay Idris I., ✆ 264435/264436; Mauretanisches Konsulat: 93 Rue de la Garonne; Goethe-Institut (zeigt gelegentlich deutschsprachige Filme): Place du 16. Novembre.

Unterkunft und Verpflegung

Klassifizierte Hotels: 5***** Hotel Casablanca (Hyatt Regency), Place Mohammed V.; 5***** Hotel El Mansour, 27 Avenue des F.A.R.; 5***** Hotel Riad Salam (früher: Lido), Boulevard de la Corniche, Ain Diab; 5***** Hotel Safir, 100 Avenue des F.A.R.; 4****A Hotel les Almohades, Avenue Moulay Hassan I.; 4****A Hotel Marhaba, 63 Avenue des F.A.R.; 4****A Hotel Suisse, Boulevard de la Corniche, Ain Diab; 4****A Hotel El Oumnia, 50 Boulevard de Paris; 4****B Hotel Transatlantique, 79 Rue Colbert; 4****B Hotel Anfa Plage, Boulevard de la Corniche, Ain Diab; 4****B Hotel Toubkal, 9 Rue Sidi Belyout; 4****B Hotel Karam, Boulevard de la Corniche, Ain Diab; 4****B Hotel Tarik, Boulevard de la Corniche, Ain Diab; 4****B Hotel Tropicana, Boulevard de la Corniche, Ain Diab; 4****B Hotel la Corniche, Boulevard de la Corniche, Ain Diab; 4****B Hotel Washington, 107 Boulevard Rahal El Meskini; 3***A Hotel Plaza, 18 Boulevard Mohammed el Hansali; 3***A Hotel Metropole, 89 Rue Mohammed Smiha; 3***A Hotel Astoria, 63 Rue d'Azilal; 3***A Hotel Bellerive, 38 Boulevard de la Corniche, Ain Diab; 3***A Hotel de Noailles, 22 Boulevard du 11. Janvier; 3***B Hotel de Cernay, 8 Rue de Cernay; 3***B Hotel Windsor, 93 Place Oued el Makhazine; 2**A Hotel Trocadero, 88 Boulevard Lahcen Ou Ider; 2**A Hotel Balmoral, 9 Rue Reitzer; 2**A Hotel Triomphe, 11 Passage Sumica; 2**A Hotel Excelsior, 2 Rue Nolly; 2**A Hotel Georges V., Rue Sidi Belyout; 2**A Hotel Astrid, 12 Rue Ledru-Rolin; 2**A Hotel Sully, 284 Boulevard Rahal el Meskini; 2**A Hotel d'Orsay, 17 Rue Mohammed Diouri; 2**B Hotel Guynemer, 2 Rue Pégoud; 2**B Hotel de Paris, 2 Rue Branly; 1*A Hotel Majestic, 57 Boulevard Lalla Yacout; 1*A Hotel Olympia, 47 Cours de Sports; 1*A Hotel Rialto, 9 Rue Claude; 1*A Hotel du Louvre, 36 Rue Nationale; 1*A Hotel Colbert, 30 Rue Colbert; 1*A Hotel Lincoln, 1 Rue Ibn Batouta; 1*A Hotel Touring, 87 Rue Allal Ben Abdallah; 1*A Hotel de Foucauld, 52 Rue de Foucauld; 1*B Hotel Oued Eddahab, 17 Rue Pégoud; 1*B Hotel Luna Park, Route de Rabat, Ain Sebaa; 1*B Hotel Bellevue, Route de Rabat, Ain Sebaa; 1*B Hotel Central, Place Amiral Philibert (Medina); 1*B Hotel Gallia, 29 Rue Ibn Batouta.

Chalets gibt es in Anfa Plage und Ain Diab (Residence Atlantis).

Einfache Hotels: In der zweiten, ›unteren‹ Medinahauptachse (Rue Belgique mit Verlängerungen) und in den Seitenstraßen der Medina, beim CTM-Bahnhof, einige auch in der Nähe des Privatlinien-Bahnhofs, in den Nebenstraßen des Geschäftszentrums und im Maarif-Viertel (Boul. Brahim Rodani).

Jugendherberge: Place Amiral Philibert (Alte Medina).

Campingplätze: Oasis, Avenue Mermoz (bei der Straße zum Flughafen Mohammed V.); Dar Bouazza, 16 km in Richtung El Jadida; Tamaris, Hajra Kahla, 20 km in Richtung El Jadida.

Restaurants: Mittlere und teure Restaurants, darunter viele mit internationaler Küche, im Geschäftszentrum; einfache Restaurants beim Markt (Rue Colbert), um die Place Marrakech (Medina) und in den Außenbezirken, u.a. auch beim Privatlinien-Busbahnhof.

Nachtleben: Weniger lebhaft, als es der Ruf der Stadt vermuten läßt, aber doch – abgesehen von den Touristenzentren – das lebhafteste in Marokko. Die meisten Nachtclubs und Diskotheken finden sich bei der Corniche von Ain Diab, um den Boulevard Mohammed V. und in den großen Hotels.

Südliche Atlantikküste

Azemmour

20000 Einwohner, wichtiger Marktort (Dienstags- und Freitagsmarkt) für Zitrusfrüchte und Gemüse (vor allem Tomaten) mit neuer Konservenfabrik und kleinem Fischerhafen, in landschaftlich schöner Lage am Oum er Rbia, 3 km vor dessen Mündung ins Meer. Guterhaltene Medina.

Die frühe Geschichte des Platzes ist unbekannt, eine Siedlung besteht spätestens seit dem 14. Jh. 1486 Aufbau eines portugiesischen Handelsstützpunktes, 1514 nach heftigen Kämpfen ganz in portugiesischem Besitz. 1541 Rückeroberung durch die Saadier-Dynastie. Bis zur Neugründung von El Jadida wichtiger Hafen, danach Niedergang. Eine bedeutende Rolle spielte früher die Flußfischerei (Fang von Alsen = Flußheringen), doch ist sie seit der Anlage des Oum er Rbia-Stausees stark zurückgegangen.

Die vollständig erhaltene Medina mit ihren roten Mauern und weißen Häusern sowie die Lage auf einem zum Fluß hin abfallenden Plateau machen Azemmour zu einem überaus reizvollen Ort. Die eher stille Stadt wird von Touristen kaum besucht.

Von der Hauptstraße Casablanca–El Jadida gelangt man über die Avenue Moulay el Hassan (mittlere der drei Zufahrtsstraßen) geradewegs zur zentralen **Place du Souk,** die die Medina von der kleinen Neustadt trennt (in der Mitte Gartenanlage). Um den Platz liegen mehrere Cafés und Restaurants sowie das kleine Marktviertel.

Das Bab el Souk ganz am Ende der Place du Souk bildet den Zugang zur **Medina.** Gleich dahinter führt eine Gasse nach links zu den mächtigen Ruinen der **Kasbah,** die ebenso wie die angrenzenden Stadtmauern teilweise aus der Zeit der Portugiesen (16. Jh.) stammt. Besonders eindrucksvoll das Pulverhaus (Dar el Baroud oder ›Maison de Commandante‹) mit Rest eines spätgotischen Fensters. (Die Besichtigung der – ansonsten verschlossenen - Kasbah ist nur mit Führer des Syndicat d'Initiative möglich.) Auch viele Details an Medinahäusern erinnern noch an die portugiesische Zeit sowie an die einst große jüdische Gemeinde der Stadt.

Außerhalb der Medina die **Grabmoschee des Moulay Bou Chaib** (Moussem im August) und – am Strand – der **Marabout des Sidi Ouadoud** (schöner Ausblick).

Busse von Platz an Av. Moulay el Hassan, ca. 1,5 km außerhalb, nahe der Durchgangsstraße Casablanca–El Jadida, CTM-Stelle an der Place du Souk; gute Verbindungen nach Casablanca und El Jadida/Safi.

Information: Syndicat d'Initiative an der Rue Mohammed Zerktouni (zweigt bei der Post von der Place du Souk ab).

Unterkunft: zwei kleine Hotels (de la Poste und de la Victoire) an der Rue Mohammed Zerktouni; Camping El Haouzia ca. 3 km außerhalb am Strand.

El Jadida
(früher Mazagan)

70000 Einwohner. Provinzhauptstadt, Handelszentrum für landwirtschaftliche Produkte, bedeutender Fischereihafen und Badeort an einer weiten Bucht der Atlantikküste. Vorwiegend moderne Stadt, enthält aber die sehr sehenswerte Cité Portugaise.

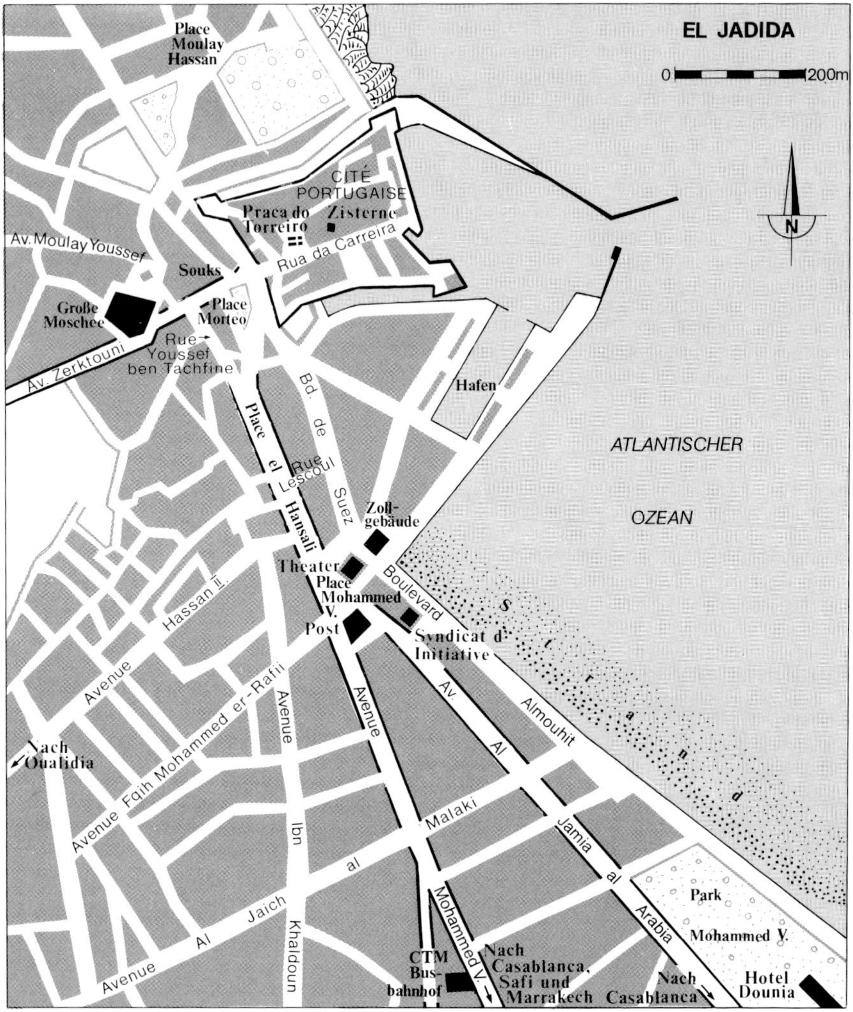

Geschichte

El Jadida liegt wahrscheinlich an der Stelle der phönizisch-karthagischen Siedlung Rusibis. Gründung 1502 als portugiesische Festung Mazagão. Der Platz entwickelt sich zum Zentrum der portugiesischen Niederlassungen in Marokko und zu einem bedeutenden Stützpunkt für Indienfahrten. Bleibt trotz häufiger arabischer Angriffe über 260 Jahre in der Hand der Portugiesen und wird erst 1769 als deren letzter marokkanischer Stützpunkt geräumt. Bei ihrem Abzug sprengen die Portugiesen die Stadt, mehrere hundert nachgerückte Marokkaner kommen dabei um. Die Stadtruine wird deshalb gemieden und liegt bis 1821 völlig verlassen. Sie wird dann den Juden von Azemmour als Mellah zugewiesen. Um die Reste der Portugiesenstadt entwickelt sich eine neue Stadt, El Jadida (Die Neue) genannt. Die Stadt bleibt bis zur Protektoratszeit bedeutungslos, danach als Mazagan (französische Form des portugiesischen Mazagão) Aufstieg zum wichtigen Hafen- und Handelsplatz.

Heute bietet El Jadida im wesentlichen ein modernes Stadtbild. Als Badeort wird ›Die Neue‹ überwiegend von Marokkanern besucht, ausländische Touristen kommen nur im Sommer in größerer Zahl.

Sehenswert ist in El Jadida nur die kleine Cité Portugaise, die Portugiesenstadt, deren Besuch sich aber wegen der herrlichen Lage und der portugiesischen Bauten – es sind die bedeutendsten in Marokko – unbedingt lohnt.

Stadtbesichtigung

Stadtzentrum ist das Gebiet zwischen der Place Mohammed V. und der Place Morteo vor der Portugiesenstadt. Jenseits der Place Morteo erstreckt sich um die Avenue Zerktouni und die Avenue Moulay Youssef das Gebiet der Souks, die wegen ihrer modernen Anlage indessen kaum sehenswert sind.

Von der Place Morteo hat man Zugang zur **Cité Portugaise,** die von mächtigen Festungsmauern mit vier Bastionen umgeben wird. Auf den steil zum Meer abfallenden Mauern kann die ganze Portugiesenstadt, die nur etwa 200 × 300 m mißt, umgangen werden (der Wächter am Haupteingang – s. u. – schließt Ihnen den Zugang auf). Die Mauern und ein Teil der Bauten im Inneren der Cité stammen aus dem frühen 16. Jh. Die übrigen Gebäude wurden beim Aufbau der

El Jadida, Place Morteo mit den Mauern der Cité Portuguese

Mellah nach 1821 hinzugefügt. Die Portugiesenstadt ist heute ein Wohnviertel ohne Geschäfte. Orson Welles drehte hier einen Teil seines Films ›Othello‹.

Hauptstraße der Portugiesenstadt ist die Rua da Carreira, die beim rechten (einfachen) Tor beginnt. Gleich links der Zugang zur Praco do Terreiro. Hier steht die **Himmelfahrtskirche,** die einstige Hauptkirche der Stadt, später als Speicher, Wohnhaus und Moschee benutzt (derzeit Umbau zu Kulturzentrum).

An der Rua da Carreira liegt auch der bedeutendste Bau der Stadt, die **Citerne Portugaise.** Diese 1541 erbaute unterirdische Zisterne, deren Wasserstand je nach Regenfällen stark schwankt, kann besichtigt werden. Sie mißt 33 × 34 m. Ihr spätgotisches Kreuzrippengewölbe wird von 25 Säulen getragen.

An den östlich der Portugiesenstadt gelegenen Hafen schließt sich ein etwa 5 km langer, breiter **Sandstrand** mit einer Strandpromenade (Cafés), dem gepflegten Park Mohammed V. und zwei Hotels an.

Verkehr

Busse: Busbahnhof an der Avenue Mohammed V., etwa 400 m von der Place Mohammed V. Verbindungen nach Casablanca, Safi, Essaouira, Agadir, Marrakech, Settat.

Wichtige Adressen

Syndicat d'Initiative: Anfang der Avenue al Jamia al Arabia (neben dem Uhrturm), ✆ 2080; Post: Place Mohammed V.

Unterkunft

Klassifizierte Hotels: 4****A Hotel Le Palais Andalous, in Wohnviertel westlich des Zentrums (Nähe Hospital); 4****B Hotel Doukkala-Salam, Avenue al Jamia al Arabia; 2**A Hotel Dounia (früher: Marhaba), Avenue al Jamia al Arabia; 2**B Hotel Royal, 108 Avenue Mohammed V.; 1*A Hotel Suisse, 147 Avenue Zerktouni; 1*B Hotel de Provence, 42 Avenue Fqih Mohammed er-Rafii; 1*B Hotel de Bruxelles, 40 Rue Ibn Khaldoun; 1*B Hotel Moderne, Avenue Hassan II.; 1*B Hotel de la Plage, Avenue al Jamia al Arabia.

Einfache Hotels: Avenue Zerktouni, Boulevard de Suez, Rue Lescoul, Place Mohammed V.

Camping: International (unweit der Hauptausfallstraße nach Casablanca (auch beschilderte Zufahrt von der Avenue al Jamia al Arabia).

Umgebung von El Jadida

Moulay Abdallah: Wallfahrtsort 11 km stadtauswärts an der Straße nach Oualidia. Im August findet hier einer der größten marokkanischen Moussems überhaupt statt, mit Fantasias, die als die besten des Landes außerhalb des Rifgebirges gelten. In der Nähe die Mauerreste des **Ribat Tit** aus dem 12. Jh.

Cap Blanc (El Jorf Lasfar): Cap mit herrlicher Steilküste 20 km südlich von El Jadida. Der Bau eines neuen Phosphathafens (1984 ca. 270000 Tonnen Umschlag) hat die ausgedehnten Badestrände weitgehend zerstört.

Oualidia

4000 Einwohner. Kleiner, ausgesprochen hübscher Bade- und Fischerort (Austern) oberhalb einer Lagune (Sandstrand), die mit dem Atlantik verbunden ist.

Gründung Anfang des 17. Jh.s als kleiner Hafen (heute versandet; Kasbah von 1634 noch erhalten). Der ehemalige Sommerpalast des Königs ist im Verfall begriffen.

Oualidia dient in erster Linie den Bewohnern von Marrakech als Badeort, ausländische Touristen besuchen den Ort relativ selten.

Hervorragende Bade- und Surfmöglichkeiten (Verleih von Brettern).

Busse: nach Safi, El Jadida und Marrakech.
Unterkunft: 2**A Hotel Hippocampe; 1*A Auberge de la Lagune, Camping International.

Safi

260 000 Einwohner. Provinzhauptstadt, zweitgrößter marokkanischer Hafen und bedeutender Industriestandort, am Hang einer felsigen Bucht an der Atlantikküste gelegen. Vorwiegend moderne Stadt mit kleiner, sehenswerter Medina.

Geschichte

Gründungszeit ungewiß, erstmals bezeugt im 11. Jh. Bis ins 15. Jh. unbedeutend, nimmt der Platz 1480 mit der Gründung einer portugiesischen Niederlassung, ab 1508 fest in der Hand der Portugiesen, einen großen Aufschwung. 1541 nach wiederholten arabischen Angriffen wieder aufgegeben und vor dem Abzug weitgehend zerstört, steigt Safi durch den wachsenden Handel mit Europa zu neuer Bedeutung auf. Im 17. Jh. wichtigster marokkanischer Hafen. Im 18. Jh. setzt nach der Öffnung anderer marokkanischer Häfen für den Handel mit Europa ein Niedergang des Ortes ein. Neuer Aufstieg unter den Franzosen: ab 1925 Aufbau einer Fischkonservenindustrie, danach Beginn des Exports der Phosphate von Youssoufia. 1965 Bau einer Fabrik zur Phosphatverarbeitung, damals die modernste ihrer Art der Welt.

Safi ist heute nach Casablanca der wichtigste Hafen und Industriestandort Marokkos. Der Hafen, auf den ca. 21 % des marokkanischen Hafenumschlags (1984 = 6,7 Millionen Tonnen) entfallen, dient fast ausschließlich der Sardinenfischerei und dem Phosphatexport. Die Industrieanlagen umfassen verschiedene phosphatverarbeitende Werke und Fischkonservenfabriken. Safi gehört zu den größten Sardinenfang- und verarbeitungsplätzen der Welt und ist wichtigstes Töpferzentrum Marokkos.

Als moderne Industriestadt wird Safi von Marokko-Reisenden so gut wie nicht besucht. Die kleine Medina mit einigen bedeutenden Bauten der Portugiesenzeit macht einen kurzen Aufenthalt jedoch durchaus lohnend.

Stadtbesichtigung

Zentrum von Safi ist die nahe dem Meer gelegene Place de l'Independance. An ihrem Nordende findet sich der Zugang zur Medina, östlich führt die Avenue Moulay Youssef zum Zentrum der Neustadt, südlich die Rue du Caid Sidi Abderrahman zu den Stadtvierteln R'bat und Trabsini (Bahnhof und Busbahnhof).

Zwischen dem Platz und dem Meer liegt die portugiesische Festung **Dar el Bahr** (Meeresschloß) aus dem 16. Jh. Einige Räume und die Kapelle können besichtigt werden, ein Besteigen der mit alten Bronzekanonen bewehrten Mauern ist möglich.

Die etwa 300 × 400 m messende **Medina** beginnt unmittelbar nördlich der Place de l'Independance. Sie ist vollständig von Mauern, z. T. noch portugiesischen Ursprungs, umgeben. Hinter dem Medina-Eingang liegt rechts an der Rue du Marché (auch Rue du Souk genannt und Hauptstraße der Medina) rechts die **Große Moschee** an der Stelle der alten portugiesischen Kathedrale. An der Rückseite der Moschee der Zugang zur **›Chapelle Portugaise‹**, dem noch erhaltenen Chor der 1519 errichteten Kathedrale. Das reich verzierte Sterngewölbe weist als einziger portugiesischer Bau in Marokko die typischen Kennzeichen des manuelinischen Stils (portugiesischer Übergangsstil zwischen Gotik und Renaissance) auf.

Links der Rue du Marché die Mellah, entlang der Straße die Souks. Die Rue du Marché mündet am Bab Chaba mit einem belebten Vorplatz, den man überquert, um hügelan ins **Töpferviertel** der Stadt – es ist das größte Marokkos – mit seinen zahlreichen kuppelförmigen

◁ Atlantikküste bei Safi

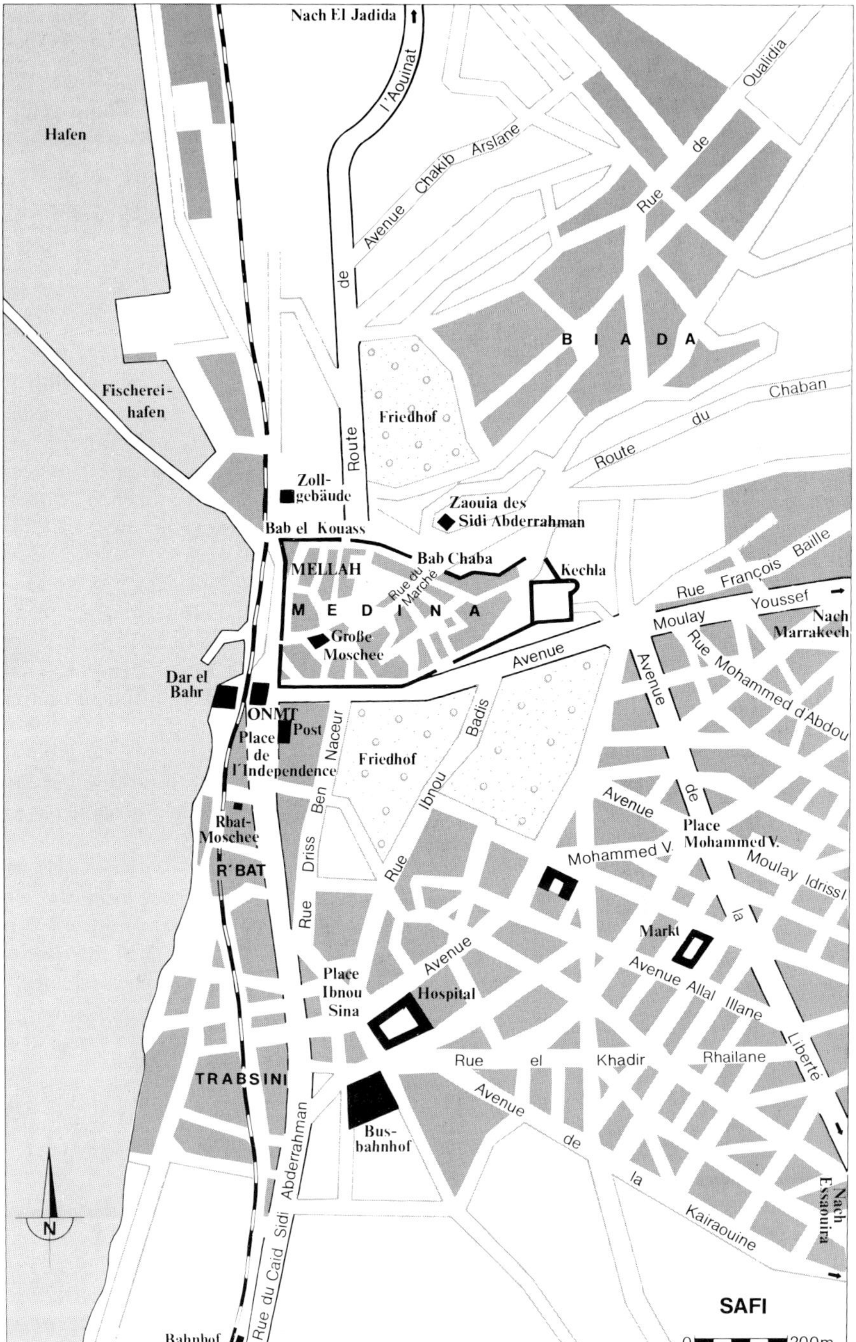
Nach El Jadida
l'Aouinat
Hafen
Avenue de Chakib Arslane
Rue de Oualidia
BIADA
Fischerei-hafen
Friedhof
Route
Route du Chaban
Zoll-gebäude
Zaouia des Sidi Abderrahman
Bab el Kouass
Bab Chaba
MELLAH
Rue du Marché
Kechla
MEDINA
Rue François Baille
Moulay Youssef
Nach Marrakech
Große Moschee
Avenue
Dar el Bahr
ONMT
Post
Place de l'Independence
Rue Driss Ben Naceur
Friedhof
Rue Ibnou Badis
Avenue de la Liberté
Rue Mohammed d'Abdou
Avenue Mohammed V.
Place Mohammed V.
Moulay Idriss I.
Rbat-Moschee
R'BAT
Markt
Avenue
Place Ibnou Sina
Hospital
Avenue Allal Illane
Rue el Khadir Rhailane
TRABSINI
Avenue de la Kairaouine
Bus-bahnhof
Rue du Caid Sidi Abderrahman
Nach Essaouira
N
SAFI
Bahnhof
0 200m
Nach Souira Guedima

Brennöfen zu gelangen. Der Besuch ist lohnend.

Am Ostrand der Medina liegt an einem steilen Hang die **Kechla,** eine portugiesische Festung vom Anfang des 16. Jh.s, im 18. Jh. um einen Palast und eine Moschee erweitert. Der Bau kann von der Avenue Moulay Youssef aus, die südlich der Medina verläuft, betreten werden (schöner Blick von den 50 m über dem Meeresspiegel gelegenen Mauern).

Nördlich der Medina erstreckt sich der **Fischereihafen.** Besonders am frühen Morgen, wenn in der Markthalle Fische versteigert werden, und in der Hauptsaison zwischen Juni und Dezember herrscht hier lebhaftes, sehenswertes Treiben. Noch weiter nördlich schließt sich der Phosphathafen an.

Südöstlich der Medina ist auf einem Plateau die Neustadt gelegen, von deren Zentrum, der Place Mohammed V., die Straßen Avenue Mohammed V. und Avenue de la Liberté abgehen.

Südlich der Medina die Viertel R'bat und Trabsini. Industrie- und Wohngebiete erstrecken sich südlich davon mehrere Kilometer entlang des Meeres.

Verkehr

Busse: Busbahnhof an der Rue de la Mecque, im Viertel Trabsini, gegenüber dem Hôpital Mohammed V. Verbindungen nach Essaouira, Agadir, Marrakech, Oualidia, El Jadida, Casablanca, Youssoufia.

Eisenbahn: Bahnhof an der Rue du Caid Sidi Abderrahman im Süden des Viertels Trabsini. Verbindungen: Youssoufia/Benguerir 2–3 × täglich, in Benguerir Anschluß an die Linie Casablanca-Marrakech.

Wichtige Adressen

Syndicat d'Initiative: Place de l'Independance, ✆ 2145; Post: Place de l'Independance.

Unterkunft

Klassifizierte Hotels: 4**** B Hotel Atlantide (ehemals Marhaba), Rue Chaouki/Avenue Moulay Youssef; 3*** B Hotel Les Mimosas, Rue Ibn Zaidoune; 1* B Hotel de France, Avenue Moulay Youssef.

Einfache Hotels: Bei der Place de l'Independance, beim Busbahnhof (Trabsini), im Zentrum der Neustadt.

Camping: Sidi Bouzid, 2,5 km nördlich an der Straße nach Oualidia.

Umgebung von Safi

Klippen von Safi: 150 m hohe, zum Meer steil abfallende Klippen 4 km nördlich der Stadt (zu Fuß erreichbar). In der Nähe der **Marabout Sidi Bouzid** mit hübschen Gärten und ausgezeichnetem Blick auf Safi. Weiter nördlich (14 km von Safi) der herrliche Strand von Lalla Fatma (Café).

Cap Beddouza: schön gelegenes Cap 35 km nördlich von Safi, einst Platz eines karthagischen Tempels. Um das Cap und südlich des Ortes **Sidi Bouchta** mehrere kleine Badestrände.

Jorf el Yhoudi: attraktiver Strand 15 km südlich von Safi; hier sieht man die ersten Arganienbäume (vgl. S. 140).

Souira Kedima: Strand 30 km südlich von Safi mit fast völlig versandeten Mauerresten der im 11. Jh. gegründeten Stadt Agouz. Ruine einer portugiesischen Festung aus dem 16. Jh. Kleiner Campingplatz, ein paar Bungalows im Bau.

Essaouira (früher Mogador)

31 000 Einwohner. Fischereihafen und Badeort, auf einer kleinen Halbinsel an einer weiten Bucht der Atlantikküste gelegen. Vollständig erhaltene Medina, ausgedehnter Strand. Zählt zu den sehenswertesten Städten und schönsten Badeorten Marokkos.

Geschichte

Die schon von den Phöniziern besuchten vorgelagerten Inseln sind seit dem 1. Jh. v. Chr. besiedelt. Der mauretanische König Juba II. läßt dort Purpurmanufakturen anlegen, die zu den wichtigsten der Antike zählen. 1506 wird am Platz der heutigen Stadt ein kleines portugiesisches Fort gegründet. Später dient der Ort Piraten als Schlupfwinkel.

Die eigentliche Stadtgründung erfolgt erst 1760 als Hafen und als Festung gegen rebellische Stämme des Südens. Stadtpla-

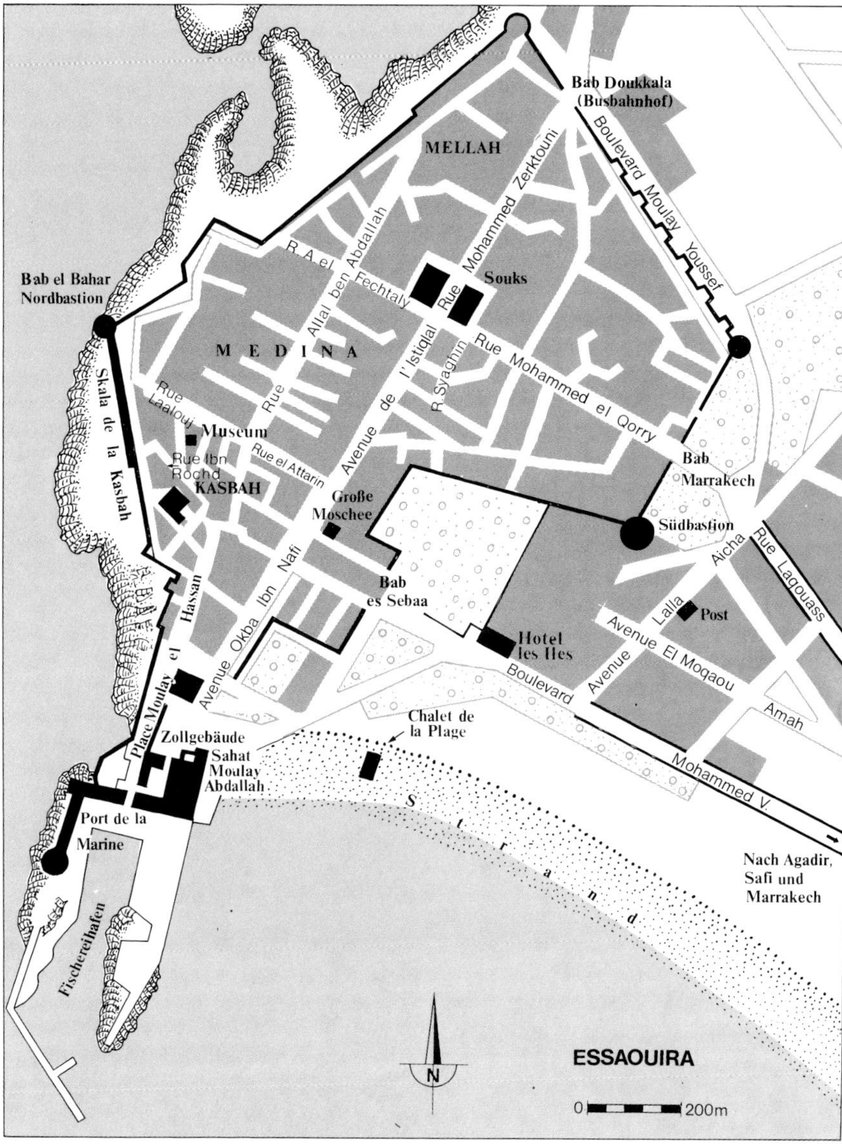

nung durch den französischen Architekten Théodore Cornut, der sich in Gefangenschaft des Sultans befindet. Daher die für Marokko einmalige rechtwinklige Anlage der Stadt. 1765 Schließung des Hafens von Agadir, dadurch Entwicklung Essaouiras zum bedeutendsten Hafen Marokkos (u. a. Haupthafen von Marrakech), starker Handel mit Europa. Ansiedlung vieler jüdischer Händler; schließlich ist fast die Hälfte der Bewohner jüdisch (höchster Anteil in Marokko). Essaouira wird deshalb bis heute umgangssprachlich oft ›Mellah‹ genannt.

1844 Beschießung durch französische Schiffe. Die Bedeutung des Hafens nimmt Ende des 19. Jh.s ab, als durch die französische Besetzung von Timbuktu der Saharahandel unterbrochen wird. Stagnation auch durch zunehmende Abwanderung der jüdischen Bewohner.

Heute hat der Hafen nur noch Bedeutung für die Fischerei, daneben ist Essaouira ein bedeutendes Kunsthandwerkszentrum (vor allem Holz- und Silberarbeiten) und ein beliebter Badeort. In den sechziger und siebziger Jahren wurde Essaouira vor allem von jugendlichen Reisenden besucht. Anreiz bot dabei ein Musikfestival, das bis vor einigen Jahren unter Beteiligung bekannter Rockgruppen (einmal die Rolling Stones) jährlich stattfand. Heute ist der Anteil jugendlicher Reisender etwas gesunken, und der organisierte Tourismus gewinnt an Bedeutung. Die Bewohner des Ortes sind stark auf Fremdenverkehr eingestellt (u. a. lebhafter Drogenhandel), dennoch geht es in Essaouitra im Vergleich zu anderen marokkanischen Touristenzentren noch recht beschaulich zu.

Stadtbesichtigung

Die nach 1760 erbaute, von Mauern umgebene Medina ist noch vollständig erhalten. Sie unterscheidet sich durch ihre rechtwinklige Anlage von allen anderen marokkanischen Altstädten.

Hauptachse dieser von einer kleinen Neustadt umgebenen Medina ist der Straßenzug Avenue Okba Ibn Nafi/Avenue de l'Istiqlal/Rue Mohammed Zerktouni. Er mündet im Norden beim Bab Doukkala, wo der Busbahnhof liegt, und im Süden (rotes Dreifachtor) am Sahat Moulay Abdallah, dem Vorplatz des Hafens.

Im Zentrum des Straßenzuges liegt, durch Tore begrenzt, das Herz der überaus sehenswerten **Souks** mit dem Lebensmittelmarkt. In der Rue Syaghin gleich östlich der Avenue d'Istiqlal zahlreiche Juwelierläden (dieses Gewerbe wurde früher vor allem von den Juden betrieben).

Am Vorplatz des Hafens, auf den die Avenue Okba Ibn Nafi mündet, steht das 1769 erbaute Tor **Porte de la Marine** – Zugang zum sehenswerten **Fischereihafen** mit einem Turm, der bestiegen werden kann (Zugang leider häufig verschlossen). Um den Eingang zum Hafengelände finden Sie zahlreiche Fischbratstände.

Parallel zur Avenue Okba Ibn Nafi geht vom Hafenvorplatz die Place Moulay Hassan mit mehreren Cafés und Restaurants ab. Wendet man sich an ihrem Ende nach rechts und dann gleich wieder nach links, so befindet man sich in der Avenue Allal ben Abdallah, der zweiten Souk-Hauptachse (viele Läden und Essensstände). Geht man dagegen am Ende des Platzes hinter dem kleinen Tor nach links und hinter dem Hotel des Remparts wieder nach links, so stößt man auf die **Skala de la Kasbah.** Diese etwa 200 m lange Festungsanlage kann bestiegen werden, von den mächtigen Mauern bietet sich ein schöner Blick auf das Meer und die Stadt. Die Skala ist mit zahlreichen Bronzekanonen aus dem 16.–18. Jh. bewehrt, die überwiegend aus Spanien stammen. Am Fuß der Mauern finden sich zahlreiche Werkstätten, in

◁ Essaouira, Fischereihafen

denen die berühmten Holzeinlegearbeiten von Essaouira hergetellt werden (vgl. S. 365). In der Rue Laalouj, die von der Skala zur Avenue Allal ben Abdallah führt, liegt rechts (gegenüber dem Hotel Majestic) das neue, überaus sehenswerte **Musée Sidi Mohammed ben Abdallah** (lokales Kunsthandwerk; Informationen über traditionelle Musik und religiöse Bruderschaften).

Sehenswert sind auch die zahlreichen kleinen, zum Teil überdachten Nebengassen der Medina.

Am Hafen beginnt der etwa 6 km lange **Strand** von Essaouira. Als Promenade mit Restaurant, Café und Umkleidekabinen säumt der Boulevard Mohammed V., hinter dem in den letzten Jahren ein neues Wohn- und Verwaltungsviertel entstanden ist, den Anfang des Strandes. Baden ist hier fast das ganze Jahr hindurch möglich. Im Sommer sorgen – oft sehr stark wehende – Nordostwinde für Abkühlung und moderate Temperaturen. Im Süden der Strandzone beginnt ein ausgedehntes, wüstenähnliches Sanddünengebiet.

Etwa 1 km vor der Küste liegen die **Purpurinseln,** die ihren Namen nach den Purpurmanufakturen aus der Zeit des antiken mauretanischen Reiches tragen. Auf der Hauptinsel sieht man die Reste einer Festung und einer Moschee (kein regulärer Bootsverkehr).

Verkehr

Busse: Busbahnhof: Bab Doukkala (nördlich der Medina). Verbindungen: Safi, El Jadida, Casablanca, Agadir, Tiznit, Marrakech. Die CTM-Busse halten z.T. auch am Platz zwischen Hafen und Medina (Sahat Moulay Abdallah).

Wichtige Adressen

Syndicat d'Initiative: Sahat Moulay Abdallah (Vorplatz des Hafens), ✆ 234; Post: Avenue Lalla Aicha in der Neustadt.

Unterkunft

Klassifizierte Hotels: 4**** Hotel des Iles, Boulevard Mohammed V. (Strand); 3*** A Hotel Tafoukt, Avenue Mohammed V.; 2** B Sahara Hotel, Rue Okba Ibn Nafi; 1* A Hotel du Mechouar, Rue Okba Ibn Nafi; 1* A Hotel Tafraout, 7 Rue de Marrakech; 1* B Hotel des Remparts, 18 Zankat Ibn Rochd; 1* B Hotel du Tourisme, 7 Rue Mohammed Ben Messaoud; 1* B Hotel Majestic, Rue Laalouj; 1* B Hotel Smara, unterhalb der Skala.

Einfache Hotels: in großer Zahl über die ganze Medina verstreut, besonders um die beiden Medina-Hauptachsen.

Camping: einfacher Platz am Boulevard Mohammed V. (Stadtrand), schön gelegene ›Auberge Tangaro‹ ca. 5 km außerhalb an der Straße nach Agadir (Abzweig unmittelbar hinter der Brücke rechts; auch Vermietung von Zimmern).

Umgebung von Essaouira

Diabet: kleines Dorf 4 km südlich von Essaouira. Fast völlig versandete, eindrucksvolle **Ruinen eines Sultanpalastes** und eines **Forts** (18. Jh.). Erreichbar zu Fuß über einen Weg, der von der Straße nach Agadir abzweigt oder über den Strand (dort dem Fluß folgen, der ca. 2 km vor der Stadt mündet). Am Cap Sim im Süden der Bucht von Essaouira ist der Bau eines großen Phosphathafens geplant.

Chiadma-Gebiet: Landschaft nördlich von Essaouira. Hier lebte früher der Stamm der Regraga, angeblich der erste marokkanische Stamm, der zum Islam bekehrt wurde; er spielte danach bei der Verbreitung der neuen Religion eine wichtige Rolle. Die Gräber von sieben Regraga-Heiligen sind im Frühjahr Ziele eines großen Moussems, der 44 Tage dauert. Bemerkenswert ist, daß Frauen während der Feiern von vielen Vorschriften, denen sie sonst unterliegen, befreit sind und sich völlig ungezwungen bewegen dürfen. Wichtigstes Heiligtum ist **Moulay Bou Zerktoun,** 29 km nördlich von Essaouira am Meer, erreichbar über die von der P 10 abzweigende S 6637.

Djebel Amsittene: 905 m hoher Berg, Westausläufer des Hohen Atlas, 62 km südlich von Essaouira. Die Zufahrtsstraße zweigt von der P 8 ab. Auf dem Gipfel Aussichtsturm (schöner Blick).

Arganienwälder: Ein ausgedehnter Arganienwald beginnt wenige Kilometer südlich von Essaouira, weitere folgen entlang der Strecke nach Agadir. Arganien sind kleinwüchsige Bäume mit dikkem Stamm und weiter Krone. Sie stehen sehr verstreut, die Wälder sind licht. Außer in Südmarokko kommen Arganien nur noch im östlichen Südamerika vor. Ihre Blätter und die olivenähnliche Früchte sind eine Lieblingsnahrung von Ziegen, die häufig auf die Bäume klettern. Die Kerne der Früchte werden aus dem Kot der Ziegen gelesen und zur Herstellung eines Speiseöls ausgepreßt.

Ounara: Kleiner Ort 24 km östlich von Essaouira.

Unterkunft: in der schön gelegenen Auberge d'Ounara.

Agadir

85 000 Einwohner, Provinzhauptstadt, bedeutendster Badeort Marokkos, wichtige Hafen- und Industriestadt, an einer weiten Bucht vor einer Bergkulisse gelegen. Völlig moderne Stadt ohne Sehenswürdigkeiten, ausgedehnter Strand, günstiger Standort für Ausflüge in den Süden.

Geschichte

Umstritten ist, ob Agadir bereits karthagischer Hafen gewesen ist und welche Rolle der Ort als Hafen des Sous vor dem 16. Jh. gespielt hat. Stadtgründung 1505 durch die Portugiesen als ›Santa Cruz de Aguer‹. Heftig umkämpft, 1541 von den Saadiern erobert, Anlage einer Kasbah. Danach Aufstieg zu einem wichtigen Handelshafen: Umgeschlagen wird hier das Zuckerrohr aus dem Sous. Niedergang im 18. Jh., als die Konkurrenz des Antillen-Zuckers den marokkanischen Export zurückgehen läßt. 1765 Schließung des Hafens zugunsten des neuen von Essaouira. Bis zum Beginn dieses Jahrhunderts ist Agadir ein unbedeutendes Fischerdorf. Dann Gründung einiger Niederlassungen deutscher Firmen, die die Stadt zu ihrem Hauptstützpunkt in Marokko machen. 1911, auf dem Höhepunkt der Marokkokrise, kreuzt das deutsche Kanonenboot Panther unter dem Vorwand, die deutschen Bewohner schützen zu müssen, vor Agadir auf (dieser Vorfall hätte schon damals beinahe den Ersten Weltkrieg ausgelöst). 1917 französische Besetzung. Noch 1936 nur 6000 Einwohner. Die Entwicklung Agadirs zum Badeort seit 1945 wird am 29. 2. 1960 durch ein Erdbeben gestoppt,

Erdbebenopfer in Agadir 1960

dem 15000 der damals 50000 Bewohner zum Opfer fallen. Die Stadt wird vollständig zerstört. Man erzählt in Agadir, die Kamele und Esel der zum Wochenmarkt strömenden Landbewohner hätten sich am Tage vor dem Erdbeben so aufgeregt verhalten, daß viele Marktbesucher wieder heimgeritten und dadurch der Katastrophe entronnen seien.

1962 Beginn des Wiederaufbaus. Das neue Stadtzentrum wird 3 km nach Süden verlegt. Die Konstruktion der Häuser erfolgt in erdbebensicherer Ganzbetonbauweise, moderne Architektur.

Heute ist Agadir der viertwichtigste Hafen Marokkos (Umschlag 1984 fast 1 Million Tonnen; großenteils Fischereiprodukte) und Standort von Fischkonservenfabriken. Vor allem aber ist die Stadt das mit Abstand größte Touristenzentrum des Landes (mit Umgebung 14000 Hotelbetten!) und im Programm aller großen europäischen Reiseveranstalter enthalten. Besonders groß ist der Anteil deutscher Reisender. Saison ist in Agadir wegen des günstigen Klimas (330 regenfreie Tage im Jahr, Baden auch im Winter möglich) das ganze Jahr hindurch. Der weitere Ausbau des ›marokkanischen Benidorm‹ ist geplant: In dem für 30000 Einwohner ausgelegten neuen Stadtteil Founty (im Süden) sollen fast 10000 weitere Hotelbetten entstehen, noch einmal 5500 in drei benachbarten Ferienstädten.

Agadir gilt als modernste Stadt Marokkos. Außer den Resten der Kasbah aus dem 16. Jh., die auf einem 240 m hohen Hügel die Stadt überragt, gibt es keinerlei alte Bauten mehr. Sehenswürdigkeiten besitzt die Stadt also nicht. Wichtig ist sie aber als Verkehrsknotenpunkt bei Reisen in den Süden. Zu beachten ist, daß die Preise wegen des entwickelten Tourismus relativ hoch liegen.

Stadtbesichtigung

Agadir gliedert sich in drei deutlich voneinander geschiedene Teile: Entlang des Strandes erstreckt sich die Hotel- und Badezone. Landeinwärts schließt sich daran das Geschäfts- und Verwaltungszentrum an. Nördlich von beiden liegt das Hafen- und Industriegebiet.

Das **Zentrum** von Agadir (Geschäftsviertel) wird von der Avenue Hassan II., der Rue Prince Mohammed, der Avenue Prince Moulay Abdallah und der Avenue

Agadir, Avenue Mohammed V.

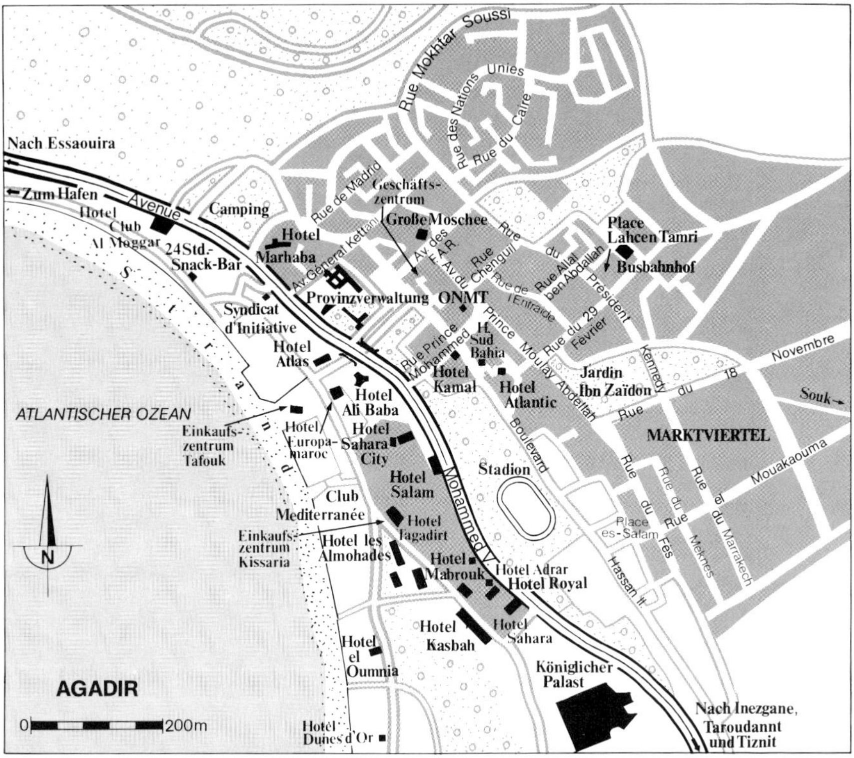

des F. A. R. gebildet, die eine moderne Fußgängerzone umschließen. Reisebüros, Banken, Souvenirläden, die Post, das O.N.M.T.-Büro und die von Touristen besuchten Restaurants und Straßencafés finden sich in diesem Gebiet, an der Avenue des F. A. R. dazu auch die moderne Hauptmoschee der Stadt mit ihrer eigenwilligen Architektur.

Vom Zentrum führt die Rue du 29 Février in das Geschäftsviertel Talborjt, das von den Einheimischen bevorzugt wird. Sein Mittelpunkt sind die Place Lahcen Tamri, bei der der Busbahnhof liegt, und die Rue Allal Ben Abdallah. Hier befinden sich die mittleren Hotels, kleinere Geschäfte und die einfacheren Cafés und Restaurants.

Westlich des Zentrums liegt – erreichbar über die Rue Prince Mohammed – die **Hotel- und Badezone** von Agadir. Hauptstraße ist die parallel zum Strand verlaufende Avenue Mohammed V. An dem insgesamt 9 km langen Strand kann man unter zahlreichen Hotels, Bungalowsiedlungen und Cafés wählen. Im Süden des Viertels hat der marokkanische König einen Winterpalast (ein neuer Palast befindet sich beim Oued Sous südlich der Stadt im Bau).

In südöstlicher Richtung vom Zentrum erreicht man über die Avenue Prince Moulay Abdallah und ihre Verlängerung Rue de Fès ein Wohn- und Gewerbeviertel mit zahlreichen kleinen Cafés und Restaurants (bes. um die Place es-Salam). Am Ende der Rue des Souks liegt der große Marktplatz (Markttage sind Samstag und Sonntag). Das Viertel wird von Touristen nur selten aufgesucht.

Wenn Sie das teure und reizlose Agadir meiden wollen, aber einen verkehrsgünstig gelegenen Standort für Ausflüge in den Süden benötigen, können Sie in das nahegelegene **Inezgane** ausweichen. Dieser Ort ist weniger überlaufen, hat preiswertere Hotels und die gleichen günstigen Verkehrsverbindungen.

Verkehr

Busse: Busbahnhof an der Rue Yacoub el Mansour (beim Place Lahcen Tamri im Geschäftsviertel Talborjt nördlich des Zentrums). Häufige Verbindungen nach Casablanca, El Jadida, Safi, Essaouira, Marrakech und Taroudannt, seltener nach Tiznit, Tafraout, Goulimine, Akka, Foum Z'Guid und Tata. Stadt- und Regionalbusse ab Place es-Salam (Marktviertel), u. a. nach Hafen, Tamrakht und Tamri.

Flugzeug: Flughafen Agadir–Inezgane, 8 km südöstlich der Stadt, keine Zubringerbusse (die Busse nach Inezgane fahren aber in etwa 2 km Entfernung am Flughafen vorbei).

Verbindungen: Charter- und Linienflüge nach Europa und Binnenflüge. Täglicher Flug nach El Aioun, 2 × wöchentlich über El Aioun nach Las Palmas.

Büro der Royal Air Maroc: Av. Hassan II./Av. Générale Kettani. ✆ 22006.

Auto: Leihwagen-Vermietungen im Zentrum (bes. Avenue Hassan II. und Avenue Mohammed V.).

Wichtige Adressen

O.N.M.T.-Büro: Avenue Prince Mohammed. ✆ 22894; Syndicat d'Initiative, Avenue Mohammed V., ✆ 22695; Post: Avenue Prince Mohammed; Polizei: Rue de Marrakech/Rue du 18 Novembre, Notruf ✆ 19.

Unterkunft und Verpflegung

Klassifizierte Hotels: 5***** Europa-Maroc, Boulevard du 20 Août; 5***** Hotel Les Almohades, Quartier des Dunes; 5***** Hotel Sahara, Avenue Mohammed V.; 4****A Hotel Anezi, Boulevard Mohammed V.; 4****A Hotel Marhaba, Avenue Mohammed V.; 4****A Hotel Adrar, Avenue Mohammed V.; 4****A Hotel Atlas, Avenue Mohammed V.; 4****A Hotel El Oumnia, Chemin Oued Souss; 4****A Hotel Argana, Avenue Mohammed V.; 4****B Hotel Ali Baba, Avenue Mohammed V.; 4****B Hotel Sud Bahia, Rue des Administrations Publiques; 4****B Hotel Tagadirt, Boulevard du 20 Août; 3***A Hotel Kamal, Avenue Hassan II.; 3***A Hotel Mabrouk, Boulevard du 20 Août; 3***A Hotel Royal, Avenue Mohammed V.; 3***B Hotel Aladin, Rue de la Jeunesse; 3***B Hotel Talborjt, Rue de l'Entraide; 2**A Hotel Atlantic, Avenue Hassan II.; 2**A Hotel Sindibad, Talborjt; 2**A Hotel Miramar, Avenue Mohammed V.; 2**A Hotel les Palmiers, Avenue Prince Mohammed; 2**A Ayour, Rue de l'Entraide; 2**A Cinq Parti du Monde, Av. Hassan II.; 1*A Hotel Petite Suède, Avenue Général Kettani; 1*A Hotel Bahia, Rue Ibn Tourmert; 1*A Hotel Excelsior, Rue Yacoub el Mansour; 1*A Hotel Amenou und 1*A Hotel Tifawt, beide Rue Yacoub el Mansour; 1*A Hotel de Paris, Avenue Kennedy; 1*B Hotel Diaf, Avenue Allal ben Abdallah; 1*B Hotel Select, Rue Allal Ben Abdallah; 1*B Hotel Canaria, Place Lahcen Tamri; 1*B Hotel de la Baie, Rue Allal Ben Abdallah; 1*B Hotel Moderne, Rue Ibn Toumert; 1*B Hotel Tamri, Avenue Kennedy.

Feriendörfer des Club Méditerranée sowie der Hotel-Clubs Salam, Les Dunes d'Or, Kasbah und Al Moggar. Außerdem mehr als 20 ›Studiotels‹ bzw. ›Residences Touristiques‹ (Appartementanlagen). Zahlreiche weitere Hotelanlagen im Bau bzw. in Planung (vgl. S. 141), u. a. das Europa-Afrique im Zentrum der Hotelzone.

Einfache Hotels: Ein paar beim Busbahnhof, eines in der Rue du 29. Février. Einige der 1* Hotels im Gebiet um den Busbahnhof haben einfache Zimmer in Nebengebäuden.

Camping: International im Norden der Stadt an der Avenue Mohammed V., ein zweiter Platz einige km außerhalb an der Straße nach Essaouira. Außerdem Camping ›Paradise Plage‹ bei Tarhazoute (vgl. S. 145).

Restaurants: Zahllose mittlere und teure im Geschäftszentrum und bei den großen Hotels (u. a. das 24 Std. geöffnete ›Jour et Nuit‹). Einfachere im Viertel um die Place Lahcen Tamri sowie um Place es-Salam/Rue du Meknes.

Umgebung von Agadir

Inezgane

Ort 11 km südlich von Agadir an der Hauptstraße nach Süden, nahe des Flughafens, gelegen. Bietet keine Sehenswürdigkeiten, hat aber einen sehr belebten Markt (besonders dienstags, dann auch von vielen Touristen aus Agadir besucht). Günstiger Standort für Ausflüge in den Süden, da billiger als Agadir und weil alle Busse von Agadir in den Süden hier halten. Cafés, Restaurants und Hotels liegen um den zentralen Marktplatz.

Busse: Busbahnhof am zentralen Marktplatz. Häufige Verbindungen nach Agadir. Alle Busse von Agadir nach Tiznit, Taroudannt, Tafraout und den anderen Orten des Südens halten hier.

Unterkunft: 4****A Hotel Hacienda; 3***BHotel Provencal; 2**A Hotel La Pergola; 3***B Hotel Les Pyramides; 2**B Hotel Essafen; 1*A Hotel Orient; einfache Hotels in großer Zahl rings um den zentralen Marktplatz (beim Busbahnhof).

Beim nahegelegenen Ort **Ait Melloul** der Fôret d'Ademine, ein Wald, in dem viele Giftschlangen vorkommen. Man fängt sie hier für die zahlreichen Schlangenbeschwörer im Lande. Bei Ait Melloul befindet sich ein Golfplatz (9-Loch).

Tarhazoute

Kleines Dorf 20 km nördlich von Agadir an der Straße nach Essaouira. Früher nach Mirhleft beliebtester Treffpunkt europäischer und amerikanischer Jugendlicher in Marokko. Von hier bis Agadir fast ununterbrochener Strand, kleinere Strandbuchten nördlich des Dorfes. Tarhazoute (oft auch ›Taghazoute‹ geschrieben) ist mittlerweile auch auf ›seriöseren‹ Tourismus eingestellt,

Strand bei Agadir

aber nach wie vor lebhafter Drogenhandel und entsprechend häufige Polizeikontrollen.

Busse: durch die Lage des Dorfes an der Hauptstraße Agadir – Essaouira gute Verbindungen in beide Richtungen.

Unterkunft: Keine Hotels. Mehrere Cafés vermieten einfache Zimmer, auch Privatunterkünfte werden angeboten (in Cafés nachfragen). Südlich des Ortes der große Campingplatz Paradise Plage. Zahlreiche Möglichkeiten zum Zelten an den kleinen Buchten nördlich des Ortes (Achtung: von der Straße her einsehbar!); der beliebteste Platz liegt etwa 3 km nördlich. Großes Café-Restaurant am Hauptstrand.

Beim Nachbarort **Tamrhakht** (Straße nach Immouzer) beginnt das landschaftlich sehr schöne Tal des Asif Tamrhakht, bekannt als ›**Paradise Velley**‹ (an dessen Anfang es ein ›Banana Village‹ gibt). Ebenfalls ein beliebtes Ziel jugendlicher Reisender, gute Möglichkeiten zum Zelten.

Immouzer des Ida Ou Tanane

Schön gelegener Bergort 61 km nordöstlich von Agadir im westlichen Vorland des Atlas. Gute Wandermöglichkeiten im umliegenden, bis 1500 m hohen Bergland. Nahe des Ortes Wasserfälle, Seen und Arganienwälder. Im Mai ist Immouzer Schauplatz des bekannten **Honigfestes.** Ein riesiger Bienenkorb wird dabei in einer Prozession durch den Ort getragen. Höhepunkt ist die feierliche Entnahme der Waben.

Busse nach Agadir (schlechte Verbindungen).
Unterkunft: 3^{***}B Auberge des Cascades, einfache Herbergen.

Tamri

Fischerort mit Montagsmarkt, 56 km nördlich von Agadir, bekannt für den Bau von Fischerbooten. Südlich des Ortes das 361 m hohe **Cap Rhir,** der Südwestausläufer des Hohen Atlas. Nördlich mehrere schöne Aussichtspunkte, besonders der **Pointe d'Imesouane** (35 km nördlich, 8 km lange Zufahrtsstraße als Abzweig von der Straße nach Essaouira, Steilküste dort bis 300 m hoch).

Ausflüge in den Süden ab Agadir

Tagesausflüge nach Taroudannt und Tiznit sind wegen der guten Busverbindungen unproblematisch. Für einen individuellen Ausflug nach Tafraout reicht ein Tag dagegen nur, wenn man mit dem eigenen Wagen fährt. Mit dem Bus sind wegen der schlechteren Verbindungen und der langen Fahrtzeit (6–7 Stunden auf schlechter Bergstrecke) mindestens zwei Tage erforderlich.

Tagesausflüge (im Luxusbus) nach Marrakech, Taroudannt, Tiznit, Tafraout, zum Kamelmarkt von Goulimine und zu kleineren Oasen bieten verschiedene Reisebüros in Agadir an.

Vgl. auch *Karte* S. 278

Rifgebirge

Das Rif ist ein langgestrecktes Faltengebirge, das den Norden Marokkos von Tetouan bis zum Cap des Trois Fourches bei Melilla durchzieht. Auch das im Westen vorgelagerte Hügelland der Djebala, das bis Ceuta und Tanger reicht, gehört noch dazu. Das Rif ist die geologische Fortsetzung der spanischen Sierra Nevada. Es trennt die marokkanische Zentralmeseta vom Mittelmeer und bildet damit die eigentliche geologische und klimatische Grenze zwischen Afrika und Europa. Kerngebiet des Rif ist das Hochgebirge zwischen Chechaouen und Al Hoceima. Mehrere Gipfel übersteigen hier 2000 m, die höchsten sind der Djebel Tidighin bei Ketama (2456 m) und der Djebel Bouhalla bei Chechaouen (2170 m). Die Küste des Rif fällt steil zum Meer ab und bildet zahlreiche kleine, geschützte Buchten.

Die Vegetation im Rif ist nicht einheitlich. Der Küstenhang und der Westteil des Gebirges sind niederschlagsreich; man sieht hier ausgedehnte Wälder mit Kork- und Steineichen, Aleppokiefern, Tannen, Zedern und mediterranen Macchiasträuchern. Durch Abholzung, Brandrodung und Überweidung ist der Waldanteil in jüngster Zeit allerdings stark zurückgegangen. Der Ostteil des Rif ist dagegen niederschlagsarm; die Vegetation wird spärlicher und geht allmählich in die Flora der ostmarokkanischen Steppe über.

Bei der Bevölkerung des Rif handelt es sich überwiegend um Berber, die sogenannten ›Rifkabylen‹. Im Westteil des Gebirges sind sie inzwischen stark arabisiert, eine Reihe von Stämmen spricht heute auch arabisch. (In der Djebala im

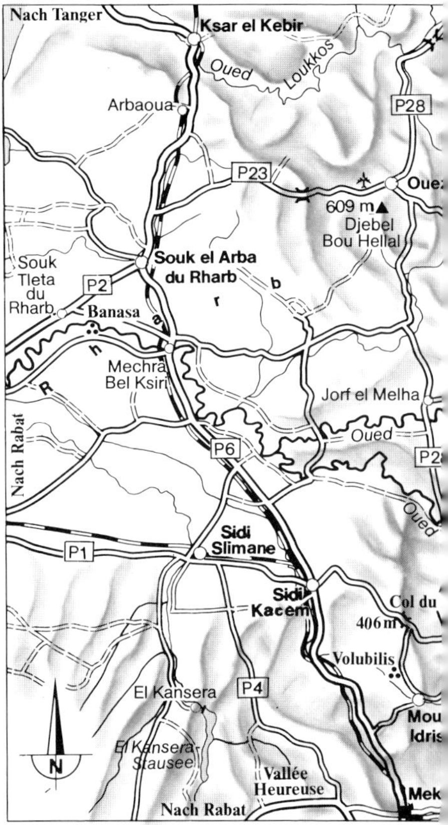

Westen siedeln außerdem Araber.) Die Rifkabylen leben in verstreuten Lehm- oder Steinhäusern. Sie bauen auf künstlich bewässerten Hangterrassen Gerste, Mais, Gemüse, Oliven und Obst an. Daneben ist auch die Viehzucht (besonders Schafe und Ziegen) bedeutend. Im kargeren, dünner besiedelten Ostteil leben viele viehzüchtende Teilnomaden. Einige Stämme züchten auch Pferde, ihre

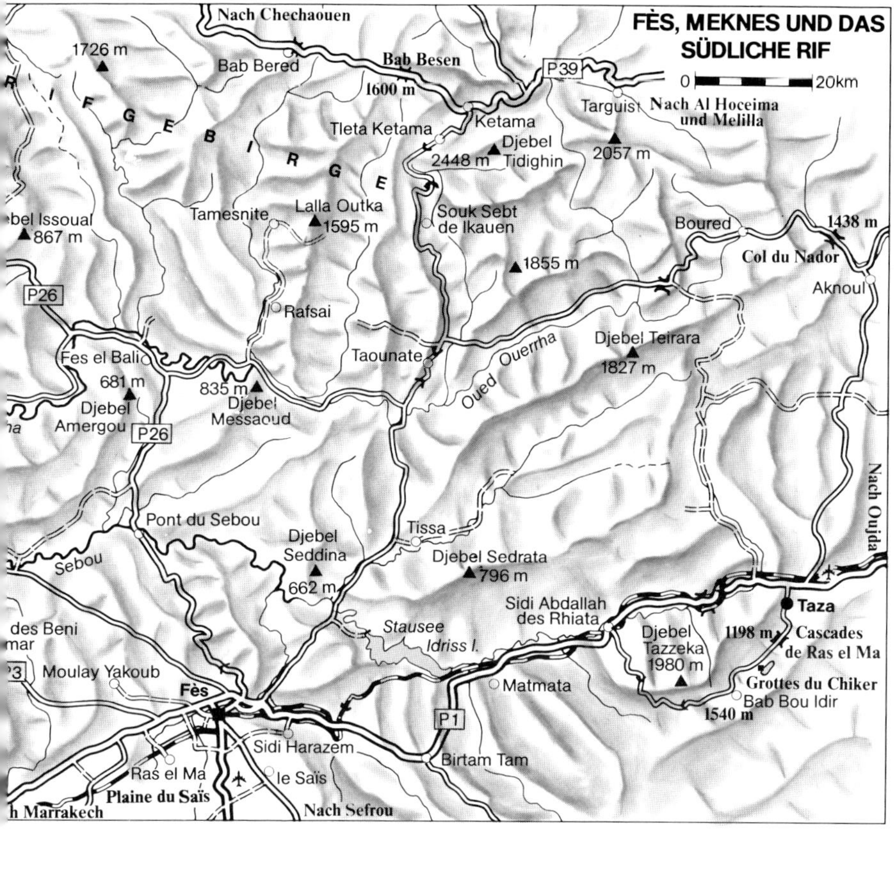

Fantasias gelten als die schönsten Marokkos.

Die Rifkabylen gelten traditionell als sehr kriegerisch. Anlaß der häufigen Kämpfe zwischen Stämmen oder Stammesfraktionen war das äußerst komplizierte Wasserrecht. Bedingt durch das Gesetz der Blutrache dauerten einmal ausgelöste Auseinandersetzungen früher oft über Generationen an. Da Frauen von der Blutrache ausgenommen waren, übernahmen sie in Fehdezeiten den notwendigen Handel zwischen den Stämmen.

Die Kontrolle der Zentralregierung über die rebellischen Rifstämme war stets nur gering. In zahlreichen Aufständen wandten sie sich gegen den Sultan, daneben führten sie auch Angriffe auf Ceuta und Melilla durch. Zu Beginn der

Kolonialzeit war fast das ganze Rif fest in Händen unabhängiger Stämme. Die Spanier standen in dem von 1921 bis 1926 dauernden Aufstand der unter Abd el Krim vereinigten Rifstämme am Rand einer vernichtenden Niederlage. Erst das Eingreifen der Franzosen beendete 1927 den Widerstand. Bis heute ist das Rif von fremden Einflüssen weniger berührt als andere marokkanische Regionen. Viele Rifbewohner wandern aber heute als Saisonarbeiter in die großen Städte oder nach Algerien ab. Angehörige eines Stammes bleiben dabei nach Möglichkeit zusammen.

Eine Besonderheit ist die Tracht der Frauen aus dem westlichen Rif: Sie fällt auf durch die meist rotweiß gestreiften Baumwollüberhänge (Fouta) und die breitrandigen Strohhüte. Bemerkenswert ist auch der relativ hohe Anteil blonder und blauäugiger Menschen bei einigen Stämmen im Westen.

Die verkehrsmäßige Erschließung des Rif war bis zur Unabhängigkeit sehr unzureichend. Die steile Küste und der mächtige Gebirgsrücken wirkten als natürliche Handelsschranken. Erst nach 1956 wurden einige gute **Straßen** gebaut, vor allem die Hauptrouten Tetouan – Chechaouen – Al Hoceima – Melilla, Ketama – Fès, Al Hoceima – Taza und Chechaouen – Ouezzane. Die Nebenstrecken sind aber bis heute großenteils in einem schlechten Zustand, weite Teile des Rif noch fast unerschlossen. Eine neue Küstenstraße von Oued Laou über El Jebha nach Al Hoceima befindet sich im Bau, bisher ist aber nur ein kleiner Teil der Küste erreichbar.

Busse verkehren auf den Hauptrouten in ausreichender Zahl, auf den Nebenstrecken nur sehr selten.

Außerhalb der Hauptrouten gibt es praktisch keine **Tankstellen.**

Achtung: In der Gegend von Ketama drohen Gefahren durch aufdringliche Haschischhändler (vgl. S. 55)!

Sehenswürdigkeiten

Schönster Ort des Rif ist Chechaouen, eine der sehenswertesten Städte Marokkos überhaupt. Daneben lohnt sich auch ein Besuch von Ouezzane.

An eindrucksvollen Landschaften ist im Rif kein Mangel. Beste Standorte für Ausflüge und Wanderungen sind Chechaouen und Ketama. Die schönsten Routen sind die von Chechaouen nach Al Hoceima und von Ketama nach Taounate.

Bademöglichkeiten bieten die zahlreichen kleinen Buchten der Mittelmeerküste, die zum Teil nur schwer erreichbar sind. Am günstigsten liegen die Buchten von Al Hoceima, Kalah Iris, El Jebha und Oued Laou/Targa.

Chechaouen
(Chaouen, Xauen)

17000 Einwohner. Marktzentrum für das westliche Rif, in 620 m Höhe zwischen den Gipfeln des Djebel Kalaa (2050 m) und des Djebel Meggou (2123 m) gelegen. Wegen der herrlichen landschaftlichen Lage und der vollständig erhaltenen Medina einer der sehenswertesten Orte Marokkos und auch häufig von Touristen besucht.

Geschichte

1471 als Zufluchtsort für andalusische Flüchtlinge gegründet, beherrscht der Ort bald den Handel zwischen Tetouan und Fès und gelangt dadurch zu Wohlstand. Widerstandszentrum gegen die eindringenden Europäer. Gelangt dadurch in den Ruf, eine für Nichtmoslems verbotene Stadt zu sein. Vor 1920 ist der französische Missionar Charles de Foucaud, soweit bekannt, der einzige Europäer, der die Stadt besucht hat. 1920 Eroberung von Chechaouen durch die Spanier, kurz darauf aber Vertreibung

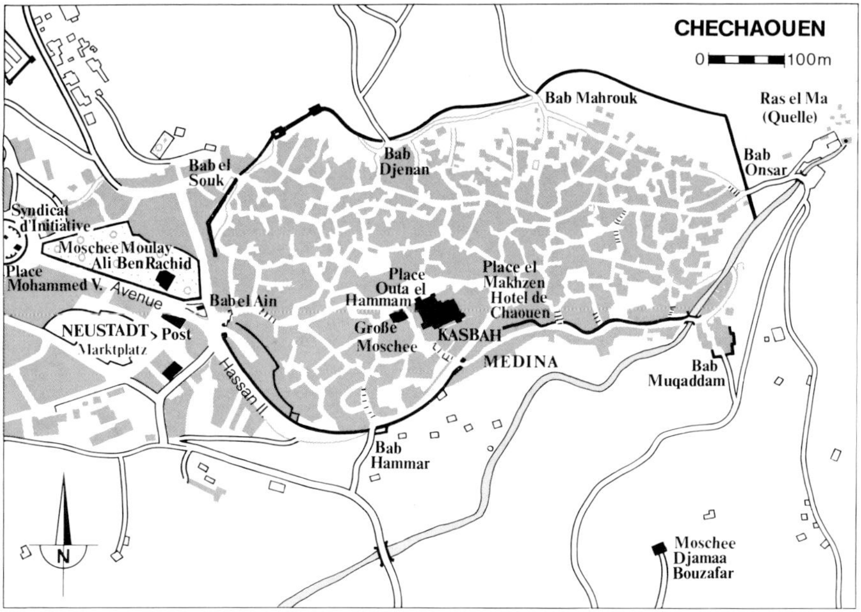

durch den Rebellen Abd el Krim. Danach Zentrum der Rifrebellen, mehrfach von Spaniern bombardiert, bis 1926 in Hand der Aufständischen. Erst 1927 völlig unter spanischer Kontrolle. Chechaouen ist damit diejenige Stadt Marokkos, die sich am längsten dem europäischen Einfluß entzog.

Umgangssprachlich wird der Ort meist kurz Chaouen genannt, verbreitet ist auch noch die spanische Schreibweise Xauen.

Stadtbesichtigung

Chechaouen besteht aus einer am Hang gelegenen mauerumgebenen Medina und einer kleinen Neustadt an deren Fuß.

Zentrum der von den Spaniern angelegten Neustadt ist die Place Mohammed V., ein spanisch wirkender Platz mit mehreren Cafés (etwas unterhalb der arkadengesäumte Marktplatz mit der Bushaltestelle). Von hier führt die Avenue Hassan II. zum Eingang der Medina. An der Straße der Zugang zu einem Park mit der **Grabmoschee des Stadtgründers Moulay Ali Ben Rachid,** das bis heute ein bedeutendes Wallfahrtsziel geblieben ist.

Am Ende der Avenue bildet das Bab Hammar den Hauptzugang zur **Medina,** die noch fast vollständig vom Ende des 15. Jh.s stammt. Die weiß oder blaßblau getünchten Giebelhäuser mit ihren roten Ziegeldächern wirken andalusisch. Diese für Marokko einmalige Bauweise macht die Medina von Chechaouen zu einer der schönsten des Landes. Die am Tor beginnende, steil ansteigende Hauptstraße führt zum Zentrum der Altstadt, der **Place Outa el Hammam** mit zahlreichen Cafés und Restaurants. Neben der **Großen Moschee** liegt hier auch der Zugang zur **Kasbah** mit ihrem herrlichen Garten. Die Mauern sind begehbar und bieten eindrucksvolle Blicke auf die Stadt und ihre Umgebung. An die Place Outa

Blick auf Chechaouen

el Hammam schließt sich die Place el Makhzen an, um die sich die **Souks** gruppieren. Bekannt ist Chechaouen für Lederwaren, Keramik, Kupferarbeiten, Djellabahs und Teppiche.

Die hinter den beiden Plätzen weiter ansteigende Hauptstraße passiert mehrere Moscheen und verläßt die Medina schließlich durch ein Tor. Jenseits liegt die **Quelle Ras el Ma** mit einem Wasserfall und einem Waschplatz. Rastmöglichkeit in einem schön gelegenen Café.

An der Ausfahrt aus Chechaouen in Richtung Ouezzane findet montags und freitags ein großer Markt statt. Von der talwärts führenden Ausfallstraße zweigt ein Weg ab, über den man zu der außerhalb der Stadt auf einem Hügel gelegenen **Moschee Djamaa Bouzafar** gelangt. Sie diente nie als Moschee, sondern wurde im Rifkabylen-Krieg als Beobachtungspunkt der Rebellen erbaut. Der Turm kann bestiegen werden (herrliche Aussicht über die ganze Stadt).

Die nähere Umgebung von Chechaouen eignet sich gut für Wanderungen. Der schönste Weg führt in das kleine Tal der Ras el Ma-Quelle hinauf.

In der Medina von Chechaouen

Verkehr und wichtige Adressen

Busse: Haltestelle beim Marktplatz in der Neustadt (etwas unterhalb der Place Mohammed V.), CTM-Büro an der Place Mohammed V. Verbindungen nach Tetouan, Tanger, Meknes, Fès, Ouezzane, Al Hoceima, Larache, Asilah.

Ein Teil der CTM-Busse zwischen Tetouan und Al Hoceima fährt nicht über Chechaouen, sondern passiert die Stadt auf der etwa 6 km entfernten Umgehungsstraße. Von dort verkehren häufiger Sammeltaxis in die Stadt.

Information: Syndicat d'Initiative: hinter der Place Mohammed V. (ausgeschildert).

Unterkunft

Klassifizierte Hotels: 3***A Hotel Asmaa, außerhalb auf dem Hügel (weithin sichtbar); 3***B Hotel de Chaouen, Place du Makhzen; 2**A Hotel Magou, 23 Rue Moulay Idris; 1*A Hotel Rif, 29 Rue Tarik Ibn Ziad; 1*A Hotel Ibiza; 1*B Hotel Salam, 39 Rue Tarik Ibn Ziad.

Einfache Hotels: an der Medinahauptstraße und um Place Outa el Hammam/Place du Makzen.

Camping: neuer Platz nordöstlich des Ortes in Wald am Hang (oberhalb des Hotels Asmaa).

Ouezzane

28000 Einwohner. Landwirtschafts- und Marktzentrum, bedeutender Wallfahrtsort, am Fuß des Djebel Bou Hellal am Südwestrand des Rif gelegen. Sehenswerte Medina.

Geschichte

Gründung Anfang des 18. Jh.s als Hauptsitz des Taibia-Ordens, der Anhänger in ganz Nordafrika besitzt. Der Ordensgründer Moulay Abdallah gilt als Wundertäter und als Scherif, d.h. als Nachkomme Mohammeds. Auch die nachfolgenden Führer der Sekte tragen diesen Titel. Großer politischer Einfluß der Scherifen von Ouezzane aufgrund der Lage der Stadt am Rand des Rif: Seit dem 18. Jh. versuchen die Sultane, die Scherifen durch Zugeständnisse zu Verbündeten gegen die rebellischen Rifstämme zu machen. Zu den Privilegien gehört der erbliche Besitz allen Landes um Ouezzane. Von kaum einem Sultan kontrolliert, ist die Macht der Scherifen zeitweise größer als die der Sultane selbst. Europäische Reisende des 19. Jh.s geben ihnen deswegen den Beinamen ›Islamische Päpste‹. Während der inneren Wirren Anfang dieses Jahrhunderts kontrollieren sie weite Teile des marokkanischen Nordens. Wegen ihrer franzosenfreundlichen Haltung verlieren sie danach aber viele Anhänger, ihr Einfluß nimmt stark ab.

Religiöse Bedeutung hat Ouezzane bis heute. Nach Moulay Idris und dem Grab von Idris II. in Fès ist die Stadt das wichtigste islamische Pilgerziel Marokkos. Für die Juden ist sie sogar der bedeutendste Wallfahrtsort des Landes. Daneben ist Ouezzane ein wichtiger Marktort für das südwestliche Rif und den östlichen Rharb (vor allem Wollhandel). Gerühmt wird die Stadt für ihr Olivenöl und ihre Rosinen. In der Umgebung baut man Oliven, Orangen, Tabak und indischen Hanf (Haschischgewinnung) an.

Die vollständig erhaltene Medina von Ouezzane ist sehr sehenswert. Von Marokko-Touristen wird die Stadt bisher aber nur selten besucht.

Stadtbesichtigung

Ouezzane gliedert sich in die am Hang des Djebel Hellal gelegene Medina und eine kleine Neustadt am Fuß des Berges. Zwischen beiden Ortsteilen liegt die Place de l'Independance. An diesen Platz schließt sich die Place de Souk, der Hauptplatz der Medina, an. Mittwochs und donnerstags findet hier ein großer Markt statt.

Vom Unabhängigkeitsplatz und der Place du Souk führen Treppen hinauf in die Medina, die im Gegensatz zu allen anderen marrokanischen Altstädten nicht umwallt ist. Die Treppen enden auf der Rue Abdallah ben Lamlih und der Rue Souika, die beide durch die kleinen, aber belebten **Souks** führen. Sehenswert sind besonders die Souks der Woll- und Stoffhändler bei der Place Rouida, auf die die beiden Straßen zulaufen. Von dem am Fuß der Kasbah gelegenen Platz führt die Rue Haddadine zur **Zaouia Moulay Abdallah,** dem Hauptsitz des Taibia-Ordens. Eine Besonderheit des 1727 errichteten Komplexes ist das achteckige Minarett der Moschee. Hier findet im Mai der große Moussem des Taibia-Ordens statt. In der Umgebung die Wohnhäuser früherer Scherifen. Die Rue de la Zaouia führt zurück zur Place de l'Independance.

Die einst bedeutende **Mellah** liegt rechts der Place du Souk (von der Neustadt aus gesehen). Das Wallfahrtsziel der Juden befindet sich außerhalb von Ouezzane bei Azjen.

Busse: ab Place de l'Independance nach Meknes, Fès, Chechaouen, Tetouan und Kenitra/Rabat.

Unterkunft: 1*B Grand Hotel und einige einfache Hotels um Place de l'Independance/Place du Souk. Camping beim Sportplatz in der Neustadt.

Umgebung von Ouezzane

Djebel Bou Hellal: 614 m hoher Berg, schöne Aussicht. 3 km langer Spaziergang von Ouezzane von der Neustadt aus (Avenue Hassan II. bis Place Lalla Amina, von da ab beschildert).

Azjen: Dorf 9 km nordwestlich von Ouezzane mit dem Grab des jüdischen Wundertäters Rabbi Amrane ben Diourane. Hier findet nach dem jüdischen Osterfest die größte Wallfahrt der marokkanischen Juden statt.

Ketama

Kleiner Erholungs- und Wintersportort, Zentrum des marokkanischen Haschischanbaus, in 1600 m Höhe in einem Hochtal am Fuß des Djebel Tidighin gelegen. Beliebtes Ziel jugendlicher Reisender.

Das kleine Dorf, dessen verstreute Häuser entlang der Durchgangsstraße liegen, bietet keine Sehenswürdigkeiten. Bedeutung hat es vor allem als Zentrum des größten Anbaugebiets von indischem Hanf (Cannabis sativa) in Nordafrika. Dieses Gebiet reicht von Targuist im Osten bis Bab Berred im Westen und Taounate el Kchour im Süden. Aus dem Hanf werden Haschisch und der marihuanaähnliche Kif gewonnen. Während die übrigen kleinen marokkanischen Hanfanbaugebiete im wesentlichen den Bedarf der einheimischen Bevölkerung decken, wird das Haschisch von Ketama in großen Mengen nach Europa geschmuggelt, und zwar vor allem mit Fischerbooten, die zwischen der Rifküste und Spanien/Portugal verkehren.

Das Haschischdorf ist zu einem Anziehungspunkt jugendlicher Reisender und ›Aussteiger‹ geworden. Die Bevölkerung des Ortes ist auf diese Art von Tourismus eingestellt: Bereits an den Zufahrtsstraßen – vor allem an der von Chechaouen kommenden Hauptroute – bieten Händler Haschisch auf recht hartnäckige Weise an, manche greifen dabei zu handfesten Drohungen, und gelegentlich wird sogar versucht, ausländische Fahrzeuge mit Straßensperren, Verfolgungsfahrten oder Steinwürfen anzuhalten (Fahrten im Konvoi sind deshalb ratsam). Privatunterkünfte werden in Ketama und den umliegenden Dörfern kostenlos angeboten, als Gegenleistung erwartet man dann den Kauf größerer Mengen Haschisch. Von all diesen ›Argumenten‹ sollten Sie sich auf keinen Fall beeindrucken lassen. Trotz gegenteiliger Versicherung der Haschischverkäufer ist es äußerst gefährlich, Drogen aus Ketama herauszubringen. Der Anbau ist zwar legal, und Kontrollen innerhalb des Anbaugebietes gibt es praktisch gar nicht, an den drei Ausfallstraßen sind aber feste Straßensperren errichtet (etwa 30–40 km von Ketama entfernt). Besonders Privatwagen werden hier fast immer sehr gründlich kontrolliert.

Ketama wird völlig vom Drogenhandel beherrscht, was den Aufenthalt hier nicht gerade ungefährlich macht: In jüngster Zeit mehren sich die Nachrichten über Gewalttaten. Keine paradiesischen Zustände also, auch wenn das Dorf sich hervorragend als Standort für Wanderungen in die zahlreichen Seitentäler mit ihren Zedernwäldern eignet. Besonders schön sind das südlich gelegene **Tal des Oued Sra** zwischen **Tleta Ketama** (Dienstagsmarkt) und **Souk el Had de Ikauen** (Sonntagsmarkt).

Am **Djebel Tidighine,** dem mit 2456 m höchsten Berg des Rif, ist im Winter Skilauf möglich. Lifte gibt es allerdings nicht, nur markierte Aufstiegspfade.

Busse: nach Al Hoceima, Fès und Tetouan, selten auch nach El Jebha.

Unterkunft: 4****B Hotel Tidighine mit Bungalows, einfache Hotels an der Hauptstraße, zahlreiche Privatunterkünfte in Ketama und den umliegenden Dörfern und Höfen.

Umgebung von Ketama

Route de l'Unité: nach 1956 durch 11000 Freiwillige erbaute Straße von Fès nach Ketama, landschaftlich eindrucksvoll. Die Route ist die erste gute Nord-Süd-Verbindung durch das Rif.

Targuist: 1500 Einwohner, Marktort, im angrenzenden Tal des Oued Gheris letzter Zufluchtsort von Abd el Krim.

Tarhzout: Gemeinde aus 12 Siedlungen mit zusammen ca. 5000 Einwohnern, 66 km südwestlich von Targuist (schlechte Straße S 606) in schöner Lage am Südhang des Djebel Tidighine. Bekannt für Leder-, Holz- und Kunstschmiedearbeiten. Bewohner des Ortes arbeiten in den Souks aller großen Städte als Kunsthandwerker.

Westliche Rifküste

Die Rifküste zwischen Martil (vgl. S. 88) und Al Hoceima ist touristisch bisher

Gehöft im Rifgebirge

kaum erschlossen, und die zahlreichen kleinen Strände an der eindrucksvollen Steilküste sind noch recht einsam. Straßen führen bislang nur von Tetouan bis Bou Hamed (östlich von Targa) und von der Ketama – Al Hoceima-Route nach El Jebha und Kalah Iris. Der Ausbau der Küstenstraße bis Al Hoceima ist aber geplant, und am Teilstück bis El Jebha wird bereits gearbeitet. Nach Fertigstellung dieser Straße ist die Erschließung der Region (bes. von El Jebha) vorgesehen.

Oued Laou

Kleiner Fischerort mit Dienstagsmarkt der Rifberber, schönes Ortsbild, Strand.

Busse nach Tetouan, einfache **Hotels** und Bungalows. Bau von Hotelkomplexe geplant.

Targa

Kleines Fischerdorf, verfallene Kasbah am Strand. Moussem Mitte Juli.

Busse nach Tetouan, einfache **Unterkunft.**

El Jebha

2000 Einwohner, malerisches Fischerdorf an einer geschützten Bucht der Rifküste, schöner Strand etwas westlich (jenseits der neuen Brücke Richtung Oued Laou). Erreichbar bisher nur über die Straße S 8500, die bei Ketama (72 km entfernt) von der P 39 abzweigt, Küstenstraße ab Oued Laou im Bau. Die Ruinen des spanischen Forts beim Fischerhafen (der im Ausbau begriffen ist) sollen durch ein ›Panoramarestaurant‹ ersetzt werden.

Wenige **Busse** nach Ketama, **Unterkunft** in zwei Villen im Ort; Strandhotel geplant.

Kalah Iris

Kleines Fischerdorf an einer Bucht der Rifküste, schöner Strand (gut zum Tauchen!). Zufahrt über die S 8501 (29 km vor Targuist). Liegt an der Stelle von **Badis,** dem einstigen Haupthafen von Fès (seit dem 16. Jh. aufgegeben). Der Ort wird von einer Festungsruine (1499) überragt. Touristisch unerschlossen.

Wenige Kilometer östlich von Kalah Iris liegt etwa 100 m vor der Küste die kleine spanische Felseninsel **Peñon de Velez de la Gomera** (1508–1522 spanisch, ab 1554 Seeräubernest, 1912 wieder spanisch, Sträflingskolonie).

Busse nach Targuist, einfache **Unterkunft,** Campingplatz.

Al Hoceima

25 000 Einwohner. Provinzhauptstadt, Fischereihafen und bedeutender internationaler Badeort, an einer weiten Bucht der Rifküste mit zahlreichen kleinen Stränden gelegen. Modernes Stadtbild.

Gründung erst 1925 durch die Spanier als Villa Sanjuro, diente als Militärstützpunkt gegen die Rebellen unter Abd el Krim. Danach Entwicklung zu einem kleinen Fischerort. Bis zum Ende der Protektoratszeit überwiegend spanische Bevölkerung. In den letzten 15 Jahren Aufstieg zum Badezentrum.

Nach dem Komplex Restinga-Smir/Cabo Negro (vgl. S. 88 f.) ist Al Hoceima heute das bedeutendste touristische Ziel der marokkanischen Mittelmeerküste. In der Saison von Mai bis September halten sich zahlreiche Badegäste hier auf.

Al Hoceima besitzt keinerlei alte Bauten. Das in spanischem Stil erbaute Ortszentrum ist aber durchaus reizvoll, ebenso die landschaftliche Lage. Ein Besuch der Stadt ist daher – besonders außerhalb der Hochsaison, wenn der Ort nur von wenigen Touristen besucht wird – durchaus empfehlenswert.

Zentrum von Al Hoceima ist die Place du Rif mit Busbahnhof, Cafés, Restaurants sowie mehreren kleinen und mittleren Hotels. In der Nähe ein kleiner

Rifküste bei Al Hoceima

Markt und ein Garten der eine herrliche Aussicht auf die tiefergelegene Bucht bietet. Von der nahen Place Hassan II. führt eine Straße talwärts zu einer kleinen Badebucht und dem Fischereihafen. Der Hafen ist besonders am frühen Morgen sehenswert, wenn die Lamparo-Fischer zurückkehren. (Lamparos heißen die an ihren Booten befestigten Lampen, mit denen sie nachts die Fische anlocken.)

In der näheren Umgebung von Al Hoceima liegen mehrere kleine Badebuchten, zum Teil mit Hotel- und Bungalowanlagen, zum Teil aber auch noch recht einsam (kilometerlanger Sandstrand östlich bei Ajdir; s. u.). Sie eignen sich hervorragend zum Tauchen (Verleih von Ausrüstungen im Ortszentrum). Möglichkeiten auch zum Wasserskifahren.

Verkehr und wichtige Adressen

Busse: ab Place du Rif (Zentrum) nach Tetouan, Ketama, Fès, Nador, Oujda und Taza (lange Fahrtzeiten wegen der Bergstrecken, bis Tetouan z. B. ca. 8 Stunden).

Flugzeug: Flugplatz Côte du Rif, 15 km östlich, keine Zubringerbusse, nur Binnenflüge. Royal Air Maroc Büro am Flughafen, ✆ 2005.

Information: O.N.M.T.: 156 Avenue Mohammed V.; Syndicat d'Initiative: im Gebäude der Provinzverwaltung (›Province‹).

Unterkunft

Klassifizierte Hotels: 4****B Hotel Mohammed V. (mit 3***B Nebengebäude); 3***A Hotel el Maghreb el Jadid, Avenue Mohammed V.; 3***A Hotel Quemado, Plage de Quemado; 2**A Hotel National, 23 Rue de Tetouan;

2**B Hotel Karim, 27 Avenue Hassan II.; 1*A Hotel Essalam; 1*B Hotel Oriente, Rue du Rif; 1*B Hotel Turismo, Rue de la Palestine; 1*B Hotel Florido, Place du Rif.

Einfache Hotels: um die Place du Rif.

Camping: Plage el Jamil (Badebucht), 1 km vor dem Ort an der Ausfallstraße.

Feriendorf des Club Méditerranée (10 km östlich beim Dorf Ajdir).

Umgebung von Al Hoceima

Peñon de Alhucemas: Kleine Insel wenige Kilometer östlich von Al Hoceima, ca. 100 m vor der Küste (vom Ort aus sichtbar). Wurde 1673 spanisch, danach Piratennest. Im 19. Jh. (bis 1907) Sträflingskolonie, noch heute in spanischer Hand. Ca. 400 Einwohner, sehenswerte alte Festungsanlagen. Erreichbar mit Booten vom Fischereihafen (ca. eine Stunde Fahrtzeit).

Ajdir: kleines Dorf 8 km östlich von Al Hoceima in der Nähe der Anlagen des Club Méditerranée. Ab 1921 Hauptstützpunkt von Abd el Krim. 1925 Landung der Spanier am nahen Strand von Cebadilla; damit begann die Rückeroberung des Rif.

Annoual: kleines Dorf 70 km östlich von Al Hoceima. 1921 überfielen hier die Rifrebellen die Truppen des spanischen Generals Silvestre (15 000 Tote und Verwundete). Beginn des großen Rifaufstandes.

Melilla

55 000 Einwohner. 12,3 km^2 große spanische Enklave an der Ostseite der ins Mittelmeer ragenden Halbinsel Guelaia. Hafen- und Garnisonsstadt.

Geschichte

Gründung durch die Phönizier als Rusadir, neben Lixus älteste phönizische Siedlung in Marokko. Danach in karthagischem, römischem, vandalischem und byzantinischem Besitz. 705 Zerstörung durch Araber, im 10. Jh. Neuaufbau. Unter den Meriniden seit dem Ende des 13. Jh.s Aufstieg zu einem der wichtigsten Häfen des Mittelmeers. Nach dem Zerfall des Merinidenreichs bedeutungslos. 1497 Eroberung durch die Spanier, seither trotz häufiger Angriffe ununterbrochen in spanischer Hand. Ausbau zu einer starken Festung, wichtiger Hafen. Bis 1907 ist Melilla Sträflingskolonie. Letzte arabische Eroberungsversuche 1893, 1909 und unter Abd el Krim 1921. In der Protektoratszeit bedeutender Hafen. 1936 erste spanische Stadt, die unter

Franco gegen die spanische Zentralregierung rebelliert. 1956 durch Verlust des Hinterlandes Niedergang, verstärkt noch durch die Unabhängigkeit Algeriens (Melilla war bis dahin beliebtes Ausflugsziel der Algerienfranzosen). Rückgang der Einwohnerzahl von 100 000 auf 65 000.

Heute hat der Hafen von Melilla durch den Touristenfährverkehr und den Export von Eisen aus Nador wieder an Bedeutung gewonnen. Die Stadt beherbergt eine wichtige Militärgarnison.

Melilla ist als ›Presidio‹ Teil der spanischen Provinz Malaga, wird aber von Marokko beansprucht. Das Stadtbild ist vollständig spanisch, und auch die Bevölkerung besteht fast ausschließlich aus Spaniern (nur 8 % Moslems).

Sehenswert ist die kleine Altstadt. Von Touristen, die hier zollfrei einkaufen können (u. a. Benzin und Spirituosen), wird Melilla weit weniger besucht als die übrigen Fährhäfen der Küste.

Stadtbesichtigung

Hauptgeschäftsstraße von Melilla ist die Avenida del Generalissimo Franco. Zum Zentrum zählen auch ihre Seitenstraßen und der parallel verlaufende Straßenzug Calle Lopez Moreno/Calle del Ejercito Español. Beide Hauptachsen münden auf die Plaza de España. Von hier zieht sich der Paseo del General Macias am Hafen entlang. Am Ende des Paseo führen Treppen hinauf zur kleinen Altstadt von Melilla, **Medina Sidonia** oder Akropolis genannt. Die Altstadt liegt auf einer felsigen Halbinsel, die steil zum Meer abfällt. Sie stammt teilweise noch aus dem 16. Jh. und besteht vorwiegend aus mächtigen Festungsanlagen. Von verschiedenen Stellen bieten sich schöne Ausblicke. Im kleinen **Stadtmuseum** (Museo Municipale) am Nordrand der Altstadt sind einige prähistorische, punische und römische Funde zu besichtigen.

An der Plaza de España befindet sich auch der Zugang zu dem schönen **Parque Hernandez.**

Verkehr

Busse: Ab Plaza de España nach Nador, Tetouan, Oujda, Al Hoceima; in Nador Anschluß zu weiteren Zielen.

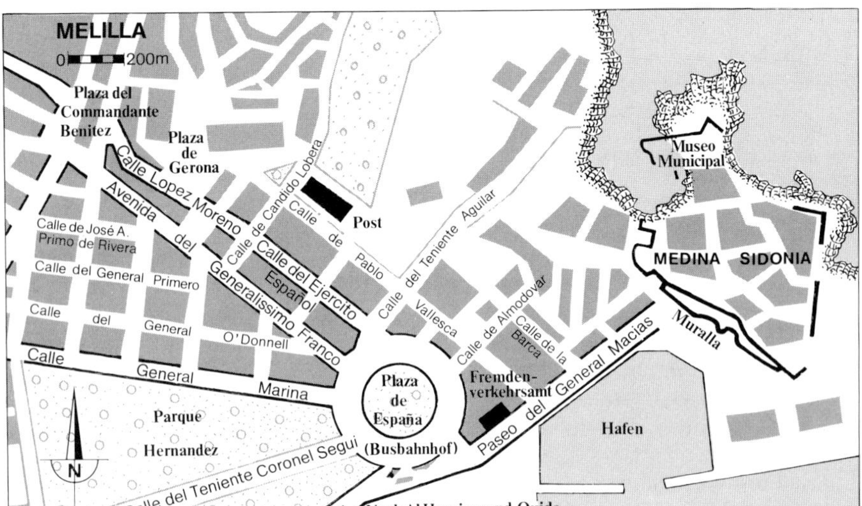

Fähren: Anlegestelle ist die Marina I im Hafen (über Paseo del Genera Macias erreichbar, dort auch das Auskunftsbüro).

Verbindungen (alle Trasmediterranea): Malaga 1 × täglich, ca. 25 DM pro Person, ca. 70 DM pro Auto, Fahrtzeit ca. 8 Stunden; Almeria 1 × wöchentlich, Fahrpreise und Fahrtzeit entsprechen etwa denen nach Malaga.

Flugzeug: Flüge nach Spanien, Auskunft beim Büro der Iberia, Avenida del Generalissimo Franco.

Wichtige Adressen

Fremdenverkehrsamt: Paseo del General Macias (vor dem Hafen), ✆ 1493; Postamt: Calle de Pablo Vallesca (parallel zur Calle del Ejercito Español).

Unterkunft

Klassifizierte Hotels: 3*** Hotel Rusadir, Calle de Pablo Vallesca; 2** Hotel National, Calle Primo de Rivera; 2** Hotel España, Calle del General Chancel; 1* Hotel Cazaza, Calle Primo de Rivera.

Einfache Hotels: Avenida del Generalissimo Franco und Umgebung (Primo de Rivera, Ejercito Español).

Umgebung von Melilla

Cap des Trois Fourches (spanisch Cabo de Tres Forcas): 400 m hohe Klippen am Ende der Halbinsel, die den Ostausläufer des Rifgebirges bildet. Gehört wieder zum marokkanischen Staatsgebiet. 33 km lange schlechte Straße ab Melilla, der Grenzübergang nach Marokko muß dabei passiert werden.

Grenzübergang nach Marokko

Spanische Station 3 km vom Zentrum Melillas; marokkanische Station 2 km weiter. Von dort noch 9 km zum Zentrum von Nador.

Nador

45000 Einwohner. Provinzhauptstadt, Handelszentrum und wichtiger Industriestandort (Stahlwerk), am Ufer der Lagune Sebkha Bou Areg (spanisch: Mar Chica) gelegen. Keine Sehenswürdigkeiten.

Gründung erst in spanischer Zeit, moderne Anlage mit breiten, regelmäßigen Straßen. Wichtiges Handelszentrum für zwischen Melilla und Marokko, siebtgrößter Hafen des Landes (1984 ca. 540000 Tonnen Umschlag). Vor einigen Jahren Bau des größten marokkanischen Stahlwerks (Verarbeitung von Eisenerz aus den ostmarokkanischen Minen mit Kohle aus dem Abbaugebiet von Djerada). Nador bietet nichts Sehenswertes, der schöne Lagunenstrand ist leider stark verschmutzt.

Busse: ab Stadtzentrum nach Oujda, Al Hoceima, Fès, Tetouan, Melilla.

Unterkunft: 4****B Hotel Rif mit Bungalows, Avenue Youssef ben Tachfine (an der Lagune); 3***A Hotel Mansour ed Dahab, 101 Rue de Marrakech; 1*B Hotel du Parc; Einfache Hotels im Stadtzentrum (besonders um Boulevard Ibn Rochd); zwei Campingplätze beim Ort, außerdem Camping Kariat Arkame 23 km südöstlich (am Ende der Lagune).

Östlich von Nador

Eintönige, karge Hügellandschaft bis zum fruchtbaren Tal des Oued Moulouya, einem wichtigen Anbaugebiet für Obst, Gemüse und Wein. An der Küste einsame Badestrände. Beim Ort **Ras el Ma** (auch Raskebdama) nahe der Moulouya-Mündung ein Campingplatz (gute Bademöglichkeit). Der Küste vorgelagert sind die **Islas Chafarinas** (seit 1847 in spanischem Besitz).

Landschaft am Rand des Rifgebirges ▷

Der Südrand des Rifgebirges

Fès el Bali

Dorf an der Stelle der alten Stadt **Beni Taouda** (im 11. Jh. als almoravidische Festung gegründet und 1163 während eines Rifkabylen-Aufstandes zerstört). Die Ruinen der alten Festung sind noch sichtbar.

Busse: nach Ouezzane, Fès und Taounate, einfache **Unterkunft.**

Moulay Bouchta

Kleines Dorf südlich von Fès el Bali, großer Moussem mit etwa 50000 Besu-

chern im November. In der Nähe der **Djebel Amergou** mit prachtvoller Aussicht und den allerding stark verfallenen Ruinen einer Almoraviden-Festung.

Rafsai

Im Dezember Schauplatz des großen **Olivenfestes.** Ca. 40 km lange, teilweise schlechte Straße zum 1595 m hohen **Lalla Outka** (schöne Aussicht, verschiedene Möglichkeiten für ausgedehnte Wanderungen).

Taounate

Schön gelegener Ort mit Freitagsmarkt und Moussem mit zahlreichen Teilnehmern im September.

Meknes

490 000 Einwohner, eine der vier ›Königsstädte‹, 550 m hoch in der fruchtbaren Hügellandschaft Plaine du Sais vor den Nordausläufern des Mittleren Atlas gelegen. Provinzhauptstadt, bedeutendes Handels- und Handwerkszentrum, Standort von Nahrungsmittelindustrie.

Meknes zählt heute zu den sehenswertesten Städten Marokkos. Bedeutendste Baudenkmäler: Ruinen der Ville Impériale, Mausoleum von Moulay Ismail, Bab el Mansour, Medersa Bou Inania, Museum Dar Jamai.

Geschichte

Der Name der Stadt leitet sich von dem Berberstamm der Meknassa her, der in diesem Gebiet seit dem 10. Jh. siedelte. Eigentliche Gründung 1063 als almoravidische Festung. Ende des 12. Jh.s Aufstieg zu einem wichtigen Handelsort, im 13. Jh. dann wieder Niedergang durch Kämpfe zwischen den Dynastien der Almohaden und Meriniden und durch den Aufstieg von Fès. Weiterer Verfall durch mehrfache Rebellionen und Plünderungen im Laufe des 15. Jh.s. Bis ins 17. Jh. unbedeutend.

Schneller Aufstieg ab 1672, als Moulay Ismail, der zweite Alaouiten-Herrscher, Meknes zur marokkanischen Hauptstadt macht. Gründe für die Verlegung der Residenz sind die vorangegangenen häufigen Rebellionen der Bewohner von Fès und der dynastische Ehrgeiz, als Gründer einer völlig neuen Stadt hervorzutreten.

Moulay Ismail, durch Brudermord an die Macht gekommen, unterwirft das zerrissene Reich mit großer Härte wieder der Zentralregierung: Aus schwarzen Sklaven und deren Nachkommen bildet er eine straff organisierte, 150 000 Mann starke Armee, schlägt mit dieser Streitmacht die rebellischen Stämme des Mittleren Atlas, vertreibt die Spanier aus Larache und Mehdia und die Engländer aus Tanger und hält die Türken im Osten auf. Das ganze Land wird mit einem Netz von 76 Festungen überzogen. Moulay Ismail, der als der grausamste Herrscher der marokkanischen Geschichte gilt, tritt auch in Handelsbeziehungen mit dem Frankreich Ludwigs XIV., mit dem der Alaouiten-Herrscher wegen seiner Despotie und Prunksucht oft verglichen wird.

Meknes wird mit 30 000 Sklaven, darunter 3000 gefangene Christen, zu einer monumentalen Residenz ausgebaut. Volubilis und der El Badi-Palast in Marrakech dienen dabei als Steinbrüche. Prunkvolle Hofhaltung (Moulay Ismail soll über 500 Frauen und über 1000 Kinder besessen haben).

Nach dem Tod Moulay Ismails (1727) Verlegung der Residenz nach Fès, lange Thronfolgekriege, Zerstörung der Palastanlagen von Meknes. Weiterer Verfall der Stadt durch das Erdbeben von 1755. Meknes bleibt bis 1912 unbedeutend. Danach Aufstieg als bedeutendes Handelszentrum für landwirtschaftliche Produkte.

Heute zählt Meknes zu den wichtigsten Handelsstädten Marokkos. Es beherbergt die Nationale Landwirtschaftsschule und ist Standort einer bedeutenden Nahrungsmittelindustrie (Obst- und Gemüsekonserven, Weinlager).

Meknes, Place el Hedim mit dem Bab el Mansour

Wegen seiner bedeutenden Baudenkmäler und seiner belebten Souks zählt Meknes zu den sehenswertesten Städten Marokkos. Es ist auch der günstigste Standort für Ausflüge nach Moulay Idris und Volubilis. Trotzdem wird Meknes von Marokko-Reisenden weit seltener besucht als die anderen ›Königsstädte‹. Um dies zu ändern, sind ein umfassendes ›Face lifting‹ und der Bau neuer Touristenhotels vorgesehen.

Stadtgliederung

Meknes wird durch das Tal des Oued Boufekrane deutlich in zwei Stadtteile geschieden. Östlich des Flusses liegt auf einem Plateau die Neustadt; westlich des Flusses die Medina, an die sich im Süden die ausgedehnten Ruinen der Ville Imperiale, der einstigen Residenz von Moulay Ismail, anschließen.

Stadtbesichtigung

Bester Standort sind die Hotels an der Place el Hedim im Zentrum der Medina. Für die Besichtigung der Stadt ist wenigstens ein voller Tag nötig, für den unbedingt zu empfehlenden Ausflug nach Moulay Idris und Volubilis ein weiterer.

Medina

Zentrum der Medina ist die **Place el Hedim.** Dieser ca. 200 × 100 m große und leider fast völlig zugeparkte Platz wird von zahlreichen Händlern belebt und ist Knotenpunkt der Stadtbuslinien. In seiner unmittelbaren Nähe liegen der Privatlinien-Busbahnhof, die meisten kleinen Medina-Hotels, viele Cafés und Restaurants und die Zugänge zu den Souks sowie zur Ville Imperiale. Auch die Zufahrtsstraße zur Neustadt beginnt hier.

Die Südostseite der Place el Hedim wird beherrscht vom **Bab el Mansour,** dem mächtigsten Tor der Stadt. Die dem Platz zugewandte Fassade des dreibogigen Tores trägt reiche Relief- und Keramikfliesenverzierungen. Wegen des prachtvollen Schmuckes wird das Tor oft als das schönste des Landes bezeichnet. Früher fanden am Bab el Mansour die öffentlichen Gerichtsverhandlungen statt, und die Köpfe der Hingerichteten wurden hier zur Schau gestellt. Mit dem Bau des Tores wurde gegen Ende der Regierungszeit von Moulay Ismail begonnen, 1732 wurde es vollendet. Das Tor bildet den Zugang zur Ville Imperiale.

Auf der gegenüberliegenden Seite des Platzes liegt das **Dar Jamai,** ein Ende des 19. Jh.s errichteter Wesirspalast. Er beherbergt heute ein **Museum für Marokkanische Volkskunst.** Die sehenswerten Sammlungen umfassen Kleider, Teppiche, Koranhandschriften, Keramik-, Leder-, Metall- und Holzarbeiten. Auch die schön geschmückten Innenräume und der Garten im Innenhof lohnen den Besuch.

Links vom Museum bildet ein Portal den Zugang zu den **Souks.** Um in ihr Zentrum zu gelangen, muß man bis zur Rückseite des Palastes gehen und dort links in die belebte Marktstraße einbiegen. Diese trifft kurz darauf auf die Hauptachse der Souks, den Straßenzug Souk en Nejjarin/Souk es Sebbat. (Betritt man die Medina durch den mit ›Kissariat Fath de Bijoux‹ beschilderten Eingang rechts vor dem Museum und hält sich links, stößt man direkt auf die Medersa Bou Inania; s. u.)

Die Souks von Meknes gehören zu den größten und sehenswertesten Marokkos. Gehandelt werden hier vor allem Produkte des Umlandes wie Teppiche, Töpferwaren und Metallgefäße. Die Souks von Meknes haben daher einen mehr ländlichen Charakter als die des benachbarten Fès, wo vor allem Produkte des städtischen Handwerks umgeschlagen werden. Allerdings ist auch das Handwerk von Meknes nicht unbedeutend. Zu dem ländlichen Eindruck trägt im

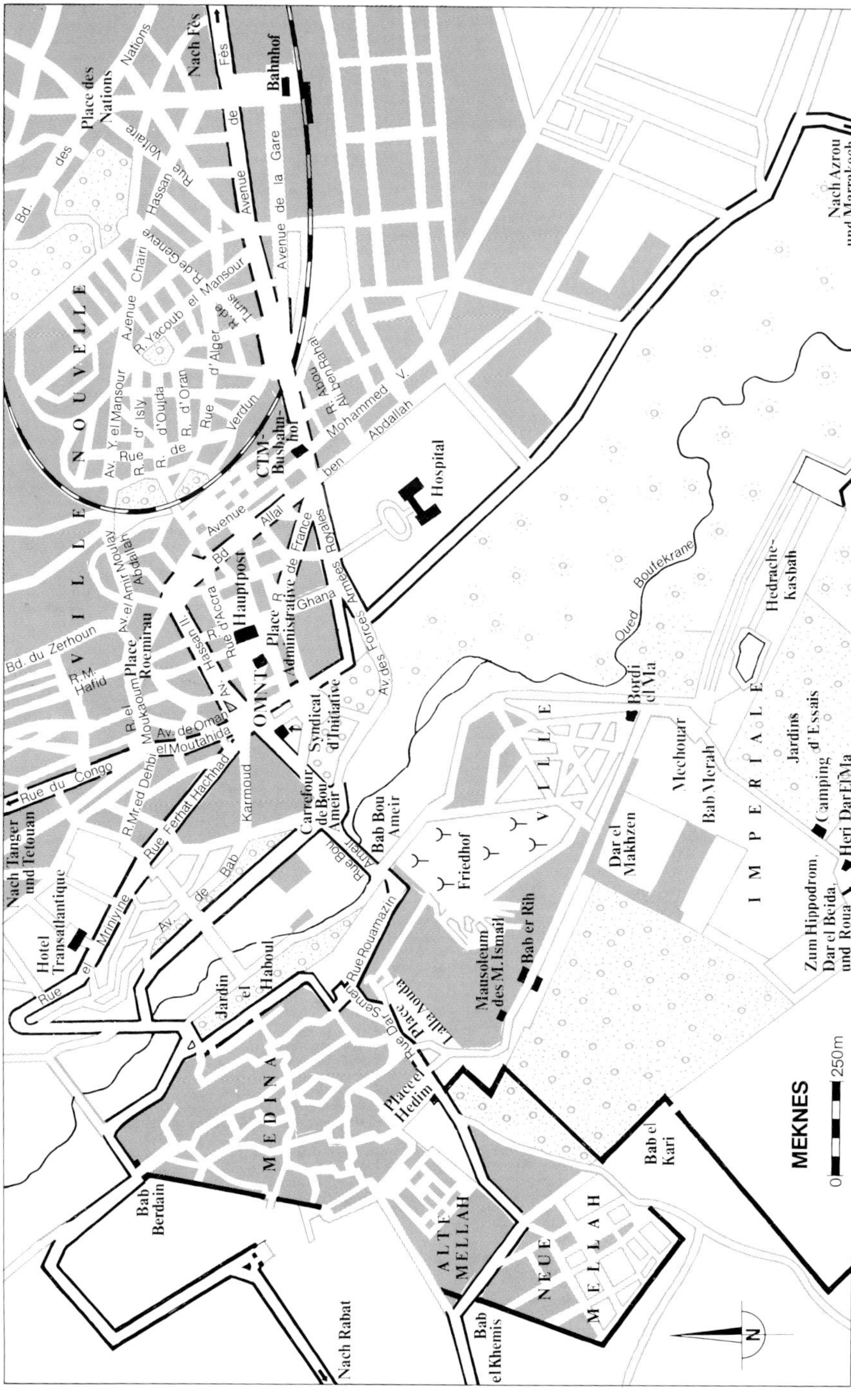
MEKNES
0
250m
N
VILLE NOUVELLE
MEDINA
VILLE IMPERIALE
ALTE MELLAH
NEUE MELLAH
Nach Fès
Nach Tanger und Tetouan
Nach Rabat
Nach Azrou und Marrakech
Bahnhof
CTM-Busbahnhof
Hospital
Hauptpost
ONMT
Syndicat d'Initiative
Hotel Transatlantique
Place des Nations
Place Roemirau
Place Administrative
Carrefour de Bou Ameir
Bab Bou Ameir
Bab Berdain
Bab el Khemis
Bab el Kari
Bab Merah
Bab er Rih
Place el Hedim
Place Lalla Aouda
Jardin el Haboul
Friedhof
Mausoleum des M. Ismail
Dar el Makhzen
Mechouar
Bordj el Ma
Heri Dar El Ma
Camping d'Essais
Jardins
Hedrache-Kasbah
Oued Boufekrane
Zum Hippodrom, Dar el Beida, und Roua
Avenue de la Gare
Avenue Mohammed V
Avenue Hassan II
Av. des Forces Armées Royales
Rue du Congo
Bd. du Zerhoun
Bd. des Nations
Rue Voltaire
Rue Rouamazin
Rue Dar Semen
Rue Bou Ameir
Av. de Bab Mrinlyine
Rue Ferhat Hachhad
Av. de Oman
Av. el Moutahida
Rue Karmoud
R. de Ghana
R. de Verdun
Rue d'Alger
Rue d'Oran
R. d'Isly
R. de Oujda
Av. Y. el Mansour
R. Yacoub el Mansour
Avenue Chairi
R. de Genève
Rue Hassan
R. de Tunis
R. Abou Ali ben Rahal
Rue d'Accra
R. el Moukaoum
R. M. Hafid

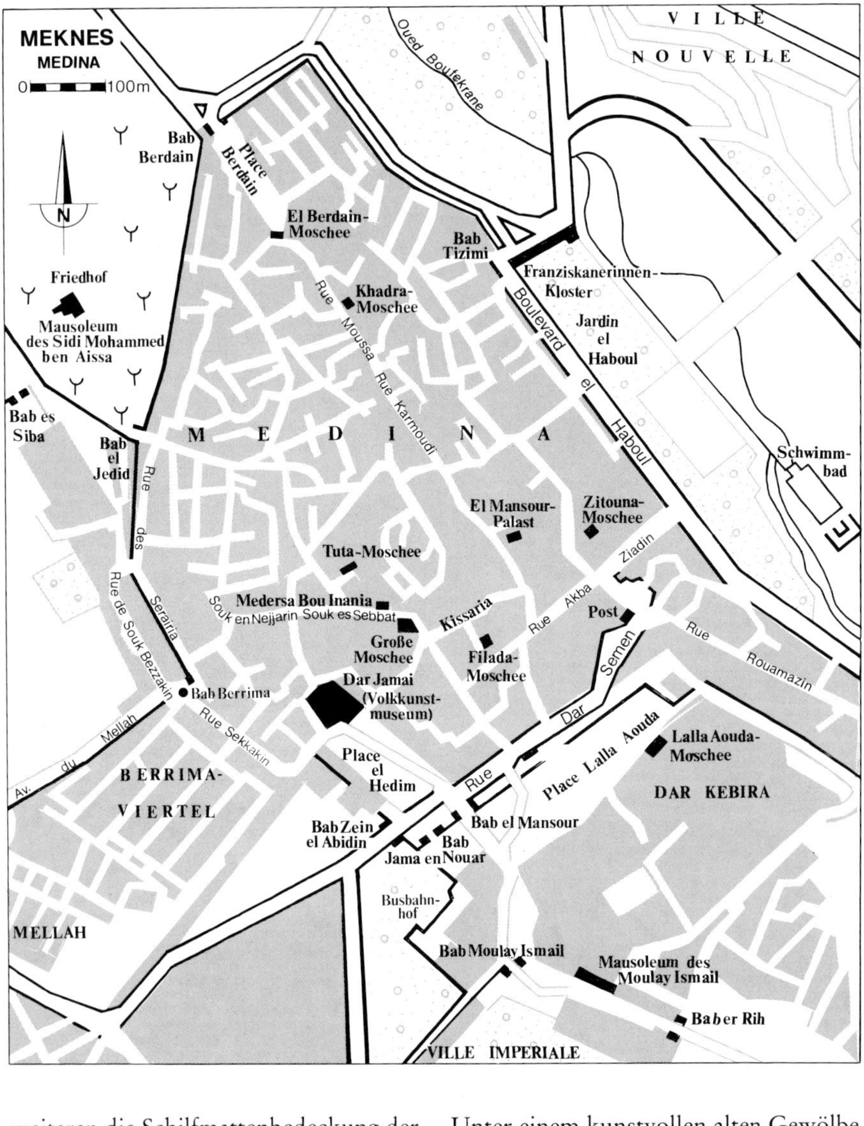

weiteren die Schilfmattenbedeckung der meisten Soukstraßen bei.

Vom Museum aus gesehen ist der links gelegene Teil der Soukhauptachse der Souk en Nejjarin mit dem Tischlersouk und der **Moschee Nejjarin** (gegründet im 12. Jh., im 18. Jh. aber stark umgebaut). Rechts erstreckt sich der Souk es Sebbat mit den Läden der Stoff-, Kleider-, Souvenir- und Babouchenhändler. Unter einem kunstvollen alten Gewölbe liegt links der Eingang zur **Medersa Bou Inania,** dem bedeutendsten Bau der Medina. Der Bau wurde um die Mitte des 14. Jh.s – zur gleichen Zeit wie die gleichnamige Medersa in Fès – errichtet. Auch das reich geschmückte Innere entspricht in der Anlage den merinidischen Medersas von Fès (vgl. S. 215). Eine Besichtigung ist möglich. Versäumen Sie nicht den Blick vom Dach! Folgt man der Gasse, die unmittelbar gegenüber des Medersa-Eingangs beginnt, gelangt man übrigens zur Place El Hedim zurück (s. o.).

Schräg gegenüber der Medersa liegt die **Große Moschee,** von deren Äußerem nur wenig sichtbar ist. Die Verlängerung des Souk es Sebbat bildet nach einer kleinen Biegung die Kissaria (Souk der Stoff- und Teppichhändler). Geht man am Ende der Kissaria rechts und kurz darauf links, so gelangt man in die Rue Akba Ziadin, die zum Ausgang der Souks führt. Biegt man von ihr nach rechts ab, gelangt man auf einen kleinen Platz mit dem Postamt der Medina. Von hier führt die Rue Dar Semen nach rechts zur Place el Hedim zurück. In der Rue Dar Semen liegen die meisten kleinen Hotels, Cafés und Restaurants der Medina.

Haben Sie mehr Zeit zur Verfügung, können Sie die Besichtigung der Medina leicht ausdehnen:

An der Seite der Place el Hedim, an der das Museum liegt, zweigt links die sehr belebte Rue Sekkakin vor allem mit Haushalts- und Metalläden ab. Sie mündet auf einen großen Platz mit dem Tor Bab Berrima (18. Jh.). Von hier zweigen mehrere Straßen ab: Links führt die Avenue du Mellah zur **Mellah** mit ihren mehrstöckigen Judenhäusern und dem Bab el Khemis (Ende des 17. Jh.s).

Geradeaus verläuft entlang der Stadtmauer die Rue de Souk Bezzarin mit den Läden der Stoff- und Korbmacher. Sie endet beim nächsten Stadttor, dem Bab el Jedid, vor dem ein großer, belebter Platz liegt. Hier finden sich verschiedene Warenlager sowie die Werkstätten der Sattler und Eisenschmiede. Jenseits des Platzes ein großer Friedhof mit dem außen reich verzierten Mausoleum des **Sidi Mohammed ben Aissa** (18. Jh.). Dieser Heilige war der Gründer der Aissaoua-Sekte, deren Mitglieder als Schlangenbeschwörer, Märchenerzähler und Gaukler in ganz Marokko berühmt sind. Einen Namen machten sie sich früher auch dadurch, daß sie lebende Schlangen, Skorpione und Dornen verspeisten und sich in Trance Verletzungen zufügten. Am Mouloud-Tag findet um das Mausoleum der große Moussem der Sekte statt, bekannt vor allem dadurch, daß sich die Sektenmitglieder dabei durch Tanzen in Ekstase versetzen. Dies hat ihnen den Beinamen ›Tanzende Derwische‹ eingetragen.

Vom Bab el Jedid führt auf der Innenseite der Stadtmauer die Rue des Serairia (Läden der Waffenschmiede, Sattler, Tischler und Metallverarbeiter) zurück zum Bab Berrima. Kurz vor dem Tor nimmt links der Souk en Nejjarin seinen Anfang.

Will man die ganze Medina von Süden nach Norden durchqueren, muß man am Ende der Kissaria nicht rechts zum Ausgang der Souks, sondern links in die Rue Karmoudi einbiegen. Diese Straße, die ihren Namen mehrfach wechselt, zieht sich durch die gesamte Medina. Zunächst passiert sie rechts das ehemalige Wohnviertel der Sklaven. Von den hohen Mauern, die es einst umgaben, ist nichts mehr erhalten. Es folgen einige Moscheen, Grabmäler und kleine Plätze. Die Straße endet beim **Bab Bardain** (Ende des 17. Jh.s). Von hier bietet sich ein schöner Blick auf das tiefergelegene Umland. Geht man vom Tor rechts an der Außenseite der Stadtmauer entlang, stößt man auf den Boulevard El Haboul, an dessen Anfang sich das **Bab Tizimi** als Mittelpunkt des Töpferviertels erhebt. Dem Tor gegenüber liegt ein um 1700 gegründetes **Franziskanerinnen-Kloster** (heute Teppichweberschule).

Vom Boulevard El Haboul öffnen sich mehrere Eingänge zum **Jardin El Haboul,** einem schön angelegten Park mit Café.

Moussem vor den Mauern von Meknes ▷

Ville Imperiale

Bei der Ville Imperiale, der ›Kaiserstadt‹, handelt es sich um die ehemalige Residenz von Moulay Ismail. Von den riesigen Anlagen sind nur noch Ruinen erhalten, die aber einen guten Eindruck von den Ausmaßen der Palaststadt geben. Die Ville Imperiale und die angrenzende Medina wurden von drei Mauerringen umschlossen, die insgesamt 40 km lang waren. Von diesen Wällen, den bei weiten größten des Landes, ist noch ein Großteil erhalten. Ihre Ausdehnung zeigt, daß die Palaststadt mit ihren über 100 Räumen noch weiter ausgebaut werden sollte. Der Tod Moulay Ismails und die Rückverlegung der Residenz nach Fès beendeten jedoch die Arbeiten.

Den Zugang zur Ville Imperiale bildet das an der Place el Hedim gelegene Bab el Mansour. Hinter dem Tor passiert man die weitläufige Place Lalla Aouda. Südöstlich dieses Platzes lag einst der **Dar Kebira,** der Hauptpalast des Moulay Ismail, der mehr als 20 mit je einem Turm ausgestattete Bauten umfaßt haben soll. Von diesem Palast ist fast nichts mehr erhalten. Seine Stelle nimmt heute ein Wohnviertel ein.

Das eigentliche Ruinengelände beginnt hinter dem Mauerdurchbruch (vom Bab el Mansour aus gesehen am rechten Ende der Place Lalla Aouda). Der **Pavillon Koubbat el Khyatine** auf dem dahinter folgenden Platz (rechts, in der Gartenanlage) diente früher dem Empfang ausländischer Gesandter. Rechts davon (vor der Mauer) ein unscheinbarer Zugang zu den unterirdischen Verliesen des ›Christengefängnisses‹ (unbedingt sehenswert!; Schlüssel beim Wärter des Pavillons). Jenseits des Platzes bildet das halblinks gelegene Dreifachtor Bab Moulay Ismail den Zugang zu einem zweiten Platz. Links sieht man hier die Pforte zum **Mausoleum des Moulay Ismail** (Farbabb. 29), einem der bedeutendsten Bauten der Stadt. Die im Inneren reich geschmückte Grabstätte, ein weitläufiger Komplex, kann besichtigt werden (Schuhe ausziehen; den eigentlichen Grabraum dürfen Nicht-Moslems nicht betreten).

Am gegenüberliegenden Ende des Platzes beginnt hinter einem weiteren Tor, dem mächtigen Bab er Rih (Tor des Windes), eine kilometerlange, von gewaltigen Mauern gesäumte Straße. Die rechts gelegenen Mauern begrenzen den **Dar el Makhzen,** den umfangreichsten Teil der alten Sultansresidenz (im späten 18. und im 19. Jh. erweitert), die derzeit teilweise restauriert und mit einem Pavillon für den König versehen wird. Die mauergesäumte Straße stößt auf das **Borj el Ma,** die Wasserfestung (so genannt wegen ihrer Nähe zum Fluß) und knickt dort nach rechts ab. Von dem linker Hand gelegenen Tor bietet sich ein schöner Blick auf die gegenüberliegende Neustadt. (Verläßt man die Ville Imperiale hier und wendet sich nach links, gelangt man zur Verbindungsstraße zwischen Medina und Neustadt).

Vom Borj el Ma ziehen sich die Mauern nach rechts zum **Mechouar,** dem ehemaligen Versammlungsplatz des Palastbezirkes. Rechts führt hier ein Tor zum Dar el Makhzen, links eines zur **Hedrache-Kasbah** (ehemals Festung, heute Wohnviertel). Geradeaus weitergehend passiert man das Tor Bab en Nouara als Anfang einer weiteren mauergesäumten Straße, die durch das Gelände der **Gartenbauschule** (Jardins d'Essais; links) führt. Die Gärten der Schule nehmen das Gebiet des einstigen Sultansparkes ein. Rechts Blick auf die gewaltigen Ruinen der Kasbah Bab Merrah. Kurz vor dem Ende der Wallstraße links der Eingang zum Campingplatz. Die Straße endet bei dem mächtigen **Heri Dar el Ma,** einem ehemaligen Getreidespeicher. Bemerkenswert sind die riesigen Vorratsgewöl-

Heri (Getreidespeicher), Ville Imperiale ▷

be und der schöne Ausblick vom Dach, auf dem ein kleiner Park angelegt wurde. Neben dem Speicher sieht man das ca. 4 ha große, künstlich angelegte Wasserbecken Agdal, das früher der Bewässerung der Parkanlagen diente.

Links vom Heri führt ein Tor auf eine stadtauswärts führende Straße (Hinweisschild: ›Hippodrome‹). Folgt man ihr bis zum Ende (links das Gelände der königlichen Militärakademie) und biegt dort links in die vierspurige Ausfallstraße ein, sieht man linker Hand die imposanten Mauern des **Dar el Beida,** eines Palastes vom Ende des 18. Jh.s, der heute zur Militärakademie gehört. Rechts der Ausfallstraße (jenseits des Friedhofs) und etwas abseits von ihr (in einem Wohnviertel) erhebt sich die gewaltige Ruine des **Roua** (auch: Heri el Mansour), der ehemaligen Stallungen des Königs. Hier sollen früher 12 000 Pferde und Maultiere untergebracht gewesen sein. Aus dem Marstall von Moulay Ismail ging die Zucht von Araberpferden in England hervor: Moulay Ismail schickte einige Zuchthengste an Ludwig XIV. nach Frankreich, von wo aus sie später nach England gelangten. Auf dem Rückweg sehen Sie einen halbverfallenen, aber noch in Gebrauch befindlichen Viadukt.

Neustadt (Ville Nouvelle)

Zentrum der Neustadt ist das Gebiet zwischen der Avenue Hassan II., Avenue Mohammed V. und der Place Administrative (ehemals: Place du France). Hier liegen neben zahlreichen Cafés, Restaurants, Hotels, Bars, Geschäften und Banken auch die Hauptpost, das O.N.M.T.-Büro und der CTM-Busbahnhof. Die Entfernung zur Place el Hedim beträgt etwa 1500 m.

Zur Neustadt gelangt man von der Place el Hedim über die Rue Dar Semen und die bei der Post talwärts abknickende Rue Rouamazin. Diese mündet bei einer Brücke, die über den Oued Boufekrane führt (beiderseits des Flusses sind Felder zu sehen). Auf der Neustadtseite steigt die Straße an zum Carrefour Bou Ameir. Rechts von diesem Platz liegt das Messegelände (Esplanade de Foire) mit dem Syndicat d'Initiative. Von hier hat man eine **herrliche Aussicht** auf die Altstadt (gegenüber der Park des Centre Culturel Français). Die geradeaus weiter ansteigende Avenue Moulay Ismail führt zur Avenue Hassan II., dem Beginn des Neustadtzentrums.

Einen **sehr schönen Blick** auf die Medina und das Umland hat man von der Rue el Mriniyine (vor dem Hotel Transatlantique).

Verkehr

Busse: Meknes hat getrennte Busbahnhöfe für Privatlinien und CTM-Busse.

Privatlinien: Platz südöstlich des Bab Zein el Abidin (nahe der Place el Hedim, außerhalb der Stadtmauer). Verbindungen nach Fès (mindestens stündlich), Moulay Idris/Volubilis (etwa halbstündlich), Rabat, Casablanca, Kenitra, Marrakech, Er Rachidia/Erfoud/Rissani, Ouezzane/Chechaouen/Tetouan, Larache/Tanger (jeweils mehrmals täglich).

CTM-Busbahnhof an der Avenue Mohammed V. in der Nähe ihrer Kreuzung mit der Avenue des F. A. R., Zentrum der Neustadt; Verbindungen wie Privatlinien, aber weitaus seltener. Keine Direktbusse nach Moulay Idris (die Busse nach Ouezzane/Chechaouen/Tetouan passieren den Ort aber).

Eisenbahn: Bahnhof an der Avenue de la Gare (Verlängerung der Avenue des F. A. R.) ca. 1500 m vom Zentrum der Neustadt. Verbindungen: Fès, Oujda, Tanger, Rabat/Casablanca/Marrakech, Oued Zem.

Flugzeug: Flugplatz Meknes-Mezergues, 3 km südöstlich, keine Zubringerbusse, nur innermarokkanische Verbindungen. Royal Air Maroc-Büro: 7 Avenue Mohammed V., ✆ 20963/20964/41031.

Auto: Leihwagenfirmen im Zentrum der Neustadt.

Wichtige Adressen

Information: O.N.M.T.-Büro: Place Administrative (neben der Hauptfassade der Post), ✆ 21286; Syndicat d'Initiative: Esplanade de Foire, ✆ 20191; Fishing Club du Moyen Atlas: Avenue Hassan II., Ski Club de Meknes: Boulevard El Haboul.

Öffentliche Einrichtungen: Hauptpost: Place Administrative; Polizei (Commissariat): bei der Esplanade de Foire; Polizeinotruf: ✆ 19; Ambulanz: ✆ 15; Schwimmbad: Piscine Municipal, gegenüber dem Jardin El Haboul (Eingang am Carrefour Bou Ameir).

Unterkunft und Verpflegung

Klassifizierte Hotels: 5***** Hotel Transatlantique, Rue El Mriniyine; 4****A Hotel Rif, Zankat Accra; 4****A Hotel Zaki, an der Straße nach Azrou/Ifrane (außerhalb der Ville Nouvelle); 3***B Hotel de Nice, Zankat Accra; 2**A Hotel Palace, Rue de Ghana; 2**A Hotel Panorama, 9 Avenue des F.A.R.; 2**A Hotel Majestic, 19 Avenue Mohammed V.; 2**B Hotel Continental, 92 Avenue des F.A.R.; 1*A Hotel Volubilis, 45 Avenue des F.A.R.; 1*A Hotel Excelsior, 57 Avenue des F.A.R.; 1*A Hotel Touring, 34 Avenue Allal Ben Abdallah; 1*B Hotel Moderne, 54 Avenue Allal Ben Abdallah; 1*B Hotel du Marché, Avenue Hassan II.; 1*B Hotel Regent, abseits der Avenue des F.A.R.

Einfache Hotels: Die meisten kleinen Hotels liegen in der Rue Dar Semen/Rue Rouamazin nahe der Place el Hedim, einige auch in der Neustadt beim CTM-Busbahnhof (Ecke Mohammed V./Avenue des F.A.R.).

Jugendherberge: Stade Municipal, Neustadt (in der Nähe des Hotels Transatlantique).

Camping: Municipal beim Henri Dar el Ma in der Ville Imperiale.

Restaurants: Mittlere und teure im Zentrum der Neustadt, einfache um Place el Hedim, Rue Dar Semen und Rue Rouamazin (Medina).

Feste

Moussem des Sidi Mohammed Ben Aissa, Mitte September, um das Grabmal des Heiligen vor dem Bab el Jedid. Interessant wegen der ekstatischen Tänze der Sektenmitglieder, die deshalb auch ›Tanzende Derwische‹ genannt werden.

Umgebung von Meknes

Moulay Idris und Volubilis

Ein Ausflug nach Moulay Idris, der heiligen Stadt Marokkos, und Volubilis, der bedeutendsten römischen Ruinenstätte des Landes, sollte Teil jedes Aufenthaltes in Meknes sein. Beide Orte liegen nur wenige Kilometer voneinander entfernt und können leicht zusammen in einem Tagesausflug besucht werden. Vom Privatlinienbusbahnhof an der Place Lalla Aouda fährt etwa alle 30 Minuten ein Bus nach Moulay Idris, der auch die Ruinen von Volubilis passiert. Wer mit dem eigenen Wagen reist, benutzt die von der Neustadt ausfallende P 26 Richtung Tanger und biegt nach 10 km rechts in die P 28 nach Col du Zeggata/Moulay Idris ein. Nach 27 km ist Moulay Idris, nach 31 km Volubilis erreicht.

Vallée Heureuse

Bei längeren Aufenthalten in Meknes lohnt sich auch ein Ausflug zu dieser schönen Garten- und Orangenhain-Anlage. Sie liegt 10 km von Meknes entfernt an der Straße nach Rabat (Busse Richtung Rabat).

Mittlerer Atlas

Meknes ist ein günstiger Standort für Ausflüge an den Nordwestrand des Mittleren Atlas. Die Orte El Hajeb, Azrou und Ifrane, durch regen Busverkehr mit Meknes verbunden, sind alle in Tagesausflügen erreichbar.

Legenden zum Farbteil

1 Thé à la menthe, das marokkanische Nationalgetränk
2 In den Souks von Fès
3 Auf der Place el Hedim in Meknes
4 Geschichtenerzähler auf der Place Djemaa el Fna in Marrakech
5 Im Färbersouk von Marrakech
6 Im Färbersouk von Fès
7 Im Gerberviertel von Fès
8 Geschichtenerzähler auf der Place Djemaa el Fna in Marrakech
9 u. 10 Kamelmarkt in Goulimine (Südmarokko)
11 Markt in Rissani (Tafilalet)
12 Kamelmarkt in Goulimine (Südmarokko)
13 Rifgebirge bei Ketama
14 Atlantikküste bei Essaouira
15 Sandwüste südlich von Erfoud (Tafilalet)
16 Die Dades-Schlucht am Südostrand des Hohen Atlas
17 Landschaft bei Guercif (Ostmarokko)
18 Der Mittlere Atlas bei Beni Mellal
19 Am Fuß des Hohen Atlas
20 Tal des Oued Tigrigra im Mittleren Atlas
21 Moulay Idris, die heilige Stadt Marokkos
22 Römische Ruinen in Volubilis
23 Das Zentrum von Fès el Bali, Fès
24 Chechaouen (Rifgebirge)
25 Moderne Fußgängerzone im Zentrum von Casablanca
26 Der Hassanturm in Rabat
27 An der Zaouia Moulay Idris II. in Fès
28 Medersa Ben Youssef in Marrakech
29 Portal der Grabmoschee von Moulay Ismail in Meknes
30 Medersa Bou Inania in Meknes
31 Moschee El Kairaouine in Fès
32 Ksar bei Zagora (Dra-Tal)
33 Tafraout (Anti-Atlas)
34 Kasbah Taourirt bei Ouarzazate (Dra-Tal)
35 Zagora (Dra-Tal)
36 Kasbah vor der Kulisse des Hohen Atlas bei Ouarzazate (Dra-Tal)
37 Kasbah Ait Benhaddou am Südrand des Hohen Atlas
38 Blick auf den Marktplatz von Goulimine (Südmarokko)

3 4

◀ 2

5

6

7

8 ▶

10

11

12

◀9

13

14

15

16

17

18

19

20 ▶

22

23

◀ 21

24

25

26

28

29

30

31

◀ 27

32

33

34

35

36

37 ▶

Moulay Idris und Volubilis

Moulay Idris

10000 Einwohner. Heilige Stadt Marokkos und wichtigster Wallfahrtsort des Landes, landschaftlich herrlich zwischen zwei Berggipfeln am Westhang des Zerhoun-Massivs gelegen (Farbtafel 21); zählt zu den bedeutendsten Sehenswürdigkeiten Marokkos.

Geschichte

Gründung um 788 durch Moulay Idris I., den Ahnherrn des ersten marokkanischen Reiches. Idris, ein Nachkomme der Fatima, der Tochter des Propheten Mohammed, und des Kalifen Ali, dessen Anhänger die Bewegung der Schiiten bildeten, flieht nach der Vertreibung der Schiiten aus Mekka in das Gebiet des heutigen Ortes Moulay Idris. Er bekehrt die hier ansässigen Berberstämme zum Islam, wird zu ihrem Anführer gewählt und einigt schließlich ganz Nordmarokko. Zu seiner Hauptstadt deklariert er das neugegründete Moulay Idris. Um 792 wird Idris von einem Abgesandten des Abbasidenkalifen Harun al Raschid vergiftet. Sein Sohn und Nachfolger Idris II. verlegt die Residenz nach Fès, Moulay Idris bleibt aber als Grabstätte Idris' I. die heilige Stadt und der wichtigste Wallfahrtsort des Landes, von Pilgern aus dem ganzen Maghreb besucht. Viele marokkanische Moslems ersetzen die obligatorische Pilgerfahrt nach Mekka durch sieben Wallfahrten nach Moulay Idris.

Bis 1917 durfte die heilige Stadt von keinem Nicht-Moslem betreten werden, und bis vor wenigen Jahren war es ›Ungläubigen‹ verboten, hier zu übernachten. Auch heute gibt es noch keine Hotels. Aufgrund dieser Abgeschlossenheit konnte Moulay Idris seinen traditionellen Charakter stärker als jeder andere Ort des Landes bewahren. Das vollständig erhaltene alte Stadtbild und die hinreißende landschaftliche Lage machen Moulay Idris zu einer der sehenswertesten Städte Marokkos.

Stadtbesichtigung

Moulay Idris gliedert sich in den höhergelegenen Stadtteil Khiber und des tiefergelegene Viertel Tasga. Zwischen beiden liegt der heilige Bezirk mit dem Idris-Grab.

Ausgangspunkt einer Stadtbesichtigung ist der langgestreckte Hauptplatz hinter dem Eingangstor Bab el Jedid am Fuß der Stadt. Mehrere Cafés und Geschäfte säumen den Platz. In der Nähe – vom Bab el Jedid aus gesehen links des Platzes – liegt der **Grabbezirk.** Der weitläufige Komplex der Zaouia stammt in seiner heutigen Form aus der Zeit um 1700. Um die zentral gelegene Koubba, die eigentliche Grabstätte, gruppieren sich mehrere Innenhöfe mit einer Freitagsmoschee, einigen Koranschulen und Nebengebäuden. Die Zaouia darf von Nicht-Moslems nicht betreten werden, und auch einige der umliegenden Gassen sind durch Balken versperrt. Es ist aber möglich, den Bezirk zu umschreiten und dabei einige Blicke in das Innere zu werfen. Besonders eindrucksvoll wirkt der reich geschmückte Haupteingang in

Richtung des Hauptplatzes. Die Zaouia wird ständig von zahlreichen Bettlern und Pilgern umlagert.

Lohnend ist auch ein Besuch der nahegelegenen **Souks.**

Als Höhepunkt der Stadtbesichtigung kann die **prachtvolle Aussicht** von der im oberen Stadtteil Khiber gelegenen Terrasse (einfach ›Terrace‹ genannt) gelten, die Sie erreichen, wenn Sie direkt beim Eingangstor Bab el Jedid der größeren Straße folgen, die bergauf führt, und dann in die zweite Gasse rechts einbiegen. Sie passieren eine Moschee mit dem einzigen runden Minarett Marokkos (erst 1939 erbaut) und gelangen zu einem Brunnen. Dort halten Sie sich wieder rechts, bis Sie auf die Moschee Sidi Abdallah stoßen, die Sie (erst links, dann rechts) umgehen. Die kleine Aussichtsterrasse liegt jetzt direkt vor Ihnen. Sie überschauen den Grabbezirk, die Unterstadt Tasga und die umliegenden Berge. Von der Terrasse führt eine Treppe in die Nähe des Grabbezirks. Zum Hauptplatz zurück gelangen Sie, wenn Sie sich am Fuß der Treppe rechts halten.

Besonders interessant ist ein Besuch von Moulay Idris im August oder September, zur Zeit des großen **Moussems von Idris I.,** der mit Abstand größten Wallfahrt Marokkos. Über 100 000 Pilger lagern dann in einer Zeltstadt, die um die heilige Stadt errichtet wird. Das Fest umfaßt eine donnerstags und freitags stattfindende kleinere religiöse Feier und das eine Woche später folgende mehrtägige Hauptfest mit Fantasias, einem großen Samstagsmarkt und vielfältigen Unterhaltungen.

Busse: nach Meknes und in Richtung Col du Zeggata (passieren das Ruinengelände von Volubilis) ca. 100 m unterhalb vom Ortseingang am Bab el Jedid.

Unterkunft: keine Hotels. Es ist möglich, gegen Bezahlung in Privathäusern unterzukommen (in Cafés am Ortseingang nachfragen). Camping: Auberge de Zerhoun in der Nähe des Ruinengeländes von Volubilis.

Im Tasga-Viertel von Moulay Idris

Besonderes Verhalten: Da Moulay Idris als heilige Stadt gilt, ist hier besondere Zurückhaltung angebracht. Betreten Sie keinesfalls den abgesperrten Bezirk um die Zaouia und photographieren Sie nur sehr vorsichtig. Viele Familien in Moulay Idris betrachten sich als Scherifen, als Nachkommen Mohammeds und Idris' I. Ihnen wird besonderer Respekt entgegengebracht.

Der Weg nach Volubilis

Die Entfernung von Moulay Idris nach Volubilis beträgt etwa 4 km – eine knappe Stunde zu Fuß. Der Weg ist leicht zu finden: Gehen Sie auf der von Meknes kommenden Straße den Berg hinunter und wenden Sie sich am Fuß des Berges nach rechts. Sie können nun über die P 28 bis zum links der Straße liegenden Eingang des Ruinengeländes gehen. Ein schönerer und auch etwas kürzerer Weg zweigt nach wenigen hundert Metern links von der P 28 ab. Er mündet unmittelbar bei den Ruinen.

Volubilis

Bedeutendste römische Ruinenstätte in Marokko, wegen der gut erhaltenen Fußbodenmosaiken und der schönen landschaftlichen Lage unbedingt sehenswert.

Geschichte

Erste Besiedlung des Platzes schon im Neolithikum; später großes Berberdorf unter punischem Einfluß. Umstritten ist, ob Volubilis bereits im Berberreich Mauretanien eine bedeutende Rolle gespielt hat. Um 40 n. Chr. während der Berberaufstände gegen die Römer wichtige römische Garnison. Danach erhält Volubilis zum Dank für die Unterstützung, die die Bewohner den Römern gewährt haben, römisches Stadtrecht. Neben Tingis (Tanger) ist Volubilis nun wichtigster Ort der Provinz Mauretania Tingitana. Hier residieren die römischen Provinz-Prokuratoren (Gouverneure). Blütezeit im 2. und 3. Jahrhundert n. Chr., damals bedeutender Handelsort (Olivenölherstellung und Export von Löwen und Leoparden aus dem nahen Zerhoun-Gebirge für die römischen Zirkusarenen). Ende des 3. Jh. beginnt der Niedergang, die Römer ziehen sich auf Tingis zurück. Noch bis ins 8. Jh. von christianisierten Berbern bewohnt, doch

Volubilis, die Basilika

VOLUBILIS

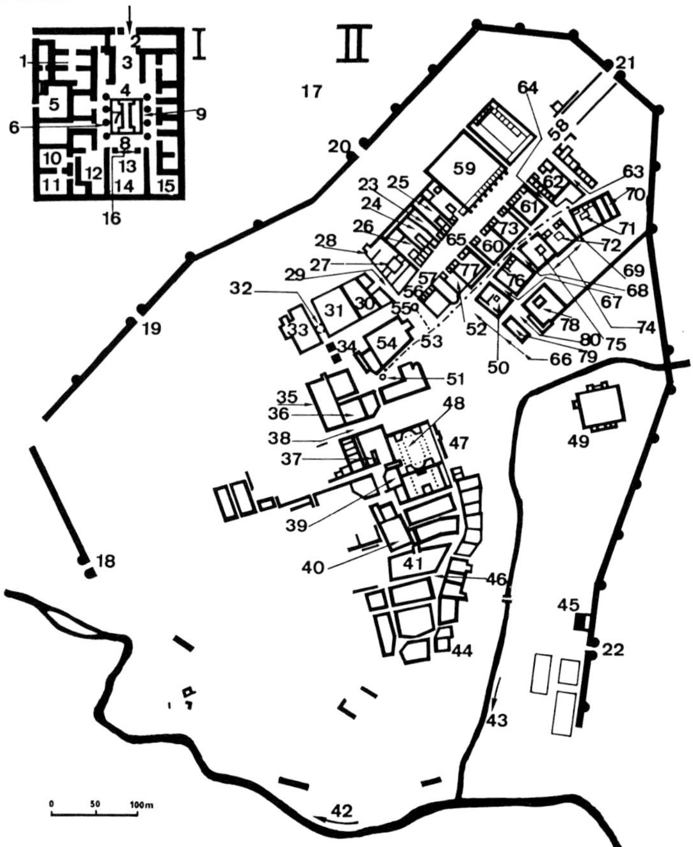

Plan von Volubilis
I: Haus der Venus 1 Thermen 2 Gepflasterte Vorhalle 3 Vorhalle 4 Peristyl 5 Oecus (Prunkraum) 6 Ostportikus 7 Becken 8 Südportikus 9 Westportikus 10 Mosaik »Entführung des Hylas durch die Nymphen« 11 Mosaik »Diana im Bade« 12 Hof mit Becken 13 Mosaik »Schiffahrt der Venus« 14 Triclinium (Speisesaal) 15 Mosaik »Bacchus und die vier Jahreszeiten« 16 Peristyl
II: Übriges Ruinengelände 17 West-Nekropole 18 Westtor 19 Dreibogiges Tor 20 Nordtor 21 Tanger-Tor 22 Südosttor 23 Mosaik »Nymphenbad« 24 Mosaik »Dionysos mit den vier Jahreszeiten« 25 Raubtiere 26 Haus des Flavius Germanus 27 Mosaik »Arbeiten des Herkules« 28 Thermen 29 Nord-Cardo II 30 Haus des Reiters 31 Haus der Säulen 32 Vorrömisches Mausoleum 33 Haus des Epheben 34 Triumphbogen 35 Haus des Hundes 36 Haus des Desultors 37 Macellum (Markthalle) 38 Forum 39 Thermen des Forums 40 Gallienus-Thermen 41 Haus des Orpheus 42 Oued Khouman 43 Oued Fertassa 44 Ölmühle 45 Eingangsgebäude 46 Gepflasterte Straße 47 Kapitol 48 Basilika 49 B-Tempel 50 Haus des Goldrings 51 Brunnen 52 Halbsäulen 53 Aquädukt 54 Nord-Thermen 55 Brunnen 56 unbenanntes Gebäude 57 Apsis 58 Decumanus Maximus 59 Gordianus-Palast 60 Ölpressen 61 Marmor-Bacchus 62 Haus des Goldstücks 63–69 Süd-Cardos I–VII 70 Bau ohne Peristyl 71 Kleeblatt-Becken 72 Haus des Portikus 73 Sonnenuhr 74 Süd-Decumanus II 75 Haus der Venus 76 Bronze-Büste 77 Haus der Nereiden 78 Pilaster 79 Krypta 80 Süd-Cardo VIII (Cardo = Ost-West-Achse, Decumanus = Nord-Süd-Achse)

ohne Bedeutung. Nach der Gründung von Moulay Idris und Fès wird Volubilis aufgegeben und verfällt. Weitere Zerstörungen um 1700, als Moulay Ismail die Ruinen als Steinbruch für seine Palastanlagen benutzt, und durch das Erdbeben von 1755. Erste Ausgrabungen 1874 durch französische Gelehrte, weitere archäologische Kampagnen von 1887 bis 1892 und ab 1915 (unter Beteiligung deutscher Kriegsgefangener).

Freigelegt wurde dabei ein 40 ha umfassendes Ruinengelände, das von einer einst 2500 m langen Mauer mit acht Toren umgeben ist. Bedeutendste Reste der in ihrer Blütezeit von etwa 10–20 000 Menschen bewohnten Stadt sind die Fußbodenmosaike und die Ruinen des Kapitols, einer Basilika und eines Triumphbogens. Die in Volubilis gefundenen Bronzestatuen befinden sich im Archäologischen Museum von Rabat.

Besichtigung

Die von Moulay Idris kommende Straße endet am Haupteingang der Ruinenstätte, wo das Eintrittsgebäude und ein Café-Restaurant liegen. Danaben das restaurierte Südtor. Das Gelände ist täglich vom frühen Morgen bis zur Abenddämmerung geöffnet. Geringe Eintrittsgebühr. Am Eingang ist eine Broschüre mit einer detaillierten Beschreibung der Ruinen erhältlich. Der weitere Rundgang (›Chemin des Visiteurs‹) ist durch rote Pfeile gekennzeichnet.

DerWeg führt zunächst über einen Bach. Dort weist ein Pfeil nach links zur ehemaligen Olivenölmühle (einst gab es hier etwa 50!).

Bei der Ölmühle beginnt rechts ein gepflasterter Weg, an dem links das **Haus des Orpheus** liegt – wie viele andere Bauten des Ruinengeländes nach dem Motiv seines Fußbodenmosaiks benannt. Außer der Hauptkomposition mit der Darstellung der Orpheus-Sage birgt das Haus noch ein zweites Mosaik (Wagen, von einem Seepferd gezogen).

Neben dem Haus des Orpheus die Grundmauern der Gallienus-Thermen, der früheren Bäder von Volubilis. Dahinter erstreckt sich das **Forum** (Marktplatz), dessen rechte Seite vom **Kapitol** (hier stand ein Jupiter, Juno und Minerva geweihter Tempel) und der **Basilika** (hier fanden die Gerichtsversammlungen statt) eingenommen wird. Von dem erhöht gelegenen Kapitol, dessen Säulen wiederaufgestellt wurden, bietet sich ein schöner Blick auf das Ruinengelände.

Hinter dem Forum liegt auf der linken Seite das **Haus des Desultors** (Mosaik eines Athleten, der bei Pferde- und Wagenrennen akrobatische Kunststücke darbietet); nahebei der gut erhaltene **Triumphbogen des Caracalla** (217 n. Chr.) und dahinter das **Haus des Epheben** (Mosaik mit der Darstellung des Bacchus in einem Wagen).

Vor dem Triumphbogen beginnt der Decumanus Maximus, die breite Hauptstraße von Volubilis. An der linken Seite dieser Straße liegen das **Haus der Säulen** (Mosaik mit Dionysus, Eros und Ariadne), das **Haus der Arbeiten des Herkules** (Mosaik mit der Darstellung der zwölf Arbeiten des Herakles oder Herkules), das **Haus des Dionysus** (Mosaik mit einer allegorischen Darstellung der vier Jahreszeiten) und das **Haus des Nymphenbades** (Mosaik, das Nymphen im Bade zeigt). Den beiden letztgenannten Häusern gegenüber liegt das **Haus der Nereiden** (Meernymphen-Mosaik am Rand eines Beckens).

Auf der linken Straßenseite folgt nun eine Säulenreihe; dahinter die Reste des Gordianus-Palastes, der ehemaligen Residenz der Prokuratoren (238–244 erbaut). Vom Tanger-Tor am Ende des Decumanus Maximus hat man einen guten Überblick über das gesamte Ruinengelände.

Für den Rückweg zum Eingang sollten Sie die parallel zum Decumanus Maximus verlaufende Straße wählen, um von dort etwa in Höhe der Säulen vor

Fußbodenmosaik im Haus des Orpheus

dem Gordianus-Palast das **Haus der Venus** zu besuchen, in dem Sie die schönsten Mosaiken von Volubilis finden: Zu sehen sind ein Wagenrennen, Bacchus und die vier Jahreszeiten, Diana mit drei badenden Nymphen und die Entführung des Hylas durch die Nymphen.

Vom Haus der Venus führt ein Weg zurück zum Eingang.

Rückweg von Volubilis

Gelegentlich warten Taxis aus Moulay Idris am Haupteingang. Busse befahren die P 28 (hinter dem Eingang links gehen, an der Straße einen Bus stoppen).

Zu Fuß oder mit dem eigenen Wagen wenden Sie sich nach Verlassen des Ruinengeländes zunächst nach rechts und halten Sie sich dann immer nach links. Der Weg, den Sie so einschlagen, mündet kurz vor Moulay Idris auf die P 28. Lassen Sie sich nicht von dem in die entgegengesetzte Richtung zeigenden Hinweisschild nach Meknes irritieren: Es schildert den Weg in die ›Königsstadt‹ über die schnellere, aber landschaftlich weniger schöne Strecke S 3312, S 3001 und P 6 aus.

Umgebung von Volubilis und Moulay Idris

Zerhoun-Massiv

Wenn Sie mit dem eigenen Wagen reisen, können Sie eine Rundfahrt durch das nahegelegene Massiv des Djebel Zerhoun unternehmen. Das bis 1118 m hohe Massiv ist dicht bewaldet und besitzt einige schöne Schluchten. Die Bewohner sind Berber. Viele bekennen sich zur Hamadja-Sekte, deren Anhänger früher für ihre ekstatischen Selbstverstümmelungen bekannt waren.

Die Rundfahrt beginnt in Moulay Idris. Verlassen Sie den Ort in südöstlicher Richtung (die Ausfallstraße ist die Verlängerung der beim Bab el Jedid beginnenden, am Fuß der Altstadt entlanglaufenden Marktstraße). Folgen Sie der gewundenen, steil ansteigenden Straße bis zur S 323 (dort steht das Forsthaus El Mrhassine), die zur P 28 zurückführt.

Landschaftlich schön sind auch die S 306 nach **Beni Ammar** und der Paß **Col du Zeggota** an der Straße nach Tanger.

560000 Einwohner. Älteste und bedeutendste der vier ›Königsstädte‹ in landschaftlich reizvoller Lage auf den Hügeln und Hängen des Oued Fès-Tales, marokkanische Hauptstadt bis 1912. Einst geistiges und politisches Zentrum des westlichen Islam und auch heute Mittelpunkt von religiösem Leben, Kunst, Handwerk und traditioneller Wissenschaft. Provinzhauptstadt, wichtiges Handelszentrum und Standort von Textil- und Nahrungsmittelindustrie.

Fès ist die sehenswerteste Stadt Marokkos und kann als eine der schönsten Städte der Welt bezeichnet werden.

Bedeutendste Sehenswürdigkeiten: Medersa Bou Inania, Medersa Attarine, Moschee El Kairaouine, Moschee El Andalous, Zaouia Moulay Idris II., Dar Batha-Museum, die Souks mit der Place Nejjarine, die Befestigungsanlagen.

Geschichte

Die Gründung der Stadt ist sagenumwoben. Nachweislich um 807 unter Idris II. Anlage einer Siedlung im Gebiet seiner heutigen Grabstätte. Die Siedler stammen aus Kairouan, der Ort wird daher ›Aduat el Kairouan‹ genannt. Kurz darauf gründen andalusische Familien auf der gegenüberliegenden Flußseite den Ort Aduat el Andalous. Die voneinander unabhängigen Siedlungen sind die Zentren des Idrissiden-Reiches. Um 860 Gründung der Hochschule Kairaouine. Nach dem Zerfall des Idrissiden-Reiches lange Kämpfe zwischen Omajaden und Fatimiden um den Besitz der Orte, deren Bedeutung abnimmt. 1067 Eroberung durch die Almoraviden, die die Stadtmauer zwischen den beiden Siedlungen einreißen und sie so zu einer Stadt, nun Fès genannt, vereinigen. Starkes Wachstum durch andalusische Zuwanderer. Nach der Einnahme durch die Almohaden 1145 Aufstieg der Stadt zu einem bedeutenden Handelszentrum. Größte Blüte ab 1248 unter den Meriniden, die Fès zur Hauptstadt ihres Reiches machen. Anlage des neuen Stadtteils Fès el Djedid und zahlreicher prachtvoller Bauten, besonders der Medersen. Fès löst Cordoba als Zentrum des westlichen Islam ab, die Stadt ist damals bis hin nach Europa für ihren Reichtum berühmt. Im 13. und 14. Jh. soll Fès 200000 Einwohner, 785 Moscheen, 200 Fondouks (Herbergen) und mehrere tausend Läden besessen haben. Die Hochschule wird von 8000 Studenten besucht, kostenlose Speisehäuser versorgen die Armen.

Unter den Saadiern, die Marrakech zu ihrer Hauptstadt machen, verliert Fès an Bedeutung. Nach 1610 und dem Zerfall des Saadier-Reiches wird es aber Hauptstadt des nördlichen Reichsteiles. 1640 Eroberung durch den Marabout von Dila, ab 1666 Residenz der Alaouiten.

Mit Ausnahme der Regierungszeit von Moulay Ismail, der Meknes zur Residenz erhebt, bleibt Fès alaouitische Hauptstadt bis 1912. Wiederholte Aufstände der Bewohner gegen den Sultan im 18. Jh. 1799 Ausbruch der schwersten Pestepidemie der marokkanischen Geschichte, die mehrere zehntausend Menschenleben fordert. Trotz dieser Rückschläge ist Fès bis zum Beginn dieses Jahrhunderts die größte Stadt Marokkos.

1911 führt ein Aufstand gegen den Sultan zur Besetzung durch die Franzosen. Mit dem Aufstieg von Rabat zur Hauptstadt und von Casablanca zum

Wirtschaftszentrum verliert Fès an Bedeutung und verarmt. Die Fassi, die reichen Handelsfamilien von Fès, stellen aber bis heute einen großen Teil der politischen und wirtschaftlichen Elite auch in diesen Städten. In der Protektoratszeit ist Fès eines der Zentren des Widerstandes gegen die Franzosen, immer wieder kommt es zu blutigen Unruhen und Besetzungen durch die Armee.

Bis heute ist Fès das Kunst- und Handwerkszentrum Marokkos geblieben, und auch ihre Rolle als traditionelles geistig-religiöses Zentrum hat die Stadt behalten. Die bedeutenden Baudenkmäler haben Fès zu einem der am meisten besuchten touristischen Ziele des Landes gemacht. Wegen der großen Ausdehnung der Altstadt ist der Tourismus aber hier weniger auffällig als in anderen Orten.

Seit 1980 fördert die UNESCO, die Fès in ihre Liste des ›kulturellen Welterbes‹ aufgenommen hat, die umfassende

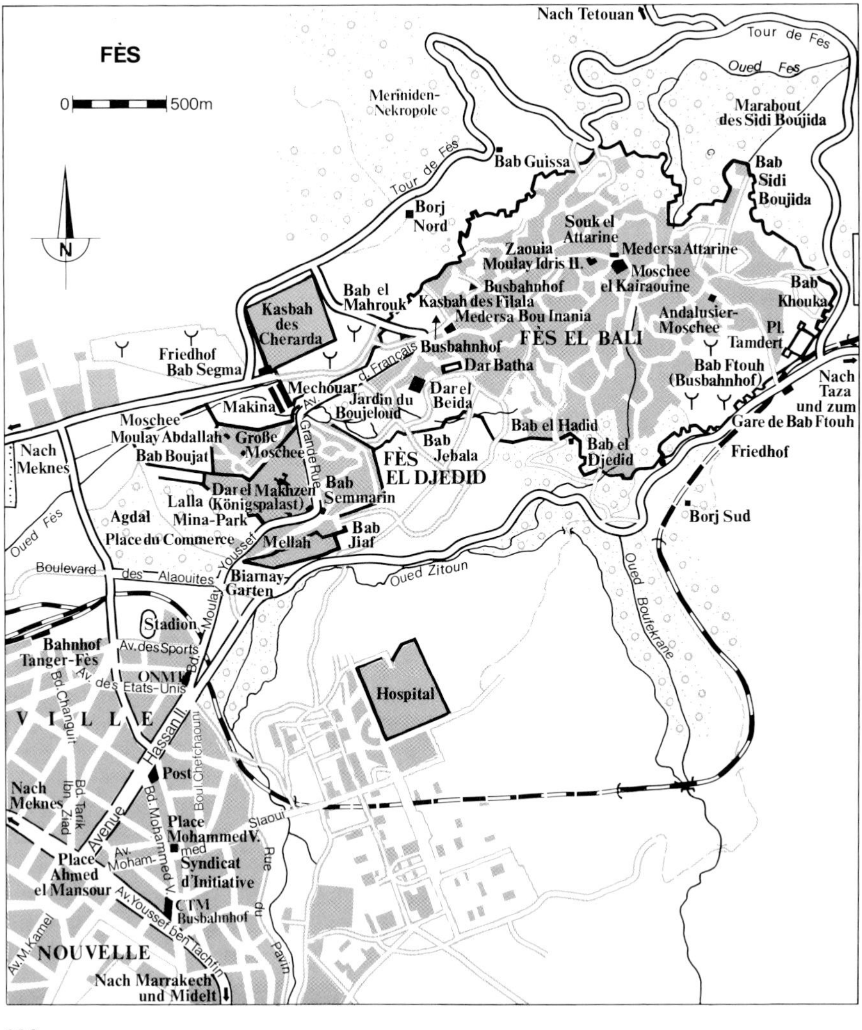

Restaurierung der alten Stadtviertel (Gesamtinvestitionen von 550 Millionen US-$). Vorgesehen sind u. a. die Reduzierung der Besiedlungsdichte (in der Altstadt leben 250000 Menschen, doppelt so viele wie 1960!), die Verbesserung der Infrastruktur, die Wiederherstellung der alten Quartier-Zentren (vgl. S. 211), die Belebung insbesondere des Kupferhandwerks und die Anlage eines Parks mit künstlichem See am Oued Fès. Ob diese Maßnahmen der Altstadt nützen oder sie in ein Museum für Touristen verwandeln werden, bleibt abzuwarten.

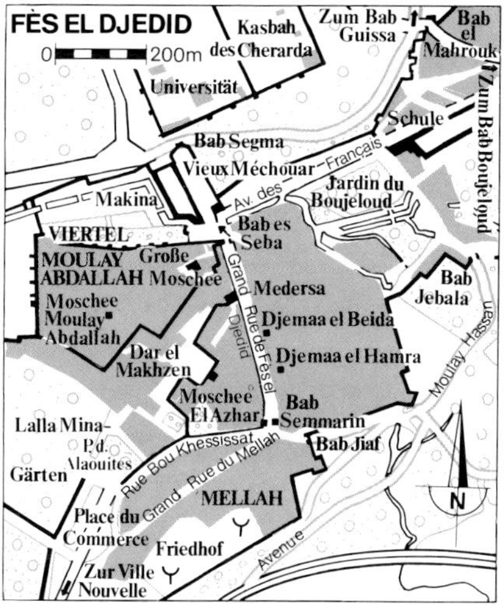

Stadtgliederung

Es lassen sich drei deutlich voneinander getrennte Stadtteile unterscheiden:

Fès el Bali, der alte Kern der Stadt, liegt im Tal und an den Hängen des Oued Fès. Der Fluß trennt die Viertel el Kairaouine und el Andalous. In Fès el Bali finden sich die meisten bedeutenden Baudenkmäler, der größte Teil der Souks, die meisten Billighotels und die beiden Privatlinienbusbahnhöfe.

Fès el Djedid ist auf einem Plateau oberhalb von Fès el Bali gelegen, durch ausgedehnte Festungsanlagen und einen Park vom alten Stadtkern getrennt. Das von den Meriniden als Residenz gegründete Quartier mit dem Sultanspalast, der Mellah und einem kleineren Soukviertel verfügt über einige kleine Hotels.

Die Ville Nouvelle wurde seit 1916 von den Franzosen auf einem Plateau südwestlich von Fès el Djedid angelegt. Die meisten mittleren und großen Hotels, die modernen Geschäfte, Restaurants und Bars, die Hauptpost, die Fremdenverkehrsämter, der CTM-Busbahnhof und der Eisenbahn-Bahnhof liegen in diesem neuen Stadtteil.

Stadtbesichtigung

Die günstigsten Standorte für die Besichtigung von Fès sind die Hotels in Fès el Djedid und am Bab Boujeloud, dem Hauptzugang der Altstadt Fès el Bali; die ›besseren‹ Häuser befinden sich jedoch fast ausnahmslos in der Ville Nouvelle. Für die Stadtbesichtigung müssen mindestens zwei, besser drei Tage veranschlagt werden.

Fès el Djedid

Der 1276 als neue Residenz der Meriniden-Sultane gegründete Stadtteil – der Name bedeutet soviel wie ›das neue Fès‹ – liegt auf einem Plateau zwischen Neu- und Altstadt. Von der Neustadt kommend, erblickt man zunächst die neue, repräsentativ angelegte Place des Alaouites mit der imposanten Fassade des **Sultanspalastes** (Dar el Makhzen). Die Mauer, die ihn vor neugierigen Blicken verbarg, wurde erst vor einigen Jahren niedergerissen (an den übrigen Seiten ist der Palastbezirk nach wie vor nicht einsehbar). Der älteste Teil der Anlage, die mit etwa 80 ha Ausdehnung den größten Teil von Fès el Djedid einnimmt, wurde unter den Meriniden errichtet (bedeutend vor allem die Medersa von 1320), zahlreiche Neu- und Umbauten erweiterten sie bis in unser Jahrhundert hinein. Bei Aufenthalten in Fès residiert der König noch heute hier. Eine Besichtigung des Palastes ist nicht möglich.

Unterhalb der Place des Alaouites liegt die von einigen Cafés und einfachen Hotels gesäumte Place du Commerce, von wo aus man Fès el Djedid auf zwei Wegen durchqueren kann: Die Hauptstraße Rue Bou Khessissat (Verlängerung der von der Ville Nouvelle kommenden Straße) führt direkt zum Bab Semmarine (s. u.; links Mauern, die den Sultanspalast verbergen, rechts Häuser mit schönen Holzbalkonen), die unterhalb davon (hinter dem Hotel du Commerce) beginnende Grand Rue du Mellah, eine sehr belebte Marktstraße, verläuft durch die Mellah, um dann – hinter einem schönen geknickten Tordurchgang – ebenfalls beim Bab Semmarine zu münden.

Die **Mellah** wurde seit Beginn des 14. Jh.s in der Nähe des Palastbezirkes errichtet, da die Juden damals direkte Schutzbefohlene des Sultans waren. Dafür mußten sie hohe Abgaben zahlen. Die Mellah genoß eine gewisse Selbstverwaltung: Ein vom Sultan ernannter Sheikh el Jhoud (Scheich der Juden) und ein gewählter Mejless (Stadtrat) verwalteten das Viertel unter der Aufsicht eines Sultansvertreters. Die Mellah besaß auch ein eigenes Gericht mit drei Rabbinern. Juden durften nur hier leben. 1912 wurde dieses Gebot von den Franzosen aufgehoben, und die meisten Juden zogen in die Neustadt. Die Mellah ist heute wie der Rest von Fès el Djedid ein recht armes Viertel.

Ein besonderes Kennzeichen der Mellah sind die relativ hohen Häuser, deren Fenster und Türen im Gegensatz zu den Häusern der Moslems zur Straße gerichtet sind. Viele Fassaden wirken mit ihren schmiedeeisernen Gittern sehr eindrucksvoll. Von den einst zwölf Synagogen der Mellah bestehen noch zwei. Südlich der Grand Rue liegt der alte jüdische Friedhof.

Grand Rue du Mellah und Rue Bou Khessissat münden bei dem mächtigen Tor Bab Semmarine, um das sich eine Reihe kleiner Cafés und Hotels gruppiert. Dahinter beginnt die Grand Rue de Fès el Djedid, eine belebte Soukstraße mit einem großen Lebensmittelmarkt und vielen kleinen Restaurants. Sie ist die eigentliche Schlagader des Stadtteils. An der Straße liegen die Moscheen **Djemaa el Hamra** (›die Rote‹, 1339 erbaut) und Djamaa el Beida (›die Weiße‹), eine kleine Seitenstraße (vom Bab Semmarine aus gesehen links abzweigend) führt zur kleinen **Moschee El Azhar** mit einer reizvoll verzierten Pforte (1375).

Zwischen Fès el Djedid und Fès el Bali

Der Weg von Fès el Djedid nach Fès el Bali führt über die Grand Rue du Fès el Djedid. Die Straße stößt an dem Ende, das dem Bab Semmarine entgegengesetzt ist, nach einem leichten Knick nach links auf ein Doppeltor (s. u.). Davor liegt rechter Hand ein kleines Portal, hinter dem eine kleine Treppe hinunter in einen Park führt.

Dieser Park, der **Jardin du Boujeloud,** besitzt mehrere Teiche, einen Bambushain und ein schön gelegenes Café, von dem aus eine alte Noria (Wasserschöpfrad) zu sehen ist. In dem Park wird das Wasser der Bäche Oued Zitoun und Oued Fès in zahlreiche Kanäle verteilt, die die Stadt und ihre Umgebung bewässern (der Ausgang des Gartens liegt an der Avenue des Français, der Verbindungsstraße nach Fès el Bali).

Betritt man am Ende der Grand Rue de Fès el Djedid nicht den Park, sondern durchquert das halblinks gelegene Doppeltor, so gelangt man auf einen von mächtigen Mauern umgebenen Platz mit vier weiteren Toren.

Das linker Hand gelegene prachtvolle Bab Dekaken (1276) bildet einen Zugang zum Palastbezirk (für die Öffentlichkeit nicht zugänglich), die kleine Pforte geradeaus führt in das Viertel Moulay Abdallah (s. u.), das mächtige Dreifachtor Bab es Seba, das die rechte Platzseite einnimmt, mündet auf den Vieux Mechouar (s.u.). Die Straße nach Fès el Bali, die Avenue des Francais, beginnt hinter dem schlichteren Doppeltor, das gleich rechts von dem Tor liegt, durch das man den Platz betreten hat (im selben Mauerabschnitt). Achtung! Man kann an dieser Stelle leicht in die Irre gehen, da das gewaltige Bab es Seba eher als der Hauptzugang nach Fès el Bali erscheint. Die (unscheinbare) Avenue des Français ist aber leicht daran zu erkennen, daß sie am Boujeloud-Park vorbeiführt.

Vor dem Gang nach Fès el Bali sollten Sie kurz das erwähnte Bab es Seba (15. Jh.) durchschreiten. Es führt zum **Vieux Mechouar,** einem von hohen Mauern umgebenen, 1873 angelegten Platz. Früher fanden hier die öffentlichen Gerichtsversammlungen statt, und die Köpfe der Hingerichteten wurden hier ausgestellt. Heute dient der Mechouar als Platz für Feste und Großveranstaltungen, und nachmittags finden sich oft Gaukler und Akrobaten ein. An dem Platz liegt die **Makina** (1886), das einstige Waffenarsenal, das heute eine Teppichweberschule beherbergt. Den Ausgang des Mechouar bildet das Bab Segma (1315), donnerstags Schauplatz eines sehenswerten Viehmarktes. Dahinter die **Kasbah des Cherarda** (1670), eine mächtige Festung, die heute ein Hospital und einen neuen Teil der Kairaouine-Universität beherbergt. Vom Bab Segma führt eine außerhalb der Stadtmauer verlaufende Straße zum Bab el Mahrouk am Rand von Fès el Bali.

Lohnend ist auch ein kurzer Spaziergang durch das Viertel Moulay Abdallah (kleine Pforte gegenüber dem von Fès el Djedid kommenden Durchgang).

An der Hauptgasse (knickt gleich hinter dem Eingang nach links ab) liegen die 1276 erbaute **Große Moschee von Fès el Djedid,** eine der bedeutendsten merinidischen Moscheen des Landes, daneben das **Grab des Meriniden-Sultans Abu Inan** und am Ende der Straße die **Moschee des Moulay Abdallah** mit mehreren Gräbern von Angehörigen der Königsfamilie. In der Protektoratszeit war Moulay Abdallah das Bordellviertel von Fès.

Wenn Sie von Fès el Djedid nach Fès el Bali gehen, halten Sie sich dort, wo sich die Avenue des Français gabelt, rechts (auf das grüne Minarett zugehen). Sie durchqueren ein kleines Handwerkerviertel mit einem ausgedehnten Busbahnhof und stehen dann vor dem Bab Boujeloud (s. u.).

Fès el Bali

Fès el Bali, die eigentliche Medina von Fès, ist der älteste und sehenswerteste Teil der Stadt. Das Tal des Oued Fès trennt die Viertel el Kairaouine und el Andalous, die als unabhängige Siedlungen gegründet wurden und bis heute einen unterschiedlichen Charakter aufweisen. Beide Viertel sind in insgesamt 20 Quartiers aufgeteilt, von denen jedes eine eigene Hauptmoschee, eine Koranschule, einen Lebensmittelmarkt, ein Haman (Dampfbad) und einen öffentlichen Backofen besitzt. Fès el Bali ist von einer mächtigen Stadtmauer mit zahlreichen Toren umgeben. Der Mauergürtel geht auf das 12. Jh. zurück, wurde aber in späteren Epochen wiederholt umgebaut und erweitert.

Neben der Medina von Marrakech ist Fès el Bali die ausgedehnteste marokkanische Altstadt. Ihre heutige Gestalt erhielt sie weitgehend schon in der Zeit der Meriniden, und viele Bauten aus dieser Blütezeit der Stadt, aber auch zahlreiche Baudenkmäler anderer Epochen machen Fès el Bali zu einem historischen Freilichtmuseum. Da in den engen Gassen Autoverkehr eine Unmöglichkeit ist, hat die Altstadt ihren mittelalterlichen Cha-

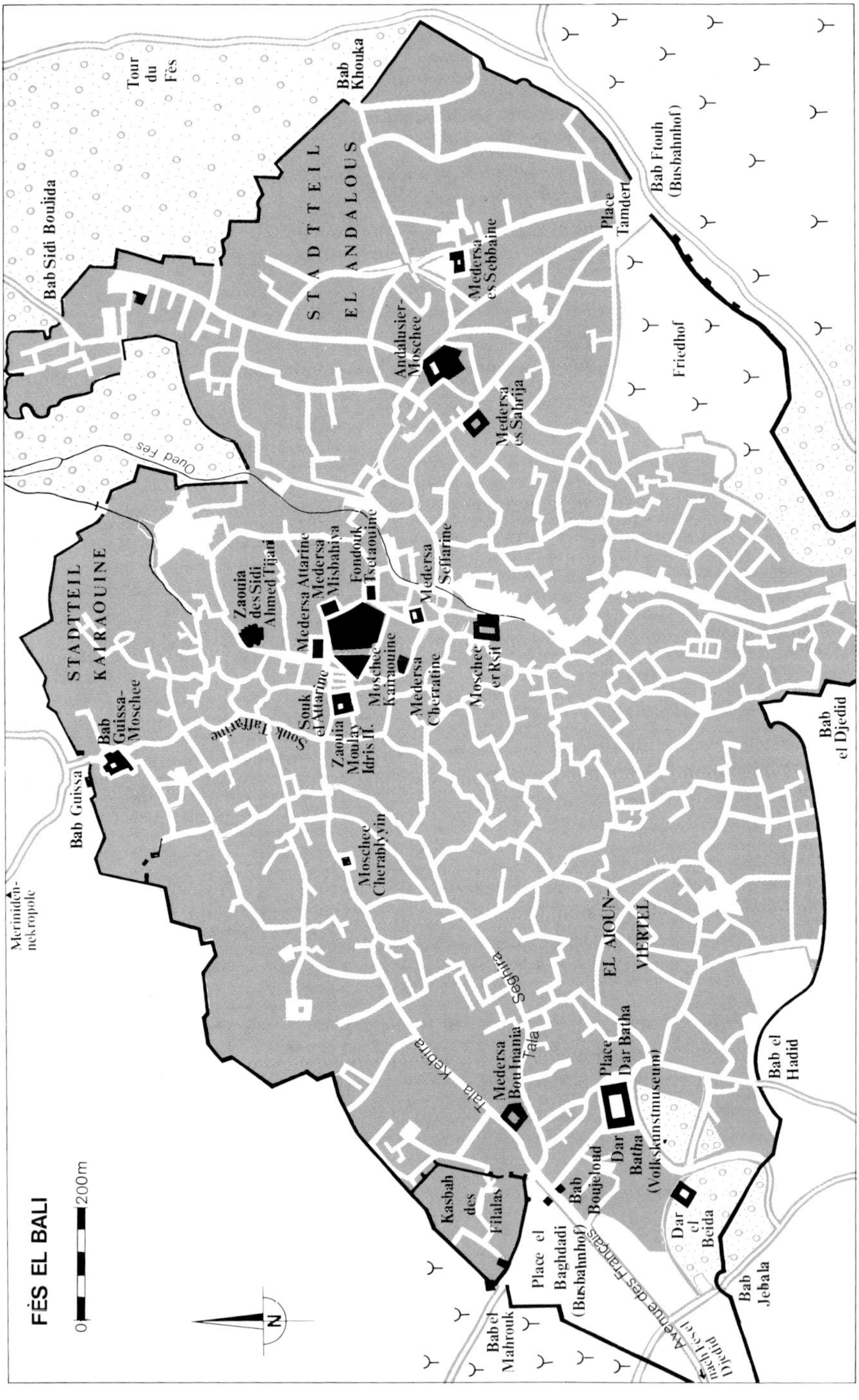
FÈS EL BALI
0
200m
N
Tour du Fès
Bab Khouka
STADTTEIL EL ANDALOUS
Bab Ftouh (Busbahnhof)
Place Tamdert
Medersa es Sebbaine
Bab Sidi Boujida
Andalusier-Moschee
Medersa es Sahrija
Friedhof
Oued Fès
STADTTEIL KAIRAOUINE
Zaouia des Sidi Ahmed Tijani
Medersa Attarine
Medersa Misbahiya
Fondouk Tsetaouine
Medersa Seffarine
Moschee Kairaouine
Medersa Cherratine
Moschee er Rsif
Souk el Attarine
Zaouia Moulay Idris II.
Bab Guissa-Moschee
Bab Guissa
Bab el Djedid
Moschee Cherablyin
Merinidennekropole
EL AIOUN-VIERTEL
Tala Seghira
Tala Kebira
Medersa Bou Inania
Place Dar Batha
Dar Batha (Volkskunstmuseum)
Bab el Hadid
Bab Boujeloud
Kasbah des Filalas
Place el Baghdadi (Busbahnhof)
Dar el Beida
Bab Jebala
Bab el Mahrouk
Avenue des Français
nach Fès el Djedid

rakter fast unverändert bewahren können. Das Gassengewirr ist unübersichtlicher als in jeder anderen Medina des Landes.

Die Orientierung in Fès el Bali ist dementsprechend nicht leicht. Sie können sich aber ohne Führer zurechtfinden, wenn Sie folgendes beachten:

Von dem Haupttor Bab Boujeloud durchziehen zwei parallele Hauptadern die Medina, die Tala Kebira (Rue du Grand Tala) und die Tala Seghira (Rue du Petit Tala). Die Tala Seghira mündet auf die Tala Kebira, die Tala Kebira stößt auf die Moschee el Kairaouine. Die wichtigsten Souks und die meisten Baudenkmäler liegen an den beiden Hauptadern und zwischen der Kairaouine und dem Fluß. Das Gebiet um die Kairaouine ist besonders unübersichtlich. Sie können sich aber daran orientieren, daß die talwärts führenden Gassen am Fluß und alle ansteigenden bei der Tala Kebira oder der Kairaouine enden. Die Kairaouine ist außerdem von zahlreichen Punkten der Altstadt aus sichtbar. Sollten Sie sich in ein abgelegenes Viertel verirrt haben, fragen Sie sich zum nächstgelegenen Stadttor (Bab) durch. An allen Toren warten ›Petit Taxis‹.

Place Boujeloud und Tala Kebira

Der Hauptzugang nach Fès el Bali liegt am Place Boujeloud, einem stets belebten Platz mit zahlreichen kleinen Cafés, Restaurants und Hotels. Auch der größere der Privatlinien-Busbahnhöfe befindet sich in unmittelbarer Nähe. Der Platz wird beherrscht vom **Bab Boujeloud,** einem mit blauen und grünen Fayencen reich geschmückten Tor. Erst 1913 erbaut, folgt es in seiner Gestaltung eng älteren Vorbildern. Der Blick durch das Doppeltor ist ein überaus beliebtes Fotomotiv.

Links vom Bab Boujeloud sieht man die Mauern der **Kasbah des Filalas.** Diese Festungsanlage stammt aus dem 18.

Bab Boujeloud

Jh., eines ihrer Tore, das Bab el Mahrouk, wurde aber schon Anfang des 13. Jh.s errichtet.

Hinter dem Bab Boujeloud beginnen die beiden Hauptstraßen von Fès el Bali. Die linke, größere ist die Tala Kebira (unscheinbarer Zugang: gleich hinter dem Tor links, dann sofort wieder rechts), die rechte die Tala Seghira (geradeaus gehen, dann rechts und gleich darauf links; kleiner Torbogen). Am Anfang beider Straßen liegt eine Vielzahl kleiner Geschäfte und Restaurants. Zahlreiche Führer – vor allem Kinder – bieten hier recht hartnäckig ihre Dienste an.

Die bedeutendsten Bauten der Medina sind um die Tala Kebira verstreut. Bevor Sie diesen Weg einschlagen, lohnt sich ein Abstecher zum **Museum für marokkanische Volkskunst** – erreichbar über die Gasse, die unmittelbar vor Beginn der Tala Seghira (vor dem kleinen Torbogen) nach rechts abzweigt. Das Museum ist im **Dar Batha,** einem ehemaligen Wesirspalast aus der zweiten Hälfte des 19. Jh.s untergebracht (großes Gebäude neben der Post; Eingang nicht

Blick aus der Medersa Bou Inania auf die Tala Kebira

vom Platz aus, sondern an der nach rechts abbiegenden Seitengasse). Die Sammlungen umfassen vor allem beschnitzte Holztore, Minbars (Gebetskanzeln), Teppiche, Waffen und Keramikfliesen, daneben auch andere Gegenstände des Kunsthandwerks. Das Museum gilt als das reichhaltigste seiner Art in Marokko. Bemerkenswert sind auch die reich geschmückten Innenräume des Palastes, der eine Kopie der Prinzenpaläste von Granada ist. Im Innenhof ein schöner Garten.

Rings um den Dar Batha erstreckt sich das ehemalige Reichenviertel von Fès el Bali. Die zahlreichen prächtig ausgestatteten Häuser und Paläste wirken von außen allerdings – wie üblicherweise in islamischen Ländern – sehr unscheinbar und sind nicht zu besichtigen.

Tala Kebira: Am Anfang der Tala Kebira rechts der Eingang zur **Medersa Bou Inania,** die als schönste Medersa von Fès gilt. Sie wurde zwischen 1350 und 1357 erbaut und ist die letzte der großen Meriniden-Medersas. Wie die meisten anderen Religionsschulen des Landes wird sie heute nicht mehr benutzt und kann deshalb besichtigt werden. Die Bou Inania zeigt die für alle Medersas typische Anlage: Um. einen rechteckigen, onyx- und marmorgepflasterten Innenhof sind die Gebäude gruppiert. Der Hauptbau enthält den großen Gebetssaal, die anderen Gebäude im Untergeschoß Unterrichtsräume, im oberen Stockwerk die Wohnräume der Studenten. Die dem Hof zugewandten Fassaden und die Decken der Unterrichts- und Gebetsräume tragen reiche Verzierungen. Bemerkenswert ist das mächtige Haupttor aus Zedernholz. Vom Dach der Medersa (1986 nicht zugänglich) hat man einen schönen Ausblick.

An dem Haus gegenüber der Bou Inania sind sechs (von einst 13) Bronzegefäße zu sehen. Sie sollen die Reste eines 1357 angelegten Glockenspiels sein, dessen Funktionsweise allerdings unbekannt ist. Neben diesem Haus liegt der aus der gleichen Zeit stammende ehemalige Reinigungssaal der Medersa, heute eine öffentliche Männertoilette.

Hinter der Bou Inania zieht sich die Tala Kebira an zahlreichen Geschäften und mehreren kleinen Moscheen vorbei zum Souk der Babouchenmacher. Dort liegt die merinidische **Moschee Cherablyyin,** deren Minarett allerdings vom Anfang des 19. Jh.s stammt. In der Nähe der Moschee ein kleiner Brunnen, an dessen Gitter von Passanten und Anwohnern Wollfäden befestigt werden. Dies soll – nach altem Volksglauben – die Erfüllung eines Wunsches bewirken. Hinter der Cherablyyin führt die Tala Kebira talwärts in das Herz der Souks, in den sehenswertesten Teil von Fès el Bali.

Das Gebiet der Souks

Die einzelnen Handwerke der Souks sind – auch wenn sich Touristenläden immer mehr breit machen – bis heute in Gilden (Hiraf) zusammengefaßt, wobei die wichtigsten Hiraf die der Lederhand-

Place Nejjarin

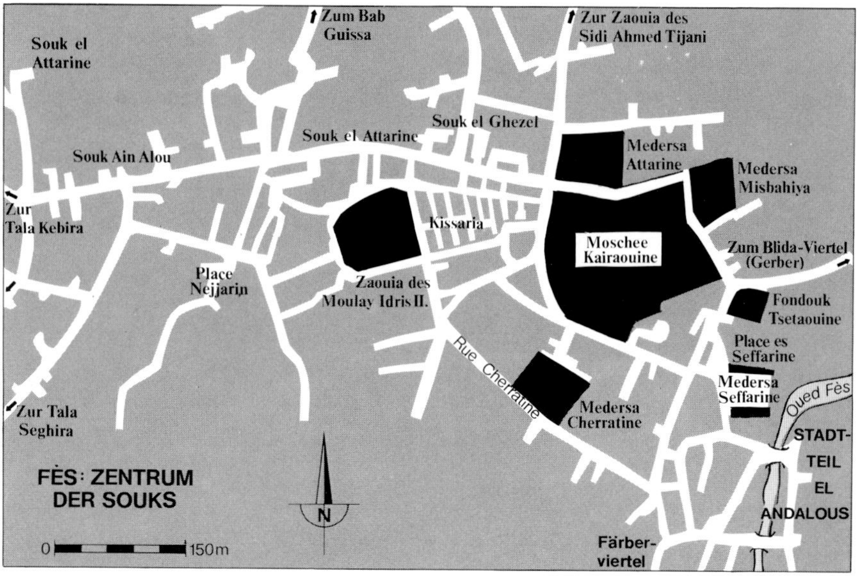

werker, Schuhmacher, Weber, Färber und Kupferschmiede sind. Die Gilden haben durch die Zunahme des Großhandels und Massenimporte zwar an Bedeutung verloren, doch ist das Handwerk von Fès noch immer das wichtigste und vielfältigste des Landes (so arbeiten z. B. 30 % aller marokkanischen Lederhandwerker in Fès!).

Der erste große Souk, der die Tala Kebira schneidet, gehört den Babouchenherstellern. Es folgt der Lederwarensouk. Dahinter mündet von rechts die Tala Seghira in die Tala Kebira ein. Angekündigt durch einen Querbalken über der Straße, beginnt nun der Souk el Attarine, der Basar der Gewürzhändler. Links des Souk el Attarine liegen die Souks für Salz, Fisch und Eier und der Souk el Ghezel, der ehemalige Sklavenmarkt (heute Woll- und Getreidemarkt). Die Gasse unmittelbar links vor dem Souk el Attarine führt zum Bab Guissa (vgl. S. 219).

Unmittelbar vor dem Souk el Attarine zweigt rechts eine Gasse ab, die zum schönsten Teil der Souks führt. Die Gasse passiert zunächst den linker Hand an einem schönen Platz gelegenen Henna-Souk, wo auch Töpfereiwaren verkauft werden. Danach folgt mit der **Place Nejjarin** (rechts, von der Gasse aus sichtbar) der schönste und auch meistfotografierte Platz der Medina. Der Souk der Tischler ist hier beheimatet. Besondere Beachtung verdienen ein um 1700 erbauter Fondouk und der mit Mosaiken und einem Zedernholzdach geschmückte

Vor der Zaouia des Moulay Idris II.

Brunnen **Fontaine en Nejjarin.** Fondouks waren Großhandelslager, die zugleich als Herberge für Kaufleute und ihre Lasttiere dienten. Heute sind sie nur noch Lagerhäuser.

Kurz nach Verlassen der Place Nejjarin sehen Sie links eine kleine, durch einen Querbalken abgetrennte überwölbte Gasse. Der Balken markiert den Anfang des **Horms,** des heiligen Bezirks, der die Grabstätte des Stadtgründers Idris II. umgibt. Der Horms gilt als unverletzlicher Zufluchtsort für Verfolgte. Im Oktober 1954 brach der von den Franzosen eingesetzte Sultan Ben Arafa dieses geheiligte Recht: Er ließ 40 Ulema (Rechtsgelehrte), die die Rückkehr von Mohammed V. gefordert hatten, in dem Bezirk festnehmen. Ein Sturm der Empörung brach im ganzen Land los und schwächte Ben Arafas politische Position. Das Betreten des Horms war Nicht-Moslems früher nicht gestattet. Dieses Verbot gilt heute jedoch nicht mehr.

Gehen Sie die Gasse hinein, stehen Sie gleich vor dem prachtvollen Portal der **Zaouia des Moulay Idris II.,** des Grabbaues im Zentrum des Horms. Die Zaouia wurde in ihrer heutigen Form 1457 errichtet. Sie ist der bedeutendste marokkanische Wallfahrtsort nach Moulay Idris (vgl. S. 201 f.) und gehört zu den wichtigsten Baudenkmälern der Stadt. Zahlreiche Pilger, Bettler und Kerzenverkäufer umlagern die Zaouia, und viele Souvenirgeschäfte warten in der Umgebung auf Käufer. Der Zutritt zur Zaouia ist Nicht-Moslems streng verboten, und Sie sollten hier auch nur äußerst zurückhaltend fotografieren. Die reich verzierten Holzportale können aber von außen betrachtet werden (am besten links um den Bau herumgehen; Sie gelangen dann zur Tala Kebira zurück). Auch ein Blick in den mit Hunderten von Lampen und einem prächtigen Zedernholzbaldachin geschmückten Vorraum der Frauen ist möglich. (Auch Moslem-Frauen dürfen

Gasse in Fés el Bali

den inneren Raum der Zaouia mit dem Sarkophag Idris' II. nicht betreten.) Interessant ist auch eine an der Außenwand angebrachte sternförmige Kupferplatte. Die vorbeiziehenden Pilger stecken die Hand in eine Öffnung der Platte, um in den Genuß der Baraka, der heiligen Kraft Idris' II., zu gelangen. Im August findet im Gebiet um die Zaouia ein großer Moussem statt.

An der Rückseite der Zaouia (rechts um den Bau herumgehen) beginnt die Rue Cherratine, die hinunter zum Fluß führt. An dieser Straße liegt die **Medersa Cherratine,** die größte der Stadt (Besichtigung möglich). Anders als die übrigen Medersas von Fès ist sie nicht merinidisch, sondern wurde erst 1670 erbaut.

Zwischen der Zaouia und dem Souk el Attarine erstreckt sich die **Kissaria.** In diesem Kerngebiet der Souks, dessen Tore nachts verschlossen werden, lagern besonders kostbare Waren wie Stoffe, Stickereien und Schmuck. Die heutige Kissaria wurde erst nach 1954 rechtwinklig angelegt, da die alte abgebrannt war.

Am Ende der Kissaria stößt der Souk el Attarine, die Verlängerung der Tala Kebira, auf das Portal der **Medersa Attarine.** Zwischen 1323 und 1325 erbaut, weist sie neben der Bou Inania den reichsten Schmuck aller Medersas der Stadt auf. Ihre Besichtigung lohnt sich auch deshalb, weil die Aussicht vom Dach einen Blick in das umliegende Gassengewirr und in den Hof der Kairaouine-Moschee erlaubt.

Grundriß der Kairaouine

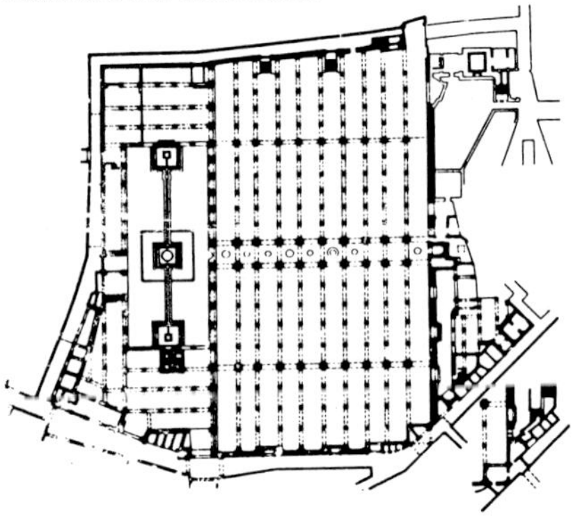

Stehen Sie vor dem Portal der Medersa (mit Blick auf dieses), führt die nach links abzweigende Gasse zur **Zaouia des Sidi Ahmed Tijani.** Der Ende des 18. Jh.s errichtete, mit kunstvoll verzierten Portalen versehene Bau ist der Sitz des einflußreichen Tijani-Ordens, zu dessen exklusivem Mitgliedskreis viele Reiche und Religionsgelehrte gehören.

Im weiteren Verlauf des Souk el Attarine passiert man mehrere Eingänge zur **El Kairaouine,** dem bedeutendsten Bau und Mittelpunkt von Fès el Bali. Die Kairaouine ist eine Kombination aus Moschee und islamischer Universität. Sie wurde bereits 859 gegründet und ist damit neben der Al Azhar in Kairo und der Zitouna von Tunis die älteste islamische Hochschule. Ihre heutige Form stammt aus dem 12. Jh., einige Anbauten wurden bis ins 17. Jh. hinzugefügt. Das schlichte Minarett stammt noch aus dem 10. Jh. Die Kairaouine ist mit einer Grundfläche von 16000 m² der größte Sakralbau Marokkos; sie faßt 22000 Gläubige. Die 16 Schiffe, in die sie sich gliedert, werden von 270 Säulen getragen. Den Zugang bilden 14 Haupttore.

In ihrer Blütezeit wurde die Kairaouine von 8000 Studenten besucht, die in den umliegenden Medersas lebten. Gelehrt wurden vor allem Theologie und islamisches Recht, Mathematik, Astronomie und Heilkunst. Manche Schüler verbrachten hier 30 Jahre. Jahrhundertelang war die Kairaouine das geistige Zentrum des westlichen Islam. Heute ist ihre alte Bedeutung fast völlig geschwunden; zwar dient sie nach wie vor als Hauptmoschee von Fès und als Treffpunkt der Ulema, der Rechtsgelehrten, doch hat sie ihren Status als maßgebende Hochschule ab 1960 verloren, da ihre Fakultäten seither in der Kasbah des Cherarda untergebracht sind und inzwischen im Südosten der Neustadt die Universität Sidi Mohammed ben Abdallah gegründet wurde. Nur dem Namen nach besteht die alte Hochschule also noch weiter.

Der Kairaouine gegenüber liegt am Ende des Souk el Attarine die merinidische **Medersa Misbahiya** (keine Besichtigung möglich). Wo die Nordwestfassade der Kairaouine endet, biegt die Hauptstraße nach rechts ab und folgt der Nordostfassade. An der Ecke liegt der **Fondouk Tsetaouine** (14. Jh.).

Am Ende der Nordostfassade gabelt sich die Gasse unter einem Durchgang. Geht man hier nach links, gelangt man zum Viertel Blida, dem Bezirk der **Gerber.**

Biegt man dagegen nach rechts ab, trifft man auf die Place es Seffarine, den Souk der Kupferschmiede. Hier liegt die **Medersa Seffarine,** die um 1280 gegründete älteste Medersa der Stadt. Ihr Inneres ist schlichter als das ihrer Nachfolgerinnen, lohnend aber der Blick vom Dach. Erwähnenswert an der Place es Seffarine sind im weiteren noch ein großes Hamam (Dampfbad) und der Eingang zur Bibliothek der Kairaouine (große Sammlung alter Handschriften). Zwischen dem Platz und dem nahegelegenen Bach Oued Fès (den Platz überqueren) haben verschiedene Metallverarbeiter ihre Werkstätten eingerichtet. Am Fluß selbst zieht sich die Straße der Färber hin. Hier mündet auch die Rue Cherratine, die von der Zaouia Moulay Idris II. herkommt (s. o.). Ganz in der Nähe endet die Place er Rsif, die einzige große Straßenschneise, die in das Gassengewirr von Fès el Bali geschlagen wurde (der Oued Fès wurde dabei streckenweise überbaut). Sie finden dort Taxis und Busse.

Das Andalusierviertel

Über den Oued Fès führen zwei kleine Brücken in den Stadtteil el Andalous am jenseitigen Ufer, der einen mehr ländlichen Charakter besitzt als das Viertel el Kairaouine. Die dahinter beginnende Hauptstraße von el Andalous (nicht zu verfehlen, wenn man über die zweite, überdachte Brücke geht) führt in mehreren Biegungen zunächst ebenerdig, dann schließlich steil bergauf zu einem Marktplatz, wo neben ländlichen Produkten auch Musikinstrumente gehandelt werden. Diesen beherrscht die **Moschee el Andalous,** die im 9. Jh., also noch vor der Kairaouine, gegründet wurde und im 13. Jh. ihre heutige Gestalt erhielt. Im Unterschied zu den meisten anderen Moscheen des Landes ist sie außen reich geschmückt; besonders das Hauptportal ist eindrucksvoll. In der Nähe der Moschee, um die im Frühjahr die Fête du Sultan du Tolbas (vgl. S. 223) stattfindet, liegen die merinidischen **Medersas Sahrija** und **Sebbaine.**

Hinter der Moschee steigt die Hauptstraße weiter an. Nach einigen hundert Metern mündet sie auf dem Vorplatz des **Bab Ftouh,** eines im 16. Jh. errichteten und im 18. Jh. umgebauten Stadttores. Hier befindet sich der Busbahnhof für die Linien nach Osten, und auch die Stadtbusse nach Fès el Djedid und zur Neustadt haben hier einen Haltepunkt. Den Vorplatz umgeben mehrere kleine Hotels, Cafés und Restaurants. Jenseits des Tores ein ausgedehnter **Friedhof.** In der Umgebung des Bab Ftouh lag früher das Töpferviertel, das inzwischen aber fast völlig umgesiedelt wurde (ca. 3 km entfernt an der Straße nach Taza).

Bab Guissa und Tala Seghira

Fès el Bali hat dem Besucher über den beschriebenen Weg hinaus, der die bedeutendsten Baudenkmäler und Soukgebiete berührt, noch andere interessante Bezirke und Sehenswürdigkeiten zu bieten. Lohnend ist vor allem der Weg zum **Bab Guissa,** dem vom Anfang des 13. Jh.s stammenden ältesten Tor der Stadt. Die Straße dorthin zweigt links vor dem

Beginn des Souk el Attarine ab (gegenüber der Gasse zum Place Nejjarin) und passiert – ansteigend – einen ausgedehnten Lebensmittelmarkt mit zahlreichen kleinen Restaurants (mehrere Biegungen; immer eher links halten). Beim Bab Guissa liegt heute das Luxushotel Dar Jamai. Von hier führt eine Straße außerhalb der Stadtmauer zum Bab Boujeloud und zur Meriniden-Nekropole (s. u.).

Für einen der Wege vom Bab Boujeloud ins Zentrum von Fès el Bali sollten Sie auch die **Tala Seghira** benutzen. Sie ist weniger belebt als die Tala Kebira, auf die sie kurz vor Beginn des Souk el Attarine stößt, besitzt aber wie diese zahlreiche Läden.

Außerhalb der Altstadt

Ville Nouvelle

Die moderne Neustadt von Fès bietet keinerlei Sehenswürdigkeiten, ist aber wichtig wegen ihrer Hotels, Restaurants und Banken. Auch die Fremdenverkehrsämter, die Hauptpost, den CTM-Busbahnhof und den Eisenbahn-Bahnhof finden Sie hier. Das Zentrum bildet die Avenue Mohammed V., vor allem im Gebiet ihrer Kreuzung mit der Avenue Mohammed Slaoui. Die Avenue Mohammed V. führt zur breiten, palmenbestandenen Avenue Hassan II. Deren Verlängerung ist die Avenue Moulay Youssef, die auf die Place du Commerce in Fès el Djedid mündet. Von der Avenue Hassan II. fahren Busse zur Place du Commerce, zum Bab Boujeloud und zum Bab Ftouh.

Tour du Fès

Als Tour du Fès wird die 16 km lange Umgehungsstraße der Stadt bezeichnet, die verschiedene schöne Aussichtspunkte aufweist. Eine Pferdekutsche benötigt für die Rundfahrt etwa zwei Stunden, ein Taxi weniger als eine halbe Stunde. Einzelne Punkte der Umfassungsstraße sind aber auch zu Fuß erreichbar.

Wichtigste Sehenswürdigkeiten: Oberhalb des Bab Guissa und von dort auch zu Fuß erreichbar liegen beim weithin sichtbaren Hotel des Merinides die Ruinen der **Nekropole der Meriniden** (14. Jh.). Die Ruinen selbst sind nicht sonderlich eindrucksvoll, um so mehr ist es aber der Ausblick von hier: Bei klarer Sicht kann man bis zum 3200 m hohen Djebel Bou Iblane im Mittleren Atlas sehen.

Fast ebenso schön ist der Blick vom nahegelegenen **Borj Nord.** Diese Festung aus dem 16. Jh. beherbergt heute eine große Sammlung alter Waffen, die aus der Makina, den Arsenalen von Moulay Ismail und von den entwaffneten Rebellen des Aufstandes von 1911 stammen. Hinter dem Borj erstreckt sich ein ausgedehntes Neubauviertel.

Auf der gegenüberliegenden Seite ist der schönste Aussichtspunkt das **Borj Sud.** Diese ebenfalls aus dem 16. Jh. stammende Festung liegt oberhalb des Friedhofs, der sich vor dem Bab Ftouh erstreckt. Auch hierher gelangt man leicht zu Fuß.

Verkehr

Busse: Fès hat drei verschiedene Busbahnhöfe, einen der CTM und – nach Richtungen aufgeteilt – zwei der Privatlinien.

CTM-Bahnhof: Avenue Mohammed V., Ville Nouvelle. Relativ häufige Verbindungen nur nach Meknes, Rabat, Casablanca und – bedingt – nach Marrakech, sonstige Linien selten. Die CTM unterhält keine Linien nach Er Rachidia, Ketama und zur östlichen Rifküste!

Hauptbahnhof der Privatlinien: Place el Baghdadi/Place Boujeloud (Fès el Bali), alle Verbindungen mit Ausnahme der Linien nach Osten (gelegentlich aber Busse nach Al Hoceima und Nador), weitaus häufigere Abfahrten als bei der CTM.

Privatlinien nach Osten und Nordosten (Ketama, Al Hoceima, Nador, Taza, Oujda,

Berkane): Bab Ftouh (Fès el Bali). Von hier auch stündliche Busse nach Sidi Harazem.

Die Busse nach Chechaouen/Tetouan fahren z. T. über Meknes und Ouezzane und benötigen deshalb bis Tetouan mindestens 6–7 Stunden. Wegen der Gebirgsstrecke dauern auch die Fahrten nach Ketama/Al Hoceima sehr lang (bis Al Hoceima etwa 6 Stunden).

Eisenbahn: Hauptbahnhof Gare du Tanger-Fès, bei der Avenue des Almohades im Norden der Ville Nouvelle, Gare du Bab Ftouh außerhalb des Bab Ftouh (Fès el Bali). Von beiden Bahnhöfen Verbindungen nach Oujda, Algerien, Tanger, Meknes, Rabat, Casablanca, Marrakech.

Flugzeug: Flughafen Fès-Sais, 11 km südöstlich der Stadt, Zubringerbus Nr. 16 ab Avenue Hassan II., innermarokkanische Flüge und Verbindungen nach Frankreich.

Büro der Royal Air Maroc: 54 Avenue Hassan II., ✆ 20456/20457/25516/25517.

Innerstädtischer Verkehr: Stadtbusse verkehren zwischen allen Stadtteilen. Die Hauptabfahrtsstellen sind Avenue Hassan II. (Ville Nouvelle), Place du Commerce (Fès el Djedid), Place Boujeloud und Bab Ftouh (Fès el Bali). Die wichtigsten Linien: 1 Place des Alaouites – Bab Boujeloud, 3 Place de la Résistance – Bab Ftouh, 12 Bab Boujeloud – Bab Ftouh, 18 Place Batha – Bab Ftouh (genauer Linienplan im O.N.M.T.-Büro).

Auto: Leihwagenfirmen im Zentrum der Ville Nouvelle; Reparaturwerkstätten vor allem an der Avenue Hassan II; Touring Club du Maroc: Rue du Beyrouth (Ville Nouvelle); Royal Automobile Club Marocaine: Avenue Hassan II.

Wichtige Adressen

Information: O.N.M.T.: Avenue Hassan II./Place de la Résistance, ✆ 23460; Syndicat d'Initiative: Place Mohammed V.; ✆ 24769; Fishing Club du Moyen Atlas: 4 Rue Ricard (Ville Nouvelle); verschiedene Reisebüros im Zentrum der Ville Nouvelle.

Öffentliche Einrichtungen: Hauptpost: Avenue Hassan II./Ecke Avenue Mohammed V.; Commissariat Central: Avenue Mohammed V.; Polizeinotruf: ✆ 19; Ambulanz: ✆ 15; Nachtapotheke: Boulevard Moulay Youssef, ✆ 23380; Schwimmbad: Piscine Municipal, Avenue des Sports (beim Stadion im Norden der Ville Nouvelle, Nähe der Avenue Moulay Youssef). 8 km südlich von Fès (an der Straße Richtung Sefrou) befindet sich das schöne Schwimmbad Ain Chkeff.

US-Kulturzentrum: Quartier du Batha, Fès el Bali (in der Nähe des Dar Batha Museums).

Banken: Zentrum der Ville Nouvelle (Avenue Hassan II., Avenue Mohammed V., Avenue Mohammed Slaoui, Avenue des F. A. R.).

Unterkunft und Verpflegung

Klassifizierte Hotels (fast alle in der Ville Nouvelle: 5***** Hotel Palais Jamai, Bab el Guissa; 5***** Hotel de Fès, Avenue des F. A. R.; 5***** Hotel des Merinides, Borj Nord; 4****A Hotel Volubilis, Rue Allal Ben Abdallah; 4****A Hotel Sofia, 3 Rue de Pakistan; 4****B Hotel Zalagh, Rue Mohammed Diouri; 3***A Grand Hotel, Boulevard Chefchaouni; 3***B Splendid Hotel, Avenue Mohammed V., Rue No. 2; 2**A Hotel de la Paix, 44 Avenue Hassan II.; 2**A Hotel Olympic, Avenue Mohammed V.; 2**A Hotel Amor, 31 Rue de Pologne; 2**B Hotel Lamdaghri, 10 Avenue Hassan II.; 2**B Hotel Royal, 36 Rue d'Espagne; 1*A Hotel Kairouan, 84 Rue d'Espagne; 1*A Hotel CTM, Avenue Mohammed V. (beim CTM-Busbahnhof); 1*A Hotel Excelsior, Avenue Mohammed V.; 1*B Hotel du Pacha, Avenue Hassan II.; 1*B Hotel Jeanne d'Arc, 36 Avenue Mohammed Slaoui; 1*B Hotel Central, Rue Samuel Biarnay.

Einfache Hotels: in Fès el Bali am Bab Boujeloud (Hauptgebiet für kleine Hotels) und am Bab Ftouh (billigste Hotelgegend); in Fès el Djedid ein paar um Bab Semmarine/Grand Rue du Fès Djedid und Place du Commerce; in der Ville Nouvelle einige um den Boulevard Chefchaouni (zweigt von der Place Mohammed V. ab) und um Avenue Mohammed V.

Da in Fès häufig staatliche Feiern und internationale Konferenzen abgehalten werden, sind die Hotels des öfteren ausgebucht; informieren Sie sich deshalb frühzeitig.

Jugendherberge: 18 Rue Compardon, Ville Nouvelle (Parallelstraße des Boulevard Chefchaouni, die von der Place Mohammed V. abzweigt).

Camping: Parc Moulay Slimane, Ville Nouvelle (in der Nähe der Avenue Allal Ben Abdallah, der Verlängerung der Avenue Hassan II.).

Restaurants: Mittlere und teure im Zentrum der Ville Nouvelle. Einfache am Bab Boujeloud, am Bab Ftouh, in der Tala Kebira kurz vor dem Beginn des Souk el Attarine, in der zum Bab Guissa führenden Gasse links von der Medersa Attarine, in der Grand Rue du Fès Djedid.

Nachtleben: Relativ wenige Bars, Diskotheken und Nachtclubs im Zentrum der Ville Nouvelle und in den großen Hotels.

Feste

Moussem des Moulay Idris II. Ende August/Anfang September, Dauer: etwa eine Woche. Fest zu Ehren des Stadtgründers. Die verschiedenen Handwerksgilden sammeln Beiträge (Opfertiere, Kerzen) und ziehen mit den Opfergaben und einer reich geschmückten Prozessionssänfte (Ksoua) durch die Stadt. Daneben viel kleinere Umzüge. Den Höhepunkt des Festes erlebt man im Bezirk um die Place Nejjarine.

Bestandteil vieler nordmarokkanischer Feste sind Fantasias, eindrucksvolle Reiterspiele (vgl. S. 367)

Fête du Sultan du Tolbas. Im April. Dauer: etwa eine Woche. Fest der Studenten der Kairaouine. Ursprung im 17. Jh., als der Hof den Studenten große Privilegien gewährte, weil sie die Machtübernahme der Alaouiten-Dynastie unterstützten. Daran erinnert die Krönung eines ›Sultans‹ der Studenten (Sultan du Tolbas), der durch die öffentliche Versteigerung einer Krone ausgewählt wird. Dieser ›Sultan‹ regiert symbolisch über die Studenten. Er wird vom König empfangen, der aus Anlaß des Festes nach Fès kommt. Höhepunkt ist der prachtvolle Umzug zum Freitagsgebet in der Andalusier-Moschee.

Moussem des Sidi Ali Bou Ghaleb. Im Oktober oder November. Findet am Bab Ftouh statt.

Feste in der Umgebung: Pferdefest in Tissa, 49 km nördlich an der Straße nach Ketama. Ende September oder Anfang Oktober. Berühmte Fantasias und Wettbewerbe mit Hunderten von Pferden. Moussem des Sidi Ahmed el Bernoussi, 16 km nördlich an der Straße P 26, im Mai. Moussem im Sidi Harazem (s. u.), im August.

In der weiteren Umgebung: Moussem von Moulay Bouchta (vgl. S. 162), Olivenfest von Rafsai (vgl. S. 163) und Kirschenfest von Sefrou (vgl. S. 227).

Umgebung von Fès

Sidi Harazem

Kleiner Kurort, 10 km von Fès nahe der Straße nach Taza. Heilquelle (bis 54°C heiß) für Leber- Nieren- und Verdauungskrankheiten. Abfüllung von Mineralwasser. Bereits im 16. Jh. als Heilbad ausgebaut, Reste der alten Anlagen noch sichtbar. Heute modernste Badeeinrichtungen (mit öffentlichem Schwimmbad). Schöne Umgebung.

Moussem im August, häufig Folkloreveranstaltungen (Termine bei den Fremdenverkehrsämtern in Fès erfragen).

Busse: gute Verbindung ab Bab Boujeloud.
Unterkunft: 4****B Hotel Sidi Harazem mit Bungalows.

Moulay Yacoub

Kleiner Kurort, 22 km westlich von Fès nahe der Straße nach Meknes. Heilquelle für Rheuma und Hautkrankheiten, modernste Einrichtungen.

Busse: gute Verbindungen ab Bab Boujelou.
Unterkunft: nur in Verbindung mit einem Kuraufenthalt.

Stausee Idris I.

30 km nördlich von Fès nahe der Straße nach Ketama, zweitgrößter Stausee des Landes, erst vor wenigen Jahren fertiggestellt, bisher touristisch kaum erschlossen. Touristischer Ausbau aber zu erwarten.

Nördlicher Mittlerer Atlas

Tagesausflüge nach Azrou, Ifrane, Immouzer du Kandar, Bhalil, Sefrou. Häufige Busverbindungen der CTM und vom Bab Boujeloud. Nach Bhalil/Sefrou von der Place du Commerce.

Moulay Idris und Volubilis

Tagesausflug möglich. Einige CTM- und Privatbusse nach Chechaouen/Tanger fahren über Meknes/Moulay Idris (nicht alle, vorher nachfragen). Andernfalls Privatlinienbus nach Meknes, Place Lalla Aouda, dort umsteigen in Bus nach Moulay Idris (keinen CTM-Bus nach Meknes nehmen, da dieser in der Neustadt von Meknes hält).

Der Mittlere Atlas

Der mächtige Gebirgszug des Mittleren Atlas begrenzt die marokkanische Zentralmeseta im Osten. Er trennt sich im Gebiet des Djebel Hainane bei Azilal vom Hohen Atlas und erstreckt sich über 350 km in nordöstlicher Richtung bis zur Senke von Taza. Seine Ostgrenze ist das Tal des Moulouya, im Westen geht er allmählich in die Zentralmeseta über.

Im niederschlags- und vegetationsarmen Ostteil des Mittleren Atlas, der Hochgebirgscharakter besitzt, erreichen mehrere Gipfel Höhen um 3000 m; die höchsten sind der Djebel Bou Naceur (3340 m) und der Mousa ou Salah im Bou Iblane-Massiv (3190 m).

Der Westteil des Mittleren Atlas kann als Mittelgebirge bezeichnet werden. Die um 2000 m hohen Gipfel überragen die umliegenden Hochebenen meist nur um wenige hundert Meter. Die Niederschläge, mit bis über 1000 mm jährlich relativ hoch, bedingen eine reiche Vegetation: So trägt der Westteil des Gebirges die ausgedehntesten Waldgebiete Marokkos. Neben zahlreichen anderen Nadelbäumen ist dabei ein großer Zedernbestand bemerkenswert. Die Quellen der meisten großen Flüsse des Landes (Sebou, Bou Regreg, Oum er Rbia, Moulouya) entspringen hier im westlichen Mittleren Atlas; daneben gibt es zahlreiche kleine Bäche und Seen. Die Hügel und Hochebenen am Westrand des Gebirges sind fruchtbares Weideland.

Bei den Bewohnern des Mittleren Atlas handelt es sich um Berberstämme, Teilnomaden, die zur Gruppe der Beraber gehören. Sie leben überwiegend von der Schaf- und Ziegenzucht, der Ackerbau spielt nur eine untergeordnete Rolle.

Die Teilnomaden des Mittleren Atlas leben überwiegend in Khaimas (Ziegenhaarzelten)

Ein Teil des Stammes wandert im Sommer mit den Herden auf die hochgelegenen Gebirgsweiden, während die übrigen Stammesleute im Tal die Felder bestellen. Im Unterschied zu den Vollnomaden der Sahara durchwandern Teilnomaden nur relativ kleine Gebiete und bleiben auch für längere Zeit an einem Ort. Im Winter wohnt der ganze Stamm zusammen im Tal oder am Gebirgsrand. Feste Siedlungen besitzt er traditionell kaum: Die Teilnomaden leben überwie-

gend in Khaimas, schwarzen Ziegenhaarzelten, die zu Douars (Zeltlagern) zusammengestellt werden. Daher gibt es im Mittleren Atlas nur wenige alte Dörfer; die meisten Siedlungen entstanden in neuerer Zeit um alte Soukplätze oder bei Militärstützpunkten.

Die nomadische Lebensweise führte in der Vergangenheit häufig zu Kämpfen zwischen den verschiedenen Stämmen oder Stammesfraktionen. Die Beraber des Mittleren Atlas galten daher stets als sehr kriegerisch. Immer wieder erhoben sie sich gegen die verschiedenen Zentralregierungen, und in der Protektoratszeit gehörte der Mittlere Atlas zu den letzten Regionen Marokkos, die befriedet wurden.

Heute ist der Teilnomadismus im Rückgang begriffen, die Beraber lassen sich zunehmend in den Dörfern nieder. Noch immer lebt aber der größte Teil von ihnen von der Viehzucht, und die schwarzen Zelte sind noch überall zu sehen.

Verkehrsmäßig erschlossen ist nur der Westteil des Gebirges. Sehr gut sind die **Straßen** Beni Mellal – Khenifra – Azrou – Fès, Meknes – Azrou – Midelt, Fès – Boulemane – Midelt, Khenifra – Midelt sowie einige Nebenstrecken. Der Ostteil ist fast völlig unerschlossen, nur einige Stichstraßen sind hier problemlos befahrbar.

Im **Winter** sind zudem viele Straßen – besonders im niederschlagsreichen Westteil – über längere Zeiträume verschneit.

Tankstellen gibt es entlang der Hauptrouten in ausreichender Zahl, an den Nebenstrecken dagegen so gut wie nicht.

Die **Busverbindungen** zwischen den größeren Orten sind gut, da die meisten dieser Orte an dichtbefahrenen Hauptstrecken liegen. Schlecht sind die Verbindungen zu abgelegenen Dörfern.

Sehenswürdigkeiten

Der Mittlere Atlas bietet dem Besucher einige der schönsten Landschaften Marokkos, vor allem in der Umgebung von Azrou, Ifrane, Ain Leuh, Khenifra, Beni Mellal und Imilchil.

Herausragende Bauten oder Kunstwerke besitzen die Orte nicht, sehenswert sind aber Azrou, Khenifra und Kasba Tadla.

Für den **Angelsport** sind die vielen Bäche und Seen besonders im Nordwestteil des Mittleren Atlas hervorragend geeignet. Auskunft erteilen: Fishing Club du Moyen Atlas (Fès, 4 Rue Ricard und Meknes, Avenue Hassan II.) oder die Forstverwaltungen (Administration des Eaux et Fôrets) der größeren Orte. Bei letzteren auch Auskunft über die verschiedenen guten **Jagdmöglichkeiten.**

Nordwestlicher Mittlerer Atlas

Das Gebiet zwischen Sefrou, Azrou und Khenifra ist wegen der relativ guten Verkehrsverbindungen und der besonders schönen Landschaften für Ausflüge am besten geeignet. Günstigster Standort ist Azrou, daneben sind Ifrane und Ain Leuh zu nennen.

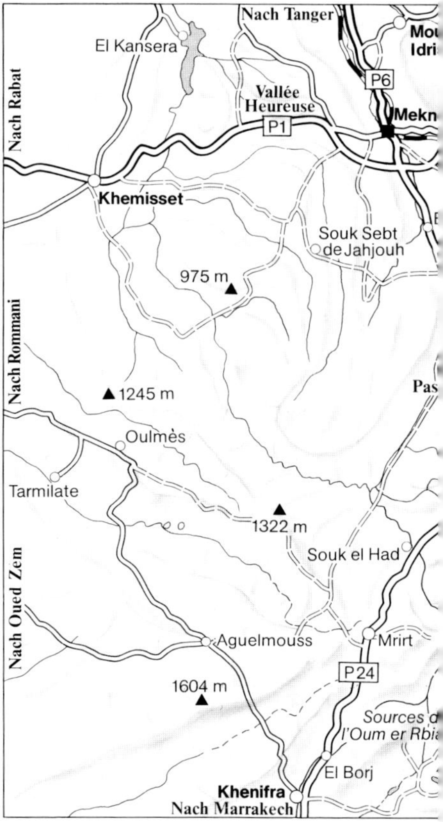

Sefrou

22000 Einwohner, Handwerks- und Handelsort sowie Ausflugsziel für die Bewohner von Fès, inmitten von ausgedehnten Obstplantagen am Nordrand des Mittleren Atlas in 900 m Höhe gelegen.

Gründung im 7. Jh. durch den jüdischen Berberstamm der Sefrou. Im 13. Jh. weitere Zuwanderung von Juden aus dem Tafilalet, bis vor kurzem deshalb über ein Drittel jüdische Bewohner. 1950 Überschwemmung durch ein Hochwasser des Oued Aggai, über 30 Tote. Als Konsequenz hat man daraufhin das Flußbett tiefer gelegt. Ein Schild an der Moschee de Chebak zeigt die Höhe an, die das Wasser damals erreichte.

Die Medina von Sefrou ist von Mauern aus dem 19. Jh. umschlossen. Im Zentrum liegt die große **Mellah** mit hohen Häusern und geraden Straßen. Innerhalb der Medina auch die **Souks,** die für die Herstellung von Teppichen, Holz- und Kunstschmiedearbeiten bekannt sind. Der Ort wird vom Oued Aggai durchflossen, den kleine Brücken überspannen.

Der Medina vorgelagert eine kleine Neustadt, am Platz dazwischen Bushaltepunkt und Donnerstagsmarkt.

Oberhalb der Medina die **Schlucht des Oued Aggai** mit Wasserfällen und

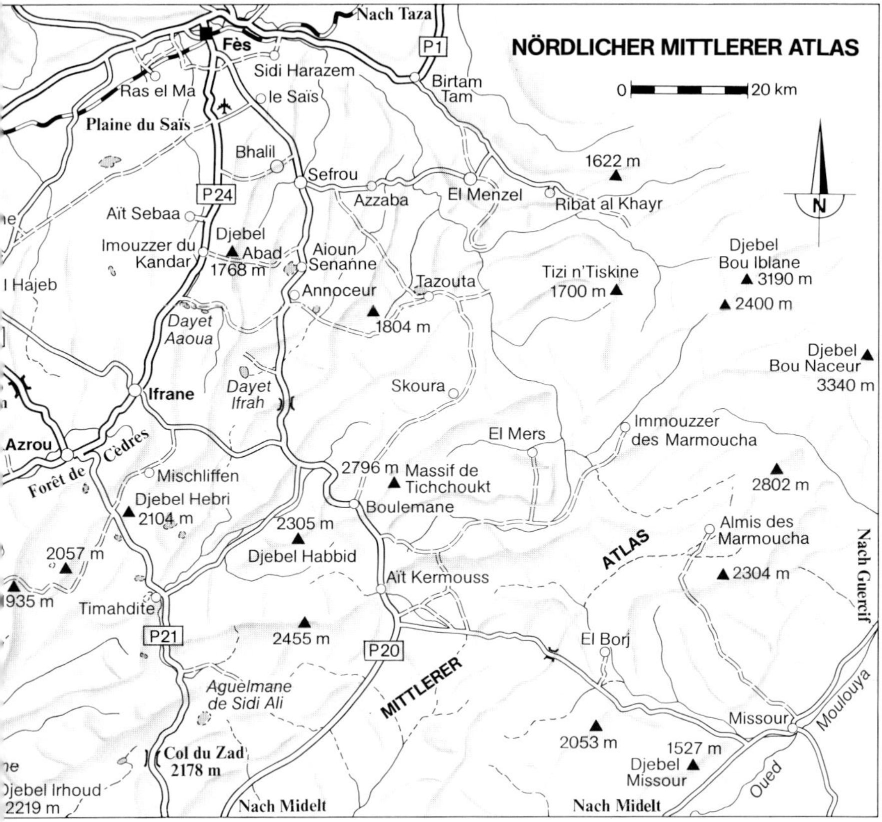

Höhlen. Sehenswert besonders die **Kef el Moumin-Höhle,** ein jüdischer und islamischer Wallfahrtsort.

Im Juni findet in Sefrou das berühmte **Kirschenfest** statt. Es dauert drei Tage und ist mit einem großen Markt, sportlichen Wettbewerben und Fantasias verbunden. Höhepunkt ist der Festumzug mit der Wahl einer Kirschenkönigin.

Busse: Vom zentralen Platz zwischen Neustadt und Medina nach Fès (sehr oft) und Midelt. **Information:** Syndicat d'Initiative. **Unterkunft:** 2**A Hotel Sidi Lahcen Lyoussi, Avenue Aubepines; 1*B Hotel des Cerises, Boulevard Mohammed V.; einige einfache Hotels im Zentrum; Campingplatz auf dem Weg zu den Wasserfällen.

Immouzer du Kandar

3000 Einwohner, Sommerkurort und Ausflugsziel der Bewohner von Fès, auf einem 1350 m hohen Plateau am Gebirgsrand gelegen. Besteht aus einem modernen Kurort mit Hotels, Restaurants, Geschäften und einer schönen Parkanlage sowie einem alten Berberdorf (dort einige Höhlenwohnungen). Montagsmarkt.

In der Umgebung gute Wandermöglichkeiten. In der Nähe der 1770 m hohe **Djebel Abad** (schöne Aussicht) und das Seenplateau von Ifrane (vgl. S. 228)

Busse: nach Fès und Ifrane/Azrou.

Unterkunft: 3***B Hotel Royal, Avenue Mohammed V.; 2**A Hotel des Truites; 1*B Hotel des Kandars; 1*B Hotel au Repos; einige einfache Hotels; Camping 4 km vom Ort.

Ifrane

12000 Einwohner. Meistbesuchter Erholungsort des Mittleren Atlas, Wintersportzentrum, in 1650 m Höhe im Herzen eines bewaldeten Bergmassivs gelegen.

Gründung erst 1929 durch die Franzosen als Sommerkurort, daher modernes Stadtbild, das dem europäischer Gebirgsorte ähnelt. Zahlreiche Villen und Ferienhäuser wohlhabender Marokkaner, viele Hotels, Restaurants und Souvenirgeschäfte. Sommerschloß des Königs im Stil einer mitteleuropäischen Burg. Schöne Parkanlagen.

Ifrane ist exklusiver als das benachbarte Azrou und besitzt keine belebten Souks. Der Ort selbst ist daher weniger reizvoll. Die Ausflugsmöglichkeiten sind aber hervorragend.

In der näheren Umgebung sind vor allem der ausgedehnte **Zedernwald** (Fôrèt de Cédres) und das **Val d'Ifrane** (Richtung El Hajeb) interessant. In diesem Tal liegen, jeweils ca. 3 km vom Ort entfernt, die Vittel-Quelle und (Fußweg von dort) der Wasserfall Cascade des Vierges (Jungfernkaskade). Etwa 5 km weiter folgt die Zaouia d'Ifrane. Die Mitglieder des zugehörigen Ordens lebten früher in Höhlenwohnungen der Umgebung. Weitere Wanderwege sind ausgeschildert (meist ab Schwimmbad oder Zeltplatz).

Verkehr und Information

Busse nach Fès, Azrou und Mischliffen.

Information: Syndicat d'Initiative: Jardin du Syndicat, ✆ 65.

Unterkunft

Hotel: 3***A Grand Hotel, Rue de la Poste; 3***B Hotel Perce-Neige, Rue des Asphodelles; 1*B Hotel des Tilleuls, Rue des Tilleuls; 1*B Hotel Les Lilas; 1*B Hotel au Coin de France; 1*B Hotel des Chasseurs. Einige der kleineren Hotels sind im Frühjahr und Herbst geschlossen.

Jugendherberge: Auberge d'Ifrane, Rue de Vittel.

Camping: International an der Straße nach Fès (1 km), nur vom 1. 7. bis 30. 9. geöffnet.

Umgebung von Ifrane

Mischliffen: Skiort 18 km südlich von Ifrane, zwei Skilifts bis 2200 m, Eislaufbahn, Rodelmöglichkeiten. Jährliches Skirennen ›Grand Prix de Fès‹.

Busse nach Ifrane.
Unterkunft: 5***** Hotel Mischliffen, viele Chalets.

Circuit des Lacs (Seenrundfahrt): Ca. 60 km lange Rundfahrt, nur mit eigenem Wagen möglich. Von der Straße Ifrane-Immouzer östlich in die S 4629/30 einbiegen, diese passiert den Daiet (Bergsee) Aoua (Bootsverleih, Bademöglichkeit). Etwa 8 km weiter rechts Straße zum besonders reizvollen Daiet Iffrah (gleich am Anfang der Straße links Piste zu den Daiets Iffer und Afourgah) und weiter zum Daiet Achlaf. Sie trifft schließlich auf die Route Ifrane–Mischliffen. Alle Seen des Plateaus bieten gute Angelmöglichkeiten.

Unterkunft: 2**A Chalet du Lac am Daiet Aoua.

Azrou

21000 Einwohner. Wichtigste Berberstadt des Mittleren Atlas, Markt und Erholungszentrum, 1250 m hoch in einem Talkessel gelegen. Bester Standort für Ausflüge im nördlichen Mittleren Atlas.

Als Zentrum der Beni Mguild, des größten Berberstammes im Mittleren Atlas, ist Azrou das bedeutendste unter den wenigen alten Berberdörfern in diesem Gebirge. In französischer Zeit wurde um den alten Siedlungskern ein Erholungsort angelegt. Damals entstand auch – als Versuchseinrichtung – eine Berberhochschule (College Berbere) in Azrou. Sie war wichtiger Teil des französischen Versuchs, die Spaltung zwischen Berbern und Arabern zu vertiefen.

Zentrum von Azrou ist die Place Mohammed V. mit Busbahnhof, Cafes und Restaurants. Daran schließen sich die belebten Souks an, die besonders für Teppiche und Zedernholzarbeiten bekannt sind. Hinter den Souks liegt am Berghang das alte Berberdorf mit einer 1684 unter Moulay Ismail angelegten Kasbah. Bei der Kasbah die Cooperative Artisanale mit einer Teppichknüpferschule, die besichtigt werden kann. Gegenüber den Souks breitet sich jenseits des Hauptplatzes die Neustadt aus.

Eine Besonderheit von Azrou sind die grünen Dachziegel der Häuser, die in Marokko sonst sakralen oder wichtigen staatlichen Bauten vorbehalten sind.

Wegen der besonders verkehrsgünstigen Lage und des schönen Ortsbildes ist Azrou der günstigste Standort für Ausflüge in den Norden des Mittleren Atlas.

In der unmittelbaren Umgebung des Ortes (entlang der Straße nach Midelt) beginnt ein ausgedehnter **Zedernwald** (Fôrét de Cédres). In der Nähe auch eine Forellenzucht.

Dienstags in Azrou großer Berbermarkt, Moussem im August.

Verkehr

Busse ab Place Mohammed V. nach Meknes, Fès, Midelt/Er-Rachidia, Khenifra/Marrakech und Ain Leuh.

Unterkunft

Hotels: 2**A Hotel Panorama; 1*A Hotel des Cedres, Place Mohammed V.; 1*A Azrou Hotel, Route de Khenifra; mehrere einfache Hotels um den Hauptplatz der Souks (in unmittelbarer Nähe der Place Mohammed V.)

Jugendherberge: an der Straße nach Midelt.

Camping: an der Straße nach Midelt.

Umgebung von Azrou

Cèdre Gouraud: ca. 40 m hohe und 9 m umfangende Zeder, 11 km von Azrou mit Fôrét de Cédres (7 km Richtung Midelt, dann links auf beschildertem Weg).

Kurz vor dem Abzweig zur Zeder rechts ein Weg zur **Abtei Tioumliline** (1952 gegründet, einziges Benediktinerkloster Marokkos).

Die Cèdre Gouraud bei Azrou

Djebel Hebri: 2104 m hoher Berg mit Skilifts, Restaurant und Chalets, 15 km von Azrou in Richtung Midelt, kurz davor Abzweig nach Mischliffen (10 km).

Balcon d'Ito: 1451 m hoch gelegener Aussichtspunkt beim Paß Passage d'Ito am Rand eines riesigen Vulkankratergebiets, 14 km von Azrou an der Straße nach Meknes. Die Kraterwände fallen mehrere hundert Meter steil ab. Die Hänge sind völlig kahl, das Tal ist sehr fruchtbar (Getreideanbau). Herrliche Aussicht.

El Hajeb

6000 Einwohner, kleiner Marktort (Montagsmarkt) am Nordwestrand des Mittleren Atlas. Bewohnt von Beni Mtir-Berbern, die den Franzosen besonders heftigen Widerstand entgegensetzten. Älterer Ortsteil mit nicht mehr benutzten Höhlenwohnungen (z. T. zugeschüttet), kleine Neustadt.

Busse: nach Meknes und Azrou.
Unterkunft: 1* Hotel les Peupliers, 1* Hotel aux Rochers, einfache Hotels, Campingplatz.

Ain Leuh

Berberdorf, Montags- und Donnerstagsmarkt der Beni-Mguild-Berber. Ferienkolonie für marokkanische Kinder. Bekannt als Holzfällerort. Kasbah vom Anfang des 18. Jh.s. Schöne landschaftliche Lage, gute Ausflugsmöglichkeiten (Zedernwälder, Bachquellen), Standort für den Besuch der Oum er Rbia-Quellen.

Busse nach Azrou, einfache **Unterkunft.**

Sources de l'Oum er Rbia

Landschaftlich herrlich gelegene Quellen des 600 km langen Oum er Rbia (mündet bei Azemmour ins Meer), jeweils ca. 45 km von Ain Leuh und Khenifra (schlechte Straßen, keine Busse). Eine der beiden Quellen stürzt in einem Wasserfall hinunter in einen kleinen See, der von hohen Kalksteinfelsen eingefaßt wird.

Etwa 15 km südlich der Quellen liegt der malerische **Aguelmane Azigza,** einer der großen Seen des Mittleren Atlas (ca. 30 km nordwestlich von Khenifra). Von Steineichenwald umgeben. Baden, Bootsfahren und Angeln möglich.

Khenifra

20000 Einwohner. Provinzhauptstadt, Landwirtschafts-, Handels- und Holzverarbeitungszentrum, Gerbereien. In 830 m Höhe am Westrand des Mittleren Atlas an den Ufern des Oum er Rbia gelegen, sehenswerte Medina.

Gründung Ende des 18. Jhs. unter Moulay Ismail als Festung gegen die rebellischen Bergstämme. Ende des 19. Jh.s Sitz von Moha ou Hammou, dem Caid der Zaiane-Berber, Anlage zahlreicher Bauten und Aufstieg zu wichtigem Marktort. Der zunächst sultanstreue Moha ou Hammou entzieht sich bald der Kontrolle des Sultans, unternimmt Raubzüge bis in das Gebiet von Meknes und bekämpft die Franzosen. 1914 Einmarsch von 20000 französischen Soldaten. Moha ou Hammou flieht, schlägt aber kurz darauf bei El Herri (12 km südlich von Khenifra) die Kolonialtruppen vernichtend (über 650 Tote auf französischer Seite, schwerster Verlust während der ›Befriedungsaktionen‹ in Marokko). Kämpfe im Gebiet von Khenifra bis 1921, dem Jahr, in dem Moha ou Hammou fällt.

Khenifra liegt beiderseits des Oum er Rbia. Das rechte Flußufer nimmt die kleine Medina mit ihren lebhaften Souks ein (großer Mittwochs- und Sonntagsmarkt). Die ›**Pont Portugais**‹ genannte, aber unter Moulay Ismail errichtete Steinbrücke verbindet sie mit der verfallenen **Kasbah des Moha ou Hammou** auf der gegenüberliegenden Flußseite. Eine zweite, moderne Brücke führt zur Neustadt.

Busse: ab Marktplatz vor der Medina nach Meknes, Fès, Kasba Tadla, Beni Mellal, Marrakech, Oulmès und Midelt.
Unterkunft: 4****B Hotel Hamou Azzayani; 1* Hotel de France, Quartier F. A. R.; einfache Hotels um den zentralen Marktplatz.

Südlicher Mittlerer Atlas

Der Südwestrand des Mittleren Atlas wird von der fruchtbaren Tadla-Hochebene eingenommen. Sie reicht vom Gebiet südlich Khenifra bis nach Beni Mellal, ihr Zentrum ist Kasba Tadla. Die Hochebene war als Übergangsgebiet zwischen Mittlerem Atlas und der Zentralmeseta stets Schauplatz heftiger Kämpfe zwischen den Bergstämmen und den Sultanstruppen. Die Franzosen verloren hier über 4400 Soldaten. Das östlich angrenzende Bergland ähnelt zunächst dem nordwestlichen Mittleren Atlas und geht dann in das vegetationsarme Hochgebirge über. Attraktion ist dort der ›Heiratsmarkt‹ von Imilchil.

Kasba Tadla

15000 Einwohner, Marktort, Landwirtschafts- und Schafzuchtzentrum, in 725 m Höhe am Oum er Rbia gelegen. Eindrucksvolle Kasbah.

Gründung 1687 unter Moulay Ismail als Festung gegen die Bergstämme des Mittleren Atlas, nach 1700 verstärkt. Die damals hier stationierten schwarzen Truppen haben bis heute deutliche Spuren in der Bevölkerung hinterlassen. Ende des 19. Jh.s wiederholt außer Kontrolle des Sultans, 1913 nach erbitterten Kämpfen von den Franzosen erobert. In der Umgebung hält der Widerstand bis 1933 an.

In der Nähe des von Souks umgebenen Hauptplatzes thront hoch über der Stadt die **Kasbah.** Der prächtig gelegene Bau mit seinen ca. 300 m Seitenlänge zählt zu den eindrucksvollsten Festungsanlagen Marokkos. Eine mächtige Außenmauer mit mehreren Bastionen umschließt die Kasbah. Eine zweite Mauer umgibt das Innere mit zwei Moscheen, dem Dar el Makhzen (ehemaliger Gouverneurspalast) und einer Aussichtsterrasse.

Von der Medina führt eine zehnbogige **Steinbrücke** über den Oum er Rbia. Sie wird – obwohl erst um 1700 erbaut – wie in Khenifra ›Pont Portugaise‹ genannt.

Busse: ab Hauptplatz nach Meknes, Fès, Khenifra, Beni Mellal, Marrakech, Boujad, Oued Zem, Khourigba und Casablanca.
Unterkunft: 1* Hotel des Alliés und einfache Hotels um den Marktplatz.

El Ksiba

Dorf mit Sonntagsmarkt, an einem Berghang in 1050 m Höhe gelegen, von Obstplantagen umgeben, schöne Umgebung. Standort für Ausflüge nach Imilchil.

Busse: nach Kasba Tadla.
Unterkunft: Außerhalb des Ortes 2**B Hostellerie Henri IV. und Campingplatz.

Beni Mellal

80000 Einwohner. Provinzhauptstadt, bedeutendes Handelszentrum in 625 m Höhe am Westrand des Mittleren Atlas, von ausgedehnten Obst- und Gemüseplantagen umgeben; drei Zuckerfabriken.

1688 unter Moulay Ismail als Festung gegründet. Rasches Wachstum seit der Eröffnung des nahen Bin el Oudiane-Stausees, der das Umland bewässert. Überwiegend moderne Stadt.

Im Zentrum der Stadt großer Marktplatz (Freitagsmarkt) mit Busbahnhof,

Staumauer des Bin el Ouidane, des größten Stausees in Marokko

Hotels und Restaurants. In der Nähe die Souks (bekannt für Wolldecken). Hauptattraktion von Beni Mellal ist die auf einem weithin sichtbaren Hügel gelegene Kasbah Ait Asserdoune (schöner Blick) mit den gleichnamigen ausgedehnten Gärten. Von hier führt ein 6 km langer Rundweg durch Obstplantagen rings um die Stadt. In den Plantagen liegt die Zaouia Sidi Ahmed bel Kacem mit einem almoravidischen Minarett.

Beni Mellal ist Standort für Ausflüge zum Stausee Bin el Ouidane und zu den Ouzoud-Kaskaden.

Busse: ab Marktplatz/Route de Marrakech nach Marrakech, Fès, Meknes, Casablanca, Kasba Tadla, Oued Zem, Azilal und Bin el Ouidane. Bau einer Bahnlinie Oued Zem–Beni Mellal–Marrakech geplant.

Unterkunft: 4****B Hotel Ouzoud, Route de Marrakech; 4****B Hotel Chems, Route de Marrakech; 2**B Hotel Gharnata, Boulevard Mohammed V.; 1*A Hotel de Paris, Nouvelle Medina; 1*B Hotel du Vieux Moulin, Route de Kasba Tadla. Einfache Hotels um den zentralen Marktplatz. Campingplatz.

Bin el Ouidane

Größter Stausee Marokkos, zwischen 1948 und 1955 von Franzosen erbaut. 300 m lange und 150 m hohe Staumauer. Die Talsperre versorgt das größte Elektrizitätswerk des Landes mit Energie und bewässert über 1000 km^2 Land. Möglichkeiten für Wanderungen am Seeufer, Baden, Angeln, Bootsfahrten.

Anfahrt auf guter Straße (S 508, zweigt 19 km südwestlich von Beni Mellal von der P 24 ab). 2 × täglich Autofähre über den Mittelteil des Sees (zwischen der S 508 A und der S 1803).

Busse: von Beni Mellal nach Azilal.
Unterkunft: Vor dem Ort Bin el Ouidane 1*A Auberge du Lac, Campingplatz; in Afourer Hotel Tazerkout.

Cascades d'Ouzoud

100 m hohe, in mehreren Stufen hinunterstürzende Wasserfälle in herrlicher Umgebung, einer der schönsten marokkanischen Landschaften. Erreichbar über die 46 km lange S 1811 (schmal, nur erstes Stück gut befahrbar), die 46 km südwestlich von Beni Mellal von der P 24 abzweigt. Keine Busse! Kurz vor den Wasserfällen durchquert die Straße die steile Schlucht Gorges de l'Oued el Abid, in der noch wilde Affen leben. Eine bessere, aber weniger schöne Zufahrt erfolgt über Azilal (S 508/S 1811; Sammeltaxis, auf der Strecke Azilal–Marrakech gelegentlich auch Busse).

Imilchil und das Plateau des Lacs

Imilchil ist ein kleines, von einer Kasbah überragtes Bergdorf am Südostrand des Mittleren Atlas (Übergangsgebiet zum Hohen Atlas). In seiner Nähe erstreckt sich ein zwischen 1800 und 2500 m hohes Seenplateau, aus dem bis zu 3085 m hohe Berge aufstreben. Die beiden großen Seen (Tislit = Braut und Isli = Bräutigam) sollen der Sage nach aus den Tränen eines Brautpaares entstanden sein, dem von ihren Stämmen die Heirat verboten wurde.

Bewohnt wird das Gebiet von den Ait Hadiddou, einem etwa 10000 Mitglieder zählenden Beraberstamm. Die Ait Hadiddou sind Teilnomaden und zerfallen in die beiden Fraktionen Ait Yassa und Ait Brahim, die sich früher heftig bekämpften. Der Stamm wurde in der Vergangenheit stark von Marabouts beherrscht. Erst 1932 konnten die Franzosen das Gebiet unterwerfen.

Bekannt wurde Imilchil durch seinen im September (Freitag bis Sonntag) stattfindenden Moussem, berühmt als **›Heiratsmarkt der Ait Hadiddou‹**. Während des Moussems, der mit vielen Festen ver-

Berbermädchen vom Stamm der Ait Hadiddou

Kasbah in Imilchil

bunden ist, werden zahlreiche Heiraten geschlossen und arrangiert. Auffallend ist dabei die besondere Freizügigkeit der Frauen, die zum Moussem in reich geschmückte Trachten kommen. Verwitwete und geschiedene Frauen können ihre neuen Ehepartner völlig frei wählen. Die erste Heirat wird allerdings – wie bei anderen Stämmen auch – von den Familien beschlossen. Falsch ist die Annahme, die Frauen der Ait Hadiddou könnten sich auch nach freiem Willen scheiden lassen. Wie bei allen islamischen Völkern hat dazu offiziell nur der Mann das Recht. Allerdings erlaubt es die Stellung der Frau, entsprechenden Druck auf ihren Mann auszuüben.

Der ›Heiratsmarkt‹ ist inzwischen zu einer vielbesuchten Touristenattraktion geworden. Während des Moussems fahren Sonderbusse aus den Touristenzentren nach Imilchil, und ein Zeltlager wird errichtet. Trotz dieser touristischen Vermarktung ist das Ereignis sehr sehenswert.

Verkehrsverbindungen: Straßen 1901 und 1903 ab El Ksiba (ca. 110 km, schmal und steigungsreich, aber gut befahrbar). Busse sehr selten (Sonderbusse und LKW's ab Tinerhir während des Moussems). Die weiterführenden Strecken nach Midelt (3433/3424, ca. 170 km), Tinerhir (3445/3483, ca. 110 km) und Boumalne (6905/6901, ca. 140 km) sind überwiegend in sehr schlechtem Zustand.

Unterkunft: nur ein einfaches Hotel, daneben werden Privatunterkünfte angeboten.

Nordöstlicher Mittlerer Atlas

Höchster Teil des Mittleren Atlas, vegetationsarm und nur sehr dünn besiedelt. Die Erschließung des Gebiets für den Verkehr ist insgesamt sehr schlecht, nur die Hauptrouten P 20, P 21 und P 33 sind gut ausgebaut und werden häufiger von Bussen befahren. Der größte Teil des landschaftlich schönen Gebiets ist nur unter einigen Anstrengungen und mit dem eigenen Wagen erreichbar.

Boulemane

Marktort, einzige größere Siedlung in diesem Teil des Gebirges.

Busse nach Fès und Midelt, einfache **Unterkunft.**

Von Boulemane führt die S 4656 zum Massiv des Djebel Bou Iblane (Straße bis Immouzèr des Marmoucha gut, danach schlecht).

Djebel Bou Iblane und Djebel Bou Naceur

Höchste Massive des Mittleren Atlas. Der Djebel Bou Naceur erreicht Höhen von 3340, 3290 und 3140 m, der Djebel Bou Iblane 3190 und 2970 m. Am Djebel Bou Iblane ist Skilauf möglich(keine Lifts, nur markierte Aufstiegspfade).

Aguelmane Sidi Ali

Größter Bergsee Marokkos, 3 km von der P 21 entfernt. Der äußerst fischreiche See ist vulkanischen Ursprungs, deshalb sehr tief. Baden ist möglich. In der Umgebung weitere kleinere Vulkanseen.

Unterkunft: Kleines Hotel Auberge du Atlas.

Col du Zad

Mit 2178 m höchster Paß des Mittleren Atlas (an der P 21). Sehr schöne Aussicht.

Marrakech

550000 Einwohner. Nach Fès bedeutendste der vier Königsstädte, in einer Oase der Haouz-Ebene vor der Kulisse des nur 60 km entfernten Hohen Atlas gelegen. Provinzhauptstadt, traditionelles Zentrum des marokkanischen Südens und wichtigste Drehscheibe des Handels zwischen Nordmarokko und der Sahara, lange Zeit Hauptstadt des Landes.

Neben Fès ist Marrakech die sehenswerteste Stadt Marokkos mit zahlreichen bedeutenden Baudenkmälern. Wichtigste Sehenswürdigkeiten: Koutoubia-Moschee, Djemaa el Fna und Souks, Dar Si Said-Museum, El Bahia-Palast, Saadier-Gräber, Medersa Ben Youssef, Stadttore.

Geschichte

1062 Gründung als befestigtes Heerlager der Almoraviden, ab 1070 unter Youssouf ben Tachfine Entwicklung zur Hauptstadt der Almoraviden und zu einem wichtigen Handelszentrum. In dieser Zeit kultureller Blüte entstehen zahlreiche prächtige Bauten. 1147 Eroberung der Stadt durch die Almohaden, Zerstörung der almoravidischen Bauwerke. Marrakech wird nun almohadische Hauptstadt, Neuaufbau. 1176 Entvölkerung der Kapitale durch eine Pestepidemie, danach bricht aber unter Yacoub el Mansour eine neue Blütezeit an. Anfang des 13. Jh.s Niedergang der Almohaden, Bürgerkriege erschüttern die Stadt. 1269 Eroberung durch die Meriniden. Fès wird neue Hauptstadt. Mehrfach rebelliert Marrakech gegen die merinidische Zentralregierung, zeitweise ist die Stadt unabhängig. 1521 Eroberung durch die Saadier, ab 1554 saadische Hauptstadt. Erneute Blütezeit, vor allem durch den Gold- und Sklavenhandel mit Timbuktu und Westafrika. Anlage großer und prunkvoller Bauten. 1666 verlegen die Alaouiten die Residenz wieder nach Fès. Unter Moulay Ismail Zerstörung der saadischen Paläste. In den folgenden Jahrhunderten dient Marrakech gelegentlich noch als Residenz, steht an Bedeutung aber hinter Fès zurück. Anfang dieses Jahrhunderts ist Marrakech Regierungssitz von Moulay Hafid, der sich 1907 zum Gegensultan ausrufen läßt und ein Jahr später auch die Sultanswürde erobert. Unterstützt wird er von El Glaoui, dem Pascha von Marrakech, der als Gegenleistung zahlreiche Privilegien erhält. 1912 Eroberung der Stadt durch den Rebellen El Hiba, im September 1912 mit Unterstützung von El Glaoui französische Besetzung. El Glaoui stellt den Franzosen seine Truppen zur Verfügung, um die rebellischen Stämme des Südens zu unterwerfen. Nach Abschluß dieser ›Befriedungsaktionen‹ steigt er in den dreißiger Jahren zum unumschränkten Herrscher des Südens auf. El Glaoui regiert mit harter Hand und zieht hohe Abgaben ein. Seine Macht übersteigt zeitweise die des Sultans, und berühmt ist seine prunkvolle Hofhaltung. Als Marokko unabhängig wird, verliert er wegen seiner Kollaboration mit den Franzosen alle Macht, sein Vermögen wird eingezogen.

Marrakech: Place Djemaa el Fna, im Hintergrund die Koutoubia ▷

In der Protektoratszeit wird das Umland von Marrakech, die Haouz-Ebene, eines der Hauptsiedlungsgebiete der Franzosen. Marrakech selbst ist damals für seine vielen Bordelle berüchtigt.

Die alte Rivalität zwischen Marrakech und Fès um den Rang der wichtigsten Stadt des Landes ist bis heute spürbar, auch wenn beide Städte längst von Rabat und Casablanca überflügelt wurden. Marrakech erreichte nie die auf den ganzen Maghreb ausstrahlende politische und kulturelle Bedeutung von Fès, war aber traditionell das Zentrum des marokkanischen Südens und die führende Handelsstadt des Landes, da der gesamte Warenverkehr zwischen den Städten des Nordens und der Sahara über Marrakech abgewickelt wurde. Der Wüstenhandel hat inzwischen zwar stark abgenommen, aber noch immer ist Marrakech vorwiegend eine Handelsstadt. Deutlich wird dies an der Ausdehnung der Souks, die die größten des Landes sind, und an den vielen Nomaden, die die Stadt besuchen. Marrakech ist auch die einzige marokkanische Großstadt mit einer überwiegend berberischen Bevölkerung.

Die belebten Souks, die Lage in einer Palmenoase und die roten Lehmbauten verleihen Marrakech den Charakter einer Wüstenstadt. Dies und die Nähe zum Badezentrum Agadir hat die Stadt zum beliebtesten Touristenziel unter den ›Königsstädten‹ gemacht. Auch von den Kanarischen Inseln werden Urlauber zu Kurzausflügen eingeflogen. So kommen jährlich insgesamt über 400000 Touristen – was fast der Einwohnerzahl der Stadt entspricht – nach Marrakech; knapp 10000 Hotelbetten stehen zur Verfügung. Außer Tanger ist keine andere marokkanische Großstadt so sehr auf Fremdenverkehr eingestellt. Leider heißt das auch, daß es in Marrakech besonders viele Diebstähle und Betrugsdelikte gibt – erklärbar aus der Armut eines Teils der Bevölkerung nach dem Niedergang des Wüstenhandels.

Stadtgliederung

Von einer 12 km langen Stadtmauer umgeben, ist die Medina von Marrakech neben der von Fès die größte des Landes. Den Mittelpunkt der Altstadt bildet die Place Djemaa el Fna.

Deutlich von der Medina getrennt ist die Neustadt (Ville Nouvelle oder Guéliz genannt).

Um Marrakech dehnt sich die Palmeraie aus, eine Oase mit 150000 Dattelpalmen.

Stadtbesichtigung

Günstigster Standort sind die Hotels an der Place Djemaa el Fna. Für die Besichtigung der Stadt müssen mindestens zwei Tage veranschlagt werden.

Place Djemaa el Fna

Zentrum der Medina ist die Place Djemaa el Fna. Der Name bedeutet ›Versammlungsplatz der Getöteten‹ und weist darauf hin, daß der Platz einst als Richtstätte diente; hier wurden die Köpfe der Hingerichteten zur Schau gestellt.

Um den Platz liegen zahlreiche kleine und mittlere Hotels, Restaurants und Cafés sowie Souvenirgeschäfte. Der ca. 200 m Seitenlänge messende Platz weist zwar keine bedeutenden Bauten auf, gehört aber dennoch zu den großen Sehenswürdigkeiten Marokkos.

Vormittags findet hier ein Lebensmittelmarkt statt, nachmittags wird der Platz zu einer großen Unterhaltungsstätte: Feuerschlucker, Schlangenbeschwörer, Akrobaten, Märchenerzähler, Tänzer, Musikanten und andere Unterhaltungskünstler sind dann zu sehen. Viele dieser Leute gehören religiösen Sekten an. Die Tänzer und Musikanten sind oft Schwarze aus den Oasen des Südens und

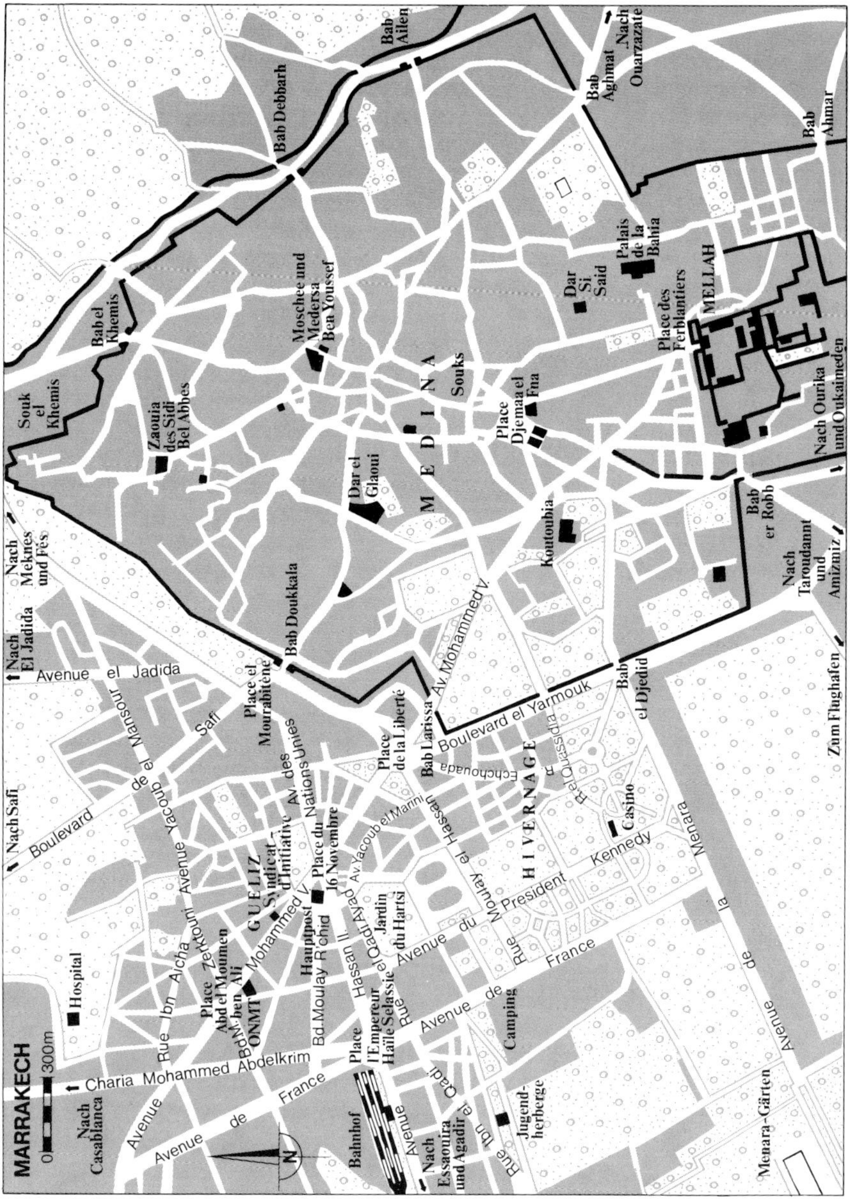

aus Mauretanien. Die Unterhaltungskünstler spielen in den Marktorten des Südens und besonders in Marrakech eine weit größere Rolle als in den Städten des Nordens. Dies liegt daran, daß die Saharanomaden, die die Märkte im Süden besuchten, nach ihren langen und entbehrungsreichen Reisen stets ein besonders großes Bedürfnis nach Abwechslung hatten.

Viele der gebotenen Unterhaltungen sind heute allerdings auf die Erwartungen der Touristen abgestimmt, und die meisten Darsteller verlangen hartnäckig eine Bezahlung, wenn sie photographiert werden. Auf die zahlreichen angebotenen Glücksspiele sollten Sie sich auf keinen Fall einlassen: Als Fremder werden Sie unweigerlich betrogen!

Abends werden auf der Place Djemaa el Fna Essensstände aufgebaut, die bis in die Nacht geöffnet sind. Der Platz ist daher auch abends sehr belebt.

Wegen seiner zentralen Lage stellt der ›Versammlungsplatz‹ auch den Ausgangspunkt für alle weiteren Besichtigungen in der Stadt dar. Die übrigen Sehenswürdigkeiten der Medina lassen sich leicht finden, wenn man erst einmal eine Übersicht über den verwinkelten Platz gewonnen hat. Am leichtesten können Sie sich eine Orientierung verschaffen, wenn Sie die Dachterrasse der Brasserie du Glacier (neben dem alten CTM-Gebäude) oder die des Café du France (in der Nähe der Moschee) aufsuchen. Der Besuch dieser Terrassen lohnt sich auch wegen des eindrucksvollen Blicks auf die Place Djemaa el Fna.

Auf der Seite des Platzes, die dem CTM-Gebäude gegenüber liegt, gehen jenseits eines Markthallenkomplexes drei Straßen ab. Die mittlere führt in das Zentrum der Souks, die beiden anderen in die Nebenstraßen der Souks.

Auf der Straße, die beim Café du France einbiegt, gelangt man zur Mellah, zum Museum und zum El Bahia-Palast.

Die Straße zwischen dem CTM-Gebäude und dem Café du France (beginnt hinter dem Torbogen) mündet auf die Place des Ferblantiers.

In der kleinen Gasse direkt neben der Brasserie du Glacier liegen zahlreiche kleine Hotels.

Die Straße zwischen der Brasserie du Glacier und der Banque du Maroc führt zum Bab Agnaou und zu den Saadier-Gräbern.

Djemaa el Fna, Schreiber mit Kunden

Fasziniertes Publikum auf der Djemaa el Fna

Die Straßen beiderseits der Polizeistation ziehen sich zur Neustadt und zur Koutoubia hin, die vom Platz aus gut sichtbar ist.

Die Souks

Die Souks von Marrakech, die ausgedehntesten des Landes, erstrecken sich nördlich der Place Djemaa el Fna. Ihr Haupteingang ist zwar vom Platz selbst aus nicht sichtbar, aber doch leicht zu finden: Auf der nördlichen Platzseite beginnt hinter einem verschachtelten Markthallenkomplex, genau gegenüber dem Café du France, eine Reihe von Töpferläden. Passiert man diese sowie den darauffolgenden Markt für Trockenfrüchte und Flechtwaren, so erblickt man ein reich geschmücktes Tor, das Hauptportal der Souks (man gelangt auch dorthin, wenn man der überdachten Marktgasse links von Quessabine-Moschee und Café El Fath folgt).

Die Souks von Marrakech sind sehr verwinkelt, eine Orientierung sollte aber auch ohne Führer möglich sein. Hauptachse der Souks ist die am großen Tor beginnende Rue Souk Smarine. Nach einigen hundert Metern gabelt sie sich Y-förmig in die Straßen Souk Attarine (links) und Souk el Kebir (rechts), die untereinander durch Querstraßen verbunden sind. Zu beiden Seiten dieser Hauptadern liegen weitere Souks, doch wenn Sie nach deren Besuch immer wieder auf die Hauptstraßen zurückkehren, ist es kaum möglich, sich zu verirren.

Am Beginn der Rue Souk Smarine liegen verschiedene Textilgeschäfte. Dahinter folgen rechts zwei Zugänge zur **Place Rahba Kedima,** dem Gewürzmarkt (vom ersten Zugang führt rechts eine Gasse zum Wollmarkt Souk Lezahl, wo bis 1912 der Sklavenmarkt abgehalten wurde). Eine Seite des Platzes wird von den Auslagen der Teppichhändler beherrscht; ein Torbogen bildet dort den Zugang zum Teppichsouk, auf den –

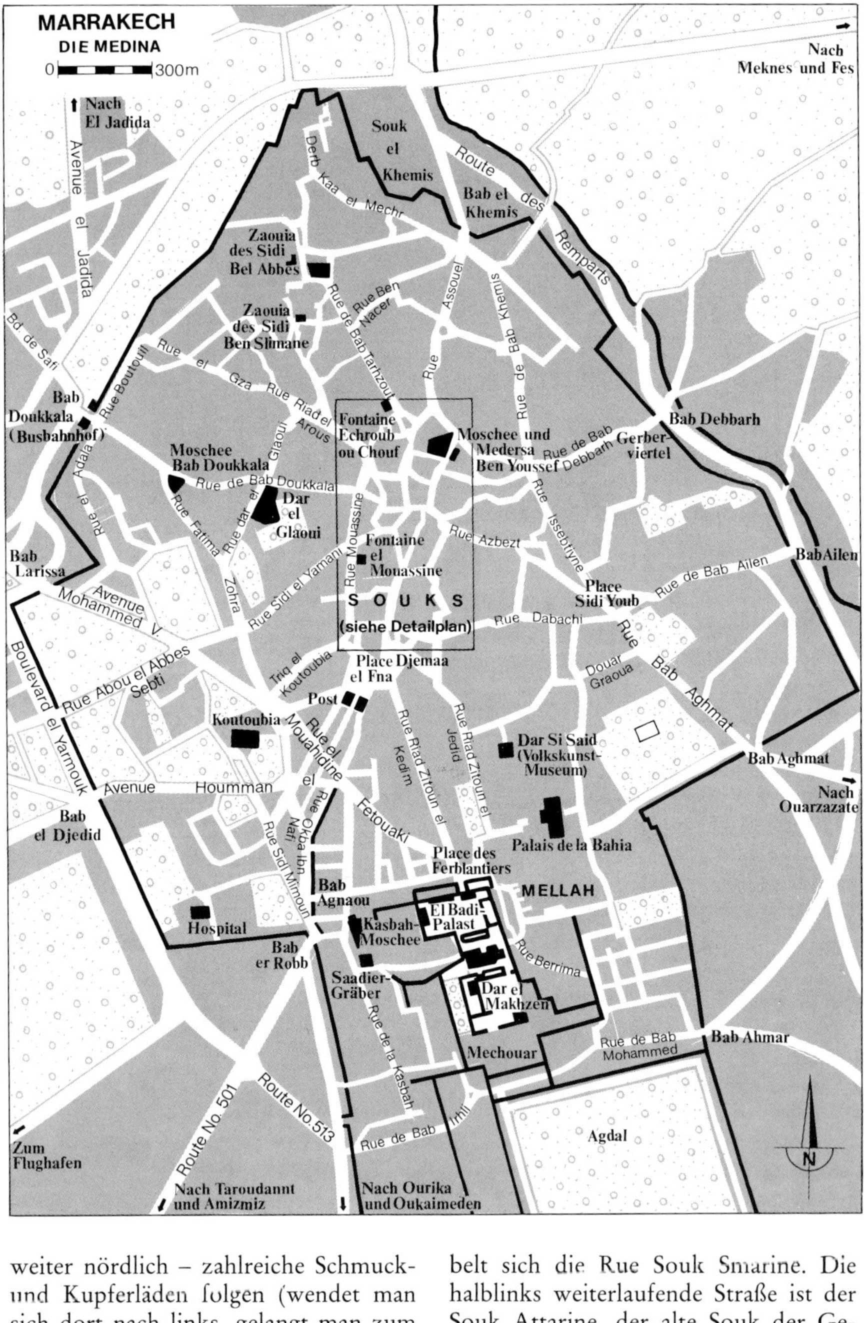

weiter nördlich – zahlreiche Schmuck- und Kupferläden folgen (wendet man sich dort nach links, gelangt man zum Souk el Kebir, s. u.). Kurz hinter den Zugängen zur Place Rahba Kedima gabelt sich die Rue Souk Smarine. Die halblinks weiterlaufende Straße ist der Souk Attarine, der alte Souk der Gewürzhändler (heute verschiedene Läden). Die nächste größere Gasse, die vom Souk Attarine links abzweigt, passiert einige Tischlereien und mündet beim **Souk aux Teinturiers,** dem Souk der Färber. Wegen der gefärbten Wollbündel, die hier zum Trocknen über der Straße aufgehängt werden, ist dieser Souk der wohl schönste der Stadt. Es schließt sich der Souk des Forgerons an, der Kupferschmiedesouk. Dahinter befindet sich ein Zugang zur **Fontaine El**

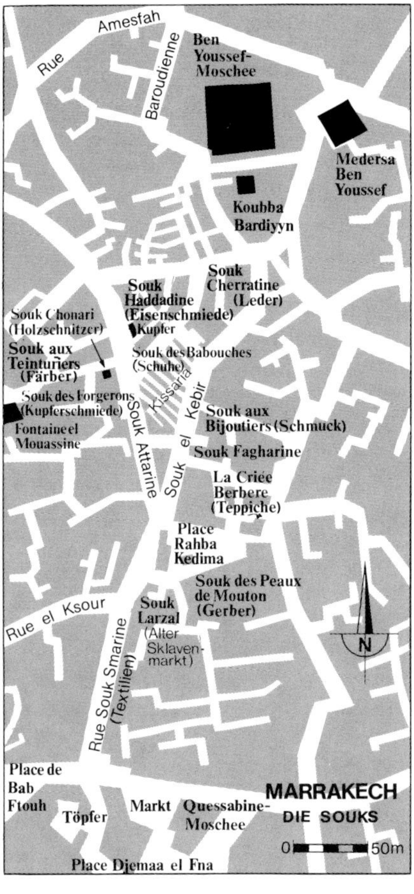

Mouassine (Ende des 16. Jh.s). Der reich verzierte und mit einem beschnitzten Holzdach versehene Brunnen versorgt das ganze Viertel mit Wasser. Daneben die 1570 erbaute **Moschee El Mouassine.** Die hier beginnende Rue Mouassine führt direkt zur Place Djemaa el Fna zurück (Einmündung links vom Soukhaupteingang). Zur weiteren Besichtigung der Souks sollten Sie aber zum Souk Attarine zurückkehren, in dessen weiteren Verlauf rechts die Souks der Babouchenmacher (größerer, überdachter Durchgang), der Kupfer- und der Eisenschmiede liegen.

Zwischen dem Souk Attarine und dem Souk el Kebir, der bei der Gabelung der Rue Souk Smarine halbrechts abzweigenden Straße, dehnt sich die **Kissaria** aus. In dem regelmäßig angelegten Viertel werden heute vor allem anspruchsvolle Textilien angeboten; früher war es, durch Tore verschließbar, den kostbarsten Waren vorbehalten. Folgt man einer der rechts vom Souk Attarine abzweigenden Kissaria-Straßen, stößt man auf den Souk el Kebir. Hier liegen u.a. der Souk der Juweliere und der Souk Cherratine, der Lederwarensouk.

Koutoubia

Von der Place Djemaa el Fna aus deutlich sichtbar ist das Minarett der nahegelegenen Koutoubia-Moschee, des bedeutendsten Bauwerks von Marrakech. Die Moschee hat ihren Namen vom Souk el Koutoubijn, dem Souk der Buchhändler, der einst hier seinen Platz hatte; 1158 wurde sie an Stelle einer almoravidischen Moschee erbaut (Reste davon wurden freigelegt). Das Minarett datiert allerdings erst vom Ende des 12. Jh.s. Die Koutoubia mißt 90 × 60 m. Ihre von 112 Pfeilern gestützten 17 Schiffe zeigen die für maurische Moscheen typische Anlage. Eine herausragende Bedeutung hat der Bau vor allem wegen seines Minaretts. Es ist das einzige vollendete der Almohaden-Zeit. Zusammen mit der Giralda von Sevilla und dem Hassanturm von Rabat, die beide aus der gleichen Zeit stammen, ist es bis zum heutigen Tage das Vorbild marokkanischer Minarette. Steinornamente, an jeder Seite anders gestaltet, zieren die Außenseiten des Turms, der sich mit sechs übereinanderliegenden Sälen bis auf eine Höhe von 69 m erhebt, mit dem Kugelschaft an der Spitze sogar bis auf 77 m.

Südteil der Medina

An der Ostseite der Place Djemaa el Fna nehmen zwei Straßen ihren Anfang, um sich durch die **Mellah** zu ziehen. Im 16. Jh. gegründet und im 19. Jh. erweitert, war diese Judenstadt bis in unser Jahrhundert hinein die größte Marokkos, ehe sie dann von der Casablancas überflügelt wurde. Die meisten Juden sind inzwischen ausgewandert, aber noch immer findet man in dem Viertel zahlreiche Gold- und Silberschmiedeläden.

Die zwischen Banque du Maroc und CTM-Gebäude beginnende Rue Riad Zitoun el Kedim führt zum Hauptplatz der Mellah, der Place des Ferblantiers. Bei diesem Platz liegt der sehenswerte Souk der Mellah.

Die zweite Straße, die durch die Mellah verläuft, die Rue Riad Zitoun el Djedid, ist erreichbar über die Rue des Banques, die neben dem Café du France anfängt. Sie mündet ebenfalls bei der Place des Ferblantiers, passiert aber vorher zwei bedeutende Sehenswürdigkeiten.

Die dritte Gasse, die von der Rue Riad Zitoun el Djedid nach Verlassen der Djemaa el Fna links abzweigt (Torbogen kurz vor der Moschee), und eine von dieser gleich rechts abknickende verwinkelte Stichstraße führen zum **Museum Dar Si Said.** Dieses Museum für marokkanische Volkskunst, in einem Palast vom Ende des 19. Jh.s untergebracht, gibt von allen Folkloremuseen Marokkos die beste Übersicht über das Kunsthandwerk der Berber. Die Sammlungen umfassen vor allem Teppiche, Kleider, Holzarbeiten, Schmuck und Töpferwaren.

Dort, wo die Rue Riad Zitoun el Djedid an einem belebten Platz plötzlich nach rechts abknickt, sehen Sie linker Hand das mächtige Portal zum **Palais de la Bahia.** Der um 1900 erbaute Palast mit mehreren Gebäuden und Gärten war der Sitz des Großwesirs Bou Ahmed, der um die Jahrhundertwende an Stelle des jungen Sultans Abd el Aziz regierte. Später residierte hier kurz El Glaoui, und auch die französische Verwaltung war zeitweise im Bahia-Palast zu Hause. Die reich geschmückten Innenräume demonstrieren die orientalische Prachtentfaltung jener Zeit. Führungen durch den Palast finden in verschiedenen Sprachen statt (1986 war der Bau allerdings wegen Restaurierungsarbeiten geschlossen).

Der Straßenzug mündet schließlich auf die Place des Ferblantiers. Etwas südlich davon erheben sich – deutlich

Stuckfenster im Dar Si Said

sichtbar – die mächtigen Ruinen des **El Badi-Palastes,** der zwischen 1578 und 1603 als Residenz des Saadier-Sultans Ahmed el Mansour erbaut wurde und die größte und schönste Palastanlage des ganzen Maghreb gewesen sein soll. Der große Innenhof war nach dem Vorbild des berühmten Löwenhofes in der Alhambra von Granada gestaltet. Um 1700 ließ Moulay Ismail den Palast zerstören, ein Teil des Baumaterials wurde nach Meknes gebracht und für die Erweiterung der dortigen Königsstadt verwendet. Erhalten haben sich nur die Außenmauern, die aber immerhin noch einen guten Eindruck von der einstigen Ausdehnung des El Badi geben. Im Mai sind die Ruinen Schauplatz des Nationalen Folklore-Festivals von Marrakech (s. u.).

An den El Badi-Palast schließt sich im Süden der neuere Komplex des **Dar el Makhzen** an. Dieser nach Herrschaftsantritt der Alaouiten-Dynastie errichtete Palast kann nicht besichtigt werden: Er dient dem König bei Aufenthalten in Marrakech noch heute als Residenz. Kurze Zeit lebte hier auch der letzte Schah von Persien im Exil. Die südliche Begrenzung des Dar el Makhzen bildet der dreiteilige **Mechouar** (Versammlungshof); daran grenzt die 3 km lange Gartenanlage **Agdal,** die in ihrer jetzigen Form aus dem 19. Jh. stammt und vor allem Obstbäume umfaßt. Das kleine Gartenpalais aus der gleichen Zeit kann nicht besichtigt werden.

Von der Place des Ferblantiers führt rechts eine Straße zum Bab Agnaou. Dieses Tor ist auch direkt von der Place Djemaa el Fna erreichbar über die Rue de Bab Agnaou, die neben der Banque du Maroc abzweigt.

Das **Bab Agnaou** und das benachbarte **Bab er Robb,** die beide aus dem 12. Jh. stammen, sind die schönsten Stadttore von Marrakech. Besonders reich verziert ist das Bab Agnaou. An beiden Toren wurden die Köpfe von Hingerichteten zur Schau gestellt. Am Bab er Robb sollen unter dem Meriniden-Sultan Abou Thanit an einem Tag die Köpfe von 600 enthaupteten Rebellen aufgespießt worden sein. Die beiden Tore bilden den Zugang zum Kasbah-Viertel, dem Gebiet der einstigen Almohaden-Stadt. Die unweit der Tore gelegene **Kasbah-Moschee** geht noch auf diese Zeit zurück. Sie wurde zwar in späteren Jahrhunderten mehrfach verändert – besonders nach einem Brand im Jahre 1569 –, hat aber ihren Grundplan vom Ende des 12. Jh.s bewahrt. Von besonderer Bedeutung war das alte Minarett der Moschee, dessen reiche Außenverzierungen zum Vorbild späterer Minarettornamentik wurden.

Unmittelbar rechts von der Moschee, erkennbar an zahlreichen vorgelagerten Souvenirgeschäften, führt ein Tor zu den **Saadier-Gräbern** (Tombeaux des Saadiens), die zu den bedeutendsten Baudenkmälern der Stadt zählen. Die Nekropole wurde zwischen 1590 und 1600 angelegt und später unter Moulay Ismail,

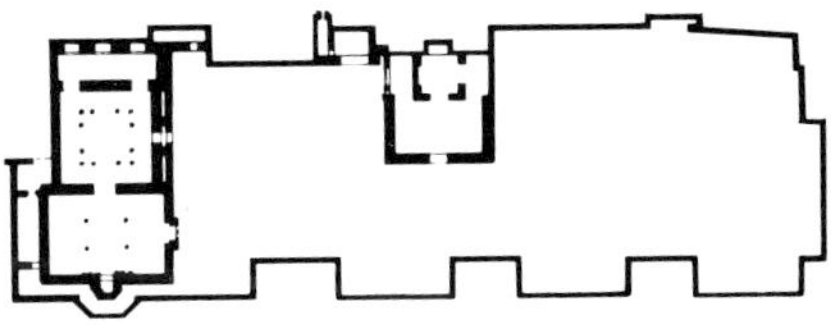

Grundriß der Saadier-Gräber

der alle Erinnerungen an die Saadier-Dynastie tilgen wollte, mit einer Mauer verschlossen. Erst 1917 wurden die Gräber wiederentdeckt. Die Anlage besteht aus zwei Mausoleen, deren Innenräume mit prachtvollem Mosaik-, Stuck- und Zedernholzschmuck ausgestattet sind. Das schönste Grab im größeren der beiden Mausoleen ist das von Ahmed el Mansour, dem berühmtesten Saadier-Sultan. Insgesamt sind vier Sultane und 62 Angehörige der Sultansfamilien in den beiden Grabmalen bestattet. Etwa 100 weitere Gräber liegen im Freien.

Die Besichtigung der Saadier-Nekropole, die unbedingt zu empfehlen ist, ist täglich, außer Freitag, von 9–12 und 14–18 Uhr möglich.

Nordteil der Medina

Wenn Sie genügend Zeit haben, lohnt sich auch ein Besuch des nördlich der Souks gelegenen Medina-Teils, den Sie erreichen, wenn Sie dem Souk el Kebir bis zu seinem Ende folgen. Hinter dem Lederwarensouk (Souk Cherratine) stoßen Sie auf eine Kreuzung. Wenn Sie nun der halblinks weiterführenden Straße folgen, passieren Sie rechter Hand eine kleine Sackgasse. Sie ist durch einen Balken versperrt, der den heiligen Bezirk um die kleine **Koubba Bardiyyn** abgrenzt. Nicht-Moslems sollten diesen Bezirk nicht betreten. Die Koubba, die vom Anfang der Gasse aus sichtbar ist, wurde um 1100 erbaut und ist damit einer der wenigen erhaltenen almoravidischen Bauten. Etwas weiter die Straße hinunter folgt ein kleiner Platz, an dem sich die **Moschee Ben Youssef** erhebt. Ihre Grundmauern datieren noch in die Almoraviden-Zeit, ihre heutige Gestalt stammt aber im wesentlichen aus dem 16. Jh. und von einem umfassenden Umbau im 19. Jh.

Kurz vor der Moschee zweigt rechts eine Gasse ab. Sie führt zur **Medersa Ben Youssef,** der größten Koranschule des Maghreb. Der 1565 errichtete Bau ähnelt in Anlage und Innenschmuck den älteren merinidischen Medersas von Fès. Ein Marmorbrunnen weist Tierdarstellungen auf – die einzigen, die in einem marokkanischen Sakralbau zu finden sind! Lohnend ist auch der Blick vom Dach (nicht immer zugänglich).

Geht man zur Moschee zurück und folgt der Straße, die um die Moschee herumführt (Rue Baroudienne), so gelangt man zu einer Straßenkreuzung.

Halbrechts zieht sich die Rue Assouel zum Bab el Khemis hin. Das noch aus der Almoraviden-Zeit stammende, später aber mehrfach veränderte Tor ist jeden Donnerstag Schauplatz eines Marktes (ehemaliger Kamelmarkt).

Halblinks führt die Rue de Bab Tarhzout an einem großen Brunnen (Fontaine Echroub ou Chouf) vorbei zur **Zaouia des Sidi Bel Abbes.** Dieses 1605 errichtete Grab eines Ordensgründers, der seit dem 12. Jh. als Wundertäter verehrt wird, ist der wichtigste Wallfahrtsort von Marrakech. Die mit einer Moschee und einem großen Brunnen verbundene Zaouia wird stets von zahlreichen Pilgern umlagert, unter denen sich zahlreiche Blinde befinden, da der Heilige als ihr Schutzpatron gilt.

In derselben Gegend (kurz vor Erreichen der Zaouia vor einem Tor links abbiegen) liegt die **Zaouia des Sidi Ben Slimane** aus dem 16. Jh. Der Gründer dieses Ordens gelangte durch seine Kämpfe gegen die Portugiesen zu Ruhm.

Noch zwei weitere lohnende Spaziergänge kann man von der Place Djemaa el

Stadtmauer am Rand der Medina

Fna in die Außenbezirke der Medina unternehmen.

Der erste führt über die Rue Mouassine, die links vom Soukhaupteingang abzweigt. Etwa 100 m hinter dem beim Färbersouk gelegenen Brunnen El Mouassine geht links von dieser Straße die Rue de Bab Doukkala ab. Man folgt ihr und passiert zunächst den Anfang dieses Jahrhunderts errichteten **Dar el Glaoui,** den ehemaligen Palast des Paschas von Marrakech (die prunkvolle Anlage, die heute z. T. von der U.M.T.-Gewerkschaft genutzt wird, kann nicht besichtigt werden), dann die Moschee Bab Doukkala (16. Jh.) und den reich verzierten Brunnen Sidi el Hassan ou Ali. Die Straße mündet beim Bab Doukkala. Hier wurden 1956 Anhänger des franzosenfreundlichen Paschas El Glaoui von einer erregten Menschenmenge lebendig verbrannt. Vor dem Tor befindet sich der moderne Busbahnhof.

Ein zweiter Weg führt von der Place Djemaa el Fna über die Rue Dabachi, die hinter dem Café du France abzweigt und sich in ihrer Verlängerung, der Rue Bab Ailen, zum Stadttor Bab Ailen hinzieht. Wendet man sich hinter diesem Tor links und folgt der Stadtmauer bis zum nächsten Tor, dem Bab Debbarh, gelangt man in das **Viertel der Gerber** (interessanter Blick vom Tor aus; Zugang durch – von stadtauswärts gesehen – erste kleine Holztür links).

Neustadt

Die Neustadt von Marrakech, Ville Nouvelle oder Guéliz genannt, wurde seit 1916 von den Franzosen angelegt. Die Verbindungsstraße zwischen der Medina und der Neustadt ist die Avenue Mohammed V., die Hauptachse der Stadt, die vor der Koutoubia ihren Anfang nimmt. Das Geschäftszentrum stellt der Abschnitt zwischen der Place du 16. Novembre (Hauptpost) und der Place Abd el Moumen ben Ali mit den umliegenden Seitenstraßen dar. In diesem Gebiet, das etwa 1500 m von der Place Djemaa el Fna entfernt ist, liegen viele Straßencafés, Bars, Restaurants, mittlere und größere Hotels, moderne Geschäfte, Banken, die beiden Fremdenverkehrsämter und ein Lebensmittelmarkt. Südlich des Geschäftszentrums finden sich im **Villenviertel Hivernage** die meisten der Luxushotels, das Spielkasino, Nachtclubs und der Campingplatz. Viele der wohlhabenden Einwohner von Casablanca und Rabat besitzen hier eine Villa.

Südwestlich des Hivernage-Viertels liegen die ausgedehnten **Menara-Gärten,** eine Obstplantage aus dem 19. Jh. mit einem großen Wasserbecken und einem Palais.

Im Norden der Neustadt, ca. 800 m nördlich des Bab Doukkala (bei der Avenue Yacoub el Mansour) der reizvolle botanische Garten **Jardin Majorelle.**

Rundfahrt um die Stadtmauer

Wer sich längere Zeit in Marrakech aufhält, sollte eine Rundfahrt um die 12 km langen Stadtmauern per Taxi oder Pferdekutsche unternehmen. Teilstücke der aus rotem Lehm errichteten Mauern stammen noch aus der Almoraviden-Zeit, der größte Teil der heutigen Anlagen datiert indessen ins 12. Jh. In späteren Jahrhunderten wurden allerdings zahlreiche Umbauten vorgenommen. Lohnend sind vor allem die Blicke auf die zehn Stadttore und der Eindruck der Stadt vor der Kulisse des meist schneebedeckten Hohen Atlas.

Verkehr

Bus: neuer, sehr moderner Busbahnhof für CTM und Privatlinien an der Place el Mourabitène vor dem Bab Doukkala (zwischen Neustadtzentrum und Medinanordwestrand). Verbindungen: jeweils mehrmals täglich nach Agadir, Safi, Casablanca, El Jadida, Essaouira, Fès, Meknes, Ouarzazate, Rabat, Tizi n'Test/Taroudannt und an den Nordrand des Hohen Atlas (Asni, Ourikatal u. a.); seltener nach Zagora und Tafraoute; Verbindungen zu den kleinen Oasen des Südens (Foum Zguid, Tagounite/Mhamid, Taliouine, Tazenakht, Tazzarine, Tamarouft, Tissint) u. v. a. gelegentlich (meist 1 oder 2 × wöchentlich).

Die Privatlinienbusse zum Nordrand des Hohen Atlas (Amizmiz, Asni, Ourika) fahren vom Platz außerhalb des Bab er-Robb (Südosten der Medina) ab; die entsprechenden Verbindungen sind weitaus besser als vom zentralen Busbahnhof.

Am Boulevard Zerktouni (bei der Place Abd el Moumen ben Ali, Zentrum der Neustadt) befindet sich eine Nebenstelle der CTM (Buchungen für Fernbusse nach Frankreich).

Stadtbusse verkehren bis 21 Uhr ab Place Djemaa el Fna (Av. Moulay Ismail, gegenüber der Post); die Linie 1 fährt zur Av. Mohammed V. Neben Taxis gibt es auch Calèches (Pferdewagen), die von Touristen häufig überhöhte Preise fordern.

Eisenbahn: Bahnhof an der Avenue Hassan II. (zweigt bei der Hauptpost von der Avenue Mohammed V. ab). Verbindungen nach Casablanca/Mekner/Fès und nach Tanger.

Flugzeug: Flughafen Marrakech-Menara, 6 km südwestlich des Zentrums, keine Zubringerbusse. Binnenflüge und Verbindungen zu verschiedenen französischen Flughäfen. Royal Air Maroc – Büro: 197 Avenue Mohammed V., ✆ 30138/31938/30939.

Auto: Leihwagenfirmen in Avenue Mohammed V. und Seitenstraßen sowie Avenue de la Menara; Royal Automobile Club Marocaine: Avenue Oued el Makhazine, ✆ 31490.

Wichtige Adressen

Information: Syndicat d'Initiative/ A.P.O.T.M., 170 Av. Mohammed V., ✆ 32097/34797/32732; O.N.M.T., Place Abd el Moumen, ✆ 30258.

Öffentliche Einrichtungen: Hauptpost: Avenue Mohammed V./Place du 16. Novembre. Polizei: Place Djemaa el Fna; Polizeinotruf: ✆ 19; Ambulanz: ✆ 15; Schwimmbäder Sarij el Barani (Hivernage) und zwischen Koutoubia und Bab el Djedid; Nachtapotheke: Rue Khalid Ibn el Oualid, ✆ 30415.

Banken: Im Zentrum der Neustadt und um die Place Djemaa el Fna (B.M.C.E. auch samstags geöffnet).

Unterkunft und Verpflegung

Klassifizierte Hotels: 5***** Hotel Mamounia, Avenue Bab Djedid; 5***** Hotel Palais El Badia, Avenue de la Menara; 5***** Hotel Es Saadi, Avenue Quassidia; 5***** Hotel Sofitel, Avenue Kennedy; 4****A Hotel Club N'fis, Avenue du France; 4****A Hotel Siaha-Safir, Avenue Kennedy; 4****A Hotel Andalous, Avenue Kennedy; 4****A Hotel Kenza, Avenue Yacoub el Mansour; 4****A Hotel Tichka, Route de Casablanca; 4****A Hotel Semiramis, Route de Casablanca; 4****A Hotel le Tafilalet, Route de Casablanca; 4****A Hotel le Marrakech, Place de la Lierté; 4****A Hotel Toubkal, Place Haroun al Rachid; 4****B Hotel de la Menara, Avenue des Remparts; 4****B Hotel Agdal, Boulevard Zerktouni; 4****B Hotel Sahara Inn, Route de Casablanca; 4****B Hotel les Almoravides, Arset Djenan Lakhdar; 4****B Hotel Chems, Avenue Houmane El Fêtouaki; 4****B Hotel Amine, Route de Casablanca; 3***A Hotel Imilchil, Avenue Echouhada; 3***A Hotel Ibn Batouta, Avenue Yacoub el Marini; 3***A Hotel Smara, Boulevard Mohammed Zerktouni. 3***A Hotel Tachfine, 18 Boulevard Zerktouni; 3***B Hotel Sun, 25 Rue Moulay Ali; 3***B Hotel du Pacha, Boulevard de la Libertè; 3***B Hotel la Renaissance, 18 Avenue Mohammed V.; 3***B Hotel les Ambassadeurs, 2 Avenue Mohammed V.; 2**A Hotel du Maghreb, Avenue des Remparts; 2**A Hotel Excelsior Tarik Ibn Ziad/Ibn Aicha; 2**A Hotel Al Mouatamid, 94 Avenue Mohammed V.; 2**A Hotel Koutoubia, 51 Avenue Mansour Ed Dahbi; 2**A Grand Hotel Tazi, Rue Bab Agnaou; 2**B Hotel de Foucauld, Rue el Mouahidine, 2**B Hotel Gallia, Rue de la Recette; 1*A Hotel de la Palmeraie, 8 Rue Soraya; 1*A Hotel CTM, Djemaa el Fna; 1*A Hotel Oasis, 50 Avenue Mohammed V.; 1*B Hotel Toulousain, 48 Rue Tarik Ibn Ziad; 1*B Hotel des Voyageurs, 40 Boulevard Zerktouni; 1*B Hotel Franco-Belge, 62 Boulevard Zerktouni.

Anlage des Club Méditerranée nahe der Place Djemaa el Fna (gegenüber Banque du Maroc), verschiedene Appartement-Anlagen in der Neustadt (z. B. Résidence El Hamra und Les Palmiers), einige Luxushotels im Bau.

Einfache Hotels: ca. zwei Dutzend an Place Djemaa el Fna und Umgebung, besonders in der Gasse, die unmittelbar neben der Brasserie du Glacier beginnt (kleiner, unauffälliger Torbogen) und – nach einigen Windungen – auf die Rue Zitoun el Kedim (unweit des CTM-Gebäudes) mündet. Weitere einfache Hotels liegen in der Medina verstreut, besonders an den Haupttoren. Recht abgelegen, eignen sie sich schlecht als Standorte.

Jugendherberge: Rue Mohammed el Hansali, Neustadt (Nähe Campingplatz).

Camping: Municipal, Av. de France (zwischen Zentrum der Neustadt und Hivernage-Viertel).

Restaurants: mittlere und teure im Zentrum der Neustadt, im Hivernage-Viertel (z. T. außerhalb) sowie zwischen Koutoubia und Djemaa el Fna, einfache an der Djemaa el Fna (Markthallenkomplex Nordseite).

Nachtleben: Diskotheken, Bars und Nachtclubs im Zentrum der Neustadt und im Quartier de l'Hivernage.

Feste

Nationales Folklorefestival von Marrakech: findet seit 1961 jährlich statt. Es beginnt im Mai oder Juni und dauert etwa zehn Tage. Schauplatz sind die Ruinen des El Badi-Palastes. Geboten werden Tänze, Musik und andere folkloristische Veranstaltungen. Obwohl das Fest erst in neuerer Zeit organisiert wurde, bietet es eine hervorragende Übersicht über die Folklore der verschiedenen marokkanischen Regionen. Während des Festivals halten sich sehr viele Touristen in Marrakech auf, es ist dann besonders schwer, ein Hotelzimmer zu finden.

Umgebung von Marrakech

In der unmittelbaren Umgebung der Stadt liegt die ca. 150 km² große **Palmeraie,** die Dattelpalmenoase. Spaziergänge in die Oase sind von allen Stadttoren aus möglich.

Tameslought: Kleiner Ort 19 km südlich von Marrakech an der Straße S 507. Sehenswert sind hier eine große, leider stark verfallene Kasbah und zwei Zaouias, beide im 16. Jh. von einem als Wundertäter gepriesenen Heiligen gegründet, dessen Gelehrsamkeit ihm den Beinamen ›Der Mann der 366 Wissenschaften‹ eintrug.

Etwa 20 km weiter südlich liegt ebenfalls an der S 507 der **Stausee Cavagnac.**

Verkehr: Tameslought und der Stausee werden von den Bussen Marrakech – Amizmiz passiert.

Nordrand des Hohen Atlas: Die schönsten Ausflüge von Marrakech führen in die am Nordrand des Hohen Atlas gelegenen Orte und Täler, die nur etwa 50 bis 70 km von der Stadt entfernt sind, besonders hervorzuheben Asni, das Ourika-Tal und Oukaimeden (s. S. 256). Daneben lohnt sich auch ein Abstecher nach Amizmiz (s. S. 256). Alle genannten Ziele sind wegen der sehr guten Busverbindungen problemlos in Tagesausflügen zu besuchen.

Der Hohe Atlas

Der Hohe Atlas ist der ausgedehnteste Teil des marokkanischen Gebirgssystems und umfaßt auch die höchsten Gipfel Nordafrikas. Vom Cap Rhir (zwischen Essaouira und Agadir) im Südwesten bis zum Djebel Meschkakour (bei Talsinnt am Rand der ostmarokkanischen Meseta) im Nordosten erstreckt er sich über eine Länge von 700 km.

Mehr als 40 Gipfel des Hohen Atlas ragen über 3000 m empor. Die höchsten Erhebungen weist dabei der Zentralteil südlich von Marrakech auf. Der Djebel Toubkal erreicht 4165 m Höhe und ist damit der höchste Berg Nordafrikas. Es folgen der Nachbargipfel Djebel Ouanoukrim (4089 m) und der Ighil M'Goun westlich der Dades-Schluchten (4071 m). Eine Reihe weiterer Berge erreicht die 4000 m-Grenze fast. Die höchsten Massive außerhalb des Zentralteils sind der Djebel Ayachi bei Midelt (3737 m) und der Djebel Siroua an der Grenze zum Anti-Atlas (3304 m). Die im Südwesten zum Meer reichenden Ausläufer und die nordöstlichen Übergänge zur ostmarokkanischen Meseta sind erheblich niedriger, mit nur wenigen Erhebungen über 2000 m.

Die sanfteren Nord- und Westhänge des Hohen Atlas sind niederschlagsreich und tragen reiche Vegetation (Buchsbaum, Stechpalme, Atlas-Thuya). Die schroffen, regenarmen Südhänge sind dagegen fast vegetationslos.

Im Winter kommt es zu starken Schneefällen, manche Orte sind dann wochenlang eingeschneit, und die Temperaturen fallen auf extrem niedrige Werte. Ewigen Schnee oder ewiges Eis

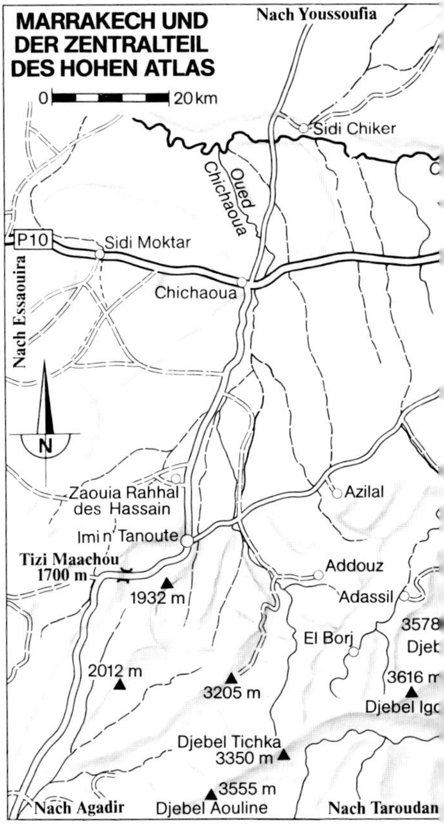

gibt es aber selbst in den größten Höhen nicht.

Bewohnt wird der Hohe Atlas von Berberstämmen. Die weitaus größte Gruppe bilden die Chleuh im Westteil des Gebirges etwa bis zum Ighil M'Goun. Als seßhafte Ackerbauern, die auf künstlich bewässerten Hangterrassen Getreide, Obst und Gemüse anbauen, leben sie in Lehm- und Steindörfern mit eng zusammenstehenden Häusern. Frü-

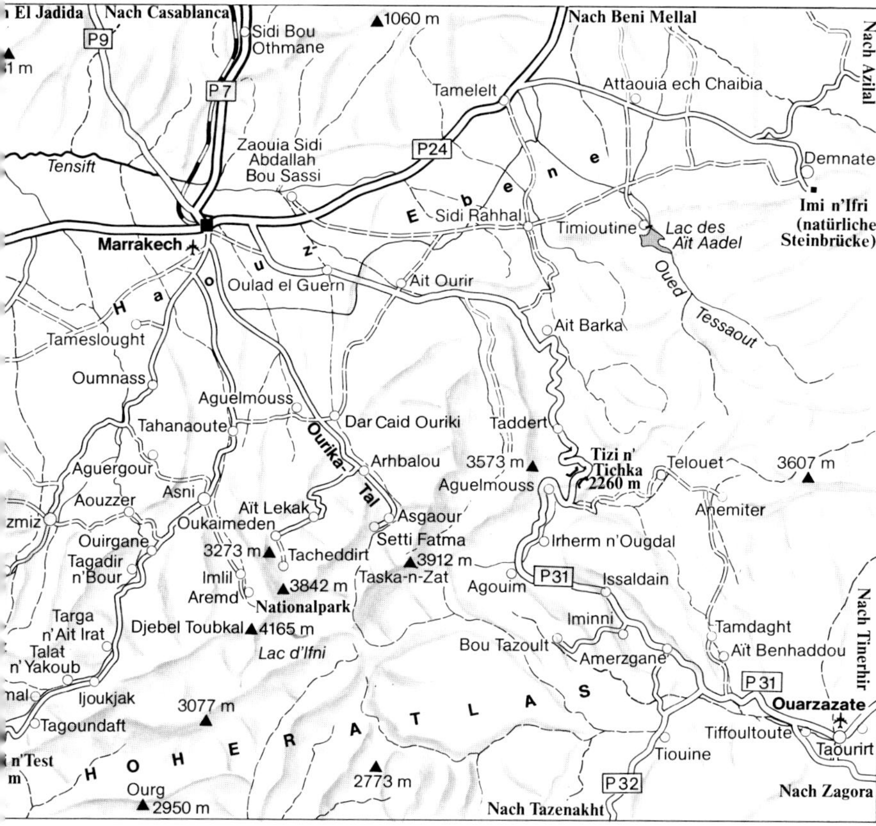

her gab es in vielen Chleuh-Dörfern starke jüdische Minderheiten. Drei große Chleuh-Stämme gelangten in der Vergangenheit zu großer Macht, weil sie die wichtigen Pässe kontrollierten, die einzigen Übergänge zwischen dem marokkanischen Norden und der Sahara. Es waren dies die Stämme der Glaoua (im Gebiet des Tizi n'Tichka), der Goundafa (beim Tizi n'Test) und der Mtougui (um den Imi n'Tanout). Sie unterwarfen ihre Nachbarstämme und machten sie tributpflichtig. Untereinander lagen sie in ständiger Fehde. Ihre Macht vergrößerte sich beträchtlich, als sie die Franzosen bei der Unterwerfung der Stämme des Südens unterstützten. Besonders erfolgreich waren dabei die Glaoua, die zu fast unumschränkten Herren des Südens wurden. Im Herrschaftsbereich der drei Stämme gibt es zahlreiche Kasbahs, einst Sitze der Caids und ihrer Vertreter.

Siedlung im westlichen Hohen Atlas

Berber aus dem Hohen Atlas

Im dünn besiedelten Ostteil des Hohen Atlas leben Beraber. Wie im benachbarten Mittleren Atlas sind sie teilnomadische Schaf- und Ziegenzüchter. Entsprechend dominieren Zeltbehausungen (vgl. S. 224 f.).

Wirtschaftlich bedeutend ist heute eine Reihe von Bergwerken an den Gebirgsrändern (vor allem Mangan- und Bleiminen bei Midelt und Manganminen nördlich von Ouarzazate). Viele Bewohner des Gebirges und der südlichen Nachbargebiete gehen als Saisonarbeiter in die Minenorte. Inzwischen stellt auch der Tourismus eine Erwerbsquelle dar: An allen Hauptrouten bieten Händler die bekannten Halbedelsteine der Region feil.

Die **Verkehrserschließung** des Hohen Atlas ist insgesamt schlecht. Gut ausgebaut sind lediglich die Paßstrecken über den Tizi n'Tichka, den Tizi n'Test, den

Tizi n'Talrhemt (bei Midelt) und den Imi n'Tanout (Agadir-Chichaoua), die Strecke Taroudannt – Tazenakht – Ouarzazate und die Stichstraßen von Marrakech in die Täler am Nordrand des Gebirges.

Das **Tankstellennetz** ist dünn, nur an den Hauptrouten gibt es einige wenige Tankstellen.

Im **Winter** (zwischen Dezember und April) sind viele Straßen verschneit, die Hauptrouten werden in der Regel aber schnell wieder geräumt. Schilder an den Zufahrtsstraßen zeigen an, ob die Pässe frei sind.

Die **Busverbindungen** entlang der Hauptrouten sind ausreichend, auf den Nebenstrecken dagegen sehr schlecht.

Sehenswürdigkeiten: Ein großer Teil der zahlreichen landschaftlichen Höhepunkte in allen Regionen des Hohen Atlas ist nur sehr schwer erreichbar. Die schönsten der zugänglichen Landschaften sind die Tizi n'Test- und Tizi n'Tichka-Paßrouten, das Toubkal-Massiv, der Djebel Ayachi, das Ourika-Tal und die Naturbrücke von Imi n'Ifri. Bedeutende Bauten: die Moscheeruine von Tinmal und die Kasbah von Telouet.

Route Agadir – Imi n'Tanout

Diese schnellste und kürzeste Verbindung zwischen Agadir und Marrakech wurde erst Ende der 70er Jahre fertiggestellt. Sie durchzieht die Westausläufer des Hohen Atlas, die nur noch Höhen bis zu 2000 m erreichen. Höchste Stelle der Straße ist der Tizi n'Maachou (1700 m) kurz vor Imi N'Tanout. Die Strecke ist durchaus reizvoll, aber bei weitem nicht so spektakulär wie die beiden östlich gelegenen Paßstraßen. Sie sollte daher nur bei Zeitmangel benutzt werden.

Verkehr: Die meisten Busse zwischen Agadir und Marrakech benutzen diese Route. Die öffentlichen Verbindungen sind daher sehr gut.

Route über den Tizi n'Test

Die Paßroute über den 2120 m hohen Tizi n'Test zählt zu den landschaftlich schönsten Strecken Marokkos. Eine besonders beeindruckende Aussicht bietet die Paßhöhe selbst. Interessant ist der deutlich feststellbare Unterschied zwischen dem vegetationsreichen Nordhang und dem kargen Südhang. Der Paß war früher neben dem Tichka der wichtigste Übergang über den Hohen Atlas, durch die Eröffnung der neuen Route Agadir – Imi n'Tanout hat er jedoch an Bedeutung verloren.

Die Strecke ist insgesamt gut befahrbar, schlecht ist nur ein 40 km langes Stück zwischen der Paßhöhe und Ijoukak, das nach Regen- und Schneefällen nicht passierbar ist. Schnee wird seltener geräumt als beim Tichka. Die einzige Tankstelle befindet sich in Ijoukak (nächste Tankstellen in Asni und Taroudannt). Auf der Paßhöhe ein (teures) Café-Restaurant.

Busse überqueren den Paß in jeder Richtung 2 × täglich (Strecke Marrakech – Taroudannt).
Unterkunft: in Ouirgane 4****A Residence de la Roseraie und 2**B-Hotel au Sanglier qui fume, in Ijoukak und Idni einfache Hotels. An der Paßhöhe ein Café-Restaurant.

Tinmal

Moscheeruine an einem der historisch bedeutendsten Orte Marokkos. Etwa 8 km von Ijoukak nahe der Paßstraße gelegen (von der Straße aus sichtbar).

Tinmal ist die Keimzelle des Almohaden-Reiches gewesen: Der von seinen Anhängern als ›Mahdi‹ (gottgesandter Glaubenskämpfer) verehrte Ibn Toumert flieht um 1120 hierher, verfolgt von den Almoraviden, gegen die er zum heiligen Krieg aufgerufen hat. Er islamisiert die im Gebiet ansässigen Masmouda-Berber und übersetzt den Koran in ihre

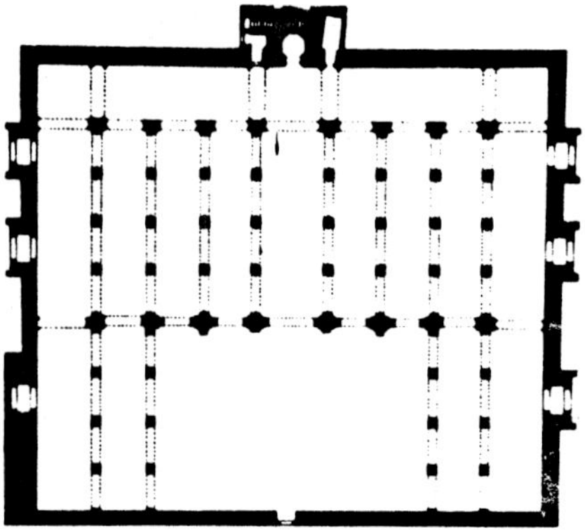

Grundriß der Moschee von Tinmal

Sprache, das Tachelhait. Um 1125 Gründung eines Ribat (befestigtes Kloster), straffe militärische Organisierung der Berberstämme. Die Mitglieder des Ribat nennen sich ›Al Muwahidun‹ (Verfechter der Einheit). Daraus entsteht später der Name Almohaden. Nach dem Tod von Ibn Toumert erobern die Almohaden unter Abd el Moumen in einem siebenjährigen Kriegszug Marokko und führen das Reich zur größten Ausdehnung seiner Geschichte. Nach der Einnahme von Marrakech (1146) wird die Hauptstadt von Tinmal dorthin verlegt, Tinmal aber weiter als heilige Stadt verehrt. Ab 1230 Eroberung des Almohaden-Reiches durch die Meriniden, Tinmal wird letzter almohadischer Zufluchtsort. Erst 1276 jedoch erobern und zerstören die Meriniden die Stadt.

Erhalten hat sich bis heute die Ruine der Moschee. Minarett und Teile des Gebetssaals mit Mihrab (Gebetsnische) und Minbar (Gebetskanzel) sind noch in gutem Zustand. Eine Besichtigung (möglich außer freitags, wenn hier gebetet wird) ist sehr empfehlenswert, weil der Bau einen hervorragenden Eindruck von der typischen Anlage maurischer Moscheen vermittelt.

Die Moschee von Tinmal wurde 1153/1154 unter Abd el Moumen erbaut und war damit die erste der klassischen almohadischen Moscheen, die später in der Koutoubia von Marrakech ihre Vollendung fanden und bis heute Vorbild des Moscheebaus in Marokko geblieben sind. Neun Längsschiffe und ein Querschiff waren in der typischen T-Form angeordnet und von drei Kuppeln gekrönt. Auffällig ist die Position des Minaretts: Es befindet sich an der Seite der Qibla, der nach Mekka gerichteten Gebetsmauer. Bei allen anderen Moscheen des Landes erhebt es sich an der gegenüberliegenden Seite. Die Ornamente sind schlichter als bei späteren Bauten.

In der Nähe von Tinmal liegen zwei eindrucksvolle Kasbahs: In der **Goundafa – Kasbah** beim Dorf Talaat n'Yacoub hatte der Caid des mächtigen Goundafa-Stammes, der den Tizi n'Test beherrschte, seinen Sitz. Die **Kasbah Tagoundaft,** 1865 erbaut, ist 100 m über der Paßstraße gelegen.

Route über den Tizi n'Tichka

Die Straße über den 2260 m hohen Tizi n'Tichka ist die höchste der großen Atlas-Routen. Wie die Route über den Tizi n'Test gehört sie zu den landschaftlich schönsten Strecken Marokkos. Die Straße ist besser ausgebaut und wird häufiger befahren als die über den Test-Paß. Heftige Schneefälle können sie zwischen Dezember und April zeitweise blockieren, meist wird der Schnee aber schnell geräumt. In den Orten entlang der Paßstrecke werden häufig Amethyste angeboten. Wer kauft, sollte Kenner sein, denn oft sind die angebotenen Steine weder ›edel‹ noch ›halbedel‹.

Südlich des Passes wird bei Imini, Tiouine und Bou Tazoult Mangan abgebaut. Eine Seilbahn transportiert das Erz von Aguelmous (südlich des Passes) nach Arba Talast (nördlich des Passes an einer Parallelstraße).

Tankstellen gibt es in Ait Barka, Agouim und Amerzgane.

Busse überqueren den Paß in jeder Richtung 4–5 × täglich (Linie Marrakech – Ouarzazate).

Unterkunft: Einfache Hotels findet der Reisende in Taddert, Igherm n'Ougdal und Amerzgane.

Telouet

Einstiger Hauptsitz der Glaoua, des mächtigsten Stammes im Hohen Atlas. In 1800 m Höhe in der Nähe des gleichnamigen Dorfes gelegen, und zwar am Ende einer 21 km langen Straße, die südlich der Paßhöhe abzweigt (gelegentlich Sammeltaxis von der Tichka-Paßstraße).

Von der Kasbah von Telouet aus beherrschte der Stamm der Glaoua jahrhundertelang den Tizi n'Tichka. Als Gegenleistung für seine Hilfe bei Kämpfen gegen die Stämme des Südens erhebt der Sultan Ende des 19. Jh.s den Caid der Glaoua zum Herrn über die umliegenden Stämme. Im Thronfolgekrieg Anfang dieses Jahrhunderts unterstützen die Glaoua den später siegreichen Moulay Hafid, und den Franzosen stellen sie Truppen zum Kampf gegen den Rebellen El Hiba wie auch zur Unterwerfung der Stämme des Südens. Belohnt werden diese Loyalität und Kollaboration durch zahlreiche Privilegien, der Glaoua-Caid wird Pascha von Marrakech (vgl. S. 236). Dieser ›El Glaoui‹ genannte Stammesführer ist schließlich Herr des gesamten marokkanischen Südens, seine Macht zeitweise größer als die des Sultans. Von dieser Macht zeugen bis heute zahlreiche Kasbahs im Hohen Atlas und seinen Randgebieten, einst Residenzen der Vertreter des El Glaoui. 1956 werden die Glaoua wegen ihrer Kooperation mit den Franzosen entmachtet, der Besitz des El Glaoui wird verstaatlicht. Die Kasbah von Telouet, die einst über 1000 Bewohner zählte, ist seither unbewohnt und verfällt zunehmend.

Die Kasbah, ein riesiger Komplex, besteht eigentlich aus mehreren, von einer gemeinsamen Mauer umgebenen Wohnburgen und datiert im wesentlichen vom Ende des 19. Jh.s Später wurden ihr eine Moschee und ein Palast im maurischen Stil hinzugefügt, und Erweiterungen setzten sich bis 1956 fort. Eine Besichtigung des Inneren ist neuerdings wieder möglich, außerdem lohnt das imposante Äußere der Kasbah – sie ist eine der größten und schönsten des Landes – den Abstecher.

Östlich von Telouet liegen einige weitere ehemalige Glaoua-Kasbahs. Besonders sehenswert wegen ihrer Lage inmitten hoher Berge und ihres guten Erhaltungszustandes ist die **Kasbah Anemiter,** wohl nicht zu Unrecht gelegentlich als schönste Kasbah Marokkos bezeichnet (gute, neue Piste ab Telouet, die in südlicher Richtung durch das Tal des Asif Ounila nach Ait Benhaddou – vgl. S. 264 – führt).

Eine weitere gut erhaltene Speicherburg ist in **Igherm n'Ougdal** südlich des Tizi n'Tichka zu besichtigen.

Route Taroudannt – Ouarzazate

Landschaftlich weniger schön als die beiden Paßrouten. Sehenswert eine ehemalige Glaoua-Kasbah in **Taliouine** und der Sonntagsmarkt in **Tazenakht** (Teppiche und Burnusse).

Verkehr: Gute Straße, täglich ein Bus Taroudannt – Ouarzazate, 1–2 × wöchentlich Busse von Marrakech nach Taliouine und Tazenakht, Tankstellen in Aoulouz, Tiouine und Tazenakht.

Unterkunft: 4****B Hotel Ibn Toumert in Taliouine, hier sowie in Aoulouz, Tiouine und Tazenakht einfache Unterkunft.

Nordrand des Hohen Atlas

Amizmiz

3000 Einwohner, landschaftlich sehr schön gelegen (eine tiefe Schlucht teilt den Ort), großer Dienstagsmarkt vor der Kasbah. Töpfereizentrum. Bekannt als Sitz der Ahmed ou Moussa-Sekte, deren Angehörige als Akrobaten in allen Marktstädten des Südens und sogar im europäischen Zirkus anzutreffen sind (vgl. S. 286).

Busse nach Marrakech.

Asni

1150 m hoch gelegener Erholungsort am Beginn der Tizi n'Test-Paßstraße. Besonders im Sommer beliebtes Ausflugsziel der Bewohner von Marrakech. Kern ist ein Berberdorf mit einer Kasbah; im Umkreis liegen zahlreiche Sommerhäuschen und ausgedehnte Obstplantagen. Asni ist Ausgangspunkt vieler Wanderungen und Standort für Ausflüge ins Toubkal-Massiv. Reger Halbedelstein-Handel.

Busse: häufig nach Marrakech, 2 × täglich nach Taroudannt.
Unterkunft 3***A Grand Hotel du Toubkal, einige einfache Hotels, Jugendherberge an der Straße nach Imlil, Campingplatz.

Djebel Toubkal

Höchstes Bergmassiv Nordafrikas, 4165 m hoher Hauptgipfel, mehrere Berge um 4000 m. Das Gebiet ist Nationalpark.

Beim Dorf **Imlil** (17 km von Asni; nur selten Busse) beginnt ein Bergpfad, Maultiere und Führer für den Aufstieg können im Dorf gemietet werden. Die Besteigung der Gipfel ist für geübte Bergsteiger unproblematisch.

Information für Bergsteiger: Club Alpin, Avenue Mohammed V., Rabat. Unbedingt empfehlenswert: Der Bergsteigerführer von T. Clarmann (vgl. Literaturhinweis S. 382).

Unterkunft: Entlang des Aufstiegspfades liegen in 1900–3500 m Höhe die Schutzhütten Imlil, Lepiney, Neltner und Aremd, in denen übernachtet werden kann (Auskunft beim Fremdenverkehrsamt in Marrakech).

Ourika-Tal

Herrlich gelegenes, 35 km langes Bergtal in 1000–1500 m Höhe, dicht besiedelt, beliebtestes Ausflugsziel der Einwohner von Marrakech. Bei **Dar Caid Ourika** großer Montagsmarkt; ab **Irhef** Maultierpfad zum **Djebel Yagour** (prähistorische Felszeichnungen); ab **Asgaour** schöne Wege in kleine Seitentäler; in **Setti Fatma** großer Moussem im August und Nußmarkt. Überall im Tal gute Wandermöglichkeiten.

Busse nach Marrakech und Oukaimeden.
Unterkunft: 4****B Ourika Hotel (in Dar Caid Ourika); 2**B Hotel Ramuntcho (in Irhef); 1* Auberge la Chaumiere (in Azgaour); einfache Gasthöfe entlang des Tales (u. a. bei Setti Fatma).

Oukaimeden

Bedeutendster **Wintersportort** Marokkos, in 2650 m Höhe gelegen und von bis zu 3600 m hohen Bergen umgeben. Drei Skilifte bis in 3000 m Höhe, Sessellift zum 3270 m hohen Djebel Oukaimeden. Mehrere Abfahrten, zwei Sprungschanzen, Skischule, Verleih von Wintersportausrüstung. Saison von Dezember bis April. Im Sommer günstiger Standort für Bergwanderungen (ca. 2 Std. bis auf den Gipfel des Djebel Oukaimeden). Maultiere und Führer für Bergritte können gemietet werden.

In Oukaimeden finden sich die am leichtesten erreichbaren prähistorischen **Felszeichnungen** Marokkos (u. a. bei der Schutzhütte des Club Alpin und beim Maison de la Jeunesse et des Sports).

Busse nach Marrakech.

Unterkunft: 3***B Hotel Imlil; 2**B Auberge Chez Juju; 1*B Hotel de l'Angour; 1*B Hotel Panoramique; 1*B Hotel La Chouca. Chalets des Ministère de la Jeunesse et des Sports. Schutzhütten des Club Alpin in Oukaimeden und in Tachedirt. Campingplatz. Hotels und Chalets sind im Winter häufig ausgebucht (Reservierungen über Fremdenverkehrsamt Marrakech). Außerhalb der Winter- und Sommersaison schließen die meisten Hotels; der Ort wirkt dann wie ausgestorben.

Ait Ourir

Dorf mit Dienstagsmarkt am Beginn der Tizi n'Tichka-Paßstraße.

Unterkunft: 2**A Auberge l'Hermitage

Demnate

10000 Einwohner, schön gelegener Ort mit einer El Glaoui-Kasbah, großer Sonntagsmarkt, Salzbergwerk.

7 km von Demnate entfernt liegt die **Naturbrücke** von **Imi n'Ifri,** eine in grandioser Landschaft (Schluchten; schöne Wandermöglichkeiten) gelegene natürliche Steinbrücke über den Oued Mehasseur.

Busse Marrakech-Demnate, einfache **Unterkunft.**

Nordöstlicher Hoher Atlas

Der gesamte Nordostteil des Hohen Atlas ist nur sehr dünn besiedelt und verkehrsmäßig fast gänzlich unerschlossen.

Midelt

16000 Einwohner, überwiegend moderner Handels- und Bergwerksort (Kupfer-, Zinn- und Bleiminen), in 1500 m Höhe am Rand des Hohen Atlas gelegen. Kern ist ein alter Ksar, um den ab 1917 eine Militärgarnison angelegt wurde. Standort für Ausflüge ins Djebel Ayachi-Massiv, Weberei-Atelier der Franziskanerinnen.

Busse nach Er Rachidia/Erfoud, Meknes/Fès und Khenifra.

Unterkunft: 3***A Hotel Ayachi, mehrere einfache Hotels im Zentrum, Camping Municipal an der Straße nach Er Rachidia.

Midelt liegt an der gut ausgebauten P 21, die in Richtung Ksar es Souk den 1907 m hohen Tizi n'Talrhemt-Paß überwindet. Über die S 3424 besteht eine Verbindung nach Imilchil, die Straße dorthin ist äußerst schlecht, und bis El Ksiba gibt es weder Tankstellen noch Hotels.

Djebel Ayachi-Massiv

Mit 3737 m höchster Gipfel des nordöstlichen Hohen Atlas. Besteigung möglich vom Dorf **Tattiouine** (14 km südlich von Midelt) aus. Dort können Maultiere und Führer gemietet werden. Am Nordrand des Massivs liegt der **Cirque de Jaffar** (24 km von Midelt, ab dort erreichbar über P 21/S 3426/S 3424), ein 2100 m hoch gelegener Felsenkessel, von dem man eine herrliche Aussicht auf den Djebel Ayachi hat. Von hier führt ein Pfad ins Massiv (nicht befahrbar).

Rich

2000 Einwohner, befestigter Marktort vor der Kulisse des völlig kahlen nordöstlichen Hohen Atlas.

Busse nach Midelt und Er Rachidia, mehrere einfache **Hotels**

Von Rich führen größtenteils unbefestigte, schlechte Straßen in die Nordostausläufer des Hohen Atlas, die allmählich in die ostmarokkanische Meseta übergehen. Höhen um 2000 m werden zuletzt im Djebel Meschkakour nordöstlich von Talsinnt erreicht. Das Gebiet ist landschaftlich eintönig. Busse nach Talsinnt verkehren selten. Die nach Bou Arfa weiterführende Straße ist äußerst schlecht.

Dra, Dades und Tafilalet

Südöstlich des Hohen Atlas erstrecken sich die weiten Oasengebiete von Dra, Dades und Tafilalet. Sie verdanken ihre Existenz den zahlreichen Wasserläufen, die am Südosthang des Gebirges entspringen. Die meisten Bäche und Flüsse versickern bald in der angrenzenden Wüste, einige sind aber wasserreich genug, um fruchtbare Oasenketten zu speisen.

Das größte dieser Gewässersysteme ist das von Dades und Dra. Der Dades entspringt beim Tizi n'Quano und bewässert nach seinem Austritt aus dem Gebirge eine Reihe von Oasen von Boumalne bis Ouarzazate. Bei Ouarzazate vereinigt er sich mit anderen Wasserläufen zum Dra, der nach seinem Durchbruch durch den Djebel Sarhro eine weitere Oasenkette zwischen Agdz und Zagora speist. Das Flußbett des Dra zieht sich weiter bis zum Atlantik hin (Mündung nördlich von Tan Tan, Länge insgesamt 1200 km), das Wasser versickert aber bald in der Wüste. Nur in Ausnahmefällen hat der Dra in der Vergangenheit das Meer erreicht.

Östlich des Dades bewässern Oued Gheris und Oued Ziz mit ihren Zuflüssen das Oasengebiet des Tafilalet, das mit seinen Ausläufern von Er Rachidia bis Rissani reicht. Zwischen Dades und Tafilalet liegen die kleineren Oasen von Tinerhir, Tinejdad und Goulmima.

Die Oasengebiete selbst sind überwiegend flache Landschaften. Nur die Oberläufe von Dades, Todrha und Ziz am Gebirgsrand und der Durchbruch des Dra durch den Djebel Sarhro bilden tief eingeschnittene Täler. Jenseits der Oasen beginnt die Wüste. Mit Ausnahme des bis 2712 m hohen Massivs des Djebel Sarhro ist die Wüstenlandschaft eben oder leicht hügelig.

Bewohnt werden die großen vorsaharischen Oasen von einer Mischbevölkerung aus Berbern (meist Chleuh), arabischen Nomaden und Haratin (Nachkommen westafrikanischer Sklaven). Berber und Haratin überwiegen dabei im Dra- und Dadestal, Araber im Tafilalet. Eine klare Grenze zwischen den Bevölkerungsgruppen kann allerdings nirgends gezogen werden. In vielen Orten lebten früher starke jüdische Minderheiten. In der Vergangenheit wurde ein reger Handel mit den Kamelnomaden der Sahara getrieben, unter deren Oberhoheit Teile des Oasengebiets standen.

Bei den Siedlungen in den vorsaharischen Oasen handelt es sich um eng zusammengedrängte, befestigte Lehmdörfer. Eine Besonderheit von Dades- und Dra-Tal sind die großen Kasbah-Komplexe.

Zum Anbau von Gerste, Mais, verschiedenen Gemüsearten und Henna, zur Plantagenwirtschaft mit Dattelpalmen und verschiedenen Obstbäumen (Mandeln, Pfirsiche, Pflaumen, Granatäpfel u. a.) kommt in den Oasen noch die Zucht von Schafen und Ziegen. Da die unregelmäßige Wasserführung der Flüsse für eine ganzjährige Bewässerung oft nicht ausreicht, wird auch das Grundwasser genutzt und durch unterirdische Kanäle (Khettaras oder Foggaras) geleitet, die über Schächte zugänglich sind.

Dorf im Dra-Tal ▷

Durch Überbeanspruchung sinkt der Grundwasserspiegel ständig, und Wassermangel bedroht die Oasen. Eine starke Abwanderung der Bevölkerung ist die Folge. Neue Staudämme bei Ouarzazate und Ksar es Souk sollen zusätzliche Bewässerungsquellen schaffen und die Oasenflucht stoppen.

Die **Verkehrserschließung** der vorsaharischen Oasenketten ist – im Gegensatz zu der der angrenzenden Wüstengebiete – gut. Die Strecken Ouarzazate – Zagora, Ouarzazate – Ksar es Souk und Ksar es Souk – Rissani sowie die Zufahrten (Marrakech – Ouarzazate und Fès/Meknes – Ksar es Souk) sind hervorragend ausgebaut. **Tankstellen** gibt es in wenigstens 100 km Abstand, **Busse** verkehren mehrmals täglich. Im Frühjahr können allerdings heftige Regenfälle die Straßen überschwemmen und zeitweise unpassierbar machen.

Sehenswürdigkeiten

Die zahlreichen landschaftlichen Höhepunkte und besonders die eindrucksvollen Kasbahs mit ihrer in Marokko einmaligen Architektur machen die vorsaharische Oasenkette zu einer der interessantesten Regionen des Landes. Ein Besuch dieses Gebiets sollte deshalb Teil jeder längeren Marokkoreise sein.

Größte Attraktion des Gebiets sind die als ›Route des Kasbahs‹ bekannten Strecken durch das Dra- und Dades-Tal. Zwischen Ouarzazate und Tinerhir sowie Agdz und Zagora reiht sich eine fast ununterbrochene Kette von Kasbahs aneinander. Die Route gehört zu den beliebtesten Touristenzielen Marokkos und ist Teil zahlreicher organisierter Rundfahrten.

Weniger häufig besucht, aber ebenfalls sehenswert sind die Schluchten von Dades, Todrha und Ziz, die Kasbah Ait Benhaddou, Tamegroute, Erfoud und Rissani. Günstigste Standorte für Ausflüge sind Ouarzazate, Ksar es Souk, Tinerhir, Erfoud und Zagora.

Haben Sie zwischen Abstechern ins Dra-Tal oder ins Tafilalet zu wählen, gilt folgendes: Landschaftlich und architektonisch (Kasbahs!) reizvoller ist das Dra-Tal. Es ähnelt aber stärker dem Dades-Tal und wird auch von Touristen häufiger besucht als das Tafilalet.

Die Kasbahs im Dra- und Dades-Tal
(›Route des Kasbahs‹)

Die Siedlungen des Dra- und Dades-Tales bestehen aus einer Ansammlung festungsartiger Einzelbauten, die in der Sprache der hier ansässigen Berber Tighremt genannt werden, aber bekannter sind unter der arabischen Bezeichnung Kasbah (Festung). Sie dienen als Wohnburg und gemeinschaftlicher Vorratsspeicher einer Sippe, wobei die Sippen einer Siedlung in der Regel einem Stamm angehören.

Die Kasbahs an Dra und Dades unterscheiden sich damit wesentlich von denen anderer Landesteile: In den arabischen Städten sind die Kasbahs reine Festungen; im Hohen Atlas überwiegend Residenzen der Stammesführer (Caids) oder ihrer Vertreter; im Anti-Atlas abseits der Siedlungen gelegene Gemeinschaftsspeicher.

Der Bauplan der Kasbahs in den Tälern von Dra und Dades folgt einem einheitlichen Schema: Um einen mehrstöckigen Zentralbau, der manchmal einen Innenhof umschließt, gruppieren sich vier hohe Ecktürme; eine mächtige Mauer umgibt den Bau. Durch zahlreiche Nebenbauten können riesige, verwinkelte Komplexe entstehen, die gelegentlich mehrere benachbarte Kasbahs verbinden. Von außen wirken alle diese

Oben: Kasbah bei Skoura, die deutlich die typischen Merkmale der Berberburgen an Dra und Dades zeigt: Vier hohe Ecktürme, mächtige Außenmauern, Ornamentverzierungen.

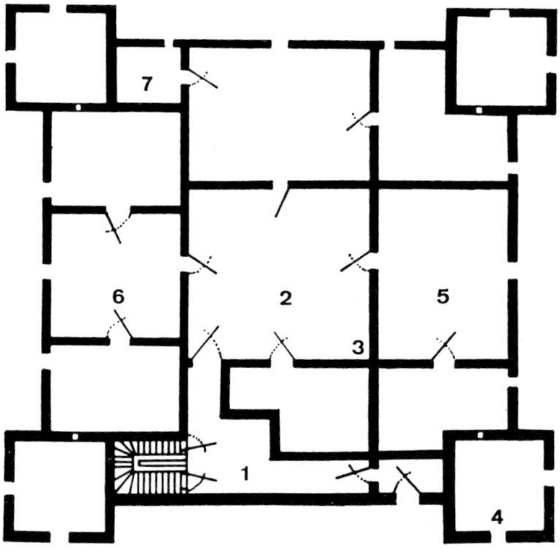

Rechts: Typischer Grundriß einer Berberkasbah
1 Gang 2 Hof
3 Viehgehege
4 Getreidespeicher
5 Gerätelager
6 Gesinderaum
7 Butter- und Honiglager

Anlagen aber sehr einheitlich, da sie stets von zusammenfassenden Einfriedungsmauern umschlossen sind.

Bemerkenswert sind auch die Ornamente an den Außenfassaden, die durch Einritzungen oder durch Lehmziegelkombinationen gebildet werden. Sie sind kein reiner Schmuck, sondern gelten als glücksbringend und sollen die Bewohner vor dem ›bösen Blick‹ schützen.Die kleinen, regelmäßigen Lochreihen in den Mauern sind übrigens kein Baudekor, sondern konstruktionsbedingt: Beim Hochziehen der Lehmmauern findet ein Hilfsgerüst (quergelegte Holzstangen, auf die Holzkästen gelegt werden) Verwendung. Nach Fertigstellung eines Mauerstücks werden die Stangen herausgezogen, wodurch die charakteristischen Löcher entstehen.

Das Alter der einzelnen Kasbahs ist kaum zu bestimmen, da sie durch Erweiterungen, Umbauten und Reparaturen ständig verändert werden. Der Kern der ältesten Anlagen dürfte über 400 Jahre alt sein; die Bauweise ist aber weit älter und reicht vielleicht sogar in die vorrömische Zeit zurück.

Das Material der Kasbahs (Stampflehm und Lehmziegel) ist äußerst witterungsanfällig, und besonders die seltenen, aber heftigen Regenfälle verursachen große Schäden. Ohne ständige Renovierung beträgt die Lebensdauer einer Kasbah deshalb nur etwa 50 Jahre. In der Vergangenheit wurden solche notwendigen Reparaturen regelmäßig durchgeführt. Heute sind wegen der starken Abwanderung der Bewohner viele Kasbahs vom Verfall bedroht, manche stehen völlig leer und sind dem Untergang preisgegeben.

Die Besichtigung noch bewohnter Kasbahkomplexe ist überall gestattet, ein Gang durch das Innere der einzelnen Wohnburgen aber nur mit der Erlaubnis der Bewohner möglich. Diese wird gegen ein Trinkgeld oft, aber keineswegs immer gewährt.

Ouarzazate

4500 Einwohner (als Großoase unter Einbeziehung von etwa 20 umliegenden Ksour 11 000 Einwohner), Provinzhauptstadt und Marktzentrum, bedeutendster Ort der vorsaharischen Oasenketten neben Ksar es Souk. In 1160 m Höhe nahe des Zusammenflusses von Dra und Dades gelegen.

Gründung 1928 als wichtige Garnison der französischen Fremdenlegion. Heute Handelszentrum (Teppiche, Töpferei, Schmuck, Versorgung der nördlich gelegenen Manganminen) mit Sonntags- und Donnerstagsmarkt; Verkehrsknotenpunkt zwischen Dra, Dades, der Tichka-Paßstraße und der Route nach Taroudannt/Agadir, daher auch bedeutsamer touristischer Standort.

Ouarzazate selbst ist ein moderner Ort ohne besondere Sehenswürdigkeiten. In der Nähe liegen aber zwei besonders sehenswerte Kasbahs, die beide früher den Glaoua, den einstigen Oberherren dieses Gebiets, gehörten.

Etwa 1,5 km vom Ortszentrum erhebt sich an der Straße nach Ksar es Souk die riesige **Kasbah Taourirt,** einer der größten und schönsten Wohnburg-Komplexe des Landes. Neben verschiedenen Sippenburgen mit mehreren hundert Bewohnern umfaßt sie eine abgeteilte Mellah und eine ehemalige Residenz des El Glaoui. Taourirt wird von Touristen häufig besucht, die Bewohner sind entsprechend darauf eingestellt.

6 km vom Ortszentrum an der Straße zum Tizi n'Tichka liegt die kleinere **Kasbah Tiffoultoute.** Sie ist unbewohnt und teilweise verfallen; ein Besuch lohnt vor allem wegen der schönen Lage.

Die nähere Umgebung von Ouarzazate hat teilweise bereits Wüstencharakter (Dünen). Teile des Films ›Lawrence von Arabien‹ wurden hier gedreht (weitere bei Tamegroute/Mhamid und in der Todrha-Schlucht). Landschaftlich reizvoll: Der Stausee El Mansour Ed dahbi.

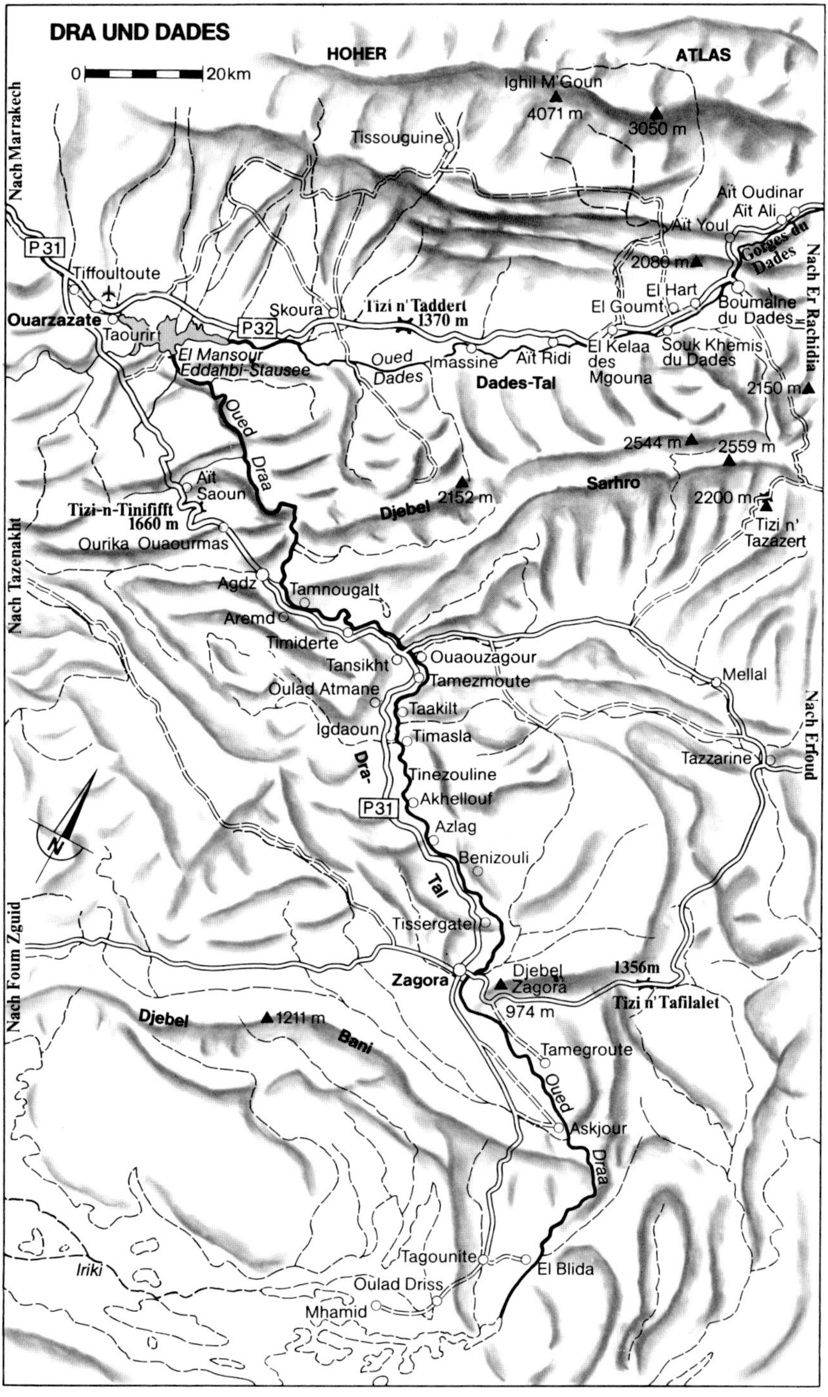

DRA UND DADES
0
20km
HOHER
ATLAS
Ighil M'Goun
4071 m
3050 m
Tissouguine
Nach Marrakech
P 31
Tiffoultoute
Ouarzazate
Taourirt
Skoura
P32
Tizi n'Taddert
1370 m
El Mansour Eddahbi-Stausee
Oued Dades
Imassine
Aït Ridi
Dades-Tal
El Kelaa des Mgouna
Souk Khemis du Dades
Boumalne du Dades
El Goumt
El Hart
2080 m
Aït Youl
Aït Ali
Aït Oudinar
Gorges du Dades
Nach Er Rachidia
2150 m
2544 m
2559 m
Sarhro
2200 m
Tizi n' Tazazert
Djebel
2152 m
Oued Draa
Aït Saoun
Tizi-n-Tinififft
1660 m
Ourika Ouaourmas
Nach Tazenakht
Agdz
Tamnougalt
Aremd
Timiderte
Tansikht
Ouaouzagour
Tamezmoute
Oulad Atmane
Taakilt
Igdaoun
Timasla
Dra-
Tinezouline
P31
Akhellouf
Azlag
Benizouli
Tal
Mellal
Tazzarine
Nach Erfoud
Tissergate
Zagora
Djebel Zagora
974 m
1356m
Tizi n'Tafilalet
Nach Foum Zguid
Djebel
1211 m
Bani
Tamegroute
Oued Draa
Askjour
Tagounite
El Blida
Iriki
Oulad Driss
Mhamid

Verkehr und Information

Busse: ab Ortszentrum mehrmals täglich nach Marrakech, Zagora und Er-Rachidia (teilweise mit Umsteigen in Tinerhir), 1 × täglich nach Taroudannt/Agadir, 1 × wöchentlich nach Foum Zguid und anderen kleinen Oasen des Südens.

Information: O.N.M.T., Avenue Mohammed V., ✆ 2485; Syndicat d'Initiative in der Kasbah Taourirt, ✆ 2107.

Unterkunft

Klassifizierte Hotels: 4****A Hotel Azghor bei der Kasbah Taourirt; 4****A Hotel Le Zat; 3***A Hotel Tichka, Avenue Mohammed V.; 2**B Hotel La Gazelle, Avenue Mohammed V.; 1*B Hotel Chez Dmiti, Av. Mohammed V. (griechische Leitung); Feriendorf des Club Méditerranée in der Nähe der Kasbah Taourirt.

Einfache Hotels: mehrere an der Hauptdurchgangsstraße und beim Marktplatz.

Camping Municipal an der Straße nach Er Rachidia (4 km vom Zentrum).

Dorf im Dra-Tal

Kasbah Ait Benhaddou

Komplex von sechs Kasbahs in landschaftlich herrlicher Lage am Südhang des Hohen Atlas (41 km nordwestlich von Ouarzazate, die Zufahrt zweigt kurz vor **Amerzgane** von der Straße zum Tizi n'Tichka ab). Der von Touristen häufig besuchte Komplex wurde restauriert, als Orson Welles hier einige Szenen seines Films ›Sodom und Gomorrha‹ drehte. Für diesen Film wurde auch eigens das eindrucksvolle Haupttor erbaut. In den letzten Jahren leider zunehmender Verfall. Zwischen Amerzgane und Ouarzazate liegen noch einige weitere Kasbahs. Von Tamdakht bei Ait Benhaddou neue Piste nach Anemiter und Telouet (vgl. S. 255).

Busse von Quarzazate nach Amerzgane (ab dort Sammeltaxis). Unterkunft eventuell im Café-Restaurant.

Das Dra-Tal

Zwischen Ouarzazate und Agdz erstreckt sich das tief eingeschnittene Tal des Khaneg Taghia, des Dra-Durchbruchs durch das Massiv des Djebel Sarhro. Dieses landschaftlich sehr reizvolle Gebiet ist fast völlig vegetationslos. Ab Agdz folgt dann auf einer Strecke von etwa 100 km eine ununterbrochene Oasenkette mit Dutzenden von Kasbahs, die bis südlich von Zagora reicht.

Agdz

Ort mit mehreren Kasbahs und modernem Zentrum, vom 1524 m hohen Djebel Kissane überragt; Donnerstagsmarkt. Einst wichtiger französischer Militärstützpunkt. Gegenüber dem Ortszentrum die **Kasbah Tamenougalt,** früher Mittelpunkt der Region, zeitweise französische Festung, eine der schönsten Kasbahs des Landes.

Busse nach Ouarzazate und Zagora mehrmals täglich, 1 × wöchentlich nach Tazzarine. Mehrere einfache **Hotels.**

Zwischen Agdz und Zagora

Zahlreiche Kasbahs, schön gelegen vor allem Tansikht, Dar Cheikh el Arabi (nahe Oulad Atmane, Montagsmarkt), Tismesla, Tinezouline (Montags- und Donnerstagsmarkt) und Tanzita (Zaouia). Landschaftlich schön die gegenüber der Hauptstraße gelegene Schlucht Défilé de Azlag.

Zagora

2000 Einwohner (mit umliegenden Ksour etwa 4000). Bedeutender Marktort (Donnerstags- und Sonntagsmarkt), Töpfereizentrum, in einem dichten Palmenhain gelegen. Früher wichtiger franmenhain gelegen. Früher wichtiger Stützpunkt der Fremdenlegion (Festung im Stil einer traditionellen Kasbah im Ort), auch heute wieder große Garnison. Von Lehmmauern umgeben, schönes Ortsbild. Hoher Anteil schwarzer Einwohner. Am gegenüberliegenden Flußufer der 974 m hohe **Djebel Zagora** (Ruinen einer almoravidischen Festung, schöne Aussicht). Bemerkenswert im Ort das Hinweisschild ›Timbuktu 52 Tage‹, das sich auf die Dauer einer Reise mit der Kamelkarawane bezieht.

Zagora wird häufig von Touristen besucht.

Busse: mehrmals täglich nach Ouarzazate (einige weiter bis Marrakech), seltener nach Tagounite/Mhamid, Tamegroute, Foum Zguid (Vorausbuchung generell ratsam!).

Unterkunft: 3***A Hotel Tinsouline; 1*A Hotel la Palmeraie; 1*A Hotel Vallée du Dra (beide Avenue Mohammed V.); mehrere einfache Hotels; Campingplätze d'Amazrou und La Montagne am gegenüberliegenden Ufer des Oued Draa am Fuße des Djebel Zagora.

Markt in Mhamid

Tamegroute

Dorf mit bekannter Töpferei 20 km südöstlich von Zagora (passable Piste, Busse), bedeutende **Zaouia des Nassirya-Ordens,** der einst herausragenden Einfluß im Dra- und Dades-Tal und zeitweise sogar im Sous und Anti-Atlas besaß. In der Zaouia (Bau aus dem 16. Jh.) zahlreiche Koranhandschriften, die älteste aus dem späten 12. Jh. Das Heiligtum (Gräber von sieben männlichen und einem weiblichen Marabout) ist eine wichtige Wallfahrtsstätte.

Tagounite und Mhamid

Kleine Marktorte (Sonntagsmarkt in Tagounite, Montagsmarkt in Mhamid), viel von Nomaden besucht, bestehen beide aus mehreren Ksour. Tagounite und Mhamid markieren den Südrand der Dra-Oasen (südlich von Mhamid ist der Dra fast immer ausgetrocknet). Schlechte Piste ab Zagora (54 bzw. 88 km, teilweise versandet, Busse nur selten). Eindrucksvoll die Sandwüstengebiete entlang der Strecke (hier wurden Teile des Films ›Lawrence von Arabien‹ gedreht). Mhamid war im 16./17. Jh. ein wichtiges Karawanenzentrum (Ruine des **Ksebt el Aloui,** einer Festung aus dieser Zeit). 1963 kam es südöstlich beider Orte zu heftigen Kämpfen zwischen Marokko und Algerien. Beide Siedlungen sind heute stark von Versandung bedroht. In Tagounite Campingplatz, in Mhamid kleines Hotel.

Die Pisten Zagora – Mhamid und Zagora – Foum Zguid (vgl. 292) dürfen derzeit nur mit Ausnahmegenehmigung der Kreisverwaltung (Cercle) von Zagora befahren werden.

Das Dades-Tal

Alle wichtigen Orte des Dades-Tals und der östlich angrenzenden Oasen liegen an der Hauptstraße Ouarzazate-Er Rachidia, die 5–6 × täglich von **Bussen** befahren wird (insgesamt ca. 7 Stunden Fahrtzeit).

Skoura

Großoase mit zahlreichen Kasbahs, deren besonderes Kennzeichen die unregelmäßig hohen Türme sind. Eine der Kasbahs gehörte früher den Glaoua. In Skoura werden Rosen angebaut, aus deren Blättern Rosenöl (wichtiger Rohstoff zur Parfümherstellung) gepreßt wird. Einfache **Unterkunft.**

Von Skoura führt eine schlechte Piste (6831) zu mehreren Kasbahs am Südrand des Hohen Atlas, am schönsten davon die nur schwer erreichbare **Kasbah Toundoute.**

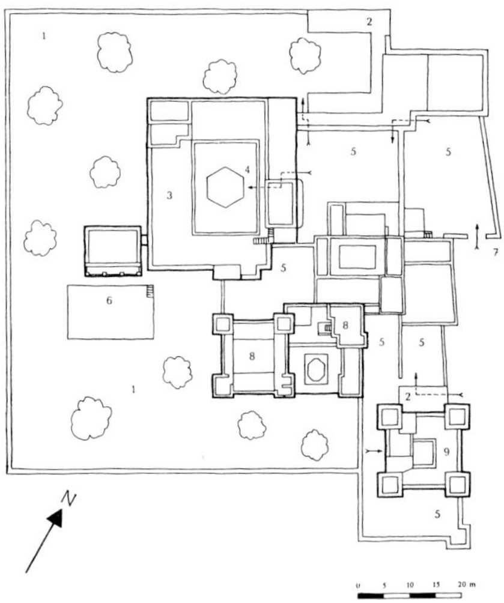

Grundriß einer Feudal-Kasbah bei Skoura, die deutlich den verschachtelten Aufbau vieler Berberburgen in den Tälern von Dra und Dades zeigt

1 Garten 2 Stallungen 3 Neuer Wohnbau mit Gartenpavillon 4 Innenhof 5 Nebenhöfe 6 Schwimmbecken 7 Tor 8 alte Wohnburg 9 alte Wehrburg

El Kelaa des Mgouna

Oase mit zahlreichen sehenswerten Kasbahs, von einer ehemaligen Glaoua-Kasbah überragt. Da der Ort fast 1500 m hoch liegt, wachsen hier keine Palmen mehr, statt dessen zieht man überwiegend Obstbäume. Wie in Skoura wird auch in Kelaa Rosenöl hergestellt.

Der Ort eignet sich gut als Ausgangspunkt für Wanderungen ins **Tal des Asif M'Goun** (viele Ksour und Kasbahs, größtenteils nur über Maultierpfade erreichbar). Der Bach mündet südwestlich von El Kelaa in den Dades.

Im Mai das berühmte **Rosenfest** (Umzug mit blumengeschmückten Wagen, Tänze, Kunsthandwerksausstellungen, Wahl einer Rosenkönigin). Es kommen dann zahlreiche Touristen.

Unterkunft: 3***A Hotel les Roses du Dades, mehrere einfache Hotels.

Boumalne du Dades

3000 Einwohner, im wesentlichen moderner Verwaltungs- und Marktort mit einer großen Kasbah, inmitten einer kleinen Oase gelegen. Wichtig als Standort für den Ausflug in die Dades-Schlucht.

Unterkunft: 4****B Hotel El Madayeq, einfache Hotels.

Gorges du Dades
(Dades-Schlucht)

Tief eingeschnittene Schlucht, vom Oberlauf des Dades am Südhang des Hohen Atlas gebildet; von Touristen häufig besucht. Beginnt 1 km von Boumalne (Straße nach Ouarzazate). Bewachsen ist nur das Flußufer, die umliegenden Berge sind kahl. Schönste Teile sind die ersten 9 km bis **Ait Youli** (dieser Ort wird von einer eindrucksvollen Glaoua-Kasbah überragt) und das 30 km von Boumalne entfernt bei **Imdiazen** beginnende steilste Stück der Schlucht (besonders schön der Ort **M'Semrir** mit mehreren Kasbahs). Die Piste, die durch das Tal führt, ist schlecht, aber befahrbar.

Am Ende der Schlucht ziehen sich sehr schlechte Pisten weiter nach Imilchil und zur Todrha-Schlucht (für Pkw's kaum befahrbar).

Busse Marrakech – M'Semrir 1 × wöchentlich, **Camping** bei Ait Oudinar und M'Semrir.

Hinter Boumalne verläßt die Hauptstraße das Tal des Dades. Die Kasbahs werden nun seltener, die Route des Kasbahs führt aber noch weiter bis Goulmima.

Tinerhir

2000 Einwohner, einer der bedeutendsten Marktorte des Saharavorlandes (Montagsmarkt) und eine der schönsten Oasen der Region (vom Oued Todrha bewässert). Modernes Zentrum mit Marktplatz und einer großen Kasbah (einst Besitz der Glaoua) auf einem 1342 m hohen Plateau, in der tiefer liegenden Ebene zahlreiche weitere Kasbahs. Bemerkenswert die kegelförmigen Gebäude am Marktplatz, deren Bauweise an die Architektur der Sahara erinnert.

Wegen der schönen und verkehrsgünstigen Lage (Standort für den Ausflug in die Todrha-Schlucht, zudem etwa halbwegs auf der Strecke Ouarzazate – Ksar es Souk gelegen) häufig besucht.

Unterkunft: 3***A Hotel Saghro; 1*A Hotel Todrha; 1*B Hotel CTM; mehrere einfache Hotels um den Marktplatz.

Gorges du Todrha
(Todrha-Schlucht)

Bis zu 300 m tief eingeschnittenes Tal des Oued Todrha am Südhang des Hohen Atlas, noch eindrucksvoller als die Dades-Schluchten, zählt zu den schönsten Landschaften Marokkos (Drehort für

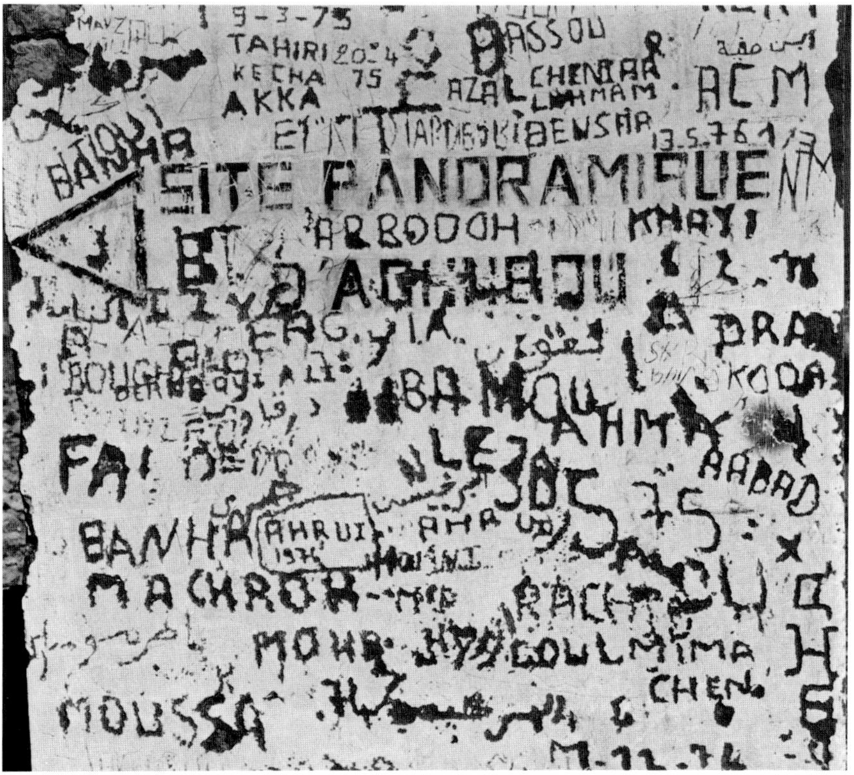

Kilometerstein in der Dades-Schlucht

◁ Die Dades-Schlucht

Szenen des Films ›Lawrence von Arabien‹). Erster Abschnitt sehr touristisch, ansonsten wenig besucht. Beginnt in 1 km Entfernung von Tinerhir (Straße nach Ksar es Souk). Engste Stelle (z. T. nur 10 m breit) ist das 5 km lange Stück hinter der **Zaouia Sidi Abdelali.** Die Piste ist auf den ersten 13 km gut, wird danach aber schlecht. Weiterführende Pisten in die Dades-Schlucht, nach Imilchil und Imiter sind kaum befahrbar.

Unterkunft: In der Schlucht eine Reihe von Campingplätzen und einige kleine Hotels (die meisten am Anfang, dann nach 10 bzw. 15 km, letzter Camping in Tamtattouche).

Auf der Weiterfahrt verdient insbesondere die Oase **Tinejdad** Beachtung.

Goulmima

3000 Einwohner, Großoase am Oued Gheris mit ca. 20 Kasbahs, östlichste der großen Kasbah-Gruppen. Bemerkenswert die besonders hohen Türme der Wohnburgen.

Einfache **Unterkunft,** Campingplatz des Tamaris.

Ab Goulmima schlechte Piste nach Erfoud, passable Straße entlang des Oued Gheris (landschaftlich schön; sie trifft 60 km nördlich am Rand des Hohen Atlas auf die einsame, sehenswerte **Kasbah Imiter**).

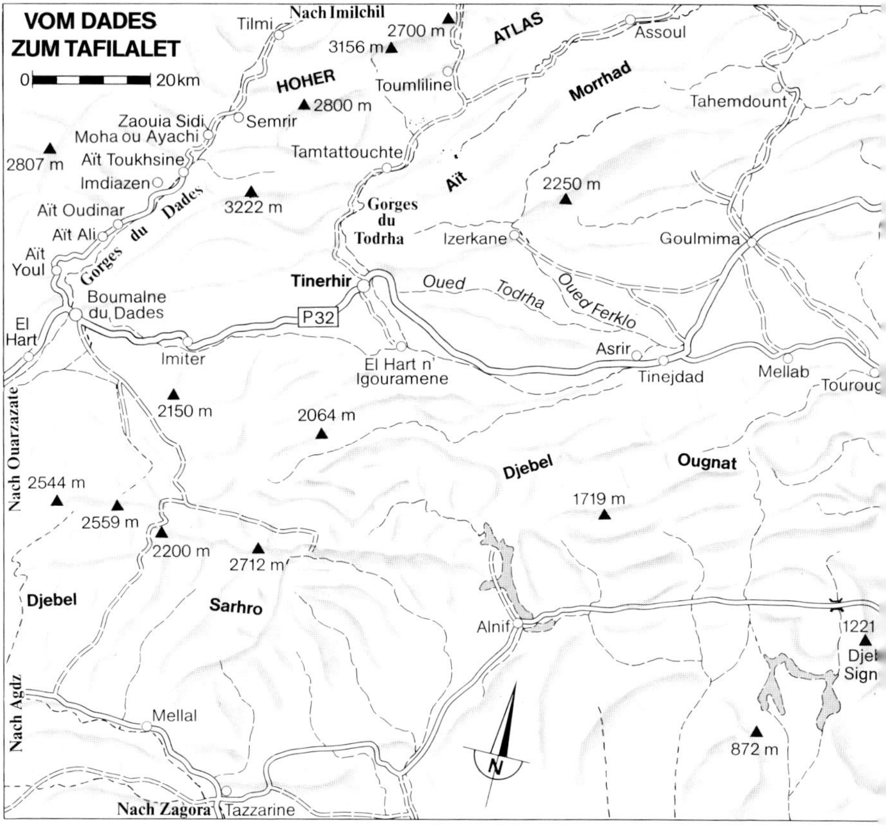

Er Rachidia
(früher Ksar es Souk)

11000 Einwohner, Provinzhauptstadt und bedeutendes Marktzentrum, neben Ouarzazate Hauptort der vorsaharischen Oasenketten. In 1060 m Höhe in einer Oase des Oued Ziz gelegen. Überwiegend modernes Stadtbild

In der Oase mit fünf älteren Ksour und einer Mellah wurde 1916 eine französische Garnison einquartiert, und bis 1956 war Ksar es Souk, wie der Ort bis in die 70er Jahre hieß, ein ebenso wichtiger wie berüchtigter Stützpunkt der Fremdenlegion. Heute steht der Ort im Zeichen des Handels (Dattel- und Getreideanbau, Sonntags-, Dienstags- und Donnerstagsmarkt). Als Verkehrsknotenpunkt zwischen Tafilalet, Dades-Tal und der Route nach Meknes/Fès ist er auch für den Tourismus von Bedeutung. Er Rachidia wird gelegentlich als Hauptort des Tafilalet bezeichnet, obwohl dieses Gebiet erst südlich der Stadt beginnt.

Das moderne Zentrum mit Marktplatz und der ehemaligen französischen Kaserne bietet nichts besonderes, hübsch aber die umliegende Oase.

Verkehr und Information

Busse: ab Hauptplatz nach Ouarzazate (5–6 × täglich, z. T. mit Umsteigen in Tinerhir), Erfoud/Rissani (4 ×), Fès (4 ×), Meknes (4

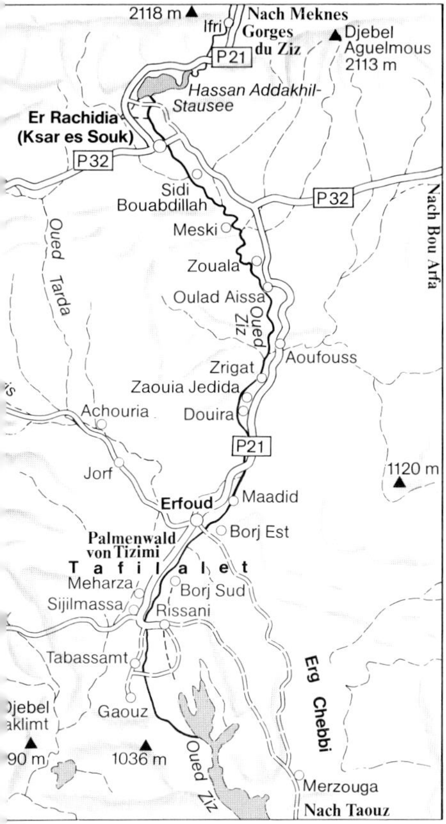

×), Khenifra (1 ×), Boudenib (1 ×), mehrmals wöchentlich nach Bou Arfa/Figuig, gelegentlich auch nach Colomb-Béchar (Algerien).

Information: Syndicat d'Initiative im Chambre de Commerce et d'Industrie, ✆ 249.

Unterkunft

4****B Hotel Rissani; 2**A Hotel Oasis, 4 Rue Abou Abdallah; 2**B Hotel Meski, Avenue Moulay Ali Cherif; mehrere einfache Hotels um den Hauptplatz und entlang der Durchgangsstraße; Camping an der Straße nach Erfoud.

Umgebung von Ksar es Souk

Gorges du Ziz: Tief eingeschnittene Schlucht des Oued Ziz, beginnt ca. 40 km nördlich von Ksar es Souk (wird von der Straße nach Midelt passiert). Teilweise sehr eng, überwiegend vegetationslos, an einigen Stellen schön gelegene kleine Ksour. Am Nordrand der Schlucht der **Tunnel du Légionnaire,** ein 1930 von der Fremdenlegion angelegter Straßentunnel. Nördlich davon liegt der Marktort Rich (vgl. S. 257).

Source Bleue de Meski: Natürliche Quelle nahe des Oued Ziz, an der für die Fremdenlegion ein Schwimmbecken angelegt wurde (23 km von Ksar es Souk, Abzweig von der Straße ins Tafilalet); von Touristen häufig besucht. In der Umgebung ein schöner Palmenhain. Guter Ausblick vom Felsen oberhalb der Quelle. Die Quelle wird häufig von Touristen besucht.

Unterkunft: Camping de la Source Bleue.

Die Straße von Er Rachidia über Boudenib nach Bou Arfa und Figuig, die inzwischen durchgehend geteert ist, war in der Vergangenheit wiederholt militärisch gesperrt.

Das Tafilalet

Das Tafilalet ist die größte zusammenhängende Oase Marokkos (350 000 Dattelpalmen) und eine der größten Nordafrikas; es dehnt sich um Erfoud und Rissani etwa 30 km in Nord-Süd-Richtung und zwischen 5 und 16 km in Ost-West-Richtung aus und wird durch Oued Ziz und Oued Gheris bewässert. Es zählt zu den historisch bedeutsamsten Regionen des Landes.

Im 8. Jh. Gründung der alten Hauptstadt Sijilmassa, die zwischen dem 11. und 14./15. Jh. zu einem der wichtigsten Zentren der Transsaharakarawanen aufsteigt und damals zu den größten Städten des Landes gehört haben soll. Auch nach der Zerstörung von Sijilmassa durch Nomaden bleibt das Tafilalet bedeutend und erlebt neuen Wohlstand vom Ende des 16. Jh.s an als Ausgangs- und Zielpunkt der Timbuktu-Karawanen (Sklavenhandel). Im 17. Jh. brechen die aus dem Tafilalet stammenden Alaouiten zur Eroberung Marokkos auf. In den folgenden Jahrhunderten werden viele unliebsame Verwandte von den jeweiligen Alaouiten-Herrschern in die Abgeschiedenheit des Tafilalet verbannt. Niedergang der Region im 19. Jh., als der Karawanenhandel an Bedeutung verliert. Um die letzte Jahrhundertwende steht das Gebiet unter der Kontrolle von Ma el Ainin, der als Heiliger verehrt wird. Er bekämpft die Franzosen und bringt weite Teile des Südens unter seinen Einfluß, bis er 1910, fast hundertjährig, stirbt. Das Tafilalet gelangt erst 1932 völlig unter französische Kontrolle. 1964 verheerendes Hochwasser des Oued Ziz.

Bei den ›Filali‹ genannten Bewohnern des Tafilalet handelt es sich um eine Mischbevölkerung aus Arabern, Berbern und Haratin, wobei das arabische Element dominiert. Viele Familien leiten ihre Abstammung von der bis heute herrschenden Alaouiten-Dynastie her und bezeichnen sich deshalb als Scherifen (Nachkommen Mohammeds). Die Bevölkerungszahl ist von etwa 100000 vor 40 Jahren auf heute etwa 30000 zurückgegangen – unübersehbar an den zahlreichen verlassenen Dörfern: Wassermangel und Versandungsgefahr treiben die Bewohner zur Abwanderung.

Erfoud

5000 Einwohner. Hauptort des Tafilalet mit großem Sonntagsmarkt, bekannte Lederwarenherstellung. 1917 von den Franzosen als Militärgarnison gegründet. Bester Standort für Fahrten durchs Tafilalet, schöne arkadenbestandene Souks. Im Oktober findet in Erfoud das berühmte **Dattelfest** statt, das wichtigste Fest der ganzen Region. In Ortsnähe der reizvolle **Palmenhain von Tizimi** (2 km) und der **Djebel Erfoud** (3 km, schöne Aussicht).

Busse bzw. Sammeltaxis: mehrmals täglich nach Rissani und Ksar es Souk (manche weiter bis Meknes oder Fès); Land-Rover-Exkursionen zum Erg Chebbi (vgl. S. 276).
Unterkunft: 4****B Hotel Sijilmassa; 2**A Hotel Tafilalet; mehrere einfache Hotels; Campingplatz am Schwimmbad.

Rissani

1000 Einwohner, bedeutender Marktort für Nomaden (Sonntags-, Dienstags- und Donnerstagsmarkt), bekannt für Töpferei und Lederwarenherstellung. Rissani war nach der Zerstörung von

Erfoud, Hauptort des Tafilalet

Sijilmassa bis zum Aufstieg von Erfoud Hauptort des Tafilalet. Interessante Stadtanlage, die sonst nur bei Siedlungen im Inneren der Sahara (häufig etwa in Algerien) anzutreffen ist: Eine Mauer mit nur einem Tor umgibt den Ort, dessen enge Gassen tunnelartig überwölbt sind (Schutz vor der Sonne). Der Ort wirkt auf diese Weise völlig abgeschlossen, was ihm einen eigenartigen Reiz verleiht.

2 km in Richtung Erfoud die spärlichen Ruinen der einstigen Tafilalet-Hauptstadt **Sijilmassa** (s. o.), die nach mehrfachen Zerstörungen durch Nomaden seit dem Anfang des 19. Jh.s verlassen liegt.

1 km südöstlich von Rissani die **Zaouia des Moulay Ali Cherif,** des Gründers der Alouiten-Dynastie (1955 teilweise neu erbaut), und die Mauern des **Ksar d'Abbar** (Anfang des 19. Jh.s, einst Palast und Schatzkammer der Alaouiten).

2 km weiter der **Ksar Oulad Abd el Hadim** mit einer um 1900 als Gouverneursresidenz erbauten Kasbah.

Busse mehrmals täglich nach Erfoud/Ksar es Souk. Einige einfache **Hotels.**

Fest in Merzouga ▷

Von Erfoud und Rissani führen schlecht markierte Sand/Schotterpisten (Gefahr von Einsanden!) nach **Merzouga** und **Taouz** (50 bzw. 80 km). Die etwas bessere Strecke ab Erfoud (auf den ersten 16 km geteert; links der Straße verschiedene Fundorte von Fossilien) passiert das Bordj Est (danach den Telefonleitungen folgen), ab Rissani folgt man zunächst der Asphaltstraße in Richtung Osten und dann der geradeaus weiterführenden Piste (schwer zu verfolgende Spuren). Bei Merzouga (Sonntagsmarkt) erstreckt sich der **Erg Chebbi,** das größte Sandwüstengebiet Marokkos mit bis zu 100 m hohen Sanddünen. Bei Taouz (Strecke dorthin kann gesperrt sein) prähistorische Felszeichnungen.

Verkehr und Unterkunft: Keine Busse, nur LKW-Verkehr (bei Tankstellen nachfragen). Von Erfoud aus werden Exkursionen per Landrover zum Erg Chebbi angeboten. In Merzouga kleines Hotel; 12 km außerhalb an der Strecke nach Erfoud Café d'Etoile mit Campmöglichkeit.

Djebel Sarhro

Mächtiges, fast völlig vegetationsloses Bergmassiv zwischen Dra-Tal, Dades-Tal und Tafilalet, erreicht Höhen bis 2712 m. Bewohnt wird der Djebel von den teilnomadischen Ait Atta, die Schafe und Ziegen züchten. Dieser Berberstamm beherrschte früher Teile des Dra-Tales und wurde erst 1933 nach heftigem Widerstand von den Franzosen unterworfen.

Südlich des Massivs verläuft eine passable Piste von Rissani nach Zagora (Wüstenausrüstung, Proviant und gute Karte erforderlich; verirren leicht möglich). Wichtigste Siedlung an der Strecke ist **Tazzarine** (einfaches Hotel, Tankstelle, Donnerstagsmarkt, 1 × wöchentlich Bus nach Agdz).

In abgelegenen Gegenden wie am Rand des Tafilalet fungieren LKW's als Busse

Anti-Atlas und Sous-Ebene

An das Djebel Siroua-Massiv im Süden des Hohen Atlas schließt sich der Gebirgszug des Anti-Atlas an, der sich in südwestlicher Richtung bis zum Atlantik (Sidi Ifni) hinzieht. Hoher und Anti-Atlas fassen die Sous-Ebene ein.

Der Anti-Atlas, ein von zahlreichen ausgetrockneten Flußtälern durchschnittenes Hochplateau, auf dem sich mehrere Berggruppen erheben, zählt zu den ältesten Gebirgen der Erde. Der Westteil erreicht Höhen bis 1500 m, der Ostteil bis über 2000 m. Die höchsten Gipfel sind der Adrar n'Aklim (2531 m) östlich von Irherm und der Djebel Lekst (2359 m) bei Tafraout. Der Nordhang fällt zum Sous-Becken steil ab, der Südhang geht allmählich in die Wüstenebene über. Die Vegetation ist spärlich, nur am Nordhang und in den ausgetrockneten Flußtälern finden sich Arganien, Gummiakazien und Euphorbien. Der Südhang ist fast völlig vegetationslos, und das ganze Gebirge leidet unter großem Wassermangel. Ackerbau ist kaum möglich, nur in den Tälern gedeihen Obstkulturen (Oliven, Mandeln und Feigen). Im übrigen herrscht Viehzucht (meist Ziegen) vor.

Die von Anti-Atlas und Hohem Atlas umschlossene Sous-Ebene ist dagegen eine der fruchtbarsten Landschaften Marokkos. Bewässert wird sie vom Oued Sous, der im Djebel Siroua-Massiv entspringt und zahlreiche Zuflüsse aus dem Hohen und dem Anti-Atlas erhält. Auch wenn diese nur unregelmäßig Wasser führen, reichen sie aus, um die Ebene ganzjährig zu bewässern. In der Sous-Ebene gedeihen Zitrusfrüchte, Bananen, Oliven, Mandeln und zahlreiche andere Obst- und Gemüsearten. Vom 16. bis ins 18. Jh. galt der Sous sogar als die reichste Provinz Marokkos: Große Mengen von Zuckerrohr und Baumwolle wurden hier angebaut, nahe der Mündung des Oued Massa hatte man Gold und Silber gefunden, und Taroudannt, die Hauptstadt des Sous, war bis um 1800 die viertgrößte Stadt Marokkos. Der Zuckerrohranbau ging im 18. Jh. jedoch durch die Konkurrenz des westindischen Zuckers zugrunde, und die Überbeanspruchung des Grundwassers für Bewässerungszwecke minderte den Wasserreichtum. Die Bedeutung des Sous hat also abgenommen, aber noch immer ist die Ebene eine wichtige Landwirtschaftsregion.

Bewohnt werden Anti-Atlas und Sous-Ebene von seßhaften Chleuh-Berbern. Sie siedeln in befestigten, eng bebauten Steindörfern. Im Anti-Atlas unterhalten sie zahlreiche gemeinschaftliche Vorratsspeicher, Agadir oder Tighremt genannt. Die Chleuh leisteten der französischen Besetzung erbitterten Widerstand, und der Sous wurde erst 1919, der Anti-Atlas sogar erst 1934 von den Franzosen erobert.

Die Abwanderung aus dem Sous und noch mehr aus dem kargen Anti-Atlas in die nordmarokkanischen Städte und die Minenorte ist sehr groß. Einigen Regionen des Anti-Atlas droht dadurch eine fast völlige Entvölkerung. Unter den Emigranten haben sich seit langem die Ammeln, ein Stamm aus der Umgebung von Tafraout, einen besonderen Namen gemacht. Sie leben als Kleinhändler über ganz Marokko verstreut und besitzen in manchen Städten fast ein Monopol auf den Einzelhandel.

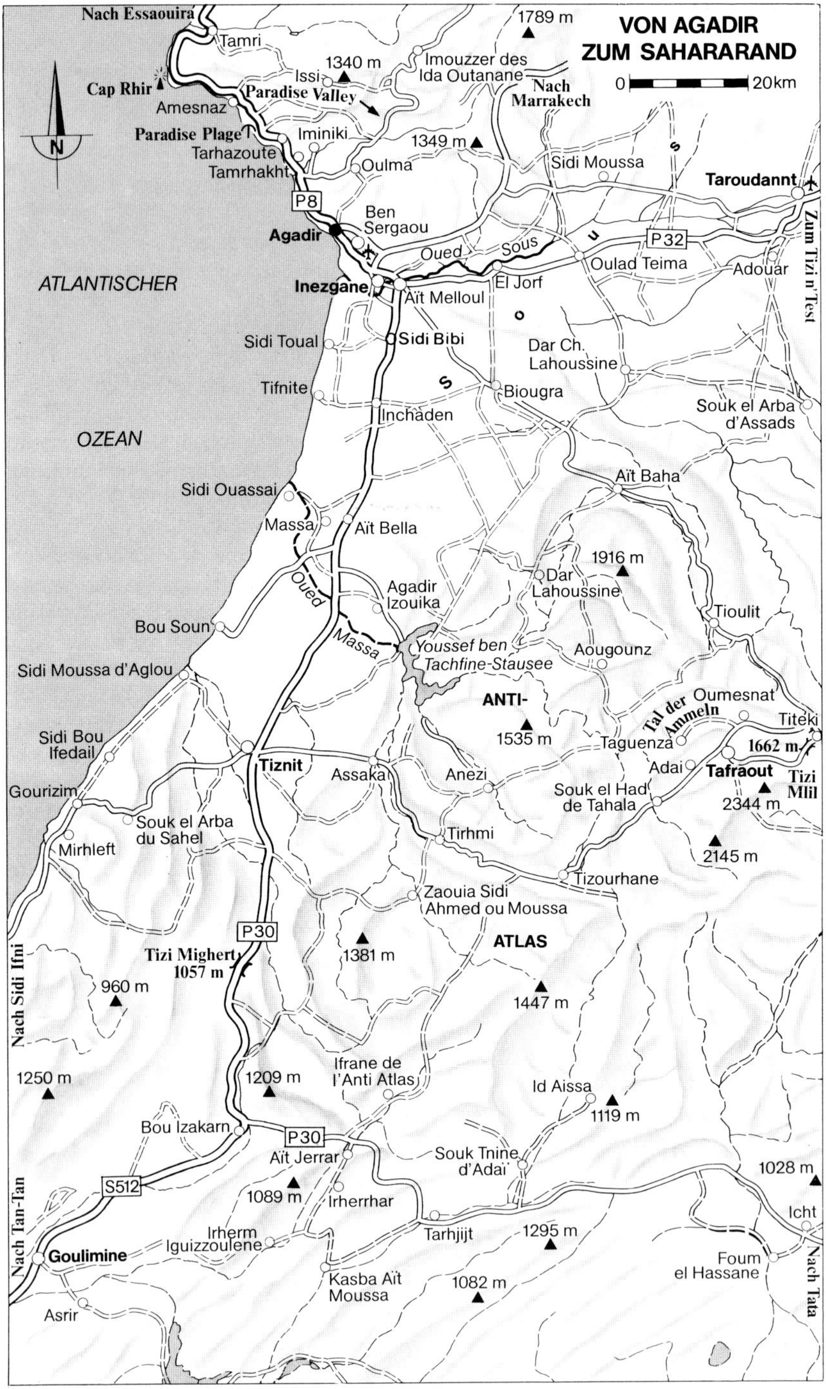
VON AGADIR ZUM SAHARARAND
0
20km
Nach Essaouira
Tamri
1789 m
1340 m
Imouzzer des Ida Outanane
Nach Marrakech
Issi
Cap Rhir
Paradise Valley
Amesnaz
Paradise Plage
Iminiki
1349 m
Tarhazoute
Tamrhakht
Oulma
Sidi Moussa
Taroudannt
P8
Ben Sergaou
Agadir
Oued
Sous
P32
Zum Tizi n'Test
Oulad Teima
Adouar
ATLANTISCHER
Inezgane
El Jorf
Aït Melloul
Sidi Toual
Sidi Bibi
Dar Ch. Lahoussine
Tifnite
Biougra
Souk el Arba d'Assads
Inchaden
OZEAN
Aït Baha
Sidi Ouassai
Massa
Aït Bella
1916 m
Dar Lahoussine
Agadir Izouika
Oued
Massa
Tioulit
Bou Soun
Youssef ben Tachfine-Stausee
Aougounz
Sidi Moussa d'Aglou
Oumesnat
ANTI-
Tal der Ammeln
Titeki
1535 m
Taguenza
1662 m
Sidi Bou Ifedail
Tiznit
Assaka
Anezi
Adai
Tafraout
Tizi Mlil
Gourizim
Souk el Had de Tahala
2344 m
Souk el Arba du Sahel
Mirhleft
Tirhmi
2145 m
Tizourhane
Zaouia Sidi Ahmed ou Moussa
P30
ATLAS
Tizi Mighert 1057 m
1381 m
Nach Sidi Ifni
960 m
1447 m
1250 m
1209 m
Ifrane de l'Anti Atlas
Id Aissa
1119 m
Bou Izakarn
P30
Aït Jerrar
Souk Tnine d'Adai
1028 m
S512
1089 m
Irherrhar
Icht
Nach Tan-Tan
Irherm Iguizzoulene
Tarhjijt
1295 m
Goulimine
Foum el Hassane
Nach Tata
Kasba Aït Moussa
1082 m
Asrir

Verkehrserschließung: Während im Sous die meisten Straßen und das Tankstellen- und Busnetz recht gut ausgebaut sind, ist der Anti-Atlas nur wenig erschlossen. Lediglich die Hauptrouten Tiznit – Tafraout, Irherm – Taroudannt und Agadir – Ait Baha – Tafraout sind überwiegend asphaltiert und gut befahrbar (allerdings eng und kurvig). Alle Nebenstrecken sind zumindest teilweise in schlechtem Zustand. Tankstellen gibt es nur in Tafraout, Irherm, Ait Baha und an der Route Tiznit-Tafraout. Busse fahren relativ selten, nur Tafraout hat mehrmals täglich Busanschlüsse. Die kleineren Orte werden von Bussen kaum angefahren. Wegen der schlechten Bergstraßen muß zudem mit sehr langen Fahrtzeiten gerechnet werden (Busse erreichen z. T. nur 20 km/h).

Sehenswürdigkeiten: Sehenswertester Ort ist Taroudannt, daneben lohnen Tafraout, Tiznit und die abgelegenen Agadire des Anti-Atlas einen Besuch.

Landschaftlicher Höhepunkt ist die Umgebung von Tafraout (Tal der Ammeln, Strecken Tafraout-Tiznit und Tafraout-Ait Baha), schön auch die Küste zwischen Mirhleft und Sidi Ifni sowie zahlreiche abgelegene Regionen des Anti-Atlas.

Es bestehen zahlreiche Bademöglichkeiten an der Küste, beste Standorte sind Mirhleft, Sidi Moussa d'Aglou und Sidi Ifni.

Taraoudannt, Tiznit und Tafraout werden wegen der Nähe zum Touristenzentrum Agadir von Touristen sehr häufig besucht. Mirhleft ist der beliebteste Strandort jugendlicher Reisender in Marokko.

Taroudannt

22000 Einwohner. Alte Hauptstadt des Sous, Handels- und Handwerkszentrum. Am Oued Sous vor der Kulisse des Hohen Atlas gelegen, von Oliven- und Orangenplantagen umgeben. Die gut erhaltene Medina und die schöne Lage machen Taroudannt zum sehenswertesten Ort in Sous und Anti-Atlas und zu einem beliebten Ausflugsziel von Touristen aus Agadir.

Geschichte

Die Gründungszeit des Ortes ist unbekannt. Zwischen 1030 und 1056 ist er Hauptstadt eines kleinen Schiiten-Reiches, und auch in der Zeit der Almohaden kann er sich weitgehend unabhängig halten. Um 1306 Zerstörung durch die Meriniden, bald aber wieder Aufstieg zum Zentrum des Sous. Stammort der Saadier, deren erste Residenz die Stadt zwischen 1520 und 1540 ist. Damals Anlage aufwendiger Bauten. Die Blütezeit hält auch nach der Verlegung der Hauptstadt nach Marrakech weiter an. Größter Wohlstand des Ortes vom Ende des 16. Jh.s an, als nach der Eroberung von Timbuktu ein schwunghafter Gold- und Sklavenhandel beginnt. Damals ist Taroudannt eine der größten und reichsten Städte Marokkos und wichtigstes Karawanenzentrum des Landes. 1687 läßt Moulay Ismail einen Großteil der Bewohner töten, weil diese sich mit seinem rivalisierenden Neffen verbündet haben. Weiterer Niedergang durch die Abnahme des Zuckerexports im 18. Jh. und durch die Schließung des Hafens von Agadir 1765. Aber noch um 1800 ist Taroudannt viertgrößte Stadt Marokkos (nach Fès, Marrakech und Meknes). Im 19. Jh. zunehmender Verfall. Anfang dieses Jahrhunderts dann kurze Zeit wieder wichtig als Sitz des aus Tindouf stammenden Rebellen El Hiba, der von hier aus gegen die Franzosen kämpft, 1912 Marrakech erobert und sich zum Sultan ausrufen läßt. 1913 wird El Hiba geschlagen, Truppen der Glaoua, Goundafa und Mtougui aus dem Hohen Atlas besetzten Taroudannt. 1917 französische Eroberung.

Die Stadtmauer von Taroudannt vor der Kulisse des Hohen Atlas

Die Bedeutung der Stadt hat durch den Aufstieg von Agadir in letzter Zeit weiter nachgelassen. Noch immer aber ist Taroudannt ein bedeutendes Handelszentrum (auch Karawanen kommen noch), ein wichtiger Handwerksort (vor allem Waffen, Schmuck, Lederwaren) und nach Agadir die größte marokkanische Stadt südlich des Hohen Atlas. In den letzten Jahren ist der Ort zudem ein beliebtes Ausflugsziel für Touristen aus Agadir geworden. Nur wenige Fremde halten sich aber länger hier auf.

Ein kurzer Besuch von Taroudannt sollte Teil jeder Reise in den marokkanischen Süden sein.

Stadtbesichtigung

Taroudannt ist fast vollständig von einer 8 km langen und 6–8 m hohen Lehmmauer umgeben. Sie stammt aus dem frühen 18. Jh. und weist neben zahlreichen Türmen und Befestigungsanlagen fünf Tore auf. Außerhalb der Stadtmauern liegen nur wenige moderne Gebäude. Um die Stadt dehnen sich Obstplantagen aus, die Kulisse bilden die meist schneebedeckten Gipfel des Hohen Atlas. Dieses sehr reizvolle Gesamtbild erinnert an die Szenerie von Marrakech.

Zentrum von Taroudannt ist die Place Assarag (auch Place du Mechouar genannt), ein schöner, z.T. arkadenumsäumter Platz mit vielen Cafés, Hotels und dem Busbahnhof. Bis vor einigen Jahren fanden sich hier auch die Gaukler, Schlangenbeschwörer und Märchenerzähler ein. Neben der Moschee zweigt die Hauptstraße der Stadt ab, links davon liegt der kleine Zugang zu den verwinkelten **Souks.** Sie sind berühmt für Waffen, Silberschmuck, Leder- und Kupferschmiedearbeiten. Auch Heuschrecken, die in diesem Gebiet als Delikatessen gelten, werden hier angeboten.

Die Hauptstraße von Taroudannt zieht sich unmittelbar hinter der Place Assarag über einen zweiten Platz, an dem einige Privatlinienbusse halten, und biegt dann nach links ab, wo die von der Place Assarag kommenden Soukstraßen einmünden. Auf dem Gang die Straße hinunter passiert man die Läden von Kalksteinbildhauern und den Dar el Baroud (Palast vom Beginn dieses Jahrhunderts, nicht zu besichtigen), bis man schließlich ein mächtiges Doppeltor erreicht, den Haupteingang der Stadt. Links davon liegt, von einer eigenen Mauer umgeben, die Kasbah.

Von der Straße, die sich von hier entlang der ganzen Stadtmauer hinzieht, können schöne Wanderungen durch die Obstplantagen unternommen werden.

Donnerstags und sonntags findet ein großer Markt statt, und zum Rahmen einer zweiwöchigen Handwerksmesse im April gehören Fantasias und Tänze.

Busse: Ab Place Assarag nach Agadir (häufig), Tizi n'Test/Marrakech (2 × täglich, SATAS 5 Uhr, Privatlinie 3 Uhr morgens), Ouarzazate (1 ×), Irherm/Tafraoute (1 ×), mehrmals wöchentlich auch nach Irherm/Tata.

Unterkunft: 5*****Hotel Gazelle d'Or (2 km außerhalb); 4****A Hotel Salaam, Kasbah; 2**A Hotel Saadiens, Borj Ennassim; 1*A Hotel Taroudannt, Place Assarag; einfache Hotels an der Place Assarag und am Beginn der von dieser abzweigenden Hauptstraße; Camping International. In **Oulad Taima** (kleines Dorf zwischen Taroudannt und Agadir): 2**A Motel Roses Atlas.

Oued Massa

Kleiner Fluß im Süden des Sous, nordöstlich von Tiznit zum **Youssouf ben Tachfine-Stausee** gestaut. In **Sidi Ouassai** ca. 2 km südlich der Mündung (Reste eines mächtigen Ribat) großer Moussem im August. An der Mündung Salinen und schöner, einsamer Sandstrand mit Hotel/Camping.

Die Mündung des Oued Massa spielt in verschiedenen Sagen eine große Rolle: Hier soll Jonas, der auch im Islam als Prophet gilt, vom Walfisch an Land gespien worden sein; der erste arabische Eroberer Okba Ben Nafi hat angeblich hier 683 das Meer erreicht; und schließlich wird von den Marokkanern am Jüngsten Tage das Erscheinen des Mahdi, des von Allah gesandten Erlösers, an dieser Stelle erwartet.

Tiznit

11000 Einwohner, bedeutendes Handels- und Handwerkszentrum und wichtige Garnisonsstadt am Südrand der Sous-Ebene. Typisches Stadtbild einer Sahararandsiedlung, sehr belebte Souks.

Gründung 1882 als Festung während eines Eroberungszuges des Sultans im Sous. Bald großes Karawanenzentrum. 1912 läßt sich hier der Rebell El Hiba zum Sultan ausrufen. 1917 französische Besetzung, danach Garnison der Fremdenlegion. Wegen des Westsahara-Konfliktes in den letzten Jahren wieder wichtiger Militärstützpunkt.

Tiznit ist Handelsort für die Saharanomaden, den südlichen Sous und den westlichen Anti-Atlas, außerdem Zentrum der Waffen- und Silberschmuckherstellung des Sous. Bekannt sind auch die Märchenerzähler, Musiker und Tänzer der Stadt. Wegen der Lage an den Routen von Agadir nach Goulimine und Tafraoute kommen viele Touristen zu Kurzbesichtigungen in die Stadt, die zwar keine bedeutenden Bauten besitzt, doch mit ihren belebten Souks und dem für Saharandsiedlungen typischen Ortsbild Interesse erweckt.

Tiznit wird von einer 5 km langen ockerfarbenen Lehmmauer mit sechs Toren und starken Befestigungen umgeben. Haupttor ist das Bab Ait Jerrar. Dahinter liegt die arkadenumgebene Place du Mechouar, der zentrale Platz der

Stadt mit Busstation, Hotels, Cafés und Restaurants. Um den Platz dehnen sich die verwinkelten, relativ großen **Souks** aus. Im ganzen Lande berühmt sind besonders die Souks der Waffenschmiede und der Silberschmuckhersteller. Rechts von der Place du Mechouar (vom Haupttor aus gesehen) erhebt sich die **Große Moschee** mit einem Minarett, dessen Bauweise der des südlichen Sahararandes (Mali, Niger) ähnelt. Bei der Moschee die **Blaue Quelle,** ein unscheinbarer Brunnen, der als Wallfahrtsort verehrt wird. Hier soll die Heilige Fatma Tiznit gelebt haben, die den Ort der Sage nach vor mehr als 1500 Jahren gegründet hat. Hinter Moschee und Quelle führt eine Straße zum Bab Targua, wo der **Palmenhain** von Tiznit beginnt.

Ein Stück außerhalb des Haupttors Bab Ait Jerrar liegen das Postamt und die Haltestelle der CTM-Busse.

Busse: Privatlinien an der Place du Mechouar, CTM-Busse am Platz vor dem Haupttor Bab Ait Jerrar. Verbindungen nach Agadir und Sidi Moussa d'Aglou (häufig), Goulimine (3 × täglich), Tafraout (2–3 ×) und Mirhleft (3 ×). Direktbusse nach Casablanca/Tanger.

Unterkunft: 3***A Hotel de Tiznit, Rue Bir Ihzaran; 1*A Hotel Mauretania, Rue de Goulmima, Quartier Industriel; 1*B Hotel Ere Nouvelle, Rue el Hamam; 1*B Hotel CTM, am CTM-Busbahnhof. Mehrere einfache Hotels um die Place du Mechouar.

Die Küste

Sidi Moussa d'Aglou

Kleines Dorf an einem schönen Strand 14 km von Tiznit. Badeort der Bewohner von Tiznit, beliebter Treffpunkt und Überwinterungsplatz jugendlicher Reisender, zunehmend auch ›arrivierter‹ Tourismus, aber noch immer relativ ruhig.

Busse: Häufige Verbindungen nach Tiznit.

Unterkunft: einige Bungalows; einfaches Motel; Camping.

Mirhleft

Kleines Dorf 45 km südwestlich von Tiznit in der Nähe des Meeres gelegen, beliebtester Badeort jugendlicher Reisender in Marokko.

Mirhleft – das sind ein langgestreckter, arkadenumgebener Marktplatz mit Cafés und Geschäften, einige verstreute Häusergruppen und eine alte französische Festung, die auf einem Hügel das Dorf überragt. Etwa 1,5 km vom Dorf entfernt (erreichbar über die Straße Richtung Tiznit) liegt der von einer Steilküste gesäumte **Strand von Gourizim.** In der Umgebung findet man weitere kleinere Buchten mit Sandstränden.

In den 70er Jahren ist Mirhleft neben Tarhazoute (vgl. S. 144) zum beliebtesten Treffpunkt europäischer und amerikanischer Jugendlicher in Marokko geworden, von denen manche (wenn auch erheblich weniger als noch vor einigen Jahren) den ganzen Winter hier verbringen. Der Ort ist auf diese Art von touristischer Gegenkultur bereits eingestellt – leider mit allen negativen Begleitumständen: Der Drogenhandel (getragen vor allem von ›Guides‹ aus dem Norden) ist lebhaft, Diebstähle nehmen zu (besonders von Ausländern untereinander!), die Preise steigen und die Cafés des Ortes passen sich in kulinarischem wie musikalischem Angebot mehr und mehr den ausländischen Besuchern an. Unter völliger Mißachtung der strengen marokkanischen Moral war bei vielen Reisenden früher Nacktbaden üblich, was bei den älteren Einheimischen Empörung, bei den jüngeren falsche Vorstellungen über die sexuelle Freizügigkeit der Fremden provozierte (energische Gegenmaßnahmen des örtlichen Cadi haben das Nacktbaden inzwischen unterbunden). Gele-

Auf dem Marktplatz von Mirhleft

gentliche Polizeikontrollen zielen auf Drogenbesitz und abgelaufene Visa.

Der schöne Strand von Mirhleft lohnt durchaus einen kurzen Besuch. Im übrigen bietet der Ort keine besonderen Reize.

Busse: Vom Marktplatz 3 × täglich nach Tiznit und Sidi Ifni.

Unterkunft: Keine Hotels, die Cafés am Marktplatz vermieten aber einfache Zimmer. Häuser im Dorf können mittlerweile nur noch mit Genehmigung des Cadi gemietet werden. Am Strand und in den angrenzenden Höhlen übernachten ebenfalls viele Jugendliche (besondere Vorsicht vor Diebstählen ist hier angebracht).

Geldwechsel: In Mirhleft gibt es keine Bank, die nächsten Geldwechselstellen befinden sich in Tiznit oder Sidi Ifni.

Sidi Ifni

15000 Einwohner. Militärgarnison, Hafen und Badeort, ca. 85 km südwestlich von Tiznit gelegen. Ehemalige spanische Enklave.

1445 Errichtung einer kleinen spanischen Festung, die 1524 wieder zerstört wird. 1860 nach dem spanisch-marokkanischen Krieg formelle Abtretung des Gebiets an Spanien, 1912 im Vertrag mit Frankreich genaue Grenzziehung. Anlage einer Siedlung aber erst 1934.

Die spanische Enklave Ifni umfaßte 2000 km² mit etwa 50000 Einwohnern, darunter 26000 spanische Soldaten. Außerhalb des Hauptortes Sidi Ifni war der spanische Einfluß gering. Die nomadischen Stämme der Umgebung blieben auf den Markt von Goulimine orientiert. Im November 1957 Aufstand gegen die Spanier, im Winter 1957/58 auch Angriffe von marokkanischem Gebiet aus. 1969 Rückgabe des Gebiets an Marokko.

Sidi Ifni ist heute Fischerei- und Handelshafen (teilweise auf einer ab 1958 künstlich geschaffenen Insel gelegen) sowie Standort von Fischkonserven- und Mineralwasserherstellung. Seit den Kämpfen um die Westsahara beherbergt die Stadt wieder eine bedeutende Militärgarnison mit einem großen Militärflugplatz. Die schönen, langen Strände südlich von Sidi Ifni bieten die wohl besten Surfing-Möglichkeiten in Marokko, insbesondere die ca. 50 km entfernt gelegene Plage Blanche, deren Erschließung zu den Prioritäten der marokkanischen Tourismusplanung gehört.

Unter den Touristen, die Sidi Ifni besuchen, befinden sich viele jugendliche Reisende aus dem nahen Mirhleft. Für längere Zeit bleiben allerdings nur wenige – zu stark ist der Ort vom Militär geprägt.

Sidi Ifni ist eine moderne, schachbrettartig angelegte Stadt mit breiten Straßen. Zentrum ist der Paseo mit Busbahnhof, Cafes, öffentlichen Gebäuden und einem Brunnen. Im Ort viele Vergnügungslokale, in der Nähe ein ehemaliges Palais des spanischen Diktators Franco.

Busse: vom Paseo nach Mirhleft, Tiznit und Goulimine.
Unterkunft: 1*A Hotel Ait Ba Amran, Avenue de la Plage; 1*A Hotel Bellevue, Place Hassan II.; 1*B Hotel Puerta Loca; 1*B Hotel Ifni; 1*B Hotel Residence; 1*B Hotel Sous (alle im Zentrum); mehrere einfache Hotels, Campingplatz neben dem Krankenhaus.

Anti-Atlas

Tafraout

Kleine Oasenstadt mit ca. 6000 Einwohnern, Zentrum des Chleuh-Stammes der Ammeln. In 1000 m Höhe im Herzen des westlichen Anti-Atlas gelegen, zählt Tafraout wegen seiner einmaligen Landschaft zu den schönsten Orten Marokkos.

Das Städtchen liegt in einem von bizarren Granitfelsen umgebenen Talkessel. Während die Felsen völlig kahl sind, wachsen im Tal Mandel- und Olivenbäume. Die braun, rosa oder ockerfarben getünchten festungsartigen Häuser passen sich der Landschaft hervorragend an. Eingänge, Fenster und Dachecken sind weiß, grün oder blau abgesetzt – Schutzmaßnahme gegen den ›bösen Blick‹. Die meisten Häuser sind nicht alt, aber alle wurden in traditionellem Stil erbaut. Der offensichtliche Reichtum des Ortes erklärt sich daraus, daß der Stamm der Ammeln zahlreiche Händler und Ladenbesitzer in ganz Marokko stellt. Bemerkenswert ist, daß Tafraout keinerlei Festungsanlagen besitzt.

Der Ort wird sehr häufig von Touristen aus Agadir besucht, besonders während der Mandelblüte im Februar, wenn die umliegende Oase in ihren schönsten Farben prangt. Zu dieser Zeit findet auch das bekannte Mandelblütenfest statt.

Busse: Ab Ortszentrum nach Tiznit (3 × täglich), Agadir (2 ×), Irherm/Taroudannt (1 ×, Nachtfahrt).
Unterkunft 4****B Hotel Les Amandiers (auf dem Felsen, der den Ort überragt); mehrere einfache Hotels um den Hauptplatz (wo auch die Busse halten), Campingplatz.

Tal der Ammeln

Steiles Granitfelsental, das 4 km nördlich von Tafraout beginnt und sich ca. 11 km in Ost-West-Richtung erstreckt. Es wird vom 2359 m hohen Djebel Lekst überragt. Eindrucksvoll die zahlreichen Ksour und Kasbahs, die vogelnestartig in die Felsen gebaut sind.

Die Strecken von Tafraout nach Tiznit (durch das Tazeroualt-Gebiet), nach Ait Baha (durch das Pays Illalene) und nach Irherm (durch das Idouska Oufella-Gebiet; sehr schlechte, felsige Straße) gehören zu den landschaftlich schönsten

Der Felsen ›Chapeau de Napoléon‹ bei Tafraout

Routen Marokkos. Neben der Landschaft sind vor allem die Agadire sehenswert.

Tazeroualt – Gebiet

Das Gebiet, das bei **Tirhmi** (40 km von Tiznit an der Straße nach Tafraout) beginnt, wurde vom Ende des 16. bis zum Ende des 19. Jh.s von der Sidi Ahmed ou Moussa-Sekte beherrscht, die ihren Einfluß zeitweise auf den ganzen Sous ausdehnen konnte. Erst 1882 (Gründung der Festung Tiznit) wurde sie unterworfen. Hauptort war Iligh.

Die Sekte ist bis heute bekannt wegen ihrer Akrobaten, die in vielen Marktstädten auftreten (oft auch in Marrakech, erkenntlich an der roten Kleidung). Bei der **Zaouia des Sidi Ahmed ou Moussa** findet, beginnend mit dem dritten Donnerstag im August, ein fünftägiger Moussem statt, der zu den bekanntesten in Marokko gehört (vgl. auch S. 256).

Die Agadire des Anti-Atlas

Jeder Stamm des Anti-Atlas besitzt mindestens einen Agadir, der zugleich als gemeinschaftlicher Vorratsspeicher, Festung und politisches wie soziales Zentrum dient. Hier finden die Ratsversammlungen statt, die den Inflas, eine Art Stammesrat, wählen. Anders als die Kasbahs des Dra- und Dades-Tales sind die Agadire keine ständigen Stammeswohnsitze. Sie stehen deshalb auch nicht in den fruchtbaren Tälern, sondern an unzugänglichen, leicht zu verteidigenden Plätzen. Auch ihre Bauweise ist verschieden von der anderer Kasbahs:

Die festungsartigen Bauten werden von mächtigen, bis über 20 m hohen Steinmauern umgeben. Sie besitzen keine Ecktürme und wirken deshalb von außen sehr wuchtig und gedrungen. Ins Innere führt meist nur ein Eingang. Um mehrere Innenhöfe gruppieren sich dort verschiedene Gebäude, die bis zu sieben

Der als heilig verehrte Agadir Tasguent im Gebiet der Idouska Oufella

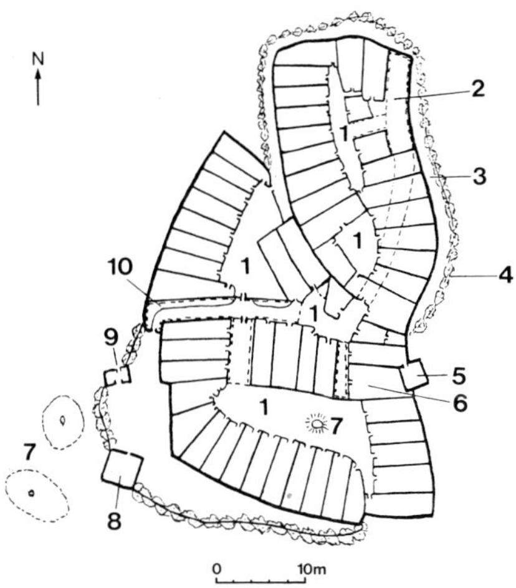

Grundriß des Agadir Tasguent
1 Hof 2 Stall 3 Umgang 4 Hecke
5 Wachturm 6 Moschee 7 Zisternen
8 Wachhaus 9 Tor 10 Steinbank

Stockwerke hoch sind. Die oberen Geschosse sind nur über Trittsteine erreichbar, die in die Mauern eingelassen sind. Große Agadire umfassen bis zu 300 Wohn- und Vorratsräume. Vor den Agadiren liegen meist weite Lehmplätze, auf denen mit Hilfe von Eseln das Getreide gedroschen wird.

Das Alter der Bauten kann kaum bestimmt werden, da man sie seit Jahrhunderten ständig erweitert, umgebaut und erneuert hat. Heute werden viele Agadire nur noch selten oder gar nicht mehr benutzt und verfallen allmählich. Die meisten von ihnen sind nur über unwegsame Maultierpfade erreichbar, oft kann man sie aber von den Straßen aus sehen.

Agadire sind über den ganzen Anti-Atlas verstreut. Hier die wichtigsten:

Im **Pays Illalene** (zwischen Tioulit und Ait Baha an der Straße Tafraout-Ait Baha), dem Gebiet eines Bundes von 18 Stämmen, stehen über 20 Agadire (größtenteils von der Straße aus sichtbar).

Im Gebiet der **Idouska Oufella** (zwischen Tafraout und Irherm), einem anderen Stammesbund, finden sich ebenfalls etwa 20 Agadire, bedeutend darunter vor allem der als heilig verehrte **Agadir Tesguent** bei Tiguermint.

Agadir Id Aissa: Der größte und südlichste der Agadire des Anti-Atlas ist auf schlechter Piste von Tarhijt (vgl. s. 291) aus zu ereichen (z. Zt. gesperrt!). In seiner Umgebung einige Speicherbauten.

Irherm

Kleiner Ksar mit Freitagsmarkt, bekannt für die Herstellung von Dolchen, Gewehren und Pulverhörnern sowie für seine Kupferschmiedearbeiten.

In der schönen, allerdings noch unerschlossenen Umgebung u. a. der 2531 m hohe **Adrar n'Aklim,** der höchste Berg des Anti-Atlas.

Einfache **Unterkunft,** Busse nach Taroudannt und Tafraout (je 1 × täglich) sowie nach Tata (1–2 × wöchentlich).

Ifrane de l'Anti Atlas

Landschaftlich reizvoll gelegener Hauptort einer ca. 30 Ksour zählenden Oasengruppe am Südrand des Anti-Atlas (24 km nordwestlich von Bou Izakarn, 46 km südlich des Col du Kerdous an der Strecke Tiznit – Tafraout). Ifrane ist bekannt für seinen jüdischen Bevölkerungsteil, der hier schon sehr lange ansässig ist (angeblich seit der Zerstörung Jerusalems durch die Babylonier im 6. Jh. v. Chr.)

Busse ab Bou Izakarn, sehr einfache **Unterkunft.**

Die marokkanische Sahara

Südlich des Anti-Atlas beginnt die Übergangszone zur Sahara. Die an das Gebirge anschließende Hochebene besitzt noch eine geringe Vegetation, die kärglichen Bodenbau erlaubt. Sie wird im Süden begrenzt durch den Djebel Bani, eine vom Atlantik bis zum Dra-Tal reichende schmale Bergkette. Die zumeist nur bis 1200 m hohen Gipfel überragen die umliegende Ebene lediglich um wenige hundert Meter, allein bei Foum Zguid erreichen einige Berge eine Höhe von 1600 m. Südlich des Djebel Bani beginnt dann die eigentliche Sahara, die hier überwiegend eine Geröllwüste und fast völlig vegetationslos ist. Einige periodisch fließende Wasserläufe aus dem Anti-Atlas haben allerdings den Djebel Bani durchbrochen und versickern in der Wüste. An diesen Durchbrüchen (Foum genannt) ist eine Reihe von Oasen entstanden. Dattelpalmen können hier das ganze Jahr über bewässert werden, der Anbau von Getreide ist aber nur im Herbst möglich, wenn Regenfälle im Anti-Atlas die sonst ausgetrockneten Flußbette füllen. Dieser zeitlich begrenzte Anbau wird als Maader-Kultur bezeichnet (›Maader‹ heißen die Felder).

Bewohnt werden die Oasen von einer Mischbevölkerung aus Chleuh-Berbern und Haratin (Nachkommen westafrikanischer Sklaven). Die früher durch den Karawanenhandel prosperierenden Oasen sind heute stark von Abwanderung bedroht.

Die Wüste wird von arabischen Nomadenstämmen durchzogen. Sie züchten Dromedare (das einhöckrige Kamel), das wertvollste Tier der Wüste und früher das einzige Transportmitel dort. Kamele liefern Fleisch, Milch, Leder und Haare und tragen 150 kg schwere Lasten täglich bis zu 50 km weit. Sie können mehr als eine Woche ohne Wasseraufnahme auskommen, wobei sie dann freilich manchmal bis zu 25 % ihres Gewichts verlieren. Nach solchen Extrembelastungen trinken sie bis zu 100 Liter Wasser, um den Flüssigkeitsverlust auszugleichen.

Der Kamelhandel brachte den Nomaden früher großen Wohlstand. Wichtiger noch waren aber die Tribute, die von durchziehenden Karawanen erhoben wurden, und die Überfälle auf diese Karawanen.

Die Blütezeit des Karawanenhandels begann Ende des 16. Jh.s: Gold und Sklaven aus Westafrika wurden gegen Salz und Handwerksprodukte aus Marokko getauscht. Akkabahs, Großkarawanen mit Hunderten von Kamelen, durchzogen damals die Sahara, Akka und Tata gehörten zu ihren Hauptraststellen. Die Reisen waren lang und beschwerlich: Von Akka bis Timbuktu benötigte man 70 Tage, und Wassermangel und Überfälle bildeten ständige Gefahren. Zahlreiche Katastrophen ereigneten sich in der Wüste, die größte bekannte 1805: Auf dem Weg von Timbuktu ins Tafilalet verdurstete eine Karawane mit 2000 Menschen und 1800 Tieren.

Die Blütezeit der Karawanen ging Mitte des 19. Jh.s zu Ende, aber noch bis zum Beginn dieses Jahrhunderts durchzogen sie in großer Zahl Südmarokko. Der Niedergang kam mit der Verlagerung des Handels an die Küsten und wurde durch das Aufkommen von LKW's endgültig besiegelt.

Wegen des Reichtums, den die Karawanen den Nomaden brachten, und wegen ihrer straffen kriegerischen Organisation waren die Stämme nur selten der Macht der Sultane unterworfen. Sie beherrschten die Oasen, die Abgaben als Gegenleistung für militärischen Schutz entrichten mußten. Der größte und einst auch reichste dieser Stämme, die Reguibat, sind bekannt geworden als ›Blaue Männer‹, weil sie indigoblaue Kleidung tragen und auch Gesicht und Hände mit Indigo färben. Dies bietet einen Schutz vor Sonne und Insekten und gilt auch als Abwehrmittel gegen den ›bösen Blick‹.

Das Ende der großen Karawanen und der starke Rückgang des Kamelhandels haben die Nomaden verarmen lassen. Der Zentralregierung unterworfen, ist die Zeit ihrer unbehinderten Wüstenwanderungen und ihrer Oberhoheit über die Oasen für immer vorbei. Besonders hart betroffen sind die Reguibat, einst die größten Kamelhändler in ganz Afrika. Da sie sich weigerten, ihre Herden zum Zweck der Besteuerung von den Behörden registrieren zu lassen, wurde ihnen ihr Hauptmarkt Goulimine für mehrere Jahre gesperrt. Weitere Beschränkungen der Wanderzüge brachten

Geröllwüste am unteren Dra, der hier fast nie Wasser führt

in den letzten Jahren die Kämpfe in der Westsahara, wo die gleichen Nomadenstämme leben wie in Südmarokko.

Die Zahl der Nomaden geht ständig zurück, noch immer besuchen aber die Stämme mit ihren Kamelherden die Märkte des Südens. Der samstägliche Kamelmarkt von Goulimine ist dabei ein beliebtes Touristenziel. Die übrigen Orte der Sahara werden aber von Fremden nur selten besucht.

In Südmarokko hat es in den letzten Jahren eine rege Bautätigkeit gegeben; die Orte wachsen rasch, die Versorgungsmöglichkeiten sind mittlerweile gut bis ausgezeichnet. Kehrseite der Entwicklung: Allenthalben trifft man auf große Militärgarnisonen.

Die **Verkehrserschließung** des Gebiets ist in jüngster Vergangenheit stark vorangeschritten. Gut ausgebaut sind inzwischen die Nord-Süd-Achse Tiznit – Goulimine – Tan Tan (und weiter nach El Aioun) und die West-Ost-Achse Bou Izakarn – Foum el Hassane – Akka – Tata – Foum Zguid – Zagora, passabel befahrbar zudem die Strecken Irherm – Tata (Route über Imitek im Ausbau) und Tazenakht – Foum Zguid. Bei den übrigen Straßen handelt es sich überwiegend um schlechte Sandpisten, die ohne größere Probleme nur mit Geländewagen befahrbar sind.

Tankstellen gibt es lediglich in Goulimine, Bou Izakarn, Akka, Tata und Tan-Tan. Reservekanister sind für längere Fahrten unbedingt erforderlich, denn der Benzinverbrauch ist wegen des Fahrens in niedrigem Gang sehr hoch, besonders auf Sandpisten!

Buslinien: Mehrmals täglich Tiznit – Goulimine. Seltener (meist 1–3 × wöchentlich) Bou Izakarn – Foum el Hassane – Akka – Tata, Taroudannt – Tata – Tissint, Marrakech – Foum Zguid – Tissint, Foum Zguid – Zagora.

Saharanomaden auf dem Markt von Mhamid am unteren Dra

Sperrgebiete: Seit dem Ausbruch der Kämpfe in der Westsahara ist der Grenzübergang Foum el Hassane – Tindouf geschlossen. Die Südroute ab Tan Tan – Plage (über Tarfaya in die Westsahara) darf nur mit Sondergenehmigung der Provinzverwaltung Tan Tan befahren werden (wird nur selten erteilt), die Strecke Zagora – Foum Zguid (und eventuell weiter bis Tata) nur mit Erlaubnis der Kreisverwaltung (Cercle) in Zagora. Gesperrt bleiben auch die zur algerischen Grenze hin gelegenen Nebenpisten (etwa ab Assa, Foum el Hassane, Akka und Tata). Im Zweifelsfall stets bei den Militärposten erkundigen!

Bou Izakarn

Marktort (Freitagsmarkt), der in einem Palmenhain gelegen und von einer

Lehmmauer umgeben ist. Ausbildungslager der marokkanischen Armee.

Busse nach Tiznit, Goulimine und 3 × wöchentlich nach Foum el Hassane/Akka/Tata.
Unterkunft. 2**B Hotel Anti-Atlas, kleine Hotels.

Goulimine

6000 Einwohner. Größte Siedlung und wichtigster Markt der marokkanischen Sahara; in den letzten Jahren rasch gewachsen (große Garnison; viele Neubauten). Früher bedeutende Etappe der Timbuktu-Karawanen (Blütezeit im 19. Jh.) und größter Kamelmarkt Afrikas: 20000–40000 Kamele wurden hier jährlich verkauft. Der heute viel bescheidenere **Kamelmarkt,** der jeden Samstag stattfindet, ist inzwischen zu einer reinen Touristenattraktion heruntergekommen, ein wirklicher Kamelhandel findet kaum noch statt, und die berühmten ›Blauen Männer‹ kommen wegen des Saharakrieges kaum mehr nach Goulimine. Der Markt beginnt am frühen Samstagmorgen, erreicht seinen Höhepunkt zwischen 9 und 10 Uhr und ist gegen Mittag meist beendet. Die Bevölkerung von Goulimine hat sich bereits sehr stark auf den Fremdenverkehr eingestellt. Sonderbusse starten am frühen Morgen in Agadir und treffen im Laufe des Vormittags hier ein. Sie können den touristischen Ansturm also vermeiden, wenn Sie den Markt früh am Morgen besuchen.

An den Abenden der Markttage finden viele **Guedras** statt, die berühmten Solotänze kniender Frauen zum Rhythmus der Trommeln. Sie werden heute überwiegend für Touristen aufgeführt.

Im Juni ist Goulimine Schauplatz des **Moussems von Sidi Mohammed Benamar.** Das Fest, das mit dem größten Kamelmarkt des Jahres (einst über 1000 Kamele) verbunden ist, findet seinen Höhepunkt bei der Wasserstelle von **Asrir** (einige Kilometer südlich des Ortes), wo die Nomaden auch an normalen Markttagen ihre Kamele tränken.

Außerhalb der Markttage ist Goulimine ohne besonderen Reiz.

Busse: mehrmals täglich nach Tiznit, einige davon weiter bis Agadir.
Unterkunft: 2**B Hotel Salam (Straße nach Tan Tan); 1*B Hotel Ere Nouvelle; 1*B Hotel Tekna, mehrere einfache Hotels; Camping au Rendez-vous des Hommes Bleues.

Die Djebel Bani-Oasen

Tarhijt

Große Oase mit 14 Ksour und ca. 60000 Dattelpalmen. Auf einer nahegelegenen Anhöhe erhebt sich eine Festungsruine mit mächtigem Tor (12. Jh., schöne Aussicht). Eine Piste führt von Tarhijt zum Agadir Id Aissa im Anti-Atlas (vgl. S. 287).

Busse nach Bou Izakarn und Foum el Hassane. Einfache **Unterkunft**.

Foum el Hassane

Oase mit mehreren Ksour (wichtigster der Ksar Imi Ougadir) und vielen Neubauten; Ausgangspunkt für die Besichtigung der größten Gruppe **prähistorischer Felszeichnungen** in Marokko (Besuch lohnt sich wegen der großen Entfernungen und der schlechten Straßen nur für speziell interessierte Reisende).

Die ältesten Felszeichnungen reichen bis mindestens 2000 v. Chr. zurück, die meisten sind aber jünger (einige zeigen altlibysche Streitwagen, die historisch etwa ab 1500 v. Chr. in Erscheinung treten; andere Kamele, die erst um 700 n. Chr. in diesem Gebiet bezeugt sind). Die größte Bildergruppe ist – nicht ohne Schwierigkeiten – etwa 30 km südwestlich von Foum el Hassane zu finden (Piste 7084 Richtung Assa, dann Piste 7092 bis zur Mündung des **Oued Tassert** in den **Oued Tamanart**). Weitere Felszeichnungen bei **Assa** (80 km südwestlich auf Piste 7084; einstmals Karawanenzentrum; bedeutende Zouia) und bei **Tizgui el Haratine** (zwischen Foum el Hassane und Akka). Beide Pisten sind z. Zt. gesperrt.

Busse nach Bou Izakarn und Akka. Einfache **Unterkunft.**

Von Foum el Hassane führt eine schlechte Piste (Grenzübergang zur Zeit geschlossen) ins algerische **Tindouf** (3000 Einwohner, dazu zahlreiche Flüchtlinge aus der Westsahara, früher wichtigster französischer Militärstützpunkt in der westlichen Sahara, großer Kamelmarkt. Schlechte Piste nach Mauretanien und gute Straße nach Nordalgerien).

Akka

Große Oase mit zehn Ksour, besonders schöner Palmenhain. Vor dem 19. Jh. wichtigste Karawanenstation in Südmarokko, heute große Garnison. Die 75 km lange, schlechte Piste 7088 führt von Akka ins Tal Kheneg Tafagount (Felszeichnungen), das zwar schon auf algerischem Gebiet liegt, aber früher ohne Grenzkontrolle erreichbar war (Grenzposten erst in Tindouf). Zur Zeit ist die Straße wegen der Spannungen mit Algerien allerdings gesperrt.

Busse nach Foum el Hassane/Bou Izakarn und Tata. Einfache **Unterkunft.**

Tata

Größte Oase zwischen Atlantik und Zagora mit ca. 30 Ksour; gute Versorgungsmöglichkeiten. Früher wichtigster südmarokkanischer Karawanenrastplatz nach Akka. Gehört zu den schönsten Saharaoasen. Im August 1978 Angriff von Polisario-Rebellen auf die hiesige Garnison (vgl. S. 44 und 294).

Busse nach Akka/Foum el Hassane, Irherm/Taroudannt und Tissint. Einfache **Unterkunft.**

Tissint

Oase mit fünf Ksour, bekannt für ihre Dattelherstellung.

Foum Zguid

Oase mit mehreren Ksour, Militärstation, Tankstelle, Donnerstagsmarkt. Schöner Blick von einer am Hang des Djebel Bani gelegenen Kasbah.

Busse nach Tissint, Zagora und Ouarzazate/Marrakech. Einfache **Unterkunft.**

Die übrigen Djebel Bani-Oasen sind sehr klein (meist lediglich ein Ksar) und mit Ausnahme der an den Hauptrouten gelegenen nur schwer erreichbar (z. T. nur per Geländefahrzeug).

Gebiet südlich von Goulimine

Tan Tan

Moderne Provinzhauptstadt im Ausbau zum Verwaltungszentrum der marokkanischen Sahara; bedeutender neuer Fischereihafen, Fischkonservenherstellung. Ende Mai/Anfang Juni findet hier ein spektakulärer **Moussem** der Nomaden statt (u. a. großer Kamelmarkt).

25 km von Tan Tan am Meer der kleine Strandort **Tan Tan-Plage.** Zur Weiterfahrt nach Tarfaya Genehmigung der Provinzverwaltung Tan Tan erforderlich (vgl. S. 290).

Verkehr: Flüge nach El Aioun/Agadir, Busse nach Goulimine und Tarfaya.

Unterkunft: 2**A Hotel Royal (Zentrum); 1*A Hotel Etoile du Sahara, 17 Rue el Fida; 1*A Hotel Amgala; einige einfache Hotels, sehr einfacher Camping in Tan Tan Plage.

Tarfaya

2000 Einwohner. Hauptort der südlichsten marokkanischen Provinz (bis 1958 noch Nordprovinz der Spanischen Sahara, dann an Marokko abgetreten). Fischerort mit herrlichen Stränden.

Am nahegelegenen **Cap Juby** befand sich in den zwanziger und dreißiger Jahren ein wichtiger Flughafen, der für Zwischenlandungen auf der Luftroute von Europa nach West- und Südafrika diente. Er wurde mit dem Aufkommen von Langstreckenflugzeugen bedeutungslos.

Die Westsahara

270 000 km^2 großes Wüstengebiet mit ca. 140 000 Einwohnern, Sahauris genannt, überwiegend maurische Nomaden, daneben an der Küste seßhafte Fischer (z. T. Nachkommen schwarzer Sklaven) und Stadtbewohner. Die Sahauris gehören größtenteils den selben Stämmen an wie die Bewohner Mauretaniens, Südmarokkos und Südwestalgeriens, vor allem den arabischsprachigen Gruppen der Reguibat (als »Blaue Männer« bekannt, vgl. S. 289) und Oulad Delim sowie den berbersprachigen Tekna. Sie alle haben eine kriegerische Tradition sowie eine straff hierarchische Sozialordnung und zerfallen in verschiedene Untergruppen.

Das Gebiet wird 1884/1885 zur spanischen Überseebesitzung Saguiet el Hamra (Nordteil) und Rio de Oro (Südteil) erklärt, es folgen jahrzehntelange Nomadenaufstände, vor allem ab 1905 die des ›Mahdi‹ Ma el Ainin (vgl. S. 272) und seines Sohnes El Hiba (vgl. S. 279). Erst 1934 erlangen die Spanier mit französischer Hilfe die Kontrolle über die Küstenorte. 1957/58 kommt es zu einem neuen, zeitweise von Marokko unterstützten Aufstand, der zwar blutig niedergeschlagen werden kann, aber zur Abtretung des Nordteils von Saguiet el Hamra an Marokko führt (heutige Provinz Tarfaya). 1963 bei Boukraa Entdekkung reicher Phosphatlager (geschätzte Reserven 1,4 Milliarden Tonnen), in der Folge Bau eines 150 km langen Förderbandes zum Hafen von El Aioun.

Neue Unruhen ab 1970 und der 1973 begonnene Guerillakrieg der Befreiungsbewegung Frente Polisario veranlassen Spanien zu Plänen für eine innere Autonomie der Sahara. Daraufhin erhebt Marokko Anspruch auf das Gebiet mit der Begründung, es sei traditioneller Teil des marokkanischen Reiches (integraler Bestandteil Marokkos war das Gebiet der heutigen West-Sahara allerdings nur in der Zeit der Almoraviden, die von hier stammten, und – mit Einschränkungen – unter Saadiern und frühen Alaouiten, als Marokkos Grenzen bis Timbuktu reichten. Ansonsten bestand höchstens eine nominelle Kontrolle des Sultans, da die kriegerischen Wüstenstämme stets jede äußere Einmischung ablehnten). Im Grenzgebiet erste Zusammenstöße zwischen der von Algerien unterstützten Polisario, die die Unabhängigkeit des Gebietes fordert, und marokkanischen Truppen. Im November 1975 organisiert Hassan II. den sogenannten ›Friedensmarsch‹: 350000 Marokkaner marschieren demonstrativ ins Grenzgebiet. Anfang 1976 räumen die Spanier die Überseeprovinz, marokkanische Truppen marschieren ein. Am 29. 2. 1976 Ausrufung der Demokratischen Arabischen Republik Sahara durch die Polisario mit einer Exilregierung in Algerien (bis heute von über 60 Staaten anerkannt, Mitglied der OAU, weswegen Marokko 1984 aus dieser Organisation austrat. Nach Grenzzwischenfällen Abbruch der diplomatischen Beziehungen zu Algerien, das die Rebellen unterstützt. Am 14. 4. 1976 offizielle Aufteilung der Westsahara zwischen Marokko und Mauretanien (von der UNO nicht anerkannt). Marokko erhält den größeren Nordteil (ca. 150000 km^2 mit dem Phosphatlager von Boukraa). Heftige Kämpfe folgen, Marokko wird grausamer Übergriffe gegen die Zivilbevölkerung beschuldigt. Flucht der meisten Bewohner nach Algerien. Mauretanien tritt seinen Südteil schließlich im August 1979 an die Polisario ab; marokkanische Truppen besetzen das Gebiet aber kurz darauf. Seither beansprucht Marokko die gesamte Westsahara als Provinzen Laayoune (El Aioun), Smara und Boujdour.

Der Guerillakrieg der Polisario dauert bis heute an, auch wenn sich inzwischen die Fronten verfestigt haben: Nachdem die Polisario 1979–1981 überraschende militärische Erfolge erzielen und den Gegner bis auf wenige Garnisonen zurückdrängen konnte, legten die Marokkaner ein inzwischen 2000 km (!) langes, mit aufwendigen US-Radarsystemen bestücktes System von fünf ›Schutzwällen‹ an, das mittlerweile bis hinunter nach Dakhla reicht und 75 % des Sahara-Territoriums abriegelt.

Eine Lösung des Saharakonfliktes ist kaum in Aussicht: Militärisch kontrollieren die mindestens 80000 in der Westsahara stationierten marokkanischen Soldaten die Lage, auch wenn die ca. 10–12000 Polisario-Guerillas weiterhin eine Art ›Nadelstich-Taktik‹ verfolgen; die Polisario verbucht dagegen zunehmend diplomatische Erfolge (s.o.). Ein von UNO und OAU verlangtes Referendum scheiterte bislang an den divergierenden Meinungen über die Zahl der Stimmberechtigten. Weiterhin ungelöst bleibt auch das Problem der ca. 160000 Sahara-Flüchtlinge, die unter elenden Bedingungen in mehr als 20 Lagern in der Umgebung des algerischen Tindouf leben. Der (übrigens von allen Parlamentsparteien unterstützte) Sahara-Krieg kostet Marokko jährlich mindestens 400 Millionen $, was die angeschlagene Wirtschaft des Landes empfindlich belastet (vgl. S. 19).

Den Touristen, die neuerdings mit Ausnahmegenehmigung (vgl. S. 290) auch auf dem Landweg wieder einreisen dürfen (nach El Aioun, Boujdour und Smara), präsentiert sich die Westsahara in modernstem Gewand: In dem Bestreben, vollendete Tatsachen zu schaffen, investierte Marokko hier in den letzten zehn Jahren mehr als 1 Milliarde $ (insbesondere in die ›Boom town‹ El Aioun), Zehntausende von Siedlern strömten in den Süden.

Die wichtigsten Orte: **El Aioun** (Laayoune; ca. 40000 Einwohner, Zollfreigebiet), 1932 von den Spaniern gegründete, inzwischen sehr modern angelegte Hauptstadt der Westsahara; bedeutender neuer Phosphathafen und Strand 20 bzw. 26 km entfernt; Flüge nach Casablanca, Agadir, Tan Tan, Smara, Dakhla, Las Palmas; zwei neue Luxushotels des Club Méditerranée, außerdem 2**A Hotels Al Massira, Parador, Residencia sowie 1*A Hotel Marhaba; O.N.M.T.-Büro (Rue de l'Islam, ✆ 223375). **Smara** (ca. 7500 Einwohner): Um 1890 als Stützpunkt des Rebellen Ma el Ainin gegründet, traditionell »heimliche Hauptstadt« der Nomaden; **Dakhla** (früher Villa Cisneros; ca. 6000 Einwohner).

Die Zentralmeseta

Kernlandschaft Marokkos ist die von Atlantik, Rif, Mittlerem und Hohem Atlas umschlossene Zentralebene, die wegen ihrer Ähnlichkeit zu Zentralspanien als ›marokkanische Meseta‹ bezeichnet wird. In den Randgebieten der Meseta – fruchtbaren, dichtbesiedelten Landschaften: die Küstenebene des Atlantik im Westen, das Sebou-Becken mit dem Rharb und der Plaine du Sais im Norden, die Haouz-Ebene im Süden und die Tadla-Hochebene am Rand des Mittleren Atlas im Osten – liegen fast alle großen und historisch bedeutenden Städte des Landes.

Der von den fruchtbaren Randgebieten umschlossene Kern der Zentralebene, die Zentral- oder Binnenmeseta, ist ein zwischen 200 und 600 m hohes, wenig gegliedertes Plateau. Nur im Nordteil erreicht das Hügelland des Pays Zaer Zaiane (zwischen Rabat und Mittlerem Atlas) Höhen bis 1300 m.

Die Zentralmeseta empfängt außer in den küsten- und gebirgsnahen Randzonen keine hohen Niederschläge, der Süden ist ausgesprochen niederschlagsarm. Die niederen Wälder des Nordens werden nach Süden von Buschland und schließlich von einer kargen Steppe abgelöst. Die Besiedlungsdichte ist mäßig und nimmt nach Süden hin ab. Große Städte gibt es in der Zentralmeseta nicht.

Bei den Bewohnern handelt es sich überwiegend um seßhafte arabische Bauern, die Getreide, Gemüse und Obst anbauen. Im kargeren Südteil spielt die Schafzucht eine bedeutende Rolle. Traditionelle Behausung im Norden ist die Nouala, eine konische Hütte aus Rohrgeflecht und Zweigen. Im Hügelland des Pays Zaer Zaiane leben die Zaiane, ein Bund von zwölf Berberstämmen, die früher wegen ihrer Raubzüge in die Ebene gefürchtet waren.

Große wirtschaftliche Bedeutung haben heute die Phosphatlager von Khouribga und Youssoufia.

Die **Verkehrserschließung** der Zentralmeseta ist sehr gut. Fast alle Straßen sind ausgebaut, das Tankstellennetz ist dicht, und die Busverbindungen sind hervorragend.

Sehenswürdigkeiten bietet die Zentralebene nur wenige. Lediglich die Kasbah von Boulaouane und die Landschaft um Oulmés lohnen größere Umwege. Interessant sind im weiteren noch Boujad, Chichaoua, die Seen bei Khemisset und die Phosphatgruben zwischen Khouribga und Oued Zem, die ergiebigsten des Landes.

Khemisset

10000 Einwohner, moderner Marktort (Dienstagsmarkt), Handel mit Getreide und Viehzuchtprodukten, Teppich- und Flechtwarenherstellung.

Busse nach Meknes, Rabat und Khenifra. Einfache **Hotels.**

Umgebung von Khemisset

Daiet er Roumi: fischreicher See 16 km südwestlich von Khemisset, Bade- und Bootfahrmöglichkeiten.

Unterkunft: 1* Auberge du Lac, Campingplatz.

El Kansera-Stausee: drittgrößter Stausee Marokkos, zwischen Khemisset und Sidi Slimane (Rharb) gelegen. 80 m lange und 43 m hohe Staumauer, 15 km langer See. Möglichkeiten zum Baden, Bootfahren und für Wasserski.

Zwischen Khemisset und Oulmés im Dorf **Tiddas** ein großer Moussem im September (bekannte Fantasias).

Oulmés les Thermes (auch Tarmilate)

1100 m hoch gelegener kleiner Erholungsort im Herzen des bis 1300 m hohen Hügellandes Pays Zaer Zaiane. Heilquellen für Nieren-, Kreislauf- und Magen-Darm-Krankheiten. Bekannte Mineralwasserherstellung. Schöne Umgebung (Wälder).

In der Nähe bei **El Harcha** ein bekanntes Jagdgebiet, der **Djebel Mouchchene** (1086 m), schöne Aussicht, Wandermöglichkeiten.

Busse nach Rommani, Khemisset, Khenifra.
Unterkunft: 3***A Hotel des Thermes; 1*A Hotel El Harcha (in El Harcha).

Rommani

2000 Einwohner, Marktort (Montagsmarkt), Moussem im September. 20 km entfernt in Richtung Casablanca liegt die malerische **Schlucht des Oued Khorifla.**

Busse nach Casablanca, Rabat, Oued Zem, Oulmés. Einfache **Unterkunft.**

Ben Slimane

5000 Einwohner, Marktort (Mittwochsmarkt), Moussem im September.

Campingplatz außerhalb des Ortes.

Khouribga

45 000 Einwohner, Zentrum des größten marokkanischen Phosphatabbaugebietes, eines 2000 km² großen Plateaus, das bis Oued Zem reicht. Die moderne Stadt wurde erst 1921 gegründet. Die Gewinnung des Phosphats in der Umgebung erfolgt vorwiegend im Tagebau (an der Strecke nach Oued Zem sind mehrere solcher Gruben sichtbar). Anschließend Transport per Bahn nach Casablanca. Zahlreiche Arbeiter in Khouribga sind Saisonarbeiter aus dem Süden (besonders Chleuh-Berber).

Eine Besichtigung der Phosphatgruben ist möglich mit einer Erlaubnis des Office Cherifien des Phosphats, Avenue Urbain Blanc, Rabat.

Busse ab Avenue Mohammed V. (Zentrum) nach Casablanca, Oued Zem, Beni Mellal.
Züge nach Casablanca und Oued Zem.
Unterkunft: 4****A Hotel Safir (früher: Sofitel), Angle R. P. 13; 1**B Hotel de Suisse, Rue de Marrakech; 1*B Hotel des Hotes, Rue Moulay Idris; viele einfache Hotels im Zentrum.

Oued Zem

20 000 Einwohner. 1913 gegründeter moderner Ort am Ostrand des Phosphatgebiets. Im August 1955 war Oued Zem Schauplatz des furchtbarsten Massakers während der Auseinandersetzungen um die marokkanische Unabhängigkeit (Mitglieder der Cherkaoui-Sekte töteten über 500 französische Siedler in der Umgebung, blutiger französischer Gegenschlag, vgl. S. 43).

Busse nach Casablanca, Rabat, Kasba Tadla, Beni Mellal.
Züge nach Casablanca.
Unterkunft: 1*B Hotel Moderne, mehrere einfache Hotels.

Boujad

15 000 Einwohner. Marktort (Mittwochs- und Donnerstagsmarkt), heilige Stadt der Cherkaoui-Sekte. Herstellung beliebter Wolldecken.

Zentrum von Boujad ist ein großer, arkadenumschlossener Marktplatz. Südlich davon der aus dem 19. Jh. stammende Komplex der Zaouia des Cherkaoui-Ordens, die Ziel großer Wallfahrten ist (vor allem im September).

Busse nach Oued Zem/Casablanca und Kasba Tadla/Beni Mellal, einfache **Hotels** um den Marktplatz.

Settat

30 000 Einwohner. Moderner Marktort (nördlichster Markt Marokkos, an dem noch Kamele gehandelt werden), geringe Reste einer Kasbah vom Ende des 17. Jh.s und einer Mellah.

Busse nach Casablanca, Marrakech und zur Kasbah de Boulaouane (Busse Richtung Sidi Bennour und El Jadida.
Unterkunft: 2**A Hotel M'zamza (1 km Richtung Casablanca), einfache Hotels.

Kasbah de Boulaouane

1710 unter Moulay Ismail erbaute Kasbah, diente als Stützpunkt auf der alten Route Fès – Marrakech, einsam auf einer Anhöhe über dem Tal des Oum er Rbia gelegen, unbewohnt. Der Sage nach schenkte der Tyrann die Burg seiner Geliebten Halima als Wohnsitz, nach ihrem Tod soll sie aufgegeben worden sein. Umfaßt einen Palast, eine Moschee, ein Grabmal und mehrere Bastionen. Verfallener, aber nach wie vor eindrucksvoller Bau, herrlicher Rundblick.

Die **Busse** Settat – Sidi Bennour passieren die Kasbah.

Imefoute-Stausee: viertgrößter Stausee Marokkos, nahe der Kasbah Boulaouane am Oum er Rbia gelegen. 50 m hohe und 200 m lange Staumauer. Ein zweiter, kleinerer Stausee (Daourat) liegt nördlich der Kasbah.

Youssoufia (früher Louis Gentil)

Zentrum des Gantour-Plateaus, des zweitgrößten marokkanischen Phosphatlagers. Moderner Ort, erst 1931 gegründet. Das Phosphat wird per Bahn nach Safi transportiert und dort verschifft.

Busse nach Safi, El Jadida und Benguerir, **Zug** nach Safi und Benguerir; verschiedene einfache **Hotels.**

Chichaoua

Marktort (Sonntagsmarkt) am Rand der Haouz-Ebene, bekannt für den Verkauf der Chichaoua-Teppiche (Herstellung nicht im Ort selbst, sondern im westlich gelegenen Gebiet um Sidi Mokhtar). Ausgrabungen haben die Existenz einer Zucker›industrie‹ seit dem 9. Jh. nachgewiesen.

Busse nach Marrakech, Essaouira und Agadir, mehrere einfache **Hotels.**

El Kelaa des Srarhna

4000 Einwohner. Moderner Marktort (großer Freitagsmarkt).

Einfache **Unterkunft.**

Taza

55000 Einwohner. Provinzhauptstadt, Handelszentrum und bedeutende Garnison in strategisch wichtiger Lage auf zwei Plateaus in der Taza-Senke. Sehenswerte Medina, gute Ausflugsmöglichkeiten.

Geschichte

Die Geschichte der Stadt ist vor allem durch ihre strategische Lage in der Taza-Senke bestimmt: Diese zwischen Rif und Mittlerem Atlas gelegene Hochebene bildet die einzige natürliche Ost-West-Passage durch den Atlas. Das Gebiet ist daher oft umkämpft gewesen, und Taza war stets eine wichtige Festung.

Eine Besiedlung der Umgebung ist schon für die Altsteinzeit bezeugt. In römischer Zeit befindet sich hier ein Legionärslager. Die eigentliche Stadtgründung erfolgt dann um 700, als Meknassa-Berber eine Festung errichten. Im 11. Jh. wird der Platz almoravidisch. Um 1135 Eroberung durch die Almohaden, deren Residenz Taza etwa zehn Jahre lang bleibt. In dieser Zeit Ausbau zur stärksten Festung Marokkos. Im 13. Jh. heftig umkämpft zwischen Almohaden und Meriniden, Ende des 13. Jh.s kurz meridinische Residenz. Im 15. Jh. Niedergang durch Kriege und Seuchen, doch bleibt die Festung militärisch bedeutsam. Während der Eroberungszüge der Alaouiten Mitte des 17. Jh.s ist Taza kurz deren Residenzstadt. Unter Moulay Ismail weiterer Ausbau der Festung.

Neue Bedeutung erhält Taza um die Jahrhundertwende als Sitz des Bou Hamara: Diesem ehemaligen hohen Beamten des Sultans gelingt es ab 1895, die Bergstämme der Umgebung um sich zu scharen. Mit dem Stammesheer kämpft er gegen die Truppen des Sultans. 1902 läßt er sich in Taza zum Gegensultan ausrufen. 1903 erobern Sultanstruppen Taza, zerstören die Mellah und töten viele Juden. Bou Hamara flieht, erobert kurz darauf aber die Stadt zurück. Er nimmt auch Oujda und bedroht sogar Fès. Taza bleibt bis 1908 in seiner Hand. Als er den Spaniern und Franzosen Minenrechte im Rif zusagt, stellen sich die Rifstämme gegen ihn. Er flieht, wird 1909 von Sultanstruppen gefangengenommen und in Fès hingerichtet.

1914 Besetzung von Taza durch die Franzosen, danach wichtiger Stützpunkt bei der Unterwerfung der rebellischen Stämme des Rif und des Mittleren Atlas. Bis 1926 wird im nördlichen Mittleren Atlas gekämpft, und die alte Festungsstadt ist mit einer Garnison der Fremdenlegion belegt.

Auch heute ist Taza vor allem eine Garnisonsstadt, daneben aber auch eines der wichtigsten Handelszentren Ostmarokkos. In der landschaftlich schön gelegenen Medina haben sich zahlreiche alte Bauten erhalten, die Taza zu einer durchaus sehenswerten Stadt machen. Von Touristen wird der Ort dennoch nur selten besucht, weil er abseits der Hauptrouten des Fremdenverkehrs liegt.

Stadtbesichtigung

Taza zerfällt in zwei getrennte Stadtteile. Die ›Taza Ville‹ genannte Neustadt nimmt ein etwa 450 m hohes Plateau ein;

2 km südwestlich davon liegt auf einem mehr als 100 m höheren zweiten Plateau die befestigte Medina, ›Taza Haut‹ genannt.

Zentrum von Taza Ville, der seit 1920 angelegten Neustadt, ist die Place de l'Independance. In ihrer Nähe verlaufen die Hauptgeschäftsstraßen Avenue Mohammed V., Rue Allal ben Abdallah und Avenue de la Gare. Am Nordrand der Neustadt liegt, über die Avenue de la Gare mit dem Zentrum verbunden, der Bahnhof mit dem kleinen Industrieviertel. Im Süden und Südwesten bildet eine große Kasernenanlage den Abschluß von Taza Ville. Vom Zentrum führt die Avenue de la Gare in südlicher Richtung zur Medina.

Diese Medina (Taza Haut) wird vollständig von einem etwa 3 km langen **Mauerring** umgeben. Er geht auf das 12. Jh. zurück, wurde aber später mehrfach umgebaut und verstärkt. Das Haupttor der Medina, das Bab el Guebor, befindet sich auf der der Neustadt abgewandten Seite. Vor dem Tor findet montags und donnerstags ein großer Markt statt. Rechts des Tores erhebt sich die Kasbah, deren sehenswertester und am stärksten armierter Teil die dem Tor zugewandte Festung **Bestioun** aus dem 16. Jh. ist. Ihre Mauern können bestiegen werden, lohnend ist besonders die Aussicht von der Zinnenterrasse.

In der heute stark verfallenen Höhle **Kifan el Ghomari** nahe der Bestioun wurden 1916 menschliche und tierische Knochen aufgefunden, deren Alter mit etwa 25000 Jahre bestimmt wurde und die somit dem Paläolithikum zugehören.

Jenseits des Bab el Guebor erreicht man, geradeaus gehend, die Place el Aharrach, den zentralen Platz der Medina, in dessen Nähe die **Andalusiermoschee** (Minarett noch aus dem 12. Jh.), die einstige **Residenz des Bou Hamara** (17./18. Jh.) und eine nicht mehr in Gebrauch befindliche **merinidische Medersa** liegen. Bei der Place el Aharrach beginnen auch die Souks, die besonders für Teppiche und Lederwaren bekannt sind. Am Ende der Soukhauptstraße erhebt sich die **Große Moschee.** Sie wurde bereits im 12 Jh. unter den Almohaden errichtet, unter den Meriniden aber von Grund auf umgestaltet. Hinter der Moschee liegen die Ruinen des Dar el Makhzen, eines Sultanspalastes aus dem 17. Jh. Das Bab er Rih bildet dann den nordwestlichen Abschluß der Medina. Von dem Tor bietet sich ein schöner Ausblick auf die Neustadt und die Umgebung.

Das Bab er Rih und die Mauerteile westlich davon bis zum Bab Tit stammen noch vollständig aus der Zeit der Almohaden (12. Jh.). Bemerkenswert ist hier vor allem der **Tour Sarrasine** (Sarazenenturm) am Westrand der Medina. Sein Unterteil ist eckig, der Aufbau dagegen rund.

Am Nordostrand der Medina – rechts von der Großen Moschee – liegen die Ruinen der 1903 zerstörten Mellah. Beim Bab Jemaa führt ein Zugang hinunter zur Straße in Richtung Neustadt.

Verkehr

Busse: Busbahnhof an der Place de l'Independance im Zentrum der Neustadt, Verbindungen nach Oujda, Fès, Meknes, Al Hoceima, Bab Bou Idir.

Eisenbahn: Bahnhof am Ende der Avenue de la Gare am Nordrand der Neustadt (nahe der Straße Oujda-Fès). Verbindungen nach Oujda und Fès/Meknes/Casablanca.

Wichtige Adressen

Syndicat d'Initiative: Chambre de Commerce (Avenue Mohammed V./Avenue de Tetouan, nahe der Place de l'Independance), ✆ 083; Post: Rue du Fès (Zentrum der Neustadt).

◁ Siedlung am Djebel Tazekka bei Taza

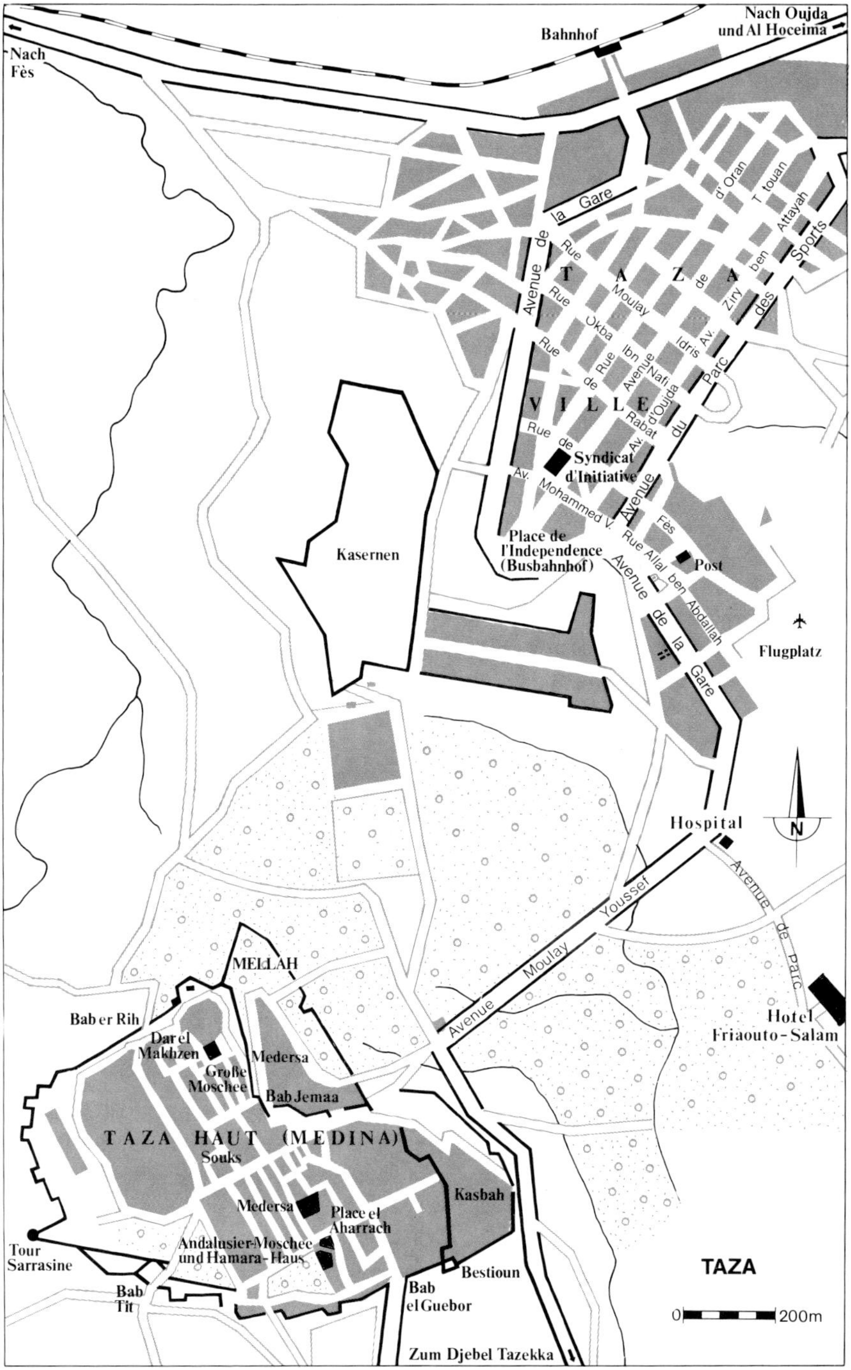

Nach Oujda
und Al Hoceima
Bahnhof
Nach
Fès
Avenue de la Gare
Rue d'Oran
T touan
Attayah
Sports
des
Parc
du
TAZA
VILLE
Rue Moulay Idris
Rue Okba Ibn Nafi
Rue de Rabat
Avenue d'Oujda
Av. Ziry ben
Rue de
Av.
Syndicat
d'Initiative
Av. Mohammed V.
Avenue
Fès
Place de
l'Independence
(Busbahnhof)
Rue Allal ben Abdallah
Post
Avenue de la Gare
Kasernen
Flugplatz
Hospital
N
Avenue Moulay Youssef
Avenue de Parc
Hotel
Friaouto-Salam
MELLAH
Bab er Rih
Dar el
Makhzen
Medersa
Große
Moschee
Bab Jemaa
TAZA HAUT (MEDINA)
Souks
Kasbah
Medersa
Place el
Aharrach
Andalusier-Moschee
und Hamara-Haus
Tour
Sarrasine
Bab
Tit
Bestioun
Bab
el Guebor
Zum Djebel Tazekka
TAZA
0
200m

Unterkunft:

Klassifizierte Hotels: 3***A Hotel Friouato-Salam; 2**A Grand Hotel du Dauphine, Place de l'Indépendance; 1*B Hotel de la Gare, beim Bahnhof; 1*B Hotel Guillaume Tell, Avenue Mohammed V.; 1*B Hotel de la Poste, Avenue de la Gare/Avenue Mohammed V.

Einfache Hotels: um die Place de l'Independance und beim Medinahaupteingang (Bab el Guebor/Place el Aharrach).

Camping: Les Oliviers an der Avenue de Parc (südlich des Hospitals).

Umgebung von Taza

Djebel Tazekka

Bis 1980 m hohes Bergmassiv am Nordrand des Mittleren Atlas, wegen seiner Schluchten, Höhlen und Wälder (z. T. Zedern) eine der schönsten Landschaften Marokkos. Eine Rundfahrt durch das ganze Massiv ist nur mit dem eigenen Wagen möglich (ab Taza auf der S 311 über Bab Bou Idir und Bab Azhar nach Sidi Abdallah des Rhiata, von da auf der P 1 zurück nach Taza; insgesamt 110 km, davon ca. 25 km schlechte Strecke zwischen Bab Bou Idir und Bab Azhar).

Auf den Bus angewiesen gelangt man nur bis Bab Bou Idir (dahinter 1600 m hoher Pass), kann dabei aber durchaus an der Strecke die wichtigsten Sehenswürdigkeiten des Tazekka-Massivs besuchen:

Cascades de Ras el Oued: mehrere Wasserfälle in schönem Bergtal, 12 km von Taza.

Daiet Chiker: herrlich gelegener Bergsee 23 km von Taza. Am Ende des Sees links der Straße Zugang zu den **Grottes du Chiker,** einer Reihe von Tropfsteinhöhlen (nicht ausgebaut, daher schwer zugänglich).

Gouffre du Friouato: 180 m tiefer Bergtrichter, am Ende einer 1 km langen Zufahrt, die hinter dem Daiet Chiker rechts von der S 311 abzweigt. Vom Trichter aus Zugang zu mehreren Tropfsteinhöhlen, die bis 250 m tief sind und damit zu den tiefsten begehbaren Höhlen der Welt gehören (leichter zu besichtigen als die Chiker-Grotten).

Djebel Tazekka-Nationalpark: Gebiet um den 1980 m hohen Gipfel des Massivs, 45 km von Taza (9 km lange, schlechte Zufahrt von der Straße Bab Bou Idir – Bab Azhar). Herrliche Aussicht vom Gipfel.

Schlucht des Oued Zireg: ca. 10 km lange, steilwandige Schlucht zwischen Bab Azhar und Sidi Abdallah des Rhiata (wird von der S 311 durchquert).

Im ganzen Djebel Tazekka-Massiv sind schöne Wanderungen möglich. Vom Südrand des Massivs führt eine sehr schlechte, 80 km lange Piste zum Djebel Bou Iblane-Massiv im Mittleren Atlas (vgl. S. 235).

Zwischen Taza und Oujda

Überwiegend eintönige Hochebene, von schafzüchtenden Teilnomaden dünn besiedelt. Die Orte dieses Gebiets waren historisch häufig zwischen marokkanischen und algerischen Herrschern umkämpft, wurden immer wieder zerstört und besitzen kaum ältere Bauten.

Guercif: 6000 Einwohner. Einst große Festung. Pisten nach Midelt (wird asphaltiert) und zum Djebel Bou Iblane.

Unterkunft: 1*B Hotel des Voyageurs, mehrere einfache Hotels, Campingplatz.

Taourirt: 10 000 Einwohner. Früher wichtiges Karawanenzentrum. Großer Sonntagsmarkt. 15 km nordwestlich die **Wasserfälle** des Oued Za, 15 km südöstlich die **Oued Za-Schlucht** mit Manganbergwerk. Straße zum 53 km entfernten **Debdou** (4000 Einwohner), wo viele Juden leben (sie flohen hierher 1903 nach der Zerstörung der Mellah von Taza).

El Aioun: 3500 Einwohner. Dienstagsmarkt. Kasbah vom Ende des 17. Jh.s (Ende des 18. Jh.s umgebaut).

Oujda

470000 Einwohner. Provinzhauptstadt, Handelszentrum Ostmarokkos, Knotenpunkt für den Verkehr nach Algerien. In 500 m Höhe in einer ausgedehnten Ebene gelegen. Überwiegend moderne Stadt mit kleiner Medina ohne besondere Sehenswürdigkeiten.

Geschichte

Gründung Ende des 10. Jh.s als Zentrum eines Reiches der Zenata-Berber. 1206 von den Almohaden befestigt. In den folgenden Jahrhunderten ständig zwischen marokkanischen und algerischen Herrschen umstritten, mehrfach in algerischer Hand. Oujda gilt als die meistumkämpfte Stadt Marokkos. Im 17. Jh. Eroberung durch die in Algerien herrschenden Türken, 1692 Rückgewinnung durch die Truppen von Moulay Ismail. Anfang des 18. Jh.s erneut in der Hand der Türken, die erst 1795 endgültig vertrieben werden. 1844 französische Besetzung, weil der Sultan den auf marokkanisches Gebiet geflohenen algerischen Rebellen Abd el Kader unterstützt. Kurz darauf bei Isly in der Nähe von Oujda vernichtende Niederlage der marokkanischen Armee gegen die Franzosen. 1845 von den Franzosen geräumt, 1857 erneut kurz besetzt, 1907 abermals Einmarsch französischer Truppen. Daraufhin Erhebung der Berber im nahen Beni Snassen-Massiv. In der Zeit des Protektorats wichtige Garnison der Fremdenlegion. Damals ist Oujda wegen seiner Prostitution und der hohen Kriminalitätsrate berüchtigt. Im Algerienkrieg Zuzug vieler Flüchtlinge, bis heute hoher Anteil algerischer Bewohner (etwa 20000, die Frauen erkennbar an einem Schleier, der den ganzen Körper verhüllt und nur ein Auge freiläßt).

Oujda ist heute vor allem bedeutend als Zentrum des Handels zwischen Marokko und Algerien sowie als Verkehrs- und Verwaltungsmittelpunkt Ostmarokkos. Südlich der Stadt liegt ein wichtiges Bergbaugebiet (Kohle in Djerada, Blei und Zink bei Bou Beker und Touissit). Für Reisende hat Oujda lediglich Bedeutung als Durchgangsort auf dem Weg nach Algerien.

Stadtbesichtigung

Anders als in den übrigen Städten der ehemaligen französischen Zone rissen die Franzosen in Oujda die Medina großenteils nieder. Die moderne Neustadt wurde so angelegt, daß sie den verbliebenen Rest der Altstadt vollständig umschließt.

Das Zentrum von Oujda bildet die Place du 16 Août mit Rathaus, Fremdenverkehrsbüro und Busbahnhof. Hauptgeschäftsstraße ist der diesen Platz kreuzende Boulevard Mohammed V. mit seinen Seitenstraßen. In diesem Gebiet liegen die meisten Geschäfte, Reisebüros, Banken, Cafés und Restaurants.

Nahe der Place du 16 Août gelangt man in den verbliebenen Teil der **Medina.** Belebteste Altstadtstraßen sind die Rue de Marrakech und die Rue el Mazouzi/Rue des Marchés. Die Rue de Marrakech mit vielen Cafés und kleinen Hotels beginnt am Ostende der Place du 16 Août. Sie verläuft entlang des Nordrandes der Medina und mündet beim **Bab Sidi Abd el Ouahab.** Dieses bereits im 13. Jh. erbaute Tor ist der schönste verbliebene Bau der Medina. Früher wurden hier die Köpfe der Hingerichteten zur Schau gestellt.

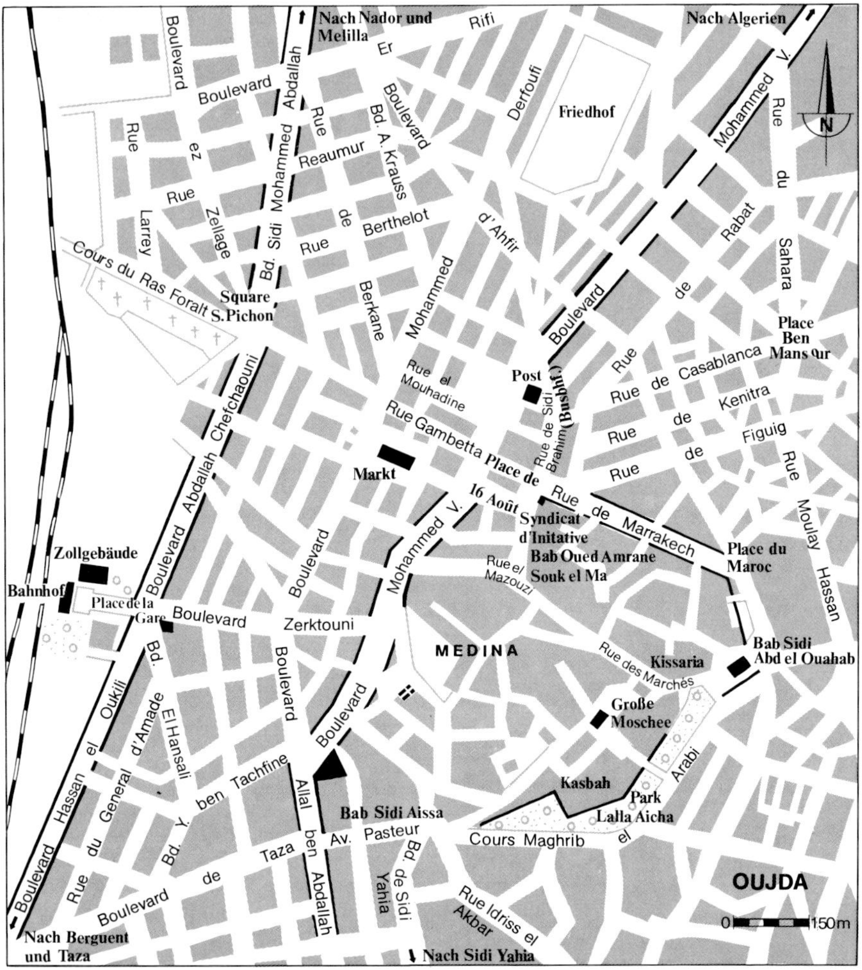

Die Rue el Mazouzi ist erreichbar über die Rue d'Isly, die vom Südostende der Place du 16 Août abzweigt. Sie führt zum Place du Souk el Ma, dem einstigen Wassermarkt, mit einer Moschee. Dahinter beginnt die Rue des Marchés, die die **Souks** durchzieht. Schönster Teil des Basars ist die Kissaria mit den Läden der Stoff-, Teppich- und Lederhändler. Die Rue des Marchés mündet ebenfalls beim Bab Sidi Abd el Ouahab.

Im Südteil der Medina (von der Place du 16 Août aus gesehen rechts der Rue des Marchés) liegen die **Große Moschee** (Kern aus dem 13. Jh.), die Kasbah und das Bab Sidi Aissa, das zweite erhaltene Medinator. Zwischen Bab Sidi Aissa und Bab Sidi Abd el Ouahab erstreckt sich entlang der Stadtmauer der schöne **Park Lalla Aicha.**

Verkehr

Busse: Busbahnhof an der Rue de Sidi Brahim (hinter der Place du 16 Août im Zentrum).

Verbindungen: häufig nach Taza, Fès, Meknes, Rabat, Casablanca, Berkane, Saidia, Nador, Melilla und zum algerischen Grenzort Maghnia (von dort Anschluß nach Tlemcen; Reisende ohne eigenen Wagen haben mit langwierigen Kontrollen zu rechnen). 3 × wöchentlich nach Bou Arfa und Figuig.

Eisenbahn: Bahnhof an der Place du Gare (westlich des Zentrums, erreichbar über den vom Boulevard Mohammed V. abzweigenden Boulevard Zerktouni). Tägliche Verbindungen nach Casablanca und Fès, sonntags nach Bou Arfa.

Flugzeug: Flughafen Les Angads, 15 km in Richtung Nador, keine Zubringerbusse. Verbindungen: Frankfurt (Di), Düsseldorf (Mi), Malaga (Fr), Brüssel (So), Amsterdam (Sa), Dakar (Mi), Paris und Marseille (täglich). Inlandsflüge.

Büro der Royal Air Maroc: Hotel Oujda, Boulevard Mohammed V., ✆ 3963/3964/3909.

Wichtige Adressen

Information: O.N.M.T.-Büro: Place du 16. Août ✆ 4329; Syndicat d'Initiative: Place du 16. Août, ✆ 3036.

Öffentliche Einrichtungen: Hauptpost: Boulevard Mohammed V., nahe der Place du 16. Août; Polizei: bei der Place de la Victoire südlich des Zentrums.

Unterkunft und Verpflegung

Klassifizierte Hotels: 4^{****}B Hotel Oujda, Boulevard Mohammed V.; 4^{****}A Hotel Al Massira, Boulevard Maghreb al Arabi; 4^{****}A Hotel Terminus, Place de la Gare; 2^{**}B Hotel Lutetia, 44 Boulevard Hassan Loukili; 1^{*}A Hotel Royal, 13 Boulevard Zerktouni; 1^{*}A Hotel Simon, Rue Ibn Ziyad; 1^{*}B Hotel Ziri, Boulevard Mohammed V.; 1^{*}B Hotel Andalous, Rue Ibn Ziyad; 1^{*}B Hotel de l'Oasis, Boulevard Mohammed V.; 1^{*}B Hotel Majestic, Boulevard Nejai.

Einfache Hotels: um die Place du 16 Août/Rue de Marrakech, Boulevard Mohammed V./Boulevard Zerktouni und beim Bab Sidi Abd el Ouahab.

Camping: im Park Lalla Aicha.

Umgebung von Oujda

Sidi Yahia

Kleine Oase 6 km südöstlich von Oujda mit mehreren Gräbern, darunter das des Sidi Yahia, eines von Moslems, Juden und Christen gleichermaßen verehrten Heiligen. Einige Legenden identifizieren ihn mit Johannes dem Täufer. In der Nähe des Ortes die **Ghar el Houriyat,** die Grotte der Huris (Huris sind nach islamischer Vorstellung im Paradies lebende Frauen, die den Gläubigen als Geliebte versprochen sind).

Beni Snassen-Massiv

Bis 1532 m hohes Bergmassiv nordwestlich von Oujda, gehört zu den schönsten Gebirgslandschaften Marokkos. Bewohnt vom Berberstamm der Beni Snassen. Zahlreiche Höhlen und Schluchten. Besonders sehenswert die Tghasrout-Höhle, bekannter als **Grotte du Chameau** (Kamelgrotte), mit ihren Tropfsteinen. In der Nähe beginnen die **Gorges du Zegzel** (steile Schluchten). Das Massiv ist nur mit dem eigenen Wagen bereisbar (Straße S 403, die von der Straße Oujda-Fès abzweigt. Beim Dorf Taforalt biegt die S 5308 zur Kamelgrotte und den Zegzel-Schluchten ab).

Berkane

14 000 Einwohner. 1908 von Algerien-Franzosen gegründetes Landwirtschaftszentrum, bedeutender Weinbau,

Landschaft in der Umgebung von Oujda ▷

modernes Ortsbild. Guter Standort für Ausflüge ins Beni-Snassen-Massiv (15 km bis zur Kamelgrotte, 10 km bis zu den Zegzel-Schluchten).

Busse nach Oujda, Nador und Saidia.
Unterkunft: 1*A Hotel Laetizia. Mehrere einfache Hotels.

Westlich von Berkane liegt das fruchtbare **Mündungsgebiet des Moulouya,** in dem Zitrusfrüchte, Gemüse und Wein angebaut werden. Es war früher eines der Hauptsiedlungsgebiete französischer Colons.

Saidia

1200 Einwohner. Kleiner Badeort, vorwiegend von Bewohnern aus Oujda und Umgebung besucht, nur wenige ausländische Touristen. Überwiegend modernes Ortsbild, Kasbah aus dem 19. Jh. 14 km langer **Strand,** der zu den schönsten des Mittelmeeres zählt.

Busse nach Oujda und Berkane/Nador.
Unterkunft: 2**B Hotel al Kalaa, am Strand; 2**A Hotel Hannour, Place du 20. Août; 1*A Hotel Select, Boulevard de Moulouya; 1*B Hotel Méditerrannée; mehrere einfache Hotels. Feriendorf ›Front de Mer‹ am Strand. Campingplätze im Ort (Essi) und am Strand (Centre Autonome).

Ahfir

1910 gegründeter Marktort (Montags- und Donnerstagsmarkt), Grenzübergang nach Algerien.

Busse nach Saidia, Oujda, Berkane und über die Grenze. Einfache **Unterkunft.**

Bergbaugebiet südlich von Oujda

Die Hügellandschaft (bei Djerada bis 1687 m hoch) südlich von Oujda ist als wichtiges Bergbaugebiet bekannt. Wirtschaftlich besonders bedeutsam das **Kohlebecken von Djerada** mit dem größten Kohlevorkommen Marokkos, deren Anlagen modernisiert werden sollen. Die Aufbereitung der Kohle erfolgt vor allem in **Guenfouda** (zwischen Djerada und Oujda). Die Bahnlinie Oujda – Guenfouda – Djerada dient ausschließlich dem Gütertransport.

Das zweite Bergbaugebiet liegt bei **Bou Beker** und **Tioussit.** Nahe der Grenze zu Algerien werden hier Blei- und Zinkgruben ausgebeutet.

Südlich des 1150 m hohen **Col du Djerada** beginnt die ostmarokkanische Steppenlandschaft.

Ostmarokkanische Meseta

Von den Ausläufern des Mittleren Atlas und des Rif bis zur algerischen Grenze erstreckt sich das karge und nur dünn besiedelte Gebiet der ostmarokkanischen Steppen und Hochplateaus, die ostmarokkanische Meseta. Es ist niederschlagsarm (unter 200 mm Niederschlag jährlich) und den klimatischen Einflüssen der Sahara ausgesetzt (starke tägliche und jahreszeitliche Temperaturschwankungen, hohe Spitzentemperaturen). Die Vegetation ist spärlich, die dominierende Pflanze das Halfagras (Rohstoff für die Papierherstellung und Flechtmaterial). Das durchschnittlich 1300 m hohe Gebiet ist überwiegend flach, besonders im Norden steigen aber zahlreiche Tafelberge (Gour) auf.

Bei den Bewohnern handelt es sich überwiegend um Viehzüchter (vor allem Schafzucht) arabischer und berberischer Herkunft. Wichtigster Stamm sind die Beni Guil im Süden. Ein Teil der Nomaden verdingt sich als Saisonarbeiter bei der Halfagrasernte.

Der Verlauf der marokkanisch-algerischen Grenze ist in einigen Abschnitten umstritten: Marokko beansprucht Teile des algerischen Hochplateaus, besonders das rohstoffreiche Gebiet von Colomb Béchar. Infolge der politischen Spannungen ist der Grenzübergang Figuig-Beni Ounif häufig geschlossen.

Verkehrsmäßige Erschließung: Gut ausgebaut sind nur die Straßen Oujda – Bou Arfa – Figuig und (neuerdings) Bou Arfa – Boudenib – Er Rachidia. Die letztgenannte Strecke wird in Spannungszeiten gesperrt, weil sie im Raum Bouanane/Mengoub algerisches Gebiet passiert. Alle übrigen Straßen der ostmarokkanischen Meseta sind – zumindest in einigen Abschnitten – miserabel ausgebaut und gewartet.

Tankstellen gibt es nur in Ain Benimathar, Tendrara, Bou Arfa und Boudenib. Die **Busverbindungen** sind schlecht.

Sehenswürdigkeiten: Sehenswert in der eintönigen Landschaft ist lediglich die Oase Figuig. Die übrigen Orte sind abgesehen von den Markttagen uninteressant. Touristen besuchen das Gebiet so gut wie nie.

Ain Benimathar (früher Berguent)

Zentrum der Beni Mathar-Nomaden, Montagsmarkt. In der Umgebung mehrere Kasbahs (z. T. über 200 Jahre alt), die Ras el Ain-Quellen und ein 1500 m hoher Tafelberg. Der Ort wurde bereits 1904 im Zuge der Aktionen gegen den Rebellen Bou Hamara von den Franzosen besetzt.

Tendrara

Kleiner Ort mit Donnerstagsmarkt, Verwaltungszentrum der Beni Guil-Nomaden.

Bou Arfa

8000 Einwohner. Bergbauort (Manganminen).

Busse nach Oujda, Figuig und Boudenib/Er Rachidia, **Zug** nach Oujda.
Unterkunft: 1* Hotel Assenssi, einfache Hotels.

Figuig

10000 Einwohner. Die Oase besteht aus einem modernen Verwaltungszentrum und sieben Ksour (größter darunter der Ksar Zenaga mit 7000 Einwohnern).

Die frühe Geschichte des Platzes ist unbekannt, es gibt jedoch Felsmalereien in der Umgebung. Im 17. Jh. wichtiges Karawanenzentrum. Abwechselnd unter marokkanischem und algerischem Einfluß. 1875 Bau einer Festung durch den algerischen Rebellen Bou Amama, Kämpfe gegen die Franzosen. 1901 endgültig unter marokkanischer Herrschaft. 1902/1903 Beschießungen durch die Franzosen, weil sich die Bewohner gegen den Bau einer Stichbahn von der Linie Oujda – Colomb Béchar wehren (der Bau kam nicht zustande). 1963 wochenlange Kämpfe zwischen Marokko und Algerien in der Umgebung, ausgelöst durch marokkanische Ansprüche auf Colomb Béchar. 1964 und 1970 bestätigen Grenzabkommen die Zugehörigkeit von Figuig zu Marokko. Wirtschaftlich ist das Gebiet aber noch immer sehr stark auf Algerien orientiert.

In Figuig werden vor allem Dattelpalmen angebaut (ca. 200000 Stück, durch Foggaras, unterirdische Kanäle, bewässert). Daneben ist der Ort wichtiger Markt für die Nomaden (mittwochs, donnerstags und sonntags) und Handwerkszentrum (Töpferei, Kleider, Lederwaren). Da viele Bewohner als Saisonarbeiter in die Städte oder nach Algerien gehen, ist Figuig stark von Abwanderung bedroht.

Im modernen Verwaltungszentrum der Stadt finden sich neben der Post und den Verwaltungsgebäuden auch der Bushalteplatz, einige Cafés und Restaurants sowie ein paar einfache Unterkünfte. Ein

Fußweg führt zur **Plateforme de Figuig,** einer Aussichtsterrasse auf dem Djebel el Djorf.

Südlich des Zentrums liegt der **Ksar Zenaga,** der größte der Oase, sehenswert wegen seiner überdachten Gassen. Schön ist auch der **Ksar el Maiz** unmittelbar nördlich des Zentrums.

Der **Palmenhain** von Figuig bietet zahlreiche Möglichkeiten zu Spaziergängen.

Busse nach Bou Arfa, mehrmals wöchentlich auch nach Oujda. Einfache **Unterkunft** (beides beim Verwaltungszentrum).

Boudenib

3000 Einwohner, Oase mit 25000 Dattelpalmen, besteht aus einem alten Ksar und einem modernen Ortsteil.

Mehrere **Busse** nach Ksar es Souk, seltener nach Bou Arfa. Einfache **Unterkunft.**

Ksar bei Zagora ▷

Bildnachweis

Farbabbildungen

Klaus Francke: Umschlaginnenklappe, 1, 3, 6, 7, 11–19, 21, 23, 26, 27, 31–33, 35–37
Werner Rau: 20, 22, 28–30, 34
Urs Schweitzer: Umschlagvorderseite, Umschlagrückseite, 2, 4, 8–10, 38
Verfasser: 5, 24, 25

Schwarzweiß-Abbildungen

Klaus Francke: S. 28f., 30, 51, 106f., 109, 110, 131, 136f., 141, 148f., 153, 158f., 165, 170f., 203, 214, 217, 222, 232, 240f. (2), 259, 268, 273, 274f., 285, 306f., 311, Frontispiz
Wolfgang Fritz: S. 20 oben, 21 oben, 33, 45, 54, 55, 62, 66f., 103, 105, 152, 173, 213, 220, 229, 269, 276, 299, 336
Marita Skubich: S. 328
Karl Heinz Striedter: S. 13, 20 unten links, 21 unten, 22f., 156, 224f., 234 (2), 252(2), 261, 265, 286, 289, 290f.
Klaus Thiele: S. 65, 68, 69, 144, 264, 280
Anno Wilms: S. 20 unten rechts, 75, 77, 87, 118f., 123, 162f., 237, 246f.
Verfasser: S. 56, 76, 91, 93, 94(2), 105, 129, 202, 204, 206, 215, 216, 283

Karten in den Umschlaginnenseiten, Regionskarten und Stadtpläne: Arnulf Milch, Lüdenscheid.

Die Zeichnungen auf S. 57 unten und S. 261 oben sind dem Werk »Die Straße der Kasbahs« von Werner Wrage (Neumann – Verlag, Radebeul o. J.) entnommen. Die Abbildung auf S. 356 stellte Herr Heinz Schmitz zur Verfügung. Alle übrigen Abbildungen stammen aus den Archiven von Autor, Verlag und Herrn Frank Rainer Scheck.

Praktische Reiseinformationen

Reisevorbereitungen

Informationsstellen

Die **Staatlichen Marokkanischen Fremdenverkehrsämter** in der Bundesrepublik, in Österreich und in der Schweiz erteilen bereitwillig Auskunft und verschicken kostenlos einige empfehlenswerte Informationsschriften (u. a. Stadtpläne).

... in der Bundesrepublik Deutschland:
Graf-Adolf-Straße 59, 4000 Düsseldorf, ✆ (0211) 370551/370552

... in Österreich:
Aegidigasse 20, 1060 Wien, ✆ (0222) 568356

... in der Schweiz:
Schifflände 5, 8001 Zürich, ✆ (01) 2527752.

Diplomatische Vertretungen

... in der Bundesrepublik Deutschland:
Botschaft: Gotenstr. 7, 5300 Bonn-Bad Godesberg, ✆ (0228) 355044–47

Generalkonsulate: Wiesenhüttenplatz 28, 6000 Frankfurt/Main, ✆ (069) 231737/38; Cecilienallee 14, 4000 Düsseldorf 30, ✆ (0211) 434359

Honorarkonsulate: Kajen 10, 2000 Hamburg 11, ✆ (040) 362541; Prinzregentenstr. 89, 8000 München, ✆ (089) 476031

... in Österreich:
Botschaft: Untere Donaustr. 13–15, 1020 Wien, ✆ (0222) 242393

... in der Schweiz:
Botschaft: Helvetiastr. 42, Bern, ✆ (031) 430362

Einreisebestimmungen

Reisende aus der Bundesrepublik Deutschland, aus Österreich und der Schweiz benötigen für einen Aufenthalt bis zu drei Monaten lediglich einen *Reisepaß,* der noch mindestens drei Monate lang gültig sein muß. Bei der Einreise muß eine ›Carte d'Embarcation‹ ausgefüllt werden, die u. a. die Angabe einer Adresse in Marokko verlangt (beliebiges Hotel nennen).

Die für Bundesdeutsche früher gültige Visumpflicht wurde 1980 aufgehoben.

Wichtige Sonderbestimmungen: Die Einreise nach Marokko wird in der Regel verweigert, wenn sich im Reisepaß ein südafrikanisches oder israelisches Visum befindet (bei algerischen Sichtvermerken handhaben die marokkanischen Behörden diese Bestimmung je nach politischer Lage unterschiedlich). Besitzen Sie ein solches Visum, sollten Sie die Ausstellung eines zweiten Reisepasses beantragen (vgl. S. 380).

Die Einreise kann auch verweigert werden, wenn der Reisende – wie es die marokkanischen Behörden nennen – ein »Hippie-ähnliches Äußeres« hat. Damit sind vor allem lange Haare bei Männern gemeint. Bei der Einreise per Flugzeug wird diese Bestimmung kaum angewendet, in den Fährhäfen dagegen häufiger.

Wagenpapiere

Bei einem Aufenthalt unter drei Monaten genügen offiziell der *Führerschein* und die *Internationale grüne Versicherungskarte,* die unbedingt für Marokko gültig geschrieben sein muß. Die Mitnahme des *Kraftfahrzeugscheins* ist zwar nicht vorgeschrieben, aber unbedingt empfehlenswert, da seine Vorlage häufig verlangt wird. Für Wohnwagen, Anhänger und Motorboote (und auch für Surfbretter!) ist ein *Carnet de Passage* vorgeschrieben, das bei den Automobilclubs erhältlich ist (in der Praxis wird kaum danach gefragt).

Falls Sie keine internationale grüne Versicherungskarte mit sich führen, müssen Sie an der Grenze eine Versicherung abschließen. Diese ist relativ teuer.

Der Abschluß eines *Auslandschutzbriefes* und/oder einer *Reisekasko-Versicherung* ist empfehlenswert, da viele marokkanische Autofahrer nicht versichert sind. Auskunft erteilen die Automobilclubs.

Bei Aufenthalten über drei Monaten muß Kraftfahrzeug-Steuer gezahlt werden.

Die Einreise mit einem Fahrzeug wird im Reisepaß meist, aber nicht immer vermerkt. Ein Verkauf des Wagens in Marokko wäre somit eventuell möglich, aber illegal (strenge Strafen!) und wegen der relativ geringen Gebrauchtwagenpreise zudem kaum lohnend.

In jüngster Zeit ist es wiederholt vorgekommen, daß Geländefahrzeugen, Wagen mit Wüstenausrüstung und gelegentlich sogar Dieselfahrzeugen die Einreise verweigert wurde – wohl um Fahrten in die südlichen Sperrgebiete und nach Algerien von vornherein zu erschweren. Erkundigen Sie sich vorher beim Fremdenverkehrsamt über den aktuellen Stand!

Autoausrüstung

Eine besondere Ausrüstung ist für Fahrten nach Marokko nicht erforderlich – ausgenommen bei längeren Fahrten in die Wüste (vgl. S. 330). Unbedingt mitführen sollten Sie allerdings ausreichendes Werkzeug, die notwendigsten Ersatzteile (besonders Kerzen, Ölfilter, Keilriemen, Kleinteile für Elektrik), eine gute Straßenkarte (vgl. S. 319) und einen Reservekanister. Sinnvoll: ein zweites Reserverad, Luftpumpe und Reifenflickzeug.

Gesundheitsvorsorge

Impfungen sind für Reisende aus der Bundesrepublik, Österreich und der Schweiz keine Vorschrift, wenn sie aus infektionsfreien Gebieten (zu denen ganz Europa gehört) einreisen. Empfehlenswert sind aber Impfungen gegen *Typhus/Paratyphus* (auch Taboral-Tabletten mit etwas geringerer Sicherheit), *Tetanus* und *Polio.* Sie werden in Gesundheitsämtern und den Hygieneinstituten von Universitäten vorgenommen. Mit den Impfungen sollten Sie mehrere Wochen vor Reiseanfang beginnen, besonders wenn es sich um Erstimpfungen gegen Typhus/Paratyphus und Tetanus handelt, bei denen mehrere Impfgänge erforderlich sind. Einen kurzfristigen (ca. drei Monate) und nicht völlig zuverlässigen Schutz gegen *Hepatitis A* (Gelbsucht) bietet eine Gamma- bzw. Beriglobulin-Impfung; der Impfstoff ist allerdings relativ teuer (ca. 50 DM).

Eine *Malaria-Prophylaxe* ist zwischen Mai und Oktober durchaus sinnvoll; mit der Einnahme von Tabletten (Resochin, Fansidar nur bei akuter Erkrankung) muß eine Woche vor der Ankunft in Marokko begonnen werden. Auch nach der Rückkehr sind die Tabletten noch vier bis sechs Wochen regelmäßig einzunehmen.

Gelegentlich taucht in Nordafrika auch die Cholera auf. Erkundigen Sie sich beim Gesundheitsamt (eventuell Impfung!).

Ihre **Reiseapotheke** sollte unbedingt folgende Medikamente umfassen: Kohletabletten und z. B. Imodium gegen Durchfallerkrankungen; Kompensan oder ein entsprechendes Mittel gegen Magenverstimmungen; Schmerz- und Grippemittel; Jodtinktur und antibiotische Wundsalbe; Halstabletten; ein Antiallergikum (gegen Insektenstiche, Sonnenbrand und Ausschläge); Verbandsmaterial.

Nicht unbedingt erforderlich, aber nützlich sind: Multivitamintabletten; ein Sulfonamid oder Antibiotikum (gegen schwere Infektionen); fetthaltige Creme (besonders bei längeren Aufenthalten in großer Hitze, z. B. in der Wüste); Wasser-Desinfektionstabletten (z. B. Micropur) oder Wasserfilter; Insektenschutzmittel (Autan o. ä.); Augentropfen, Mineralsalztabletten (gegen Salzverlust bei großer Hitze).

Versicherung: Eine Krankenschein-Abmachung zwischen Marokko und der Bundesrepublik Deutschland, Österreich und der Schweiz gibt es nicht. Krankenhausbehandlungen sind in der Regel kostenlos, private Arztrechnungen müssen aber sofort bezahlt werden. Gegen Vorlage einer detaillierten Rechnung erstatten die Krankenversicherungen den Betrag nach der Rückkehr meist zurück. Erkundigen Sie sich bei Ihrer Versicherung, ob diese einen *Auslandskrankenschein* ausstellt. Um Probleme zu vermeiden, sollten sie eine *Auslandskrankenversicherung* abschließen. Besonders günstige Tarife bieten die Automobilclubs und die Studentenreisebüros an.

Die Mitführung von **Haustieren** nach Marokko erfordert: eine Tollwutimpfbescheinigung (älter als einen Monat und jünger als acht Monate) sowie ein amtstierärztliches Gesundheitszeugnis, das das Nichtvorliegen einer Tollwut bescheinigt (muß weniger als vier Tage vor der Abfahrt ausgestellt worden sein). Wegen der zahlreichen Krankheiten, die Tiere in Marokko befallen können, sollten Sie allerdings besser auf die Mitnahme eines Haustieres verzichten (Hunde werden zudem von Moslems verachtet).

Vgl. auch Gesundheit S. 369, Ärztliche Betreuung S. 361 und Literaturhinweise S. 382.

Die Reisekasse

Eurocheques haben auch in Marokko Gültigkeit. Sie sind das mit Abstand diebstahlssicherste Zahlungsmittel. Ebenfalls sehr sicher sind *Traveller Cheques* (die Kaufgebühr beträgt 1 % des Wertes). Beide Scheck-Arten erhalten in der Regel einen günstigeren Umwechselkur als Bargeld (häufig abzüglich einer Kommission), werden allerdings nur von Hauptbanken in größeren Orten sowie in ›besseren‹ Hotels akzeptiert.

Um auch in kleineren Orten oder an Wochenenden in Hotels oder Geschäften kleinere Beträge wechseln zu können, sollten Sie daneben noch einen gewissen *Bargeldbetrag* mitführen. Am praktischsten sind kleine Scheine (10- oder 20-DM-Noten, eventuell auch einige 1-US-$-Scheine; sehr gebräuchlich: Französische Francs).

Unbedingt zur Reiseausstattung gehört ein sicherer Aufbewahrungsort für Ihr Geld (Geldgürtel oder Brustbeutel bzw. unzugängliche Tasche in Jacke, Hemd oder Hose).

Wieviel Geld für Ihren Urlaub in Marokko nötig ist, hängt natürlich von der Reisedauer, den im Land zurückgelegten Strecken und von den Bedürfnissen des Reisenden ab. Besonders Nahrungsmittel, öffentliche Verkehrsmittel und einfache Hotels liegen im Preisniveau aber recht niedrig. Als wöchentliches Minimum sollten Sie – ohne Fahrtkosten und Souvenirs – etwa 150 DM ansetzen (mit DM 200–250 läßt sich bereits sehr angenehm leben). Wenn Sie allein reisen, benötigen Sie wegen der höheren Hotelkosten etwas mehr. Spartaner leben selbstverständlich unter diesem Limit.

Die Fahrtkosten für den Bus liegen im Schnitt bei 3–4 DM pro 100 km; bei der Fahrt mit dem eigenen Auto sind sie ca. 20–30 % höher als in Mitteleuropa (Dieselfahrzeuge sind preiswerter im Betrieb).

In jedem Fall sollten Sie etwas mehr Geld mitnehmen, als Sie wirklich ausgeben wollen: Sie besitzen dann eine Reserve für unvorhergesehene Zwischenfälle.

Marokkanische Währung: 1 Dirham (DH) = 100 centimes = ca. 0,25 DM (Stand: Juni 1986)
Vgl. auch Geld S. 368 und Geldwechsel S. 369

Das Reisegepäck

Oberstes Gebot bei der Zusammenstellung des Reisegepäcks ist für den Individualtouristen, nur die notwendigsten Dinge mitzunehmen. Besonders für Reisende ohne eigenes Auto wird jedes überflüssige Gepäckstück zu einem lästigen Ballast, der Busfahrten und Hotelsuche sehr beschwerlich machen kann. Zahlreiche Artikel (besonders Kleidung) können notfalls in Marokko gekauft werden, oft günstiger als in Europa.

Gepäckstücke sollten möglichst kompakt, handlich und gut verschließbar sein und mehrere Fächer oder Abteile haben. Ein Rucksack ist nur erforderlich, wenn Sie relativ viel Gepäck mitführen (Leichtmetall-Rucksäcke sind gut zu tragen, aber sehr sperrig!). Ansonsten erweist sich eine feste Reisetasche (am besten zum Umhängen) als wesentlich praktischer. Daneben ist eine kleine Umhängetasche sehr nützlich zur Unterbringung all jener Dinge, die Sie ständig benötigen. Kennzeichnen Sie alle Ihre Gepäckstücke mit Namensschildern, um bei etwaigem Verlust ein Wiederauffinden zu erleichtern! Lassen Sie genügend Platz für Mitbringsel! Ein *Schlafsack* ist relativ schwer und sollte nur mitgenommen werden, wenn Sie in besonders billigen Unterkünften (Cafédächer, Mattenschlafsäle) oder im Freien übernachten wollen bzw. wenn Sie in der kalten Jahreszeit reisen. Ansonsten genügt ein Leinenschlafsack oder Bettuch (als Schutz vor der oft verschmutzten Bettwäsche in den sehr einfachen Hotels; ansonsten nicht nötig). Ein *Zelt* mitzuführen ist nur sinnvoll, wenn Sie es auch wirklich nutzen wollen. Sonst ist es reiner Ballast, da Sie überall Unterkunftsmöglichkeiten finden. Für Autofahrer praktisch: ein Dachzelt!

Wertsachen (Geld, Paß und gegebenenfalls Flugticket) müssen stets diebstahlsicher untergebracht sein; Sie sollten diese Dinge möglichst immer am Körper tragen (Geldgürtel und/oder Brustbeutel, eventuell auch in einer in die Hose eingenähten Innentasche mit Reißverschluß). Verwenden Sie für Kleingeld eine separate Geldbörse.

Kleidung: Empfehlenswert sind strapazierfähige, nicht zu enge Hosen; leicht waschbare Hemden oder T-Shirts und Unterwäsche aus Baumwolle (kein Kunststoff, der schnell verschwitzt ist); ein warmer Pullover (auch im Sommer, da die Nächte kühl werden können); eine Jacke mit geräumigen, am besten verschließbaren Taschen; feste, bequeme Schuhe (eventuell Sandalen, die sehr günstig aber auch in Marokko angeboten werden); Sonnenschutz (Mütze, Hut, Kopftuch). Im Winter ist unbedingt warme Kleidung erforderlich (besonders für die sehr kalten Berggebiete). Ein Regenschutz kann im Winter und Frühjahr nützlich sein, ist aber nicht unbedingt nötig.

Beachten Sie die islamischen Moralvorstellungen: Frauen sollten auf ärmellose, tief ausgeschnittene oder kurze Kleider verzichten; Shorts sollten grundsätzlich nur am Strand getragen werden.

Notwendige Kleinigkeiten: Wichtig sind ein Taschenmesser; Nähzeug (für Kleiderreparaturen); Waschmittel (Tube); Sonnenbrille; Sonnenöl; Schreibmaterial (Kugelschreiber und Notizbuch); Kordel (als Wäscheleine und für Reparaturen); Taschenbücher als Reiselektüre (deutschsprachige Bücher sind in Marokko kaum erhältlich!); eine gute Landkarte (vgl. S. 319); ein Löffel; die grundlegenden Medikamente (vgl. Gesundheitsvorsorge, S. 316).

Nicht unbedingt erforderlich, aber sehr nützlich sind Oropax (wegen der oft recht lauten Hotels); Reisewecker (viele Busse fahren frühmorgens ab, und der Weckdienst der Hotels ist nicht immer zuverlässig); Wasserflasche (besonders im Sommer für lange Busfahrten); Handwaschbürste; Kerzen und Taschenlampe (wegen gelegentlicher nächtlicher Stromausfälle); Taschenspiegel (oft fehlen Hotelspiegel); ein Kartenspiel (zur Überbrückung langer Wartezeiten).

Wenn Sie einen Photoapparat mitführen, sollten Sie die Filme bereits in Europa kaufen; in Marokko sind sie erheblich teurer.

Brillenträger sollten unbedingt eine Zweitbrille mitnehmen, da Optiker in Marokko nur in den Großstädten zu finden sind. Eventuell doch notwendige Reparaturen werden erheblich erleichtert, wenn Ihre genaue Brillenstärke in Dioptrien bekannt ist.

Wenn Sie nur über geringe Französischkenntnisse verfügen, wird Ihnen ein *französischer Sprachführer* oder ein Wörterbuch eine große Hilfe sein (vgl. Literaturhinweis S. 382).

Frauen, die ›*die Pille*‹ nehmen, sollten einen ausreichenden Vorrat mitführen; in Marokko könnte es schwierig sein, das richtige Präparat zu finden.

Zum Schutz vor Diebstählen oder Verlust des Gepäcks ist der Abschluß einer *Reisegepäck-Versicherung* empfehlenswert (besonders, wenn Sie eine wertvolle Kamera bei sich haben). Auskunft erteilen Reisebüros und Automobilclubs.

Devisenvorschriften

Die Einfuhr von Devisen ist in unbegrenzter Höhe möglich; bei Beträgen über DM 3750 (= DH 15000) muß allerdings eine Deklaration ausgefüllt werden, die bei der Ausreise dem Zoll wieder vorzulegen ist.

Marokkanische Dirham dürfen weder ein- noch ausgeführt werden. Überschüssige Dirham können bis zu 50% des insgesamt getauschten Betrages wieder zurückgewechselt werden. Eine Vorlage der Quittungen, mit denen die Banken jeden Geldtausch bescheinigen, ist dabei erforderlich.

Zollvorschriften

Zollfrei nach Marokko eingeführt werden können: Artikel des persönlichen Bedarfs einschließlich Sport- und Campingausrüstung; zwei Photoapparate mit je zwei Filmen (eine Filmkamera gilt als Photoapparat); ein Kofferradio; ein Tonbandgerät; ein Plattenspieler; ein tragbares Fernsehgerät; eine Schreibmaschine; zwei Musikinstrumente; 200 Zigaretten oder 200 Gramm Tabak; zwei Liter Wein oder Dreiviertel Liter Spirituosen; Reiseproviant. Von Reisenden mit einem Wohnwagen oder einem Wohnmobil wird unter Umständen an der Grenze die Anfertigung einer Inventarliste verlangt.

Die Einfuhr von Waffen und Rauschgift ist verboten (für Jagdwaffen vgl. S. 343).

Die *Zollkontrolle* bei der Einreise ist meist nicht sehr streng; besonders an den Flughäfen werden nur Stichproben gemacht.

Straßenkarten

Gute Straßenkarten sind in Marokko selbst nur selten erhältlich. Sie sollten deshalb unbedingt schon vor Reiseantritt eine oder mehrere Karten kaufen. Zu empfehlen sind insbesondere **Michelin No. 169,** im Maßstab 1:1000000, mit Detailkarten im Maßstab 1:600000 (z. Zt. leider vergriffen); **RV,** im Maßstab 1:800000; **Kümmerly & Frey,** im Maßstab 1:1000000; **Hallwag**-Karte ›Marokko und Kanarische Inseln‹, im Maßstab 1:1000000. Bessere Reliefdarstellungen haben die beiden letztgenannten Karten. Die meisten Details (sehr zuverlässig vor allem die Straßenzustände) verzeichnet dagegen die Michelin-Karte, die vor allem für Autofahrer geeignet ist; danach folgt die RV-Karte. Daneben gibt es noch die gute französische Marcus Maroc-Karte (1:1400000) und eine teilweise recht ungenaue marokkanische Straßenkarte (1:1500000). Für Geländefahrer empfehlen sich die Detailkarten des IGN (Institut Geographique Nationale) Paris im Maßstab 1:200000 (alte Serie, läuft aus) bzw. 1:100000 (neu, noch nicht für ganz Marokko erschienen). Sie sind zu beziehen bei Därrs Travel-Shop, Theresienstr. 2, 8000 München 2.

Reisezeit

Marokko ist das ganze Jahr über bereisbar. Die günstigsten Reisezeiten für alle Gebiete des Landes sind die Monate *März bis Mai* und von *September bis November.* Besonders empfehlenswert ist das Frühjahr, wenn nach den winterlichen Regenfällen viele Pflanzen blühen.

Der *Winter* eignet sich gut für eine Reise in den Süden (Agadir, Marrakech, Wüstenvorland). Die Mittelmeerküste und die nördliche Zentralebene sind dann allerdings kühl und regnerisch, und in den Bergen ist es sehr kalt. Viele Bergregionen sind wegen hoher winterlicher Schneefälle nicht zugänglich.

Der *Hochsommer* (Juli, August) ist an den Küsten (dort z. T. sogar kühler Nebel) und in den Bergen gut erträglich, im Landesinneren und besonders im Süden wird es aber extrem heiß mit Tageshöchsttemperaturen bis zu 50°C. Reisen in den Süden sind zu dieser Zeit entsprechend beschwerlich.

Baden ist an der südlichen Atlantikküste (ab Agadir, manchmal auch schon ab Essaouira) das ganze Jahr hindurch möglich; in den übrigen Gebieten meist von April bis Oktober (am Mittelmeer z. T. etwas kürzer). Vgl. *Ramadan* S.366.

Marokkanische Schauermärchen

Wie über viele andere außereuropäische Länder kursieren auch über Marokko und die Gefahren einer Marokkoreise zahlreiche Schauermärchen. Fast alle dieser Geschichten sind erfunden oder zumindest stark übertrieben. Natürlich birgt eine Fahrt nach Marokko – wie jede andere Auslandsreise – auch Risiken; diese sind aber weit geringer als die Gefahren etwa im mitteleuropäischen Straßenverkehr. Allerdings: Marokko ist nicht – wie viele glauben – ein ›Einsteigerland‹ für Erfahrungen in außereuropäischen Gefilden, sondern in mancher Hinsicht eher eines der ›schwierigeren‹ Reiseländer. Unerfahrene ›Traveller‹ werden hier durchaus mit größeren Problemen zu kämpfen haben.

Die meisten unangenehmen Situationen werden Sie im Zusammenhang mit der Aufdringlichkeit von Händlern und Fremdenführern erleben. Reagieren Sie ruhig, gelassen und freundlich, Gefahren drohen hier nicht – es sei denn, Sie lassen sich allzu vertrauensvoll auf spontane ›Freundschaften‹ ein.

Die *Kriminalität* beschränkt sich fast ausschließlich auf Diebstähle und Betrugsdelikte, gegen die man sich mit einigen Vorsichtsmaßnahmen leicht schützen kann (vgl. S. 329 und 362). Gewaltverbrechen – meist im Zusammenhang mit Drogenhandel – sind weitaus seltener als in Westeuropa.

Die *gesundheitlichen Risiken* sind ebenfalls nicht sehr groß, wenn man eine gewisse Vorsicht walten läßt (vgl. S. 316 und 369). Mit einer – in den meisten Fällen völlig harmlosen – Durchfallerkrankung muß man allerdings rechnen.

Frauen können durchaus allein nach Marokko reisen. Wirkliche Gefahren (etwa Vergewaltigung) drohen in Marokko weniger als in den meisten europäischen Großstädten. Allerdings sind Frauen häufig Belästigungen ausgesetzt, die auf die Dauer nervenaufreibend sein können. Mit selbstsicherem Auftreten und Geduld lassen sich aber auch diese Situationen meistern. Zartbesaitete Gemüter sollten allerdings ein anderes Reiseziel wählen. Empfehlenswerte Lektüre: Das Buch von C. Pollock (vgl. S. 382).

Vgl. Verhalten, S. 378.

Checkliste für die Reisevorbereitung

Spätestens einen Monat vor Reisebeginn:	Eventuell Flug buchen; erste Tetanusimpfung; Informationsmaterial besorgen.
Spätestens zwei Wochen vor Reisebeginn:	Reiseschecks besorgen; Typhus-/Paratyphus- und Polio-Impfung; Reisegepäck- und Krankenversicherung abschließen; mit der Malaria-Prophylaxe beginnen.
Zusätzlich für Autofahrer:	Auto durchchecken lassen; eventuell Reisekaskoversicherung abschließen und Auslandsschutzbrief besorgen, in der Hauptsaison Fähre vorbuchen (vgl. S. 325).

Auf die Reise mitnehmen:

Unbedingt notwendig

- Reisepaß
- Eurocheques/Reiseschecks
- Bargeld (kleine Scheine)
- Tickets (Bahn, Flug)
- Feste Schuhe und Socken
- Hosen
- Jacke
- Warmer Pullover
- Hemden/T-Shirts
- Unterwäsche
- Badesachen
- Waschzeug/Handtuch
- Rucksack/Reisetasche
- Kleine Umhängetasche
- Brustbeutel/Geldgürtel
- Straßenkarte
- Taschenmesser
- Nähzeug
- Flaschenöffner/Büchsenöffner
- Sicherheitsnadeln
- Schreibmaterial
- Waschmitteltube
- Sonnenbrille
- Sonnencreme/-öl
- Kopfbeckung
- Kohletabletten
- Imodium o. ä.
- Kompensan o. ä.
- Schmerz/Grippemittel
- Jodtinktur
- Verbandsmaterial
- Halstabletten
- Insektenschutz
- Antiallergikum

Sehr empfehlenswert

- Wasserflasche
- Handwaschbürste
- Taschenlampe
- Kordel/Wäscheleine, Klammern
- Kamera und Filme
- Taschenbücher
- Reisewecker
- Leinenschlafsack
- Löffel/Eßbesteck
- Oropax
- Sulfonamid/Antibiotikum
- Papiertaschentücher
- Internationaler Studentenausweis
- Multivitamintabletten
- Malariaprophylaxe (im Sommer)
- Fetthaltige Creme
- Mineralsalztabletten (im Sommer)
- Kleine Schere
- zwei, drei Plastiktüten
- Fotokopien der wichtigsten Ausweispapiere
- Augentropfen
- separate Geldbörse
- Personalausweis für Rückreise (vgl. S. 381)

Eventuell

- Ersatzbrille
- Kontrazeptionsmittel (›Pille‹)
- Kartenspiel
- Wörterbuch/Sprachführer
- Schlafsack
- Taschenspiegel
- Desinfizierungstabletten für Wasser
- Wasserfilter (z. B. Katadyn) oder Micropur-Tabletten
- Jugendherbergsausweis
- Kompaß
- Kerze
- Feldstecher
- Plastikgeschirr (Becher, Teller)
- Regenschutz
- Kocher

Zusätzlich für Autofahrer

- Führerschein
- Internationale grüne Versicherungskarte
- Werkzeug
- Ersatzteile (Keilriemen, Ölfilter, Kerzen, Birnen, Kleinteile für Elektrik)
- Reservekanister

- Zweiter Reservereifen
- Kraftfahrzeugschein
- Luftpumpe
- Reifenflickzeug

- Schaufel + Schienen (für längere Wüstenfahrten)

Anreise nach Marokko

Mit dem Flugzeug

Wichtigster internationaler Flughafen Marokkos ist Casablanca-Mohammed V. (früher Nouasseur). Er wird von knapp 20 Linien angeflogen und hat Verbindung zu allen Kontinenten. In der Bedeutung folgen Tanger, Agadir, Marrakech, Fès und Oujda. Die internationale Fluggesellschaft Marokkos ist die *Royal Air Maroc (RAM).*

Linienflüge

Direktflüge (meist mehrmals wöchentlich, z. T. auch täglich) der RAM nach Casablanca, Tanger und Agadir kann man ab Frankfurt, Düsseldorf, Genf, München, Wien, Amsterdam, Brüssel und von verschiedenen französischen Flughäfen (u. a. ab Strasbourg) buchen; daneben gibt es auch einige Verbindungen nach Marrakech (mit Umsteigen) und Oujda (direkt). Außerdem fliegt die Swissair ab Zürich, die Sabena ab Brüssel, die Lufthansa ab der Bundesrepublik Deutschland und die Air France ab Frankreich. Interessant für Reisende aus Europa sind außerdem die Verbindungen ab Madrid, Lissabon und Malaga (RAM und Iberia).

Linienflugpreise (Touristenklasse einfach) bis Casablanca: ab Bundesrepublik Deutschland, Brüssel und Amsterdam um 1000 DM; ab Schweiz und Paris um 850 DM; ab Wien um 1200 DM. Die Tarife für Tanger liegen um ca. 100 DM niedriger, die für Agadir um ca. 150 DM höher.

Büros der Royal Air Maroc in der Bundesrepublik:

Frankfurt/Main, Friedensstraße 9, ✆ (069) 236228;

Düsseldorf, Benratherstraße 10, ✆ (0211) 132336.

... in Österreich

Wien, Opernring 4/1/10, ✆523151/529912.

... in der Schweiz

Genf, 4 Rue Chantepoulet, ✆ (22) 315971/ 317753;

Zürich, Bahnhofsplatz 1,✆ (01) 2110010.

Ermäßigte Flüge

Da die Fluggesellschaften untereinander in Form verschiedenster Sondertarife konkurrieren, ist es im allgemeinen unproblematisch, einen günstigen Marokko-Flug zu bekommen. Je nach Reisezeit und Aufenthaltsdauer differieren die Preise allerdings stark; es empfiehlt sich deshalb unbedingt, Angebote möglichst vieler verschiedener Reisebüros (achten Sie auf Spezialisten für Billigflüge!) einzuholen. Die folgende Auflistung ist nur als grobe Orientierung zu verstehen (Preise jeweils für Hin- und Rückflug; Stand Juni 1986):

Im allgemeinen am günstigsten sind Tickets für eine Aufenthaltsdauer zwischen 7 und 30 (oder 28) Tagen, wie sie die RAM ab Frankfurt nach Tanger, Casablanca, Agadir und Marrakech anbietet (700–800 DM). Daneben gibt es verschiedene Sondertarife der Sabena ab Brüssel nach Casablanca (bis 30 Tage um 700 DM), der LTU von Düsseldorf nach Agadir (je nach Saison 750–900 DM) sowie u. a. der Lufthansa (›Flieg- und Spartarif‹ Frankfurt–Casablanca bis 30 Tage um 1100 DM). Bei einer Ticketgültigkeit bis 90 Tage müssen Sie mit Aufschlägen von 100–150 DM rechnen.

Noch günstiger können die vor allem in der Hochsaison angebotenen Charterflüge sein (von München nach Tanger z. T. um 500 DM, bis Agadir um 600 DM), vor allem dann, wenn Sie nur bis zu dem südspanischen Malaga fliegen (ab Brüssel oder Frankfurt in der Nebensaison z. T. schon für 400 DM; ab Malaga Fähre nach Melilla, ab Algeciras nach Tanger und Ceuta).

Kurzreisende sollten auch Sonderangebote der Pauschalreiseveranstalter beachten, die gelegentlich kurzfristig Zwei- oder Dreiwochenaufenthalte inklusive Hotel sehr billig offerieren.

Buchungen sollten möglichst frühzeitig, in der Hauptsaison mindestens vier Wochen vor Reiseantritt erfolgen. Vergessen Sie nicht, Rückflüge mit Liniengesellschaften (auch bei Sondertarif!) mindestens 72 Stunden vorher im Flugbüro zurückzubestätigen (›Reconfirmation‹).

Flugankunft

Casablanca-Mohammed V. (früher Nouasseur): 35 km südöstlich des Stadtzentrums; halbstündlich (abends stündlich) Zubringerbus zum CTM-Busbahnhof in der Rue Leon l'Africain (Zentrum), seltener auch nach Rabat. Taxis wegen der großen Entfernung extrem teuer.

Tanger-Boukhalf: 15 km südwestlich der Stadt; Zubringerbus Nr. 70 zum Grand Socco (Zentrum). Taxis bis Tanger-Zentrum zu festem Tarif (um 15 DM).

Agadir-Inezgane: 8 km südöstlich der Stadt; keine Busse, nur Taxis (um 10 DM bis zum Zentrum). Busse verkehren allerdings häufig zwischen Agadir und dem Ort Inezgane, der nur 2 km vom Flughafen entfernt liegt.

Marrakech-Menara: 6 km südwestlich der Stadt; nur Taxis (um 10 DM bis zum Zentrum).

Alle genannten Flughäfen verfügen über ein Wechselbüro (Achtung, z. T. kein Wechsel von Eurocheques!), ein Café/Restaurant, einen Informationsschalter und das Büro einer Autovermietung. Einen Duty Free Shop für zollfreien Einkauf besitzt nur Casablanca-Mohammed V. (reichhaltiges, preisgünstiges Angebot!).

Mit der Bahn

Täglich gibt es eine (im Sommer z. T. auch zwei) Zugverbindung von Paris Gare d'Austerlitz über Bordeaux nach Madrid und von dort (z. T. direkt, z. T. mit Umsteigen) weiter nach Algeciras (dort kostenloser Transfer vom Bahnhof zum Hafen). Von Algeciras verkehrt eine auf diesen Zug abgestimmte Fähre nach Tanger mit direktem Zuganschluß nach Casablanca Gare du Port, so daß von einer direkten Zugverbindung Paris – Casablanca gesprochen werden kann. Die Fahrtzeit von Paris nach Tanger beträgt etwa 40 Std., bis Casablanca etwa 48 Std.; der Fahrpreis liegt ab Köln bei 300 DM einfach bzw. 520 DM hin und zurück (jeweils ohne Liegewagenzuschlag). Günstige Anschlüsse an den Zug bestehen ab Frankfurt (nach Paris Gare de l'Est) und Köln (nach Paris Gare du Nord).

Ab Genf gibt es eine tägliche Direktzugverbindung nach Barcelona (Fahrtzeit ca. 11 Stunden) und von dort (Umsteigen, z. T. längere Wartezeit!) weiter nach Malaga und Algeciras (Fahrtzeit mindestens 23, z. T. bis 35 Stunden, insgesamt also erheblich länger als ab Paris, Tarife in etwa gleich). Günstige Anschlüsse nach Genf bestehen ab Frankfurt, Wien und München (über St. Margareten).

Für Jugendliche unter 26 besteht die Möglichkeit, die genannten Züge mit einem Eurotrain- oder Transalpino-Ticket (ca. 40% Ermäßigung) zu benutzen. Für Hin- und Rückfahrt lohnt für diese Altersgruppe aber schon fast die Anschaffung eines Interrail-Tickets (darüber hinaus auch in Marokko gültig!)

Autoreisezüge: Paris – Madrid und Madrid – Algeciras; Bundesrepublik Deutschland (Hamburg, Kassel, Düsseldorf, München) – Narbonne und Port Bou – Valencia.

Mit dem Bus

Von verschiedenen bundesdeutschen Großstädten (Frankfurt, Dortmund, Düsseldorf, Köln, München, Stuttgart, Nürnberg, Hamburg) verkehren regelmäßig Europabus-Linien über Barcelona nach Malaga. Fahrtzeit ca. 45–50 Stunden, Tarife um 300 DM einfach. Auskunft und Anmeldung bei den Abfahrtsstellen (an den jeweiligen Hauptbusbahnhöfen), in DER Reisebüros und bei Deutsche Touring-Gesellschaft, am Römerhof 17, Frankfurt. Ab Paris und Lyon verkehren CTM-Direktbusse nach Tanger, Casablanca, Marrakech und Agadir (vgl. S. 381).

Mit dem Auto

Anfahrtsstrecken

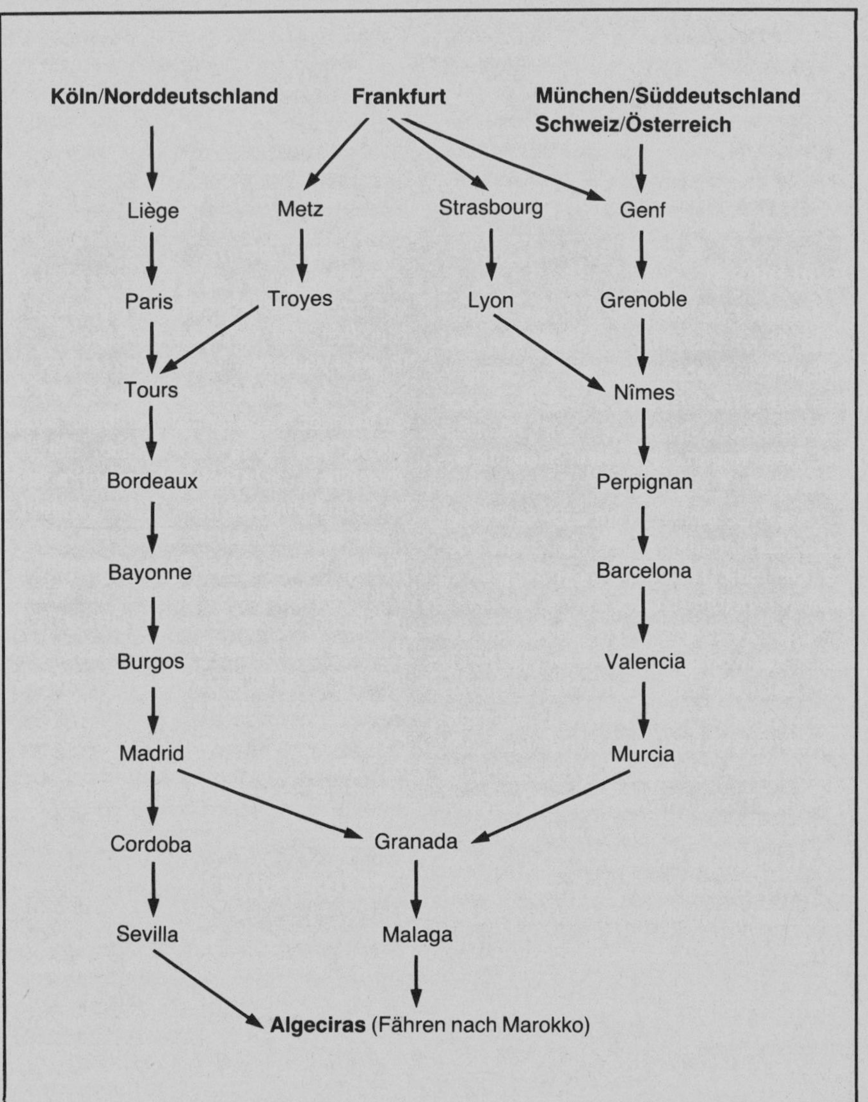

Entfernungen bis zum spanischen Fährhafen Algeciras: ab Frankfurt zwischen 2450 (über Lyon) und 2600 km (über Genf oder Metz); ab Köln 2500 km; ab München ca. 2600 km; ab Zürich ca. 2300 km; ab Genf ca. 2000 km; ab Wien ca. 3100 km. Die *Fahrtzeit* beträgt – ohne längere Zwischenaufhalte – mindestens drei, eher vier Tage. Die Autobahnen in Frankreich und Spanien sind gebührenpflichtig.

Autostop

Spanien und die französische Mittelmeerküste sind für Autostop nicht sonderlich geeignet. Die Route über Lyon und Barcelona ist vor allem im Sommer wegen der vielen Urlauber erheblich schwieriger zu bewältigen als die Strecke über Bordeaux und Madrid. Mit langen Wartezeiten müssen Sie allerdings in beiden Fällen rechnen.

Bei der Rückreise kann die Abfahrt aus Algeciras schwierig werden. Sie sollten deshalb bereits auf der Fähre einen Autofahrer ansprechen oder ab Algeciras ein Stück mit dem Zug fahren.

Fahrtunterbrechungen

Zahlreiche Sehenswürdigkeiten entlang der Anfahrtsstrecken nach Marokko lohnen einen Zwischenaufenthalt. Besondere Aufmerksamkeit sollten Sie den maurischen Bauten in Granada, Cordoba und Sevilla schenken, die zu den bedeutendsten Kunststätten des Islam zählen und in enger Beziehung zur marokkanischen Geschichte stehen.

Alhambra von Granada (13.–15. Jh.): einzige vollständig erhaltene maurische Palastanlage des Mittelalters; der Innenschmuck ist ein Höhepunkt islamischer Ornamentalkunst.

Große Moschee von Cordoba (8.–10. Jh., später zur Kirche umgebaut): eine der ältesten und bedeutendsten unter den Moscheen, die sich gut erhalten haben.

Giralda von Sevilla (1184 vollendet, Spitze später hinzugefügt): bedeutendstes maurisches Minarett neben der Koutoubia in Marrakech und dem Hassanturm in Rabat.

Fähren

Zwischen Europa (besonders Spanien) und Marokko gibt es zahlreiche Fährverbindungen, die eine Vorausbuchung in der Regel überflüssig machen. Lediglich an Wochenenden (wenn viele spanische Kurzurlauber nach Marokko reisen) und in den Sommermonaten kann es im spanischen Hauptfährhafen Algeciras zu längeren Wartezeiten für Autos kommen. Bei den Fähren handelt es sich um Roll on/off-Schiffe.

Verbindungen

(Termine und Preise saisonal verschieden; Stand September 1985)

Algeciras – Tanger: *Transmeditterranea* und *Limadet,* zusammen 6–7 × täglich (November bis März nur 2 ×), Dauer der Überfahrt ca. 2 Stunden; Fahrpreise: Personen ca. 32 DM (2. Klasse) bzw. 42 DM (1. Klasse), Autos ca. 110 DM (Mittelklassewagen) bis ca. 190 DM (Campingbus). 50 % Ermäßigung für Interrailer.

Transtour-Hydrofoil (Tragflügelboot), 1 × täglich, Dauer der Überfahrt ca. 1 Stunde; Fahrpreis: Personen ca. 32 DM, kein Autotransport.

Algeciras – Ceuta: *Trasmediterranea* 6 × täglich (sonntags nur 3 ×) und *Isnasa/Transtour* 4 × täglich (im Hochsommer von beiden Linien z. T. weitaus häufigere Verbindungen, im Winter seltener), Dauer der Überfahrt ca. 1 Stunde; Fahrpreise: Personen ca. 18 DM, Autos ca. 65–80 DM (billigste Verbindung; für Autofahrer zudem wegen der zollfreien Tankmöglichkeit in Ceuta zu empfehlen!).

Tarifa (Südspanien) – **Tanger:** *Transtour-Hydrofoil* (Tragflügelboot), 3 × täglich, Fahrpreis: Personen ca. 32 DM (Tagesexkursion gleicher Preis!), kein Autotransport.

Malaga – Melilla: *Trasmediterranea,* 3–4 × (im Sommer 6–7 ×) wöchentlich, Dauer der Überfahrt ca. 8 Stunden; Fahrpreise: Personen ab ca. 40 DM, Autos ca. 120–150 DM.

Almeria – Melilla: *Trasmediterranea,* je nach Saison 3–6 × wöchentlich, Fahrtdauer und Tarife etwa wie Malaga – Melilla.

Gibraltar – Tanger: *Bland-Line,* 4–6 × wöchentlich; Fahrpreise: Personen ca. 52 DM bzw. – wenn sie ein Fahrzeug mitführen – ca. 32 DM (Tagesexkursion ca. 60 DM), Autos ab ca. 110 DM.

Transtour-Hydrofoil, täglich außer sonntags; Fahrpreise: Personen ca. 37 DM, kein Autotransport.

Gibraltar – M'Diq: *Transtour-Hydrofoil,* 1 × täglich (nur in den Sommermonaten); Fahrpreis: Personen ca. 37 DM, kein Autotransport.

> Die Grenze zwischen Spanien und Gibraltar kann neuerdings wieder passiert werden, seit Anfang 1985 auch mit dem Auto!

Sète – Tanger: Comanav/Paquet, von Mitte Juni bis Mitte Oktober alle 4 Tage, sonst wöchentlich (im Winter z. T. auch seltener), Dauer der Überfahrt ca. 38 Std.; Fahrpreise: Personen je nach Kategorie (Schlafsessel, verschiedene Kabinenklassen) 290–620 DM (Essen inbegriffen) – Schüler und Studenten bis 26 erhalten Ermäßigung (Schlafsessel 240 DM) –, Autos je nach Länge 360–460 DM (bei mehr als 2 m Höhe 50 % Zuschlag). (Als günstige Abkürzung des Anfahrtsweges nach Marokko wird diese Fähre im Sommer stark frequentiert; eine rechtzeitige Vorausbuchung empfiehlt sich dann.)

Weitere Fährverbindungen: *Southampton – Lissabon – Casablanca* (2 × monatlich, ca. 3 Tage, Auskunft: Southern Ferries, Three Quays, Tower Hill, London EC3). *Cadiz – Kanarische Inseln* (verschiedene Ziele; Linie Trasmediterranea). Die Verbindungen *Malaga – Tanger* (Linie Limadet) und *Genua – Malaga* sind seit einigen Jahren eingestellt.

Detaillierte Informationen über die Fährverbindungen und über die aktuellen Preise sind erhältlich bei Reisebüros, beim ADAC sowie bei: **Karl Geuther & Co., Heinrichstr. 9, 6000 Frankfurt/Main, ✆(069) 730471–6** und (vor allem für Trasmediterranea) **Melia-Reisen, Große Bockenheimer Straße 54, 6000 Frankfurt/Main, ✆(069) 295303.**

Die verschiedenen Fährgesellschaften unterhalten Agenturen in allen von ihnen angelaufenen Häfen.

Bei der Einreise über Tanger finden die marokkanischen Grenzkontrollen bereits auf der Fähre statt!

Grenzübertritt

Die Paß- und Zollkontrollen bei der Einreise nach Marokko sind in der Regel nicht besonders streng. **Häufig kam es in der Vergangenheit allerdings vor, daß Männern mit langen Haaren die Einreise verweigert wurde,** besonders im Hafen von Tanger und (noch öfter) am Grenzübergang von Ceuta nach Marokko (keine Probleme gibt es dagegen in der Regel bei einer Flughafenankunft). Sind sie eine »Hippie-ähnliche Person« – wie es im marokkanischen Behördenjargon heißt –, sollten Sie folgende Tips beachten: Führen Sie genügend Geld mit sich! Kleiden Sie sich möglichst sorgfältig und bringen Sie ihre Frisur in eine möglichst unauffällige Form (z. B. durch eine Mütze)!

Werden Sie dennoch abgewiesen und wollen Sie nicht zu einem diskreten Bestechungsversuch (Geldschein im Paß) Zuflucht nehmen, haben Sie folgende Möglichkeiten: Warten Sie die Ablösung der Grenzbeamten ab und starten Sie einen neuen Einreiseversuch! Reisen Sie über Melilla ein (Fähre ab Malaga)! Fliegen Sie von Spanien nach Tanger (günstige Tarife). Spätestens beim letztgenannten Versuch wird Ihnen die Einreise gelingen.

Die wichtigsten Grenzübergänge sind in der Regel durchgehend geöffnet und besitzen einen Bankschalter (zwischen 22 und 7 Uhr oft geschlossen). *Übergangsstellen* sind: die internationalen Flughäfen; die Häfen von Tanger und Casablanca; Ceuta – Bab Sebta; Melilla – Nador. Zu den Möglichkeiten eines Grenzübertritts nach *Algerien* und in den saharischen *Süden* vgl. S. 380

Reisen in Marokko

Ob mit dem eigenen Auto oder mit öffentlichen Verkehrsmitteln – das Reisen in Marokko ist unproblematisch: Straßen- und Tankstellennetz sind in den meisten Gebieten gut ausgebaut, und mit Bussen kann fast jeder Ort des Landes erreicht werden.

Falls Sie vor der Entscheidung für oder gegen eine Reise mit dem eigenen Wagen stehen, sollten Sie folgendes bedenken: Das eigene Auto macht Abstecher in abgelegene Gegenden möglich und erlaubt beliebige Fahrtunterbrechungen; es verschafft eine größere Unabhängigkeit von Unterkünften, Restaurants und festen Fahrplänen und bietet mehr Platz für Reisegepäck und Mitbringsel. Andererseits erfordert ein Auto umfangreichere Reisevorbereitungen, es macht vor allem die Anreise anstrengend und bringt erhöhte Risiken mit sich (mechanische Schäden, Unfall, Diebstahl). Busfahrten sind billiger und vermitteln mehr Kontakte zur einheimischen Bevölkerung.

Führen Sie auf allen Fahrten im Land Ihren Paß mit (häufige Militär- und Polizeikontrollen!).

Mit dem eigenen Auto

Straßennetz

Mit über 15000 km asphaltierten und ca. 40000 km nicht-asphaltierten Straßen verfügt Marokko über eines der dichtesten Straßennetze in Afrika. Die asphaltierten Strecken sind allgemein in gutem Zustand, und auch ein großer Teil der nicht-asphaltierten Wege – meist Schotterstraßen, im Süden Sandpisten – ist mit normalen Personenkraftwagen gut befahrbar. *Geländegängige Fahrzeuge* sind lediglich für abgelegene Gebirgsregionen und einen Teil der Wüstenpisten erforderlich (vgl. aber S. 316). Sehr zuverlässige Auskunft über die Straßenzustände gibt die Michelin-Karte (vgl. S. 319); im vorliegenden Band wird auf den Zustand der wichtigsten Strecken innerhalb der Beschreibungen der einzelnen Regionen hingewiesen.

Empfehlenswert für Fahrten in abgelegene Gebiete (neben gutem Kartenmaterial): der Führer von E. Därr (vgl. S. 382).

Verkehrsregeln

Die Verkehrsregeln entsprechen im allgemeinen den in Mitteleuropa gültigen; es besteht Rechtsverkehr. *Besonderheiten* sind:

Die Vorfahrtsregel rechts vor links gilt auch im Kreisverkehr und für viele Nebenstraßen; sie wird meist streng befolgt.

Verkehrsinseln müssen stets rechts umfahren werden, auch wenn sie weit außerhalb der Straßenmitte liegen.

Rechtsabbiegen ist auch bei roter Ampel möglich.

Geschwindigkeitsbegrenzungen: keine allgemeine Begrenzung für Landstraßen; in Ortschaften zwischen 40 und 60 km/h.

Für Städte besteht ein allgemeines Hupverbot, das allerdings so gut wie nie beachtet wird.

Es besteht inzwischen Anschnallpflicht.

Allgemeine Vorsichtsmaßregeln

Marokkanische Autofahrer fahren in der Regel recht diszipliniert, und die Verkehrsdichte ist außer in den Großstädten gering. Folgende Vorsichtsregeln sollten Sie aber beachten:

Die Seitenstreifen der meisten Straßen sind nicht befestigt!

Auf dem Land bewegen sich Fußgänger und Tiere oft sehr sorglos auf den Straßen. Nachts müssen Sie mit unbeleuchteten Fuhrwerken rechnen! (Nachtfahrten ohnehin möglichst meiden).

Bei Fahrten in großer Hitze muß der Ölstand erheblich häufiger als üblich überprüft werden!

Gebirgsstraßen sind oft sehr eng und kurvenreich, mit Schlaglöchern durchsetzt und von Steinschlag gefährdet. Nur selten werden sie durch Geländer gesichert.

Auf Schotterstraßen weiten Abstand vom Vordermann halten: Steine werden hochgeschleudert und können ihre Windschutzscheibe zertrümmern!

Rechnen Sie auf Pisten mit der Gefahr häufiger Reifenpannen und führen Sie stets einen Reservereifen sowie Reifenflickzeug mit!

Hinweisschilder für Kurven immer ernst nehmen: Kurven werden meist nur dann vorher ausgeschildert, wenn sie wirklich gefährlich sind!

Auf einspurigen Straßen wird in der Regel von dem Fahrer des kleineren Fahrzeugs erwartet, daß er ausweicht.

Überprüfen Sie Kühlwasser- und Ölstand häufiger als üblich und füllen Sie das Öl stets bis Maximum auf (größerer Verbrauch wegen der Hitze)!

Im Winter sind viele Bergstraßen wegen hoher Schnefälle nicht passierbar; die wichtigsten Paßstrecken werden in der Regel aber schnell geräumt.

Im Frühjahr sind manchmal einige Straßen am Fuß der Gebirge wegen der Schneeschmelze und der Frühlingsregen überschwemmt – besonders am Südostrand des Hohen Atlas, wo Furten die sonst ausgetrockneten Flußbette durchqueren.

Für Fahrten in die Wüste beachten Sie die Hinweise auf S. 330.

Verkehrsschilder

Gültig sind die international üblichen Verkehrszeichen: sie sind in der Regel in Arabisch und Französisch beschriftet.

An *Hauptstraßen* sind Hinweisschilder häufig und übersichtlich angebracht, an *Nebenstrecken* sind sie oft versteckt und schwer leserlich, z. T. auch nur in arabisch. Die *Ausschilderung in den Städten* ist meist ausreichend, Vorwegweiser sind allerdings selten (die Hinweisschilder stehen also meist unmittelbar an den Kreuzungen). Wie auch in Frankreich werden an Stellen detaillierter Hinweise häufig die Angaben »Toutes Directions« (alle Richtungen) und »Autres Directions« (andere Richtungen) verwendet. Das Stadtzentrum ist mit »Centre Ville« ausgeschildert; sind Neustadt und Altstadt getrennt, so weist »Centre Ville« oder »Ville Nouvelle« auf die Neustadt und »Medina« oder »Ville Ancienne« auf die Altstadt hin. In den Großstädten gibt es meist auch Hinweisschilder auf Bahnhof, Flughafen, Campingplätze, besondere Sehenswürdigkeiten und die wichtigsten öffentlichen Gebäude.

Rot-weiße oder gelbe Streifen am Straßenrand bedeuten *Parkverbot.*

Zusatzbeschriftungen auf Schildern

Allure modérée	Langsam fahren
Attention	Vorsicht
Arrêt (interdit)	Halten (verboten)
Avertissez	Hupen
Croisement	Kreuzung

Défense d'entrer	Zugang verboten
Déviation	Umleitung
Passage a niveau	Straßengleicher Schienenübergang
Rappel	Beachten
Route en réparation	Straßenbau-Arbeiten
Rue barrée	Straße gesperrt
Sens interdit	Für den Straßenverkehr verboten
Sens unique	Einbahnstraße
Signeaux lumineaux	Ampel
Tournez interdit	Wenden verboten
Vitesse maximum	Höchstgeschwindigkeit
Vitesse limitée	Geschwindigkeitsbegrenzung

Benzin

Das Tankstellennetz in den Städten und an den Hauptstraßen ist recht dicht; in den Gebirgen und im südlichen und östlichen Wüstenvorland sind Tankstellen allerdings sehr selten (in diesen Gebieten stets volltanken, auch den Reservekanister). Die Benzinqualität kann im allgemeinen als gut bezeichnet werden; die meisten Tankstellen gehören zum Netz der multinationalen Erdölgesellschaften.

Preise (regional schwankend): Normalbenzin (Essence) und Super (Super) sind teurer als in Mitteleuropa (z. B. im Juni 1986 ca. 1,50 bzw. ca. 1,45 DM pro Liter). Diesel (Gasoil oder Mazout) dagegen ist etwas billiger (im Juni 1986 ca. 0,90 DM pro Liter). Die Preise für Motoröl (Huile) schwanken je nach Qualität stark, liegen aber im allgemeinen etwas unter den mitteleuropäischen.

Die früher für Ausländer erhältlichen Benzingutscheine (ca. 30% Ermäßigung) gibt es seit 1980 nicht mehr.

> Erheblich billiger als in Marokko ist – da zollfrei – Benzin in Ceuta, Melilla und Gibraltar.

Autoreparatur

Vertragswerkstätten für *französische Wagen* gibt es in jedem größeren Ort; häufig vertreten ist auch *Fiat.* Werkstätten für deutsche Fabrikate finden Sie ...

... *für Mercedes* (in Marokko sehr oft als Taxi gefahren) in Agadir, Al Hoceima, Berkane, Beni Mellal, Casablanca, Ceuta, El Jadida, Essaouira, Fès, Kenitra, Khourigba, Marrakech, Meknes, Melilla, Nador, Oujda, Rabat, Safi, Tanger und Tetouan.

... *für VW* in Agadir, Casablanca, Ceuta, El Jadida, Fès, Kenitra, Larache, Marrakech, Meknes, Melilla, Nador, Oujda, Rabat, Safi, Tanger und Tetouan.

... *für Opel* in Casablanca, Fès, Marrakech, Meknes, Melilla, Tanger und Tetouan.

... *für Ford* in Casablanca, Tanger und Tetouan.

Daneben gibt es kleine Reparaturbetriebe in jedem wichtigeren Ort. Die Ausrüstung der meisten Werkstätten ist sehr einfach, die guten technischen Kenntnisse und das hervorragende Improvisationsvermögen der Mechaniker machen dies aber in der Regel wett. Die Reparaturkosten sind wegen der geringen Löhne meist niedrig.

> Problematisch außerhalb der größeren Städte ist die Beschaffung von Ersatzteilen; mit längeren Wartezeiten muß hier gerechnet werden. Führen Sie deshalb die typischen Verschleißteile (Keilriemen, Kerzen, Birnen, Ölfilter) mit sich!

Autodiebstähle

Autos werden nur sehr selten gestohlen, in den Städten aber relativ häufig aufgebrochen und ausgeraubt. Lassen Sie deshalb nie Wertsachen im Wagen zurück! Stellen Sie Ihr Fahrzeug in Städten möglichst auf bewachten Parkplätzen oder vor Polizeistationen ab! Wenn Ihnen selbsternannte Parkwächter ihre Dienste anbieten (was häufig der Fall ist), sollten Sie nicht zögern, diese in Anspruch zu nehmen (einige Dirham Trinkgeld). Auf dem Lande ist Ihr Wagen meist sicher.

Verhalten bei Unfällen

Bei jedem Unfall – auch bei solchen ohne Personenschäden – sollte unbedingt die Polizei (Gendarmerie) hinzugezogen werden: Eventuellen Schwierigkeiten mit der Versicherung (der eigenen und der des beteiligten Fahrers) wird so am besten vorgebeugt. Sind Sie im Besitz eines Auslandsschutzbriefes, können Sie die Hilfe der marokkanischen Automobilclubs in Anspruch nehmen. Alle Formalitäten werden dann von diesen Clubs abgewickelt. Gegen Vorlage der im Schutzbrief enthaltenen Kreditscheine werden sogar die Reparaturkosten vorgestreckt. Besitzen Sie keinen Schutzbrief, haben Sie zwar keinen Anspruch auf Hilfeleistung der Clubs, können aber in der Regel doch auf deren Unterstützung rechnen – zumindest bei der Erledigung der Formalitäten. Im Notfall werden Ihnen auch die Fremdenverkehrsämter behilflich sein.

Da viele marokkanische Autofahrer nicht versichert sind, ist der Abschluß einer Reisekaskoversicherung vor Reisebeginn sinnvoll.

Automobilclubs

Die marokkanischen Automobilclubs gewähren Hilfe bei Unfällen und erteilen Auskünfte über alle Fragen, die den Autofahrer betreffen. Der

Touring Club du Maroc, 3 Avenue des F.A.R., Casablanca

besitzt Nebenstellen in Agadir, Beni Mellal, Fès, Kenitra, Marrakech, Meknes, Rabat, Sidi Kacem, Tanger und Khourigba. Der

Royal Automobile Club Marocain (RACN), 3 Rue Lemercier, Casablanca

hat auch in Marrakech (Avenue el Makhazine) und in Tanger (Rue des Vignes) Büros.

Tips für Fahrten in der Wüste

Fahren Sie nie abseits der abgesteckten Pisten, auch wenn der Boden in der Umgebung fest erscheint!

Führen Sie einen ausreichend großen Wasservorrat mit (für den eigenen Bedarf und als Kühlwasser)!

Tanken Sie voll und nehmen Sie einen Reservekanister mit: Fahrten in niedrigem Gang durch den Sand steigern den Benzinverbrauch erheblich!

Führen Sie möglichst einen zweiten Reservereifen sowie Flickzeug und Luftpumpe mit, da spitze Steine auf den Pisten viele Reifenpannen verursachen!

Fahren Sie auf Sandpisten mit niedrigem Reifendruck; dies vermindert die Gefahr des Einsinkens!

Eine Schaufel und Schienen sind wertvolle Hilfen, falls Sie steckenbleiben sollten!

Wechseln Sie nach längeren Wüstenfahrten das Öl, eventuell auch den Ölfilter: Das Öl wird in der Wüste schnell sandhaltig, Ihr Motor kann sich festfressen!

Im Falle einer Panne: Bleiben Sie bei ihrem Fahrzeug und warten Sie! Keine Piste ist so abgelegen, daß nicht spätestens nach einigen Stunden ein Wagen oder ein Kamelreiter vorbeikommt (äußerste Hilfsbereitschaft bei Pannen in der Wüste ist für jeden Marokkaner eine Selbstverständlichkeit!). Ein Fußmarsch zur nächsten Siedlung ist nur dann ratsam, wenn diese in unmittelbarer Nähe liegt: Das Gehen im Sand und in großer Hitze führt in kürzester Zeit zur völligen Erschöpfung, die Orientierung ist schnell verloren. Leichtsinn bedeutet Lebensgefahr!

Im Falle eines Sandsturms: Von Juni bis Mitte September kann es in der Wüste zu Sandstürmen kommen. Werden Sie von einem solchen Sturm überrascht, halten Sie sofort an und stellen Sie den Wagen so ab, daß der Motor nicht dem Wind ausgesetzt ist (Versandungsgefahr!). Bleiben Sie im Wagen und warten Sie bei geschlossenen Fenstern das Ende des Sturms ab!

Entfernungen in Marokko

(in Kilometern)

	Agadir	Al Hoceima	Casablanca	Ceuta	El Jadida	Erfoud	Essaouira	Fès	Ksar es Souk	Larache	Marrakech	Meknes	Melilla	Ouarzazate	Oujda	Rabat	Safi	Tanger	Taroudannt	Taza	Tetouan	Tiznit
Agadir																						
Al Hoceima	1061																					
Casablanca	521	563																				
Ceuta	951	321	430																			
El Jadida	424	660	97	527																		
Erfoud	754	691	597	752	665																	
Essaouira	174	914	351	781	254	743																
Fès	791	270	293	331	390	421	644															
Ksar es Souk	682	590	496	641	697	101	671	320														
Larache	803	384	287	141	379	579	633	216	478													
Marrakech	262*	755	237	667	197	572	171	485	500	511												
Meknes	758	330	233	302	330	440	584	60	339	180	452											
Melilla	1115	169	634	476	731	572	985	324	471	439	809	384										
Ouarzazate	377	950	442	862	392	377	366	680	305	706	195	647	1004									
Oujda	1132	271	634	576	731	612	985	339	533	631	824	399	156	1019								
Rabat	614	470	93	337	190	539	444	200	438	191	322	140	541	517	539							
Safi	308	811	248	678	151	729	138	541	657	532	157	481	882	352	882	341						
Tanger	890	338	369	102	466	680	720	327	579	87	598	281	493	793	585	276	617					
Taroudannt	80	981	601	1031	504	674	254	711	602	873	226	678	1035	297	1050	694	388	970				
Taza	907	159	409	447	502	580	756	116	479	332	601	176	208	796	225	316	653	443	827			
Tetouan	906	281	385	42	482	623	736	277	512	103	842	290	436	802	528	294	635	57	968	397		
Tiznit	91	1152	612	1042	535	832	265	882	770	894	384	836	1193	465	1210	705	399	981	158	985	997	
Zagora	545	1118	608	1040	560	254	534	848	355	874	363	815	848	168	888	685	530	961	465	856	972	623

* über Imi n'Tanout, 306 km über Tizi n'Test

Mit dem Bus

Busse stellen das Hauptverkehrsmittel der einheimischen Bevölkerung dar; entsprechend gut ist das Busnetz ausgebaut. Fast alle Orte des Landes können mit dem Bus erreicht werden, die größeren meist mehrmals täglich. Die Reisegeschwindigkeiten auf Langstrecken sind recht hoch, die Tarife niedrig und die Fahrer sehr zuverlässig. Für Individualreisende ohne eigenes Auto ist der Bus deshalb das ideale Transportmittel.

Gesellschaften: Es gibt eine staatliche Busgesellschaft und zahlreiche Privatlinien. Die *staatliche CTM-LN* (Compagnie de Transports Marocaine – Lignes Nationales) befährt vor allem die Hauptrouten. Ihre Busse sind oft (nicht immer!) neuer und komfortabler (weniger Sitzreihen, bequemere Sitze) als die der Privatlinien; dafür liegen die Tarife etwas höher. Es werden im allgemeinen nur so viele Fahrgäste mitgenommen, wie Sitzplätze vorhanden sind. Im Süden wird die CTM von der *SATAS* vertreten. Die CTM befördert auch die Post. Zentralen: **CTM-LN, 303 Boulevard Roudani, Casablanca** bzw. **SATAS, Avenue Moukaouma, Agadir.**

Bei den einzelnen *Privatlinien* handelt es sich um lokale Gesellschaften, die vor allem auf Kurz- und Nebenstrecken einer bestimmten Region verkehren und dort in der Regel weitaus häufigere Verbindungen bieten als die CTM. Manche von ihnen machen der CTM allerdings auch auf den Hauptrouten Konkurrenz. Die Zahl der Passagiere liegt im Ermessen der Fahrer, aber nur selten sind die Busse völlig überfüllt. Manche Privatlinien verfügen über Busse, die denen der CTM in nichts nachstehen oder diese gar übertreffen, andere fahren mit völlig überalterten, wenig vertrauenerweckenden Veteranen.

Reisegeschwindigkeit: Busse erreichen im allgemeinen eine durchschnittliche Reisegeschwindigkeit (inklusive Aufenthalte) von ca. 50 km/h auf ebener und ca. 30–35 km/h auf gebirgiger Strecke; die CTM schneidet dabei nur selten besser ab als die Privatlinien. Da zur Aufnahme bzw. zwecks Ausstiegs von Passagieren auch auf offener Strecke angehalten wird, können sich die Fahrtzeiten erheblich verlängern (insbesondere auf Kurzstrecken, an Markttagen und auf selten frequentierten Routen ist dies der Fall). Auf einigen Hauptrouten unterhalten CTM und manche Privatlinien inzwischen auch komfortablere Expreßbusse, die wegen seltenerer Zwischenstops erheblich schneller sind (bis 70 km/h; Vorausbuchung ratsam).

Tarife: CTM berechnet ca. 3–4 Pfennig für den Fahrtkilometer (Langstrecken sind dabei billiger als Kurzstrecken), bei den Privatlinien liegen die Tarife sogar noch etwas niedriger. Für die erwähnten Expreßbusse werden Zuschläge erhoben.

Busbahnhöfe: Sie liegen in der Regel in den Ortszentren. In einigen Städten (Casablanca, Meknes, Fés) unterhalten CTM und Privatlinien getrennte Bahnhöfe, in den meisten Orten gibt es aber nur einen, gemeinsamen Abfahrtsplatz. Die Schalter der einzelnen Gesellschaften liegen meist nahe beieinander bzw. bei den neueren Busbahnhöfen innerhalb eines Gebäudes; Sie können deshalb leicht die für Sie günstigste Verbindung erfragen. Bereitwillige und zuverlässige Auskunft geben auch die Angestellten, die vor den Schaltern oder bei den Bussen stehen, die nächsten Abfahrten ausrufen und beim Verladen des Gepäcks behilflich sind. Die Fahrpläne werden von der CTM meist recht pünktlich eingehalten, bei den Privatlinien sind Verspätungen häufiger, da die Busse manchmal erst abfahren, wenn sie vollbesetzt sind. In einigen Orten entstehen derzeit Busbahnhöfe.

Fahrkarten: Tickets können an allen größeren Busstationen am jeweiligen Schalter gekauft werden (was sich im Hinblick auf eine Platzreservierung auch empfiehlt), sind aber auch, falls dieser nicht bereits überfüllt ist, im Bus erhältlich (auf dem Lande und dort insbesondere bei den Privatlinien ist letzteres sogar die Regel). Eine Vorausbuchung ist meist nicht erforderlich, Sie sollten allerdings mindestens eine halbe Stunde vor Abfahrt am Bahnhof sein, wenn Sie sicher sein wollen, einen Sitzplatz zu erhalten. Eine *Ausnahme* bilden allerdings wenig befahrene Langstrecken der CTM: Hier sind die Busse oft ausgebucht. Für solche Routen ist es empfehlenswert, den Fahrschein bereits mehrere Stunden vor Abfahrt oder gar am Vortag zu lösen. Es kann auch problematisch sein, in diese Busse unterwegs zuzusteigen. Finden Sie keinen Platz, müssen Sie auf Kurzstreckenbusse ausweichen.

Essen: Mit einem Essensvorrat müssen Sie sich auch auf Langstrecken nicht unbedingt versehen. An allen Busbahnhöfen befinden sich Cafés und/oder Restaurants, die solange geöffnet sind, wie Busse verkehren – manchmal also die ganze Nacht hindurch. Oft kommen – neben Bettlern und Musikanten – auch Essensverkäufer in den Bus. Auf längeren Strecken werden Pausen bei Restaurants eingelegt. Bei Hitze dennoch sinnvoll: einen kleinen Wasservorrat mitnehmen!

Gepäck: Kleinere Gepäckstücke können Sie mit in das Innere des Busses nehmen, größere werden im Gepäckraum oder auf dem Dach verstaut. Die Ladearbeiter (nicht etwa selbsternannte ›Helfer‹!) werden dafür mit 1–2 DH pro Stück entlohnt. Eine reguläre *Gepäckaufbewahrung* gibt es nur sehr selten. Sie können Ihr Gepäck aber für einige Stunden im Büro einer Busgesellschaft oder auch in nahegelegenen Cafés hinterlassen.

Nachtbusse: Manche Busse fahren in der Nacht oder frühmorgens. Es ist durchaus üblich, in einem der geöffneten Cafés am Bahnhof zu warten und dort zu schlafen. Oft stehen die Nachtbusse auch schon mehrere Stunden vor der Abfahrt am Bahnhof bereit, Sie können dann bereits einsteigen.

Ersatz für Busverbindungen: Auf Strecken, die keine oder nur schlechte Busverbindungen haben, nehmen LKW's oft gegen Bezahlung Fahrgäste mit. Fragen Sie am

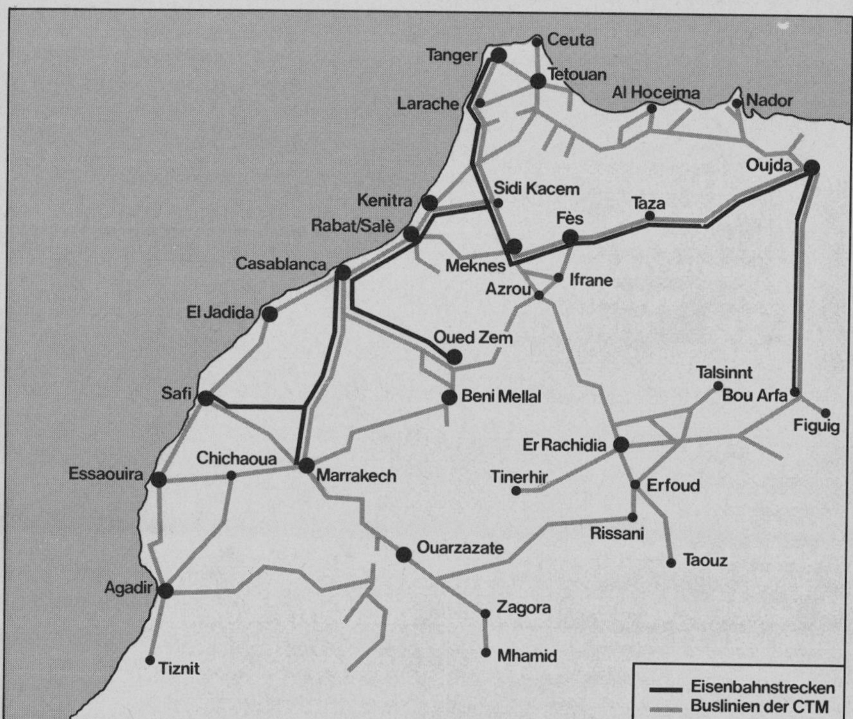

Busbahnhof oder bei einer Tankstelle nach!

Vgl. auch ›Sammeltaxis‹ S. 336 f.

Mit der Eisenbahn

Das marokkanische Eisenbahnnetz umfaßt etwa 2500 km und ist damit nur wenig ausgebaut. Die Eisenbahn ist vor allem für den Gütertransport wichtig, für den Personenverkehr hingegen nicht sehr attraktiv: Züge fahren meist langsamer und seltener als Busse; ihre Bahnhöfe liegen oft weniger zentral. Eine interessante Alternative zum Bus sind lediglich die Schnellzuglinien von Casablanca nach Oujda, Tanger u. Marrakech sowie die modernen TNR-Züge zwischen Casablanca und Rabat (vgl. S. 124).

Es gibt drei *Zugklassen,* deren Tarife recht niedrig liegen (ca. 8, 5 bzw. 3½ Pfennig pro km). *Sitzreservierungen* sind nur für die 1. und 2. Klasse möglich.

Normale Züge legen etwa 35–40 km pro Stunde zurück, Schnellzüge (Rapide) etwa 60–70 km. Schnellzüge führen nur Wagen 1. und 2. Klasse (Zuschlag).

Speisewagen finden Sie nur in Langstreckenzügen; Speisen und Getränke sind aber in jedem Fall während der Aufenthalte an Bahnhöfen erhältlich. Nachtzüge führen *Liegewagen* (Zuschläge).

Zuglinien

Von Casablanca (Gare du Port oder Gare des Voyageurs) täglich nach Rabat (ca. 26 ×, davon 14 × mit neuem TNR-Schnellzug), Marrakech (5–6 ×), Meknes/Fès (7–9 ×; davon 4–6 × weiter bis Taza/Oujda), Oued Zem (2–3 ×), Tanger (3–5 ×); außerdem Tanger – Meknes/Fès (3 ×), Benguerir (Strecke Casa-Marrakech) – Safi 2 ×, Oujda – Bou Arfa (sonntags).

Eine neue Linie Casablanca – El Jadida – Safi befindet sich in Bau, geplant sind Strecken nach Agadir, von Oued Zem über Beni Mellal nach Marrakech und von Nador nach Taourirt.

Neuerdings gibt es ›Train & Car‹-Linien, d. h. kombinierte Zug/Luxusbusfahrten u. a. nach Agadir, Tetouan, Nador und Beni Mellal.

Binnenfluglinien

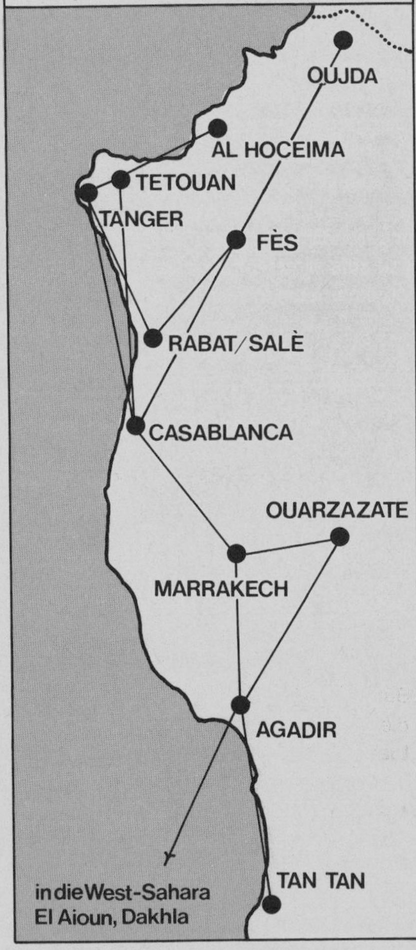

Mit dem Flugzeug

Marokko verfügt über ein dichtes Binnenflugnetz. Den größten Teil des Verkehrs wickelt die *Royal Air Inter* ab, eine Tochter der Royal Air Maroc. Im Süden fliegen außerdem die *Air Sud* und die *Ailes Atlas*.

Verbindungen: Zentrum des Binnenflugnetzes ist Casablanca mit seinen Flughäfen Mohammed V. (früher Nouasseur, internationale Flüge und mittlerweile praktisch alle innermarokkanischen Verbindungen) und Anfa (alter Flugplatz, nur noch sehr wenige Binnenflüge). Angeflogen werden außerdem die Flugplätze Agadir, Côte du Rif (Al Hoceima), Fès, Marrakech, Ouarzazate, Oujda, Rabat-Salé, Tan Tan, Tanger und Tetouan sowie einige Orte der ehemaligen Spanischen Sahara (El Aioun, Dakhla und Smara). Die wichtigsten Flugplätze haben mindestens einmal täglich Anschlüsse, die übrigen meist mehrmals wöchentlich.

Die *Tarife* betragen etwa das fünffache wie für eine Busfahrt auf der entsprechenden Strecke (z. B. Casablanca – Tanger im September 1985 ca. 65 DM, Tanger – Agadir ca. 200 DM). *Ermäßigungen* gibt es für Kinder (unter 2 Jahren 90 %, zwischen 2 und 12 Jahren 50 %), für Jugendliche bis 26 Jahre (25 %), für Familien und Gruppen (10 %).

Auskunft über die Flüge der **Royal Air Inter** erteilen alle Büros der Royal Air Maroc. Die Zentrale befindet sich in **Casablanca, 44 Avenue des F.A.R.,** ✆ 27 11 22/22 41 41. Vertretungen gibt es in Agadir, Al Hoceima, Fès, Marrakech, Meknes, Oujda, Rabat, Tanger und Tetouan (die Adressen finden Sie in den jeweiligen Ortsbeschreibungen).

Über die Flüge der **Air Sud** informiert das Büro in **Agadir, Avenue Moukaouma,** über die Flüge der **Ailes Atlas** das Büro in **Casablanca, 121 Rue Dumont d'Urville.**

Leihwagen

Leihwagenagenturen gibt es in allen größeren Orten. In den Großstädten und Hauptferienzentren befinden sich darunter auch Vertretungen internationaler Firmen (Avis, Hertz, Interrent). Die Tarife liegen kaum unter, z. T. sogar über den in Westeuropa üblichen, also relativ hoch (im folgenden Beispiele für die billigste Kategorie, 1986). Sie setzen sich in der Regel aus einer Tagespauschale (DM 40) sowie einer festen Summe pro Kilometer (0,45 DM) zusammen und enthalten meist eine Vollkaskoversicherung mit einer gewissen Selbstbeteiligung. Zum Listenpreis kommen (oft nur ›im Kleingedruckten‹ ausgewiesen!) 12 % des Rechnungsbetrages als Steuer; auf Wunsch können gegen Aufpreis zusätzlich eine Vollkaskoversicherung ohne Selbstbeteiligung und eine Insassenversicherung abgeschlossen werden (ca. 8 bzw. ca. 4 DM pro Tag). Kleine, lokale Firmen bieten meist niedrigere Tarife an als die Vertretungen der internationalen Firmen. Am günstigsten sind Dreitages- oder Einwochen-Pauschalen ohne Kilometerbegrenzung, wie man sie bei den meisten Firmen erhält (ca. 300 bzw. ca. 500 DM). Da es gerade für solche Pauschalen öfters recht preiswerte Sonderangebote gibt, lohnen sich Vergleiche zwischen verschiedenen Anbietern unbedingt. Wollen Sie den Wagen an einem anderen Ort als dem Mietort abgeben (was meist nur bei größeren Firmen möglich ist), erkundigen Sie sich in jedem Fall über die entsprechenden Gebühren (diese liegen z. T. recht hoch).

Vermietet werden überwiegend Fahrzeuge der Marken Renault, Simca und Fiat (in der Regel am preiswertesten: R 4 und Fiat 127), daneben gelegentlich auch Minibusse und – wie etwa in Agadir – auch Jeeps. In Agadir kann man daneben Motorräder zu recht günstigen Halbtages- bzw. Tagespauschalen leihen.

Wer ein Fahrzeug mieten will, muß mindestens 21 Jahre alt sein (für größere Fahrzeuge mindestens 25) und einen seit mindestens einem Jahr gültigen nationalen Führerschein vorlegen (empfehlenswert: internationaler Führerschein!). Die meisten Firmen verlangen die Hinterlegung einer Kaution (ca. 500 DM).

Wollen Sie große Strecken mit dem Leihwagen zurücklegen, kann es sich lohnen, ein Fahrzeug in *Gibraltar* zu mieten; die Tarife sind dort erheblich niedriger als in Marokko.

Für Tagesausflüge kann es günstiger sein, ein Grand Taxi (vgl. S. 336) mit Fahrer zu einer festen Pauschale zu mieten.

Taxis

Taxis finden sich in jedem größeren Ort des Landes. Folgende Unterscheidungen sind zu treffen:

Die **Petit Taxis** dienen dem innerstädtischen Verkehr in den Großstädten. Es handelt sich dabei um kleinere Fahrzeuge (meist Renault oder Simca), die höchstens drei Personen befördern dürfen und keine großen Gepäckstücke mitnehmen. Es ist ihnen nicht erlaubt, den Stadtbereich zu verlassen. In jeder Stadt sind die Petit Taxis in einer bestimmten Farbe lackiert. Erkennbar sind sie aber stets an dem auffälligen, numerierten Schild auf dem Dach. Anstelle der früher üblichen Abrechnungen per Taxameter gibt es mittlerweile im allgemeinen festgelegte Tarife. Die meisten Stadtfahrten kosten nicht mehr als 2–3 DM, sind also recht preiswert. Für Nachtfahrten wird ein Zuschlag von 50 % erhoben. Sind Ihnen die für die jeweilige Stadt gültigen Tarife noch unbekannt, sollten Sie den Fahrpreis unbedingt im voraus aushandeln und gegebenenfalls in ein anderes Taxi umsteigen.

Die **Grand Taxis** unternehmen auch Fahrten außerhalb der Städte. Es sind große Limousinen oder Kombiwagen (meist Mercedes oder Peugeot-Kombis, im Süden auch Geländefahrzeuge oder Pick-ups). Sie befördern bis zu sechs Personen und nehmen auch große Gepäckstücke mit. Die *Tarife* sind mindestens doppelt so hoch wie die der Petit Taxis; pro Kilometer müssen Sie mit etwa 1,50–2 DM rechnen. Der Fahrpreis muß im voraus ausgehandelt werden. Besonders bei der Ankunft in Häfen oder Flughäfen verlangen die Taxifahrer zunächst stark überhöhte Preise. Zeigen Sie Geduld und wenden Sie sich an verschiedene Fahrer (bei nächtlicher Ankunft besitzen Sie allerdings schlechte Karten!). Benutzen mehrere Personen gemeinsam ein Grand Taxi, darf sich der Gesamtpreis nur geringfügig erhöhen; es lohnt sich also unbedingt, ein Taxi mit anderen zu teilen. Grand Taxis können auch zu *Pauschaltarifen* für einen ganzen Tag gemietet werden. Über die Richtpreise für bestimmte Strecken informieren Sie die Fremdenverkehrsämter.

Grand Taxis dienen auf dem Lande – insbesondere im Süden – auch oft als **Sammeltaxis** (Taxi-collectif): Auf Strecken, die von Bussen selten oder gar nicht befahren werden, und auf stark frequentierten Kurzstrekken verkehren sie im Liniendienst. Sie warten an den Busbahnhöfen und zentralen

Petit Taxi in Rabat

Plätzen und fahren ab, sobald sie voll besetzt sind, ihre (festen) Tarife liegen 30–100 % höher als die der Busse (vorher erkundigen, gegebenenfalls handeln). Sammeltaxis sind schneller als Busse, gelegentlich aber völlig überbesetzt.

Stadtbusse

In allen Großstädten verkehren Stadtbusse. Die Linien sind mit Nummern gekennzeichnet, eine zusätzliche Zielangabe ist oft nur in arabischer Schrift angebracht oder überhaupt nicht vorhanden. Fahrscheine (sehr billig!) erhalten Sie im Bus. Die Stadtbusse sind meist überfüllt.

Autostop

Autostop ist in Marokko durchaus üblich; auf Strecken, die von Bussen wenig befahren werden, reisen auch Marokkaner oft auf diese Art. Einheimische werden bevorzugt mitgenommen. Sie müssen deshalb mit längeren Wartezeiten rechnen. Da Sie notfalls aber immer noch einen Bus auf offener Strecke anhalten können, gehen Sie kaum ein Risiko ein.

Viele Autofahrer (besonders LKW-Fahrer) verlangen eine *Bezahlung,* die sich etwa nach dem Bustarif richten sollte und übrigens auch von Einheimischen erhoben wird.

Wollen Sie per Autostop reisen, sollte Ihr *Gepäck* besonders kompakt und handlich sein. Viele Autos haben keinen Platz für sperrige Gepäckstücke. Warten Sie an übersichtlichen Stellen, wo die Fahrzeuge problemlos halten können (Busse und LKW's halten z. B. ungern an Steigungen oder auf Strecken mit starkem Gefälle).

Organisierte Ausflüge

In allen Bade- und Touristenorten finden sich in Hotels und Reisebüros Angebote für Kurzausflüge in nahegelegene Marktorte, in die Königsstädte oder – wie besonders ab Agadir – zu Oasen. Diese Ausflüge sind im allgemeinen relativ teuer und laufen häufig mit allzugroßer Eile ab, stellen für Reisende ohne eigenes Fahrzeug aber oft die einzige Möglichkeit dar, abgelegene Orte ohne übermäßigen Zeitaufwand zu erreichen. Eine gewisse Skepsis gegenüber Ausflugsveranstaltern ist angebracht (auch wenn es sich um renommierte Unternehmen handelt): Manche versuchen durch irreführende Behauptungen (z. B. über drohende Gefahren oder fehlende Verkehrsverbindungen) Urlauber von Ausflügen auf eigene Faust abzuschrecken, und nicht wenige Reiseleiter bzw. Fremdenführer erhalten von Geschäften Provisionen, wenn sie Touristen durch ›günstige Einkaufstips‹ dorthin locken!

Sperrzonen

Wegen des Konflikts in der Westsahara und den daraus resultierenden Spannungen mit dem Nachbarn Algerien sind in den letzten Jahren einige Gebiete Marokkos zu militärischen Sperrzonen erklärt worden. Sie dürfen von Touristen nur mit Sondergenehmigungen befahren werden, die die zuständigen Provinz- oder Kreisverwaltungen aber nur in begründeten Ausnahmefällen erteilen.

Folgende Sperrzonen bestehen derzeit: Straße Tan Tan Plage – Tarfaya – Westsahara (Genehmigung der Provinzverwaltung Tan Tan), Zagora – Mhamid und Zagora – Foum Zguid (jeweils Genehmigung der Kreisverwaltung Zagora), verschiedene Nebenpisten in Südmarokko (vgl. S. 290 und 292), eventuell auch Rissani – Taouz und Foum Zguid – Tata.

Mit der Schließung weiterer Grenzübergänge und Straßen im Grenzgebiet zu Algerien muß jederzeit gerechnet werden. Anfang 1979 etwa wurde der gesamte Grenzverkehr mit Algerien eingestellt (vgl. S. 380). Auskünfte über den aktuellen Stand bei den Fremdenverkehrsämtern oder den örtlichen Polizeidienststellen bzw. Militärposten.

Sehenswürdigkeiten und Urlaubsaktivitäten

Die beliebtesten Reiseziele Marokkos

Pauschal- und Individualtourismus halten sich in Marokko in etwa die Waage. Pauschalreisende buchen meist einen kombinierten Bade- und Besichtigungsurlaub, wie er von fast allen größeren Reiseveranstaltern angeboten wird. Traditionell stellt die ehemalige Kolonialmacht Frankreich das größte Urlauberkontingent, die Deutschen machen ihnen diesen Rang aber zunehmend streitig.

Mit Abstand wichtigster internationaler *Badeort* des Landes ist Agadir, Marokkos Touristenzentrum Nr. 1. Es folgen die von exklusiven Feriendorfsiedlungen geprägten Orte der nördlichen Rifküste (Restinga-Smir und Cabo Negro/M'Diq), um Al Hoceima und an der Bucht von Tanger.

Die *Besichtigungsprogramme* umfassen in der Regel Aufenthalte in den vier Königsstädten, von denen Marrakech bei weitem am stärksten frequentiert wird. Auch ein längerer Besuch von Fès fehlt in kaum einem Reiseangebot, während Meknes (mit Moulay Idris und Volubilis) und Rabat häufig nur in Form von Stippvisiten Berücksichtigung finden. Herausragende Bedeutung als ›Durchgangsstation‹ hat der Fährhafen Tanger.

Rundreisen konzentrieren sich vor allem auf die ›Straße der Kasbahs‹ (Strecke Marrakech – Ouarzazate – Ksar es Souk – Meknes/Fès, oft mit Abstechern nach Zagora und/oder Erfoud) und auf Ausflüge ab Agadir (Taroudannt/Marrakech, Tafraout, Kamelmarkt von Goulimine). Beliebte Ziele von Tagesausflüglern aus Südspanien, Tanger und den Badeorten der nördlichen Rifküste sind Tetouan und Chechaouen.

Individualreisende meiden im allgemeinen die großen Badeorte und weichen auf weniger frequentierte Strände (vor allem Essaouira und Asilah) aus, ihre übrigen Urlaubsziele sind dagegen weitgehend identisch mit denen des organisierten Tourismus: Die vier Königsstädte mit Marrakech und danach Fès an der Spitze, Südmarokko vom Anti-Atlas bis ins Tafilalet und – in stärkerem Maße als beim Pauschaltourismus – Tanger mit westlichem Rifgebirge (Tetouan, Chechaouen) sind auch hier die Favoriten. Eine Sonderstellung nehmen Mirhleft, einige Orte nördlich von Agadir (Tarhazoute und Paradise Valley mit Umgebung) und das Haschischanbauzentrum Ketama ein: Diese Orte befinden sich ›fest in der Hand‹ meist jugendlicher Individualreisender und bilden neben dem Umschlagplatz Tanger die Hauptanziehungspunkte des marokkanischen ›Drogentourismus‹.

Zusätzlich zu den genannten Orten gibt es in Marokko noch eine Reihe weiterer Fremdenverkehrszentren, die aber weniger von Ausländern als von – meist begüterten – Marokkanern besucht werden. Es handelt sich dabei vor allem um *großstadtnahe Badezentren* (unter denen die des Küstenstrichs zwischen Casablanca und Rabat mit Mohammedia an der Spitze die größte Bedeutung haben) sowie um die *Wintersport- und Luftkurorte* im nördlichen Mittleren Atlas (Azrou, Ifrane, Sefrou und Umgebung, Oulmès) und im zentralen Hohen Atlas (Oukaimeden, Ourika-Tal). In gewisser Weise können auch die zahlreichen marokkanischen *Pilgerzentren* als Fremdenverkehrsorte bezeichnet werden. Die meisten Wallfahrer zieht Moulay Idris an, es folgen Fès, Marrakech und Ouezzane (vgl. Feste und Feiertage S. 365).

Die bedeutendsten Sehenswürdigkeiten Marokkos im Überblick

Kulturelle Hauptsehenswürdigkeiten

Archäologische Stätten: Römische Ruinen von Volubilis und Lixus.

Berber-Kasbahs: Route des Kasbahs (Dra- und Dades-Tal), Telouet, Anti-Atlas.

Maurische Bauten: *Fès:* Kairaouine, Zaouia Idris II., Medersa Attarine, Medersa Bou Inania, Stadtmauern und Tore.
Marrakech: Koutoubia, Saadier-Gräber, Palais El Bahia, Medersa Ben Youssef, Stadtmauern und Tore.
Rabat: Hassanturm, Kasbah des Oudaias, Chellah, Mausoleum Mohammed V., Stadtmauern und Tore, in Salé die Medersa Abou el Hassan.
Meknes: Ville Imperiale, Bab el Mansour, Medersa Bou Inania, Mausoleum Moulay Ismail.
Tinmal: Moscheeruine.
Moulay Idris: Zaouia Moulay Idris.

Medinas mit gut erhaltenem Gesamtbild: Fès, Marrakech, Meknes, Tetouan, Chechaouen, Essaouira, Moulay Idris, Rabat-Salé, Taroudannt, Asilah, Azemmour, Larache, El Jadida, Ouezzane, Taza, Safi, Kasba Tadla, Tiznit, Rissani.

Museen: *Archäologische Museen* in Rabat, Tetouan und Larache, *Museen für marokkanische Volkskunst* in Fès, Marrakech, Rabat, Meknes, Tetouan, Tanger und Essaouira.
Vgl. Museen S. 372.

Landschaftliche Höhepunkte

Nordmarokko: Umgebung von Tanger; Rifküste zwischen Ceuta und Al Hoceima und beim Cap des Trois Fourches; Strecken Tetouan – Al Hoceima, Chechaouen – Ouezzane und Ketama – Fès; Zerhoun-Massiv; Djebel Lalla Outka; Djebel Tazzeka; Beni Snassen-Massiv.

Mittlerer Atlas: Gesamter Nordteil des Gebirges zwischen Azrou, Immouzer du Kandar, Midelt und Khenifra; Cascades de Ouzoud; Bin el Ouidane-Stausee; Plateau des Lacs bei Imilchil.

Atlantikküste: Mündungen von Bou Regreg und Oum er Rbia; Cap el Jorf Lasfar und Umgebung; Küstenabschnitte Oualidia – Safi, Essaouira – Agadir und Sidi Moussa d'Aglou – Sidi Ifni.

Zentralmeseta: El Kansera-Stausee; Kasbah de Boulaouane; Djebel Mouchchene-Massiv bei Oulmès.

Hoher Atlas: Ourika-Tal; Djebel Toubkal-Massiv; Paßstrecken Tizi n'Test und Tizi n'Tichka; Telouet; Naturbrücke von Imi n'Ifri.

Südmarokko: Umgebung von Tafraout mit Tal der Ammeln, Strecken von Tafraout nach Tiznit, Ait Baha und Irherm; Dra-Tal zwischen Agdz und Zagora; Strecke Ouarzazate – Tinerhir; Gorges du Dades; Gorges du Todrha; Gorges du Ziz; Gebiet um Erfoud und Rissani.

Landschaftlich schön sind auch zahlreiche Nebenstrecken in den Gebirgen, einige kürzere Küstenabschnitte und die Routen zu abgelegenen Saharaoasen.
Vgl. auch Karte ›Die wichtigsten Reiseziele in Marokko‹ in der vorderen Umschlagklappe.

Bademöglichkeiten

Marokko verfügt an Mittelmeer und Atlantik über eine große Zahl schöner Badestrände, von denen bisher nur ein Teil touristisch erschlossen ist.

Badesaison ist am Mittelmeer von Mai bis September, an der nördlichen Atlantikküste von April bis Oktober (Baden ist in beiden Gebieten aber auch länger möglich). An der südlichen Atlantikküste (ab Agadir, z. T. auch schon ab Essaouira) sinkt die Wassertemperatur nie unter 16 °C, das ganze Jahr hindurch kann dort also gebadet werden. Das Wasser und die Strände sind – außer in der unmittelbaren Nähe von Großstädten – in der Regel sauber. Haifische müssen Sie nirgends fürchten.

Strände in der Nähe großer Städte werden an Wochenenden von zahlreichen Einheimischen besucht. Sie sind dann oft überfüllt.

Atlantik- und Mittelmeerküste haben unterschiedlichen Charakter:

Die *Atlantikküste* ist nur wenig gegliedert; langgestreckte, breite und ungeschützte Strände überwiegen. Im Norden des Landes ist sie meist flach, im Süden (besonders ab Essaouira) herrscht Steilküste vor. Starke Brandung und oft auch ein heftiger Sog machen das Baden außerhalb bewachter Strände gefährlich.

Die *Mittelmeerküste* ist fast überall steil. Sie besitzt zahlreiche kleine, geschützte Felsenbuchten. Landschaftlich ist sie reizvoller, viele ihrer Strände sind aber nur schwer erreichbar. Zum Tauchen ist sie hervorragend geeignet.

Die Atlantikküste von Nord nach Süd

Tanger: Strand mit Dünen bei den Herkulesgrotten, vorwiegend von Einheimischen besucht. In der Umgebung einsame, kleinere Strände (Tanger–Mittelmeer vgl. S. 341).

Asilah: Langer Sandstrand mit einer Reihe von Campingplätzen, vor allem von jüngeren Reisenden besucht.

Larache: Ausgedehnte Strände beiderseits der Loukkos-Mündung, außerhalb der Stadt. Unerschlossen, kaum Tourismus.

Moulay Bou Selham: Strände an Meer und Lagune (Vogelschutzgebiet!), hervorragend zum Tauchen geeignet, landschaftlich sehr reizvoll.

Zwischen Moulay Bou Selham und Mehdia: Ausgedehnte, einsame Strände.

Mehdia: Langer Strand, vorwiegend von den Bewohnern von Kenitra benutzt.

Plage des Nations: (zwischen Mehdia und Salé): 7 km langer Strand mit modernen Einrichtungen, exklusiver Charakter. Überwiegend von Bewohnern von Rabat-Salé und Kenitra besucht.

Rabat-Salé: Sehr kleine Strände für Einheimische, oft überfüllt.

Zwischen Rabat und Mohammedia: Fast ununterbrochene Strandzone, z. T. mit modernen Badeeinrichtungen und Hotels ausgestattet (besonders in El Haroura, Temara, Sables d'Or, Ech-Chiana und Skhirat. Stark von Einheimischen frequentiert; dazwischen auch einige einsame Strände.

Mohammedia: Sehr exklusiver Badeort mit Luxushotels und modernsten touristischen Einrichtungen, überwiegend von Marokkanern besucht.

Casablanca-Ain Diab: Vorwiegend von Einheimischen aufgesuchte, teilweise sehr exklusiv. Einige weniger erschlossene Strände südlich der Stadt.

Azemmour: Ausgedehnte, einsame Strände in Ortsnähe (Stadt liegt nicht direkt am Meer!). Von Touristen kaum besucht.

El Jadida: Langer, erschlossener Strand, mässiger Anteil von Touristen.

Zwischen El Jadida und Oualidia: Fast ununterbrochene Strandzone. Teilweise erschlossen sind nur Strände bei Sidi Bouzid, Moulay Abdallah, El Jorf Lasfar (durch den neuen Phosphathafen stark beeinträchtigt!) und Sidi Moussa, sonst einsam.

Oualidia: Schöne, z. T. felsige Strände an Meer und Lagune, mäßig erschlossen. Beliebter Badeort für die Bewohner von Marrakech, nur wenige Touristen.

Safi: Kleiner, felsenumgebener Strand, vorwiegend von Einheimischen besucht. Einsame Strände südlich der Stadt bei Jorf el Jouri und Souira Kedima.

Essaouira: Ausgedehnter, erschlossener Strand, auch von Touristen zunehmend besucht. Besonders unter jugendlichen Reisenden beliebt. Einsame Strände südlich der Stadt.

Zwischen Tamri und Agadir: Fast ununterbrochene Strandzone, bis kurz vor Agadir fast völlig unerschlossen.

Tarhazoute (nördlich von Agadir): Beliebter Überwinterungsplatz für jugendliche Reisende. Ein sehr ausgedehnter und mehrere kleine Strände in der Umgebung.

Agadir: Größter internationaler Badeort Marokkos mit zahlreichen Hotels und modernsten touristischen Anlagen, 9 km lange Strandzone. Zu allen Jahreszeiten, besonders aber im Winter, starker Touristenverkehr. Strände südlich der Stadt nur wenig erschlossen, aber oft von Touristen aus Agadir besucht.

Sidi Moussa d'Aglou: Mäßig erschlossener Strand, beliebter Treffpunkt für jugendliche Reisende.

Mirhleft: Beliebtester Überwinterungsplatz für jugendliche Reisende in Marokko, daher relativ stark besucht.

Sidi Ifni: Südlich des Ortes ausgedehnte Sandstrände, die als beste Plätze für Surfer gelten. Besonders schön die Plage Blanche, deren Erschließung in großem Stil vorgesehen ist.

Tan Tan Plage: kleiner Strandort, wenig besucht; die Küste weiter südlich ist Sperrgebiet (vgl. S. 290).

Die Mittelmeerküste von West nach Ost

Tanger: Bedeutender Touristenort mit zahlreichen Hotel- und Bungalowanlagen und Badeeinrichtungen an dem ausgedehnten Strand zwischen der Stadt und dem Cap Malabata, weiterer Ausbau im Gange.

Zwischen Tanger und Ceuta: Kleine, meist einsame Strände. Landschaftlich besonders reizvoll: Ksar es Seghir.

Ceuta: Mehrere kleine Strände, überwiegend von Einheimischen und spanischen Urlaubern besucht.

Restinga-Smir, Taifor-Cabo Negro und M'Diq: bilden zusammen (nach Tanger) den größten touristischen Komplex Marokkos am Mittelmeer, modernste Hotels und Badeeinrichtungen, ausgedehnte Strände.

Rio Martil: Langer, mäßig erschlossener Strand; überwiegend von den Bewohnern von Tetouan besucht. Nur wenige Touristen.

Oued Laou: Schöner, wenig erschlossener Strand. Bisher wenige Touristen. Ausbau geplant.

Zwischen Oued Laou und Al Hoceima: Steilküste; landschaftlich sehr reizvoll, aber nur schwer zugänglich. Die schönsten der wenigen gut erreichbaren Strandbuchten sind die von Kalah Iris und El Jebha. Kaum Tourismus.

Al Hoceima: Bedeutender internationaler Badeort mit modernen Hotelanlagen. Zahlreiche Felsenbuchten mit schönen Stränden im Ort und in der Umgebung.

Melilla: Verschiedene kleine Strände, meist von Einheimischen und spanischen Urlaubern besucht.

Nador: Strände an der Lagune, z. T. stark verschmutzt. Bisher wenige Fremde.

Zwischen Nador und Saidia: Verschiedene kaum erschlossene Strände. Besonders schön: Ras el Ma.

Saidia: Badeort der Bewohner von Oujda mit ausgedehntem Strand, nur wenige Touristen.

Binnengewässer

Das Baden und Schwimmen in Flüssen und Gewässern, die in der Nähe menschlicher Siedlungen liegen, sollten Sie unbedingt vermeiden: Diese Gewässer sind in der Regel verunreinigt und enthalten zahlreiche Krankheitserreger (darunter oft die gefährlichen Bilharzia-Würmer, vgl. S. 370).

Gefahrlos können Sie dagegen in den großen Stauseen, den Bergseen des Mittleren Atlas und in abgelegenen Gebirgsbächen baden.

Wassersport

Tauchen: Wegen der geringen Brandung und der zahlreichen kleinen Felsenbuchten ist praktisch die gesamte Mittelmeerküste zum Tauchen hervorragend geeignet. Der beste Platz am Atlantik ist Moulay Bou Selham.

Tauchausrüstungen werden in folgenden Orten verliehen: Tanger, Ksar es Seghir, Restinga-Smir, Cabo Negro, Oued Laou, Al Hoceima, Moulay Bou Selham, Rabat, Casablanca, Safi, Essaouira, Agadir, Sidi Moussa d'Aglou und Sidi Ifni.

Auskunft: **Fédération Marocain d'Études et Sports Sous-Marines, B.P. 368, Rabat, ✆ 78553.**

Wasserski: Boote und Wasserskier werden in folgenden Orten vermietet: Tanger, Restinga-Smir, Al Hoceima, Kenitra, Rabat, Skhirat, Casablanca und Agadir.

Auskunft: **Fédération de Ski Nautique et Mononautique, Rue Epi Urigan, Moulay Youssef Jetty** (Hafen), **Casablanca.**

Segeln: Die besten Segelmöglichkeiten bietet die Mittelmeerküste, daneben auch einige Binnengewässer (Daiet er Roumi, Aguelmane Sidi Ali, Aguelmane Aziza und die Stauseen Bin el Ouidane, Kansera und N'Fiss), die Mündungen der großen Flüsse (Bou Regreg, Sebou, Loukkos) und der – nicht ungefährliche! – Atlantik (bes. Mohammedia).

Yachtclubs gibt es in Tanger, Kenitra, Rabat, Mohammedia, Casablanca, El Jadida, Agadir, M'Diq und Bin el Ouidane. Anlegemöglichkeiten für Segelboote bestehen außerdem in allen größeren Hafenorten.

Segelregatten werden vom Frühjahr bis zum Herbst wöchentlich von den Yachtclubs in Mohammedia und Tanger veranstaltet.

Auskunft: **Fédération de Yachting, Immeuble de la Jeunesse, Bab Marrakech, Rabat-Agdal.**

Angeln: Ausgezeichnete Möglichkeiten zum Angeln bietet vor allem der Mittlere Atlas. Die besten Stellen sind die Bäche bei Azrou, Ifrane, Khenifra und Ain Leuh; die Seen Daiet Aoua (bei Immouzer), Daiet Ifrah (bei Ifrane), Aguelmane Sidi Ali, Aguelmane Azigza und Bin el Ouidane sowie die künstlichen Fischteiche bei Azrou, El Hajeb, Ifrane und Immouzer. *Genehmigungen* kosten 3–5 DH täglich, für Fischteiche ca. 15 DH.

Auskunft und Genehmigungen: **Fishing Club du Moyen Atlas, 4 Rue Ricard, Fès; Administration des Eaux et Fôrets, 11 Rue de Revoil, Rabat;** außerdem bei den örtlichen Forstverwaltungen.

Auskunft über *Unterwasser- und Hochseefischerei* (beides an Atlantik und Mittelmeer möglich) erteilen die Yachtclubs und der Tauchsportverband in Rabat (s. o.).

Surfing: An den breiten Sandstränden der südlichen Atlantikküste mit ihrer oft starken Brandung ist Surfen möglich. Als bester Platz gilt Sidi Ifni.

Windsurfen erfreut sich mittlerweile auch in Marokko großer Beliebtheit, Bretter gibt es in allen Badeorten zu mieten (für eigene ist ein ›Carnet de Passage‹ erforderlich, vgl. S. 316).

Sonstige Urlaubsaktivitäten

Wandern

Marokko bietet besonders in seinen ausgedehnten Berggebieten fast unbegrenzte Möglichkeiten für Wanderungen. In der Umgebung zahlreicher Orte wurden beschilderte Spazierwege angelegt, und auch mehrtägige Touren durch fast menschenleere und vom Tourismus unberührte Gegenden sind möglich. Für ausgedehnte Wanderungen in abgelegenen Regionen ist allerdings eine gute Ausrüstung (festes Schuhwerk, Schlafsack, Verpflegung) erforderlich. Unterkünfte und Restaurants sind außerhalb der größeren Ort selten; die wenigen Wege und Maultierpfade sind äußerst schlecht. Die herrlichen Landschaften und die hier noch ursprüngliche traditionelle Gastfreundschaft der Hirten und Bauern lohnen aber alle Strapazen.

Die schönsten Wandermöglichkeiten bieten sich in folgenden Regionen:

Rifgebirge: Die verschiedenen Bergmassive um Chechaouen; Oued Sra-Tal und Tidighin-Massiv bei Ketama; Lalla Outka-Massiv bei Rafsai; Beni Snassen-Massiv bei Berkane; Gebiet des Cap des Trois Fourches bei Melilla.

Mittlerer Atlas: Gesamter Nordteil des Gebirges zwischen Khenifra, Azrou, Sefrou und dem Col du Zad; Djebel Tazzeka-Massiv bei Taza; Oued el Abid-Gebiet mit Bin el Ouidane-Stausee und Cascades de Ouzoud. Am wenigsten von Fremden besucht wird die Region um Djebel Bou Iblane und Djebel Bou Naceur.

Hoher Atlas: Täler bei Amizmiz, Asni, Oukaimeden und Ourika; Djebel Toubkal-Massiv; Umgebung von Telouet (besonders der Weg zur Kasbah Anemiter); Schluchten von Dades und Todrha; Gebiet zwischen dem Plateau des Lacs bei Imilchil und dem Djebel Ayachi-Massiv. Nur äußerst selten von Fremden besucht wird die Region zwischen dem Ighil M'Goun und dem Bin el Ouidane-Stausee.

Sonstige Gebiete: Täler um Tafraout im Anti-Atlas (besonders das Tal der Ammeln); Gebiet zwischen Essaouira und dem Djebel Amsittene; Umgebung von Immouzer des Ida Outanane; Umgebung von Oulmès und El Harcha; Zerhoun-Massiv bei Moulay Idris.

Bergsteigen

Beliebtester marokkanischer Gipfel für Bergsteiger ist der *Djebel Toubkal,* der mit 4165 m höchste Berg Nordafrikas. Der Aufstieg ist für geübte Kletterer unproblematisch. In Imlil, wo auch Führer und Maultiere gemietet werden können, beginnt ein Bergpfad, an dem mehrere Schutzhütten liegen.

Auch die übrigen hohen Massive des Landes (Nachbargipfel des Toubkal, Ighil M'Goun, Djebel Ayachi, Djebel Bou Naceur, Djebel Bou Iblane u. a.) bereiten keine besonders großen Schwierigkeiten.

Auskunft: **Club Alpine, Boulevard Brahim Roudani, ✆ 267641, Casablanca.** Für das Besteigen des Toubkal auch beim Fremdenverkehrsamt in Marrakech, das die Schutzhütten an der Aufstiegsroute verwaltet. Unbedingt empfehlenswert: der Führer von T. Clarmann (vgl. S. 382).

Jagd

Zahlreiche Gebiete Marokkos, etwa bei Oulmès, Azrou, Ouezzane, Ketama, Essaouira,

Asni, im Zerhoun-Massiv (bei Moulay Idris) und im Mamora-Wald, sind zur Jagd freigegeben – für diejenigen, die die Tierbestände des Landes weiter dezimieren wollen.

Jäger benötigen einen gültigen Jagdschein ihres Heimatlandes, eine marokkanische Lizenz und eine Versicherung (jeweils tägliche Gebühr). Der Import von Waffen ist für 30 Tage möglich.

Jagdsaison für die meisten Tierarten ist zwischen Ende September und Anfang März. Auskunft: **Fédération Royale de Chasse, 36 Boulevard Mangin, B. P. 724 Rabat.**

Ein ausschließlich Touristen vorbehaltenes Jagdgebiet ist das 35000 ha große *Gehege von Arbaoua* bei Ksar el Kebir (vgl. S. 97). Die Kosten pro Tag belaufen sich einschließlich Hotel, Führer und Ausrüstung auf mindestens 150 DM.

Auskunft: **M. A. Laraichi, 5 Rue Caillé, Rabat.**

Wintersport

Der wichtigste marokkanische Wintersportort ist *Oukaimeden* im Hohen Atlas (2600 m hoch gelegen). Der Ort verfügt über drei Skilifts (bis 3000 m), einen Sessellift (bis 3200 m), mehrere Hotels, Chalets und Ferienhäuser. Ein weiterer Ausbau der Anlagen ist vorgesehen. Schneesicher ist das Gebiet in der Regel zwischen Dezember und April.

Gute Wintersportmöglichkeiten bestehen auch in *Mischliffen* bei Ifrane (2000 m hoch, zwei Skilifts bis 2200 m, Chalets) und am *Djebel Hebri* bei Azrou (1950 m hoch, zwei Skilifts bis 2100 m, Chalets). Am *Djebel Tidhighin* bei Ketama gibt es bisher nur markierte Aufstiegspfade, der Bau von Liftanlagen ist aber vorgesehen.

Wintersportausrüstung kann in allen genannten Orten gemietet werden.

Auskunft: **Fédération Ski-Montagne, 53 Rue Allal Ben Abdallah, Casablanca** und **Club Alpine, Avenue Mohammed V., Rabat.**

Reiten

Pferde können in vielen großen Hotels der Badeorte und bei den Reitclubs in Agadir, Casablanca, El Jadida, Fès, Khourigba, Marrakech, Meknes, Mohammedia, Oujda, Rabat, Safi, Tanger, Tetouan und Tit Mellil gemietet werden. Die Kosten liegen um 20 DH pro Stunde.

Von einigen Reitclubs werden längere Ritte vor allem in den Mittleren Atlas organisiert. Eine große Pferdezucht gibt es in Tamara bei Rabat.

Auskunft: **Royal Polo Club Équestre, Dar es Salam, Rabat** und **Bayard Club Équestre, Rue Sehumen, Casablanca.**

Golf

Golfplätze existieren in Rabat–Dar es Salam, Mohammedia, Marrakech, Tanger (alle 18 Loch), Casablanca-Anfa, Rabat-Souissi, Meknes und Fès (9 Loch). Ausrüstungen werden überall vermietet.

Kurorte

Heilbäder sind Sidi Harazem bei Fès (für Erkrankungen von Leber, Nieren und Verdauungsorganen); Moulay Yacoub bei Fès (für Rheuma und Hautkrankheiten) und Oulmès les Thermes (Verdauungs- und Kreislaufbeschwerden). Sie verfügen alle über moderne Kureinrichtungen. Als *Luftkurorte* gelten Azrou, Ifrane, Immouzer du Kandar, Ketama und Asni.

Sonstiges

Über *Segel-* und *Motorflugmöglichkeiten* informiert : **Aeroclub Tit Mellil, Casablanca.** Auskunft über *Tennissport* erteilt: **Tennis Olympique Marocain, Avenue Mangin, Rabat.**

Informationen über alle Urlaubsaktivitäten sind auch erhältlich bei der **Zentrale der O. N. M. T., 22 Avenue d'Alger, B. P. 19, Rabat** und bei den örtlichen Fremdenverkehrsämtern.

Routenvorschläge

Marokko bietet zahlreiche Reisemöglichkeiten. Um Ihnen die Auswahl zu erleichtern, werden in den folgenden Routenvorschlägen die wichtigsten Orte des Landes noch einmal kurz charakterisiert.

Die zuerst dargestellte Route ›*Atlantikküste und Königsstädte*‹ ist die, die von Touristen am häufigsten befahren wird. Mit der Route ›*Südmarokko*‹ kann sie zu einer großen Rundreise kombiniert werden, die praktisch alle kulturellen und landschaftlichen Höhepunkte Marokkos berührt. Die danach erwähnte Route ›*Ostmarokko*‹ ist weniger interessant und nur dann zu empfehlen, wenn Sie über sehr viel Zeit verfügen. Zuletzt werden Hinweise auf die günstigsten Möglichkeiten für *Kurzreisen in Nordmarokko* und für die *Durchreise nach Algerien* gegeben. Alle Routenvorschläge können durch Abkürzungen, Abstecher oder Alternativstrecken variiert werden. Die jeweils am Ende der einzelnen Routenvorschläge angeführten Zeitangaben (für Autofahrer!) berücksichtigen keine längeren Erholungspausen; planen Sie also eventuell mehr Zeit ein (vor allem als Benutzer öffentlicher Verkehrsmittel!).

Die günstigste Reihenfolge für eine Rundreise hängt von der Jahreszeit ab: In der Regel sollten Sie während der heißeren Zeit Ihres Aufenthalts die Küste besuchen und während der kühleren das Landesinnere; nur im Winter sollten Sie es vermeiden, in der kältesten Zeit in die Berge zu fahren.

Route 1: Die Atlantikküste und die ›Königsstädte‹

(in der Karte in der vorderen Umschlagklappe rot markiert)

*__Tanger:__ Phönizisch-karthagische, portugiesische und englische Kolonie, von 1912–1956 unter internationaler Verwaltung, in dieser Zeit berüchtigtes Schmugglerzentrum. Heute wichtigster Fährhafen und einer der bedeutendsten Fremdenverkehrsorte des Landes. Sehenswerte Medina, schöne Umgebung. *__Asilah:__ Karthagische und römische Siedlung, erster portugiesischer Stützpunkt in Marokko. Gut erhaltene Medina mit portugiesischer Stadtmauer und dem Palais Raisouli. *__Larache:__ Kleine Hafenstadt mit portugiesisch-spanischen Festungsanlagen und belebter Medina; in der Nähe die sehenswerten Ruinen der Römersiedlung *Lixus.* *__Ksar el Kebir:__ Marktort mit teilweise erhaltener Medina. *__Arbaoua:__ Für Touristen reservierter großes Jagdgehege. *__Souk el Tleta du Rharb:__ Ausgangspunkt für einen Abstecher zu den römischen Ruinen von *Banasa.* *__Tamusida:__ Spärliche Ruinen einer Römersiedlung. *__Kenitra:__ Moderne Hafen- und Industriestadt, Marinestützpunkt; in der Nähe *Mehdia* (Badeort mit Kasbah-Ruine) und der Korkeichenwald von Mamora. *__Bouknadel:__ Sehenswerter botanischer Garten. *__Salé:__ Im 17. Jh. bedeutendes Piratenzentrum, gut erhaltene Medina mit sehenswerter merinidischer Medersa. *__Rabat:__ Hauptstadt Marokkos, eine der vier ›Königsstädte‹ des Landes; überwiegend moderne Stadt, die aber zahlreiche bedeutende Bauten besitzt. *__Mohammedia:__ Industriestadt (Erdölraffinerie) und exklusiver Badeort. *__Casablanca:__ Größte Stadt und Handels- und Industriezentrum des Landes, größter Hafen Nordafrikas, Verkehrsknotenpunkt; modernes Stadtbild ohne besondere Sehenswürdigkeiten. *__Azemmour:__ Vollständig erhaltene Medina mit portugiesischer Stadtmauer. *__El Jadida:__ Ehemals karthagische Siedlung, später Zentrum der portugiesischen Niederlassungen in Marokko. Sehenswert die gut erhaltene Portugiesenstadt. ***Moulay Abdallah:** Ruinen des almohadischen Ribat *Tit.* ***Oualidia:** Badeort, an einer Lagune gelegen. ***Safi:** Bedeutende Hafen- und Industriestadt, Zentrum der marokkanischen Töpferei; sehenswerte kleine Medina mit portugiesischen Bauresten. ***Essaouira:** Fischereihafen und Badeort mit vollständig erhaltener Medina (für Marokko einmalige regelmäßige Stadtanlage). ***Agadir:** Wichtigstes Touristenzentrum Marokkos, Hafen- und Industriestadt; 1960 durch Erdbeben völlig zerstört, deshalb modernes Stadtbild. ***Chichaoua:** Teppichzentrum. ***Marrakech:** Nach Fès sehenswerteste Stadt des Landes, Zentrum des marokkanischen Südens, almoravidische, almohadische und saadische Hauptstadt; gehört zu den wichtigsten Fremdenverkehrsorten Marokkos, besitzt zahlreiche bedeutende Bauten. ***Tamelelt:** Ausgangspunkt für einen Abstecher zu der bei *Demnate* gelegenen natürlichen Steinbrücke von *Imi n'Ifri.* ***Zwischen El Kelaa des Srarhna und Beni Mellal:** Möglichkeiten für einen Abstecher zu den *Cascades d'Ouzoud* (Wasserfälle) und zum *Stausee Bin el Ouidane,* dem größten des Landes. ***Beni Mellal:** Handelszentrum mit schöner Umgebung. ***Kasba Tadla:** Marktort mit mächtiger Festung (eine der eindrucksvollsten des Landes). ***El Ksiba:** Ausflugsmöglichkeiten nach *Imilchil* (Seenplateau, ›Heiratsmarkt‹ der Ait Hadiddou). ***Khenifra:** Marktort mit belebter Medina, Ausgangspunkt für einen Abstecher zu den *Oum er Rbia-Quellen.* ***Ain Leuh:** Sehenswertes Berberdorf. ***Azrou:** Luftkurort und Marktzentrum, bester Standort für Ausflüge in den nördlichen Mittleren Atlas. ***Meknes:** Eine der vier ›Königsstädte‹, sehenswerte Medina, mächtige Ruinen der ›Ville Imperiale‹ des Moulay Ismail; Standort für Ausflüge nach *Moulay Idris* (heiligste Stadt und wichtigstes Pilgerziel Marokkos mit völlig erhaltener Medina) und nach *Volubilis* (bedeutendste römische Ruinenstadt in Marokko mit herrlichen Fußbodenmosaiken). ***Fès:** Älteste und bedeutendste der vier ›Königsstädte‹, merinidische und alaouitische Hauptstadt (bis 1912), sehenswerteste Stadt des Landes mit zahlreichen bedeutenden Bauten; zählt zu den wichtigsten Kulturzentren des Islam. ***Ketama:** Luftkur- und Wintersportplatz, günstiger Standort für Wanderungen, Zentrum des marokkanischen Haschischanbaus. ***Chechaouen:** Zentrum der Rifkabylen; zählt wegen seiner völlig erhaltenen Medina und seiner herrlichen Lage zu den schönsten Orten Marokkos; von hier Möglichkeit zu einem Abstecher nach *Ouezzane* (bedeutendes Pilgerziel, sehenswerte Medina). ***Tetouan:** Ehemalige Hauptstadt der spanischen Zone, besitzt nach den vier ›Königsstädten‹ die ausgedehnteste Medina des Landes. ***Ceuta:** Fährhafen, seit 1580 ununterbrochen in spanischem Besitz, ein Ort von spanischem Charakter. ***Ksar es Seghir:** Fischerort mit schönem Strand. ***Tanger.**

Fahrtstrecke ohne Abstecher: ca. 2300 km.
Reisedauer: mindestens 3 Wochen.

Möglichkeiten für Abkürzungen:

Küste nur bis Essaouira: 250 km kürzer;
Küste nur bis Safi: 400 km kürzer;
Küste nur bis El Jadida: 550 km kürzer;
Küste nur bis Casablanca: 600 km kürzer;
ab Azrou über Fès – Meknes – Ouezzane nach Chechaouen: 100 km kürzer.

Bei Wahl der *kürzesten Route* (Küste bis Casablanca und kein Umweg über Ketama) beträgt die Fahrtstrecke nur ca. 1600 km, wofür mindestens 16 Tage erforderlich sind.

Route 2: Südmarokko

(in der Karte in der vorderen Umschlagklappe orange markiert)

***Agadir:** (vgl. Route 1). ***Tiznit:** Handels- und Kunsthandwerkszentrum, typische Oasensiedlung; Standort für Fahrten nach *Goulimine* (samstags größter Kamelmarkt Marokkos) und nach *Mirhleft* (beliebtester Treffpunkt jugendlicher Reisender im Lande. ***Tafraout:** Oasenstadt in einer der schönsten Landschaften Marokkos (Granitfelsen); in der Nähe das herrliche *Tal der Ammeln.* ***Taroudannt:** Altes Zentrum des Sous, einst wichtiges Karawanenlager, sehenswert die Medina (berühmte Silberschmiede-Souks). ***Tizi n'Test:** 2120 m hoher Paß. ***Tinmal:** Stammort der Almohaden mit bedeutender Moscheeruine. ***Asni:** Luftkurort; Möglichkeiten für Ausflüge ins *Toubkal-Massiv;* in der Nähe das Wintersportzentrum *Oukaimeden.* ***Marrakech:** (vgl. Route 1). ***Tizi n'Tichka:** 2260 m hoher Paß; in der Nähe die *Kasbah von Telouet* (ehemaliger Stammsitz der Glaoua). ***Amerzgane:** Abzweig zur *Kasbah Ait Benhaddou,* Beginn der *›Route des Kasbahs‹.* ***Ouarzazate:** In Ortsnähe die Kasbahs *Tiffoultoute* und *Taourirt;* Möglichkeit zu einem Abstecher ins *Dra-Tal* (zahlreiche Kasbahs zwischen *Agdz* und *Zagora,* Zaouia von *Tamegroute*). ***Skoura und El Kelaa des Mgouna:** Großoasen mit zahlreichen Kasbahs, Herstellung von Rosenöl. ***Boumalne:** Ausgangspunkt für einen Besuch der *Dades-Schluchten.* ***Tinerhir:** Eine der schönsten Oasen des Landes, viele Kasbahs; Standort für einen Besuch der *Todrha-Schlucht.* ***Tinejdad und Goulmima:** Oasen mit mehreren Kasbahs. ***Ksar es Souk:** Ausgangspunkt für Ausflüge in das *Tafilalet* (Stammgebiet der Alaouiten, Medina von *Rissani,* Ruinen von *Sijilmassa*). ***Midelt:** Bergwerkszentrum. ***Col du Zad:** 2178 m hoher Paß. ***Azrou/Meknes** (vgl. Route 1).

Fahrtstrecke ohne Abstecher:
ca. 1600 km.
Reisedauer: mindestens zwölf Tage.

Empfehlenswerte Abstecher:

Goulimine: 220 km mehr;
Mirhleft: 100 km mehr;
Dra-Tal (bis Zagora): 330 km mehr;
Tafilalet (bis Rissani): 200 km mehr;
Telouet, Dades- und Todrha-Schluchten: jeweils 50–70 km mehr.

Wollen Sie alle diese Ausflüge machen, verlängert sich die Strecke um ca. 1000 km. Sie müssen dann mindestens zehn zusätzliche Tage rechnen.

Große Marokkorundreise (Kombination von Route 1 und Route 2)

Tanger – Agadir wie Route 1; **Agadir – Azrou/Meknes** wie Route 2; **Azrou/Meknes – Tanger** wie Route 1.

Fahrtstrecke ohne Abstecher: ca. 3200 km.
Reisedauer: mindestens einen Monat ohne längere Erholungspausen (da diese wegen der Länge der Strecke aber erforderlich sind, sollten Sie wenigstens eine zusätzliche Woche einplanen).

Mögliche Abstecher: vgl. Route 2.

Route 3: Ostmarokko

(in der Karte in der hinteren Umschlagklappe grün markiert)

***Chechaouen und Ketama:** (vgl. Route 1). ***Zwischen Ketama und Targuist:** Abzweig nach *El Jebha* (Strand). ***Targuist:** Ausgangspunkt für eine Fahrt nach *Kalah Iris* (Fischerort mit alter Festung; in der Nähe die spanische Insel *Peñon de Velez de la Gomera).* ***Al Hoceima:** Fischereihafen und bedeutender internationaler Badeort; vor der Küste die befestigte spanische Insel *Peñon de Alhucemas.* ***Nador:** Moderne Industriestadt (Stahlwerk) ohne Sehenswürdigkeiten. ***Melilla:** Hafenstadt, seit 1947 in spanischem Besitz, spanischer Charakter, sehenswerte kleine, befestigte Medina. ***Ber-**

kane: Weinbauzentrum, Ausgangspunkt für Ausflüge ins *Beni Snassen-Massiv* und zum Badeort *Saidia.* ***Oujda:** Verkehrs- und Handelszentrum Ostmarokkos, vorwiegend moderne Stadt, kleine Medina ohne besondere Sehenswürdigkeiten. ***Taza:** Eine der bedeutendsten Festungen des Landes, sehenswerte Medina mit gewaltigen Festungsanlagen; Standort für Ausflüge ins *Djebel Tazzeka-Massiv.* ***Fès** (vgl. Route 1).

Fahrtstrecke ohne Abstecher: ca. 800 km.
Reisedauer: mindestens eine Woche.

Möglichkeit für eine Abkürzung:

Von *Al Hoceima* über *Aknoul* nach *Taza:* ca. 400 km kürzer. Wollen Sie die Ostmarokko-Route an die große Marokkorundreise anschließen, ist diese Abkürzung empfehlenswert: Die wenigen Sehenswürdigkeiten an der weiteren Strecke über Oujda lohnen einen Besuch kaum, wenn Sie zuvor schon eine Reise durch das ganze Land unternommen haben.

Kurzreisen in Nordmarokko (als Ausflüge ab Spanien)

Etwa zehn Tage: Tanger oder Ceuta – Tetouan – Chechaouen – Ouezzane – Fès – Meknes mit Moulay Idris und Volubilis – Rabat – Tanger oder Ceuta.
Fahrtstrecke: ca. 900 km.

Etwa acht Tage: Von Tanger oder Ceuta nach Meknes wie oben, von Meknes direkt nach Tanger.
Fahrtstrecke: ca. 750 km.

Etwa sechs Tage: Von Tanger oder Ceuta nach Fès wie oben, von Fès direkt nach Tanger.
Fahrtstrecke: ca. 700 km.

Etwa drei Tage: Tanger oder Ceuta – Tetouan – Chechaouen – Tanger oder Ceuta.
Fahrtstrecke: ca. 230 km.

Durchreise nach Algerien

1. Möglichkeit: Tanger – Al Hoceima – Oujda.
Fahrtstrecke: ca. 620 km.
Reisedauer: mindestens fünf Tage.
Diese Strecke ist die landschaftlich schönere.

2. Möglichkeit: Tanger – Fès – Taza – Oujda.
Fahrtstrecke: ca. 700 km.
Reisedauer: mindestens sieben Tage.
Diese Strecke bietet mit Fès und Taza die bei weitem bedeutenderen kulturellen Sehenswürdigkeiten.

Unterkunft

Hotels

In der Regel fällt es dem Marokko-Reisenden sehr leicht, eine Unterkunft zu finden. Die Einheimischen reisen wegen des regen Binnenhandels selbst sehr viel, und zahlreiche Orte sind inzwischen auch touristisch erschlossen. Das Angebot an Hotels aller Preislagen ist deswegen groß. Praktisch jeder größere Ort besitzt mehrere Hotels, und selbst in sehr abgelegenen Dörfern findet sich zumindest eine einfache Unterkunft.

Lage: einfache Hotels meist in der Nähe der Busbahnhöfe und um die Haupteingänge/Hauptplätze der Medinas; mittlere und teure Hotels vor allem in den Zentren der Neustädte, in Badeorten oft auch am Meer; Luxushotels oft außerhalb (am Strand oder in Parkanlagen).

Zimmer: Angeboten werden überwiegend Doppelzimmer, in einfachen Hotels oft auch Drei- oder Vierbettzimmer. Einzelzimmer sind selten.

Vorbestellungen: für klassifizierte Hotels möglich (über die Fremdenverkehrsämter), in der Regel aber nicht erforderlich. Probleme kann es allerdings in der Hochsaison in den Haupttouristenzentren geben. Vor allem preiswerte Unterkünfte sind dann nur schwer oder nur gegen Preisaufschlag erhältlich. Versuchen Sie in der Saison, Ihren Zielort möglichst am Vormittag zu erreichen, keinesfalls erst am späten Abend!

Klassifizierte Hotels

O.N.M.T., die nationale Tourismusorganisation, hat mit Ausnahme der sehr einfachen Unterkünfte fast alle Hotels des Landes in fünf Kategorien eingeteilt: 5***** bezeichnet dabei die höchste, 1* die niedrigste Klasse. Die zulässigen Höchstpreise der einzelnen Kategorien sind festgelegt; sie müssen an der Rezeption ausgehängt werden. So gut wie alle klassifizierten Hotels sind sauber und mit ausreichenden sanitären Anlagen versehen; sie können fast ausnahmslos empfohlen werden. Die Einteilung ist allerdings nicht völlig zuverlässig; innerhalb einer Kategorie kann die Qualität sehr schwanken; auch kommt es von Jahr zu Jahr zu Ab- bzw. Aufstufungen um eine Kategorie (was Abweichungen zwischen offiziellen Listen und dem vorliegenden Buch erklärt). Eine Reihe der in diesem Buch erwähnten 1*B-Hotels wird vom neuesten O.N.M.T.-Hotelführer (s. u.) übrigens nicht mehr verzeichnet; wir nennen sie dennoch, da es sich in aller Regel trotz dieser ›Herabstufung‹ um empfehlenswerte einfache Häuser handelt.

Höchstpreise in Dirham (gültig ab Januar 1986; EZ = Einzelzimmer, DZ = Doppelzimmer)

Kategorie	*ohne Dusche*		*mit Dusche*		*mit Dusche + WC*		*Zusatzbett*
	EZ	DZ	EZ	DZ	EZ	DZ	
1*B	32	42	42	51	48	62	24
1*A	33	44	47	61	61	70	24
2**B	39	45	54	66	66	81	28
2**A	40	50	66	79	85	99	28
3***B	—		84	106	106	131	46
3***A	—		97	122	123	150	46
4****B	—		131	162	161	200	52
4****A	—		158	206	192	246	52
5*****			Keine Höchstgrenzen				
(Luxus)			(DZ meist ab 500 DH)				

Zu den genannten Tarifen kommt eine ›Touristensteuer‹ von DH 2 (1* und 2**) bzw. DH 3 (3***–5*****) pro Kopf und Tag.

Bedenken Sie, daß die Getränke- und Essenspreise in den Hotels je nach Kategorie erheblich schwanken!!

Detailliertere Angaben über alle klassifizierten Hotels enthält der *Hotelführer des O.N.M.T.* (kostenlos in allen Fremdenverkehrsämtern).

Einfache Hotels

Manche der nicht klassifizierten Hotels unterscheiden sich kaum von einem 1*-Hotel oder übertreffen diese sogar, andere sind sehr spartanisch eingerichtet. Relativ sauber und frei von Ungeziefer sind die meisten, aber keineswegs alle. Mit Ausnahme der einfachsten verfügen alle Hotels aber zumindest über Gemeinschaftsduschen (nur selten warm!). Die *Preise* sind nicht festgelegt und differieren deshalb stark. Handeln ist hier – im Gegensatz zu den klassifizierten Hotels – häufig möglich (vor allem bei mehreren Übernachtungen). Von folgenden groben Richtpreisen können Sie ausgehen:

Geräumige, saubere Zimmer mit Waschbecken um 6 DM das EZ und um 10 DM das DZ. Sehr einfache, kleine Zimmer ohne Waschbecken um 4–5 DM das EZ und ab 6 DM das DZ.

Noch **billigere Übernachtungsmöglichkeiten** gibt es in abgelegenen Gegenden der Medinas, besonders im Süden: Für wenige Dirham können Sie dort auf dem Dach eines Cafés oder auf einer Matte auf dem Boden schlafen. Sie benötigen dazu allerdings einen warmen Schlafsack und dürfen keine Angst vor Ungeziefer haben. Die betreffenden Unterkünfte sind schwer zu finden, da sie meist nur arabisch ausgeschildert sind. Fragen Sie in Cafés nach!

Tips für die Hotelsuche

Besonders bei längeren Aufenthalten in den lauten und hektischen Städten ist es sehr angenehm, ein ruhiges und sauberes Zimmer als Ort zum Zurückziehen zu haben. Wählen Sie deshalb nur dann die einfachsten Unterkünfte, wenn Sie nicht mehr Geld ausgeben können! Prüfen Sie ein Zimmer genau, bevor Sie es mieten! Achten Sie vor allem darauf, ob Bettwäsche und Matratzen sauber sind (Ungeziefer!), ob die sanitären Anlagen (Toilette, Dusche) und das Licht funktionieren, ob Fenster und Türen gut verschließbar sind (Lärm!), ob das Wasser läuft und auch wieder abfließt!

Jugendherbergen

Die marokkanischen Jugendherbergen sind dem internationalen Jugendherbergsverband angeschlossen, dessen Regeln auch hier gültig sind. Für die Übernachtung ist ein internationaler Jugendherbergsausweis oder eine marokkanische Karte (in den Herbergen erhältlich) notwendig, niedrige Gebühr. *Öffnungszeiten* 7–10 und 16–22 oder 23 Uhr (nur selten streng eingehalten).

Mahlzeiten werden selten angeboten, häufiger bestehen hingegen Möglichkeiten zum Selbstkochen. Die Herbergen werden oft von marokkanischen Jugendgruppen besucht und sind dann voll belegt.

Jugendherbergen gibt es in: Asni, Azrou, Casablanca, Fès, Ifrane, Kenitra, Marrakech, Meknes und Rabat. Inhaber eines internationalen Jugendherbergsausweises können daneben auch in den Auffangzentren der DJS (Direction de la Jeunesse et des Sports) übernachten, die sich in Azrou, Beni Mellal, Casablanca, Chechaouen, El Jadida, Fès, Meknes, Ouarzazate, Oujda, Sefrou, Taza und Tetouan finden.

Auskunft: **Union Marocaine des Auberges de Jeunesse, 6 Place Admiral Philibert, Casablanca** oder **Direction de la Jeunesse et des Sports, Avenue Mohammed V., Rabat.**

In Orten, wo es keine Jugendherbergen gibt, können Übernachtungsmöglichkeiten auch vom lokalen *Centre de Sportif et Jeunesse* vermittelt werden.

Camping

Marokko verfügt zur Zeit über etwa 50 von der O.N.M.T. registrierte sowie einige Dutzend unregistrierte Campingplätze; besonders an den Küsten kommen ständig neue hinzu (alte verschwinden allerdings auch; gerade die Angaben über Campingplätze sind deshalb besonders großen Veränderungen unterworfen und sollten folglich nicht als unbedingt verläßlich betrachtet werden). Die Qualität der Plätze ist sehr unterschiedlich: Die in den großen Städten und den Hauptbadeorten besitzen meist (keineswegs immer) eine gute Ausstattung, die auf dem Lande sind oft recht oder sehr einfach. Die Plätze sind im allgemeinen bewacht (dennoch kommen Diebstähle häufig vor, auch von Touristen untereinander!) und ganzjährig geöffnet, nur die in den Bergen werden zwischen Spätherbst und Frühjahr meistens geschlossen. Wegen des überwiegend trockenen Klimas haben viele Plätze sehr harte Böden, Schatten ist oft rar. Im Hochsommer, wenn auch viele Marokkaner campen, können viele Plätze hoffnungslos überfüllt sein, die sanitären Anlagen versagen dann häufig ihren Dienst. Die *Gebühren* schwanken stark, liegen aber allgemein sehr niedrig.

Registrierte Campingplätze finden Sie in (Stand 1985; manche Orte verfügen über mehrere Anlagen): Agadir, Al Hoceima, Arbaoua, Asilah, Casablanca, Daiet er Roumi-See (bei Khemisset), Ech Chiana (südlich von Rabat), El Hajeb, El Jadida, El Ksiba (bei Beni Mellal), Er Rachidia (El Meski-Quellen), Essaouira, Fès, Goulimine, Goulmima, Guercif, Hajra Kahla (bei Casablanca), Immouzer du Kandar, Ifrane, Kenitra, Mansouria (bei Casablanca), Marrakech, Mehdia (bei Kenitra), Meknes, Martil (bei Tetouan), Mohammedia, Nador, Oualidia, Ouarzazate, Oukaimeden, Rabat-Salé, Restinga-Smir, Safi, Saidia, Sefrou, Temara (südlich von Rabat), Tanger, Tiznit, Volubilis, Zagora.

Daneben gab es 1985 nicht von der O.N.M.T. registrierte Plätze in: Asni, Azemmour, Azrou, Bin el Ouidane-Stausee, Bouznika (zwischen Rabat und Casablanca), Ceuta, Chechaouen, Dades-Schlucht, Dar Bouazza (südlich von Casa), Ech-Chiana (südlich von Rabat), Erfoud, Erg Chebbi (zwischen Erfoud und Merzouga), Larache, M'Diq, Melilla, Midelt, Moulay Bou Selham, M'Semrir, Oued Laou (halbe Strecke nach Tetouan), Oued Massa, Ouezzane, Oujda, Ras el Ma (Provinz Nador), Sidi Moussa d'Aglou, Tafraoute, Tan Tan Plage, Tarhazoute (nördlich von Agadir), Taroudannt, Taza, Todrha-Schlucht.

›Wild‹campen

Wollen Sie ›wild‹campen, sollten Sie folgende Hinweise beachten:

Holen Sie in der Nähe menschlicher Siedlungen stets die Genehmigung des Grundstückseigentümers ein, auch wenn der Platz völlig ungenutzt aussieht (im nächsten Haus nachfragen oder einen Passanten ansprechen)! Die Erlaubnis wird Ihnen in der Regel nicht verweigert werden.

Beachten Sie die erhöhte Diebstahlgefahr und lassen Sie Ihr Zelt und/oder Auto nie unbewacht!

Zelten Sie nie in einem ausgetrockneten Flußbett: Unerwartete heftige Regenfälle können es in kürzester Zeit in einen reißenden Strom verwandeln!

Scheuen Sie sich nicht, bei der örtlichen Gendarmeriestation nach einem sicheren Platz zu fragen! Man wird Ihnen in der Regel dort behilflich sein können.

Autofahrern verschafft ein (leider relativ teures) Dachzelt weitgehende Unabhängigkeit beim Übernachten (Bezugsquelle: Expeditionsausrüstungsfirmen).

Privatunterkünfte und Ferienhäuser

Wollen Sie längere Zeit an einem Ort bleiben, können Sie versuchen, ein *Privatzimmer* oder ein *Haus* zu mieten. Besonders in den Orten, die zu beliebten Zielen jugendlicher Reisender geworden sind, hat man mittlerweile jedoch Schwierigkeiten, solche Unterkünfte zu finden. Auskünfte erhalten Sie in den örtlichen Cafés.

Ferienbungalows und *Chalets* werden in vielen Badeorten und den Wintersportzentren vermietet. Sie sind z. T. recht preiswert, meistens aber von Pauschal-Reisegruppen fest belegt. Vorausbuchung ist deshalb erforderlich. Auskunft erteilen: **Maroc Tourist, B.P. 408, Rabat** und die Fremdenverkehrsämter.

Essen und Trinken

Cafés, Restaurants und Geschäfte

An Restaurants und Cafés aller Preislagen ist in Marokko kein Mangel. Die Preise sind überall festgelegt, Handeln ist also nicht angebracht (wohl aber gelegentlich eine Überprüfung der Rechnung!).

Cafés

Cafés sind der beliebteste Treffpunkt der Marokkaner, in denen man sich oft stundenlang aufhält. In den Medinas und auf dem Lande sind die Lokale meist sehr einfach eingerichtet und etwas preiswerter, in den Neustädten erinnern sie oft an französische Straßencafés. Angeboten werden Tee, Kaffee und Erfrischungsgetränke, oft auch Gebäck und Sandwiches (alles sehr billig).

Straßenstände und einfache Restaurants

Sie stellen die preiswerteste Verpflegungsmöglichkeit dar. Man findet sie vorwiegend um die Busbahnhöfe und die Hauptplätze der Medinas. Spartanisch eingerichtet, sind sie in der Regel doch recht sauber. Geführt wird eine meist sehr begrenzte Auswahl einfacher marokkanischer Gerichte; die offene und für den Gast einsehbare Küche macht eine Speisekarte überflüssig. Nicht immer gibt es Getränke. Die Preise sind niedrig: Fleischspießchen (Brochettes), Sandwiches oder eine Suppe (Harira) gibt es für Pfennigbeträge, Fleisch oder Fisch (nach Gewicht berechnet), Couscous oder Tajine (mit oder ohne Fleisch) für wenige DM. Wer die typische marokkanische Küche sucht, sollte sich in der Regel an die einfachen Restaurants halten; die dort gebotene Qualität übertrifft die der teureren Lokale oft bei weitem.

An Plätzen, wo Überlandbusse Essenspausen einlegen, kauft man sein Fleisch oft bei einem Metzgerladen, um es dann an einem separaten Grillstand zubereiten zu lassen.

Restaurants mittlerer Preislage

Solche Restaurants liegen vor allem in den Zentren der Neustädte, gelegentlich auch an den Hauptplätzen der Medinas. Im Vergleich zu den Billigrestaurants verfügen sie über eine bessere Einrichtung und eine größere Auswahl an Speisen und Getränken. Eine französische Speisekarte ist in der Regel vorhanden. Angeboten werden überwiegend internationale Gerichte, oft als Menüs mit drei Gängen (meist um 10 DM), Wein (in etwa mitteleuropäisches Preisniveau) und Bier sind gelegentlich erhältlich.

Exklusive Restaurants

Vorwiegend in Luxushotels, Touristenzonen und den Großstadtzentren zu finden, umfaßt ihre Auswahl in der Regel marokkanische Spezialitäten und internationale Speisen; alkoholische Getränke sind stets erhältlich. Die Preise entsprechen dem europäischen Standard, liegen also relativ hoch. Manche Luxusrestaurants sind im Stil traditioneller maurischer Paläste eingerichtet; Musik- und Tanzdarbietungen erhöhen hier noch die Preise. In den Großstädten finden Sie zusätzlich einige wenige chinesische und italienische Restaurants.

Bars

Lokale mit Alkoholausschank – einfache wie ›bessere‹ – tragen generell die Bezeichnung ›Bar‹; sie befinden sich meist in den Zentren der Neustädte und sind an den Reklameschildern der Bierfirmen erkennbar. Oft sind sie Zentren der Prostitution und Treffpunkte der Unterwelt. Zu den Getränken werden häufig – kostenlos – kleine ›Appetithappen‹ serviert.

Exklusive *Nachtclubs* und *Diskotheken* finden Sie in Luxushotels, in den Zentren der Großstädte und in den großen Badeorten. Die Preise entsprechen europäischem Standard.

Märkte und Lebensmittelläden

Sie sind über alle Viertel marokkanischer Städte verstreut. Während die Preise in den Läden fest sind, wird auf den Märkten gehandelt (Marché, finden in allen größeren Orten meit vormittags statt). Brot, Obst, Gemüse, Nüsse, Mandeln, Joghurt (unbedingt empfehlenswert: der hervorragende einheimische ›Raibi‹!) Ziegenkäse, Gebäck und Sardinen- oder Thunfischkonserven sind billig, die Preise schwanken regional aber stark. Obst und Gemüse kauft man kiloweise erheblich preisgünstiger. Wurst ist relativ teuer und oft von schlechter Qualität. Französischer Käse wird häufig angeboten, ist aber nicht billig. Viele Läden und Straßenstände führen auch Kaugummi, Süßigkeiten und Zigaretten.

Größere Lebensmittelläden – gelegentlich auch Supermärkte – gibt es in den Neustädten. Sie führen viele Importwaren. Besonders in den größeren Orten des Nordens verkaufen manche von ihnen auch Wein.

Die marokkanische Küche

Die marokkanische Küche vereint Elemente der andalusischen, jüdischen und nomadischen Kochkunst. Dazu haben sich in neuerer Zeit zahlreiche französische Einflüsse gesellt.

Fast alle Speisen werden mit Olivenöl zubereitet. Zahlreiche Gewürze finden Verwendung, allein 27 verschiedene sind in dem berühmten Mischgewürz *Ras el Hanout* enthalten. Scharf gewürzt sind allerdings nur wenige Gerichte. An Fleisch wird überwiegend Hammelfleisch verzehrt, daneben auch Rindfleisch und Geflügel. Im Süden wird gelegentlich auch Kamelfleisch angeboten. **Der Genuß von Schweinefleisch ist Moslems streng untersagt.** Traditionell ißt man gemeinsam aus einer Schüssel, wobei drei Finger der rechten Hand als ›Besteck‹ dienen. Besonders in den Städten ist diese Essensweise heute allerdings sehr selten geworden. Beim Mahl selbst spricht man nur wenig; erst beim abschließenden Tee oder Kaffee werden ausgedehnte Gespräche geführt. Große Festmähler – ›Diffa‹ genannt – umfassen oft mehr als ein Dutzend Gänge und ziehen sich über einige Stunden hin.

Einige typische Speisen

Couscous: Marokkanisches Nationalgericht in zahlreichen Varianten. Hirse- oder Hartweizengrieß mit verschiedenen Gemüse- und Fleischzutaten; gelegentlich auch in süßer Form mit Rosinen, Zucker und Zimt.
Tajine: Eintopf (Hammel- oder Rindfleisch, z. T. auch Fisch) mit verschiedenen Gemüsezutaten. Ebenso verbreitet wie Couscous, zahlreiche Varianten.
Mechoui: Über offenem Feuer oder im Lehmbackofen gerösteter ganzer Hammel, ein ausgesprochenes Festmahl.
Bestila: Blätterteigpastete mit sehr reichhaltiger Füllung (vor allem Taubenfleisch), aufwendige Zubereitung, oft gesüßt.
Mkalli: Mageres, gekochtes Hammelfleisch.
Kebab: Geröstete Fleisch- oder Hackfleischspießchen.
Kefta: Gebratene Hackfleischbällchen.
Boulfafs: Hammelleberspießchen.
Merguez: Scharf gewürzte Hammel- oder Rindfleischwürste.
Harira: Suppe mit verschiedenen Gemüse-, manchmal auch Fleischeinlagen. Traditionelle Nachtspeise während des Ramadan.
Cassecroute: Sammelname für Brottaschen mit Fleisch- oder Eierfüllung; heute oft als ›*Sandwich*‹ (französisch ausgesprochen) bezeichnet.
Daneben werden Hühner und anderes Geflügel in zahlreichen Zubereitungsarten angeboten, in den Küstengebieten auch oft gebratene oder eingelegte Fische.

Traditionelle **Beilagen** sind *Hassissa* (ein Kichererbsenbrei mit Olivenöl) und Brot; das traditionelle Fladenbrot wird dabei immer mehr durch Weißbrot nach dem Vorbild der französischen Baguettes ersetzt.

Süßspeisen

Die Auswahl an Gebäck und Süßspeisen ist äußerst reichhaltig. Die meisten Süßspeisen werden mit Nüssen, Mandeln und Honig zubereitet und sehr stark gesüßt.

Haloua: Honigkuchen

Ammlo: In Honig und Arganienöl getränkte Mandeln

Mehannecha: Blätterteigrolle mit Mandelcremefüllung

Kab el Ghezal: ›Gazellenfüßchen‹, ein Mandelteiggebäck

Französische Gerichte

In den meisten mittleren und teuren, zunehmend aber auch in einfachen Restaurants werden Menüs nach französischem Vorbild angeboten. Sie bestehen meist aus einer Suppe als Vorspeise; einem Hauptgericht mit Fleisch oder Geflügel, Pommes frites und Salat (meist grüner Salat mit Tomaten) sowie einer Nachspeise aus Obst, Joghurt oder Pudding. Cafés führen häufig Croissants und anderes französisches Gebäck; als Frühstück ist ›Pain beurée‹ (Sandwiches mit Butter und Marmelade) beliebt.

Getränke

Marokkanisches Nationalgetränk ist der sehr erfrischende *Thé à la menthe,* der Pfefferminztee. Er wird zu allen Gelegenheiten getrunken, besonders gern nach dem Essen. Seinen Siegeszug über den Kaffee trat er erst vor etwa 200 Jahren an, als er von den Engländern ins Land gebracht wurde. Die Zubereitung ist traditionell Sache der Männer und hat oft den Charakter einer feierlichen Zeremonie: Chinesischer grüner Tee, frische Pfefferminze und Zucker werden in einer (oft reich verzierten) Kanne aufgekocht. Der Zubereiter kostet nun etwas von dem Getränk und fügt nach Bedarf Zukker oder Minze hinzu. Dieses Kosten wird solange wiederholt, bis der Tee den richtigen Geschmack erreicht hat (vgl. Farbabb. 1). Minztee wird sehr stark gesüßt (mit 35 kg Zucker pro Kopf zählt Marokko zu den Ländern mit dem höchsten jährlichen Zuckerverbrauch der Erde).

Kaffee ist fast ebenso beliebt wie Tee. Das starke, espressoähnliche Getränk wird schwarz oder ›au Lait‹ (mit Milch) getrunken und ebenfalls intensiv gesüßt.

Überall erhältlich sind auch einheimische und internationale *Erfrischungsgetränke* (Cola und Limonade) sowie Mineralwasser (Oulmès mit Kohlensäure, Sidi Harazem ohne Kohlensäure), häufig wird auch frischgepreßter Orangensaft angeboten.

Alkoholische Getränke

Der Genuß von Alkohol ist Moslems streng verboten, und außerhalb der großen Hotels, Neustadtzentren und Touristenzonen führen nur sehr wenige Geschäfte und Restaurants bzw. Bars alkoholische Getränke. In den Großstädten und besonders unter Jugendlichen wird dieses Verbot aber immer mehr mißachtet; allmählich entsteht so auch in Marokko ein Alkoholproblem.

Der Anbau von *Wein* wurde in der Kolonialzeit von französischen Siedlern begonnen und bis heute vorwiegend für den Export fortgesetzt. Er konzentriert sich auf die Gebiete um Meknes, Berkane und den Oum er Rbia-Fluß. Die überwiegend roten Weine sind meist herb und relativ alkoholreich; im Geschmack ähneln sie französischen Landweinen. Auch *Bier* wird in Marokko hergestellt; die gängigen Marken (Flag, Phenix, Stork) sind von recht guter Qualität. *Spirituosen* werden meist importiert und sind deshalb sehr teuer.

Die Sprache

Arabisch ist die marokkanische Staatssprache, die vom größten Teil der Bevölkerung beherrscht wird. Als Umgangssprache dient ein Dialekt, der mit zahlreichen Berberausdrücken durchsetzt ist und vom Hocharabischen abweicht. Innerhalb Marokkos ist dieser Dialekt recht einheitlich; die größten Ausspracheunterschiede bestehen zwischen den Städten des Nordens und den ländlichen Gebieten des Südens. Auch die Differenzen zum algerischen Arabisch sind gering.

Schriftlich fixiert ist nur das Hocharabische, das auf das Altarabische (allgemeinverbindlich im Koran festgelegt) zurückgeht. Die von rechts nach links verlaufende arabische *Schrift* ist nur schwer zu erlernen: Jeder Buchstabe hat verschiedene Formen, die sich danach richten, ob er isoliert oder an Anfang, Mitte oder Ende eines Wortes steht. Niedergeschrieben werden nur die 28 Konsonanten, die Vokale fallen entweder völlig weg oder werden lediglich durch Auslassungszeichen angedeutet. Außerdem finden verschiedene Schriftstile Verwendung (Kufi, Neschi etc.).

Formenreichtum und Schönheit der arabischen Schrift verleihen ihr große Bedeutung in der islamischen Ornamentalkunst.

Bismillah (Sureneinleitung) in Form eines Falken

Berberdialekte sind die Muttersprache von 40–60 % der marokkanischen Bevölkerung. Da die meisten Berbersprachigen daneben aber auch Arabisch beherrschen, sind genaue Zahlenangaben schwierig. Durch die zunehmende Arabisierung ist der Anteil des Berberischen rückläufig.

Berberdialekte sind die ältesten bekannten nordafrikanischen Sprachen. Sie gehören zur afroasiatischen oder hamito-semitischen Sprachfamilie, die auch Arabisch, Hebräisch, Altägyptisch und einige Sprachen in Äthiopien, Somalia und anderen Teilen Afrikas umfaßt. Berberisch ist fast ausschließlich eine gesprochene Sprache, lediglich die Tuareg der Sahara entwickelten eine eigene Schrift. Umstritten ist, ob die zahlreichen Berberdialekte als verschiedene Sprachen oder als Varianten einer Grundsprache anzusehen sind.

Die Berberdialekte Marokkos werden in drei große Gruppen unterteilt: das *Tarifi* der Rifkabylen, das *Tamazirht* der Beraber und das *Tachelhait* der Chleuh. Innerhalb jeder Gruppe gibt es wiederum zahlreiche Ausspracheunterschiede. Eine Verständigung zwischen Berabern und Chleuh ist möglich; mit Schwierigkeiten auch zwischen Teilen der Beraber und der Rifkabylen.

Französisch dient seit der Kolonialzeit als zweite Verwaltungs- und Handelssprache neben dem Arabischen. Offizielle Dokumente, Straßenschilder und viele Beschriftungen werden zweisprachig verfaßt; in den staatlichen Schulen zählt Französisch zu den Pflichtfächern. Die meisten Marokkaner verfügen deshalb über Kenntnisse in dieser Sprache, viele sprechen sie fließend.

Spanisch ist in Tanger, der früheren spanischen Nordzone und in Sidi Ifni noch sehr verbreitet, vor allem unter älteren Leuten.

Seite aus einer alten Hadith-Sammlung (vgl. S. 53) in typisch maghrebinischer Schrift

Auch hier beginnt aber das Französische zu dominieren.

Englisch und **Deutsch** werden nur sehr selten gesprochen, wenn auch deutlich mehr verbreitet als noch vor ein paar Jahren. Lediglich in den Touristenzentren werden sie mit Sicherheit Marokkaner finden, die eine dieser Sprachen beherrschen – vor allem natürlich ›Guides‹, bei denen es sich häufig um wahre Sprachgenies handelt.

> Mit Französisch ist eine Verständigung überall in Marokko problemlos möglich. Falls Sie keine Französischkenntnisse besitzen, sollten Sie sich unbedingt die wichtigsten Grußformeln, Redewendungen und Grundbegriffe einprägen und ein französisches Wörterbuch mitführen! Ohne solche Grundkenntnisse werden Sie auf große Verständigungsschwierigkeiten stoßen! (Vgl. auch Literaturhinweis S. 360).

Arabischer Sprachführer

Französischkenntnisse reichen für eine Verständigung in Marokko völlig aus. Es wird aber stets einen guten Eindruck machen, wenn Sie einige arabische Worte – besonders die gängigen Grußformeln – beherrschen.

Die Umschreibung des Arabischen in die lateinische Schrift wird sehr verschieden gehandhabt. Die hier gewählte Schreibweise entspricht der französischen Transliteration, da diese auch in Marokko selbst verwendet wird (allerdings in verschiedenen Varianten). Lediglich im Norden des Landes wird gelegentlich noch die spanische Umschrift gebraucht.

Ausspracheregeln

ch entspricht dem deutschen sch
dh entspricht dem englischen th
e am Ende wird nicht gesprochen
eu entspricht dem deutschen ö
gue und **gui** werden ge bzw. gi gesprochen
h ist ein stark gehauchtes h, wird immer ausgesprochen
j und **dj** werden wie in ›Journalist‹ ausgesprochen.
kh wird etwa wie ch in ›Nacht‹ ausgesprochen, nur stärker (ähnlich dem spanischen j)
ou entspricht dem deutschen u
q ist ein tief in der Kehle gesprochenes k
rh oder **gh** wird als Zäpfchen – r gesprochen
r ist ein Zungenspitzen-r
s gesprochen als stimmloses s (wie in ›Essen‹)
w entspricht dem englischen w
y entspricht dem deutschen i
z gesprochen als stimmhaftes s (wie in ›Süden‹)

Begrüßungsformeln und wichtige Redewendungen

Guten Tag, Willkommen	marhaba
Gruß für alle Gelegenheiten	salam (Friede), förmlicher: assalam-eleikum
Guten Morgen	sebah el kheir
Guten Abend	msa el kheir
Gute Nacht	lila mebruka
Auf Wiedersehen	besslama
Bitte	afak
Danke	chukran, förmlich: barak allahu fik (Allah segne dich)
Verzeihung	sahmani
Guten Appetit	bismillah (im Namen Allahs)
Ja	na'am
Nein	la
Entschiedene Verneinung	makash
Achtung	balek
Gut	uakha
Schön	mezian
Schlecht	duni
Wieviel?	ash-hal
Viel	ktir
Zuviel	bezzaid
Wenig	djuya
Genug	barka oder ikfi
Geld	flus
Geh weg	sir bzw. barra (sehr grob)
Komm her	iallah oder aji
Herr	sidi
Frau	lalla
Deutscher	Almani
Österreicher	Nimsaoui
Schweizer	Swissri

Zahlen

1	wahed	١
2	tnin (Hocharabisch) oder sus/schusch	٢
3	tlata	٣
4	arba	٤
5	khamsa	٥
6	setta	٦
7	seba	٧
8	tmenia	٨
9	tse'ud	٩
10	achra	١٠
11	hadach	١١
12	etnach	١٢
13	tlatach	١٣
14	arbatach	١٤
15	khamstach	١٥
16	settach	١٦
17	sebatach	١٧
18	tmentach	١٨
19	tsatach	١٩
20	achrin	٢٠
21	wahed u achrin	٢١
22	tnin u achrin	٢٢
etc.		
30	tlatin	٣٠
40	arbain	٤٠
50	khamsin	٥٠
60	settin	٦٠
70	seba'in	٧٠
80	tmanin	٨٠
90	tsa'in	٩٠
100	mia	١٠٠
200	mitin	٢٠٠
300	tlata mia	٣٠٠
400	arba mia	٤٠٠
etc.		
1000	alef	١٠٠٠

Im Maghreb verwendet man – auch in arabischen Texten – meist die europäischen Ziffern (die wir als ›arabische‹ bezeichnen, da sie von diesen abgeleitet sind); Sie müssen sich die obige Liste also nicht unbedingt einprägen!

Zeitangaben

Abend	achiya
Morgen	sebah
Nacht	lil
Stunde	sa'a
Heute	el yum
Gestern	yamess (gestern abend)
	elbarah (gestern am Tag)
Morgen	ghedda
Jetzt	daba

Die Wochentage

Sonntag	el had
Montag	et tnin
Dienstag	el tlata
Mittwoch	el arba
Donnerstag	el khemis
Freitag	el djemaa
	(›Versammlungstag‹)
Samstag	es sebt

Die Monate

1 moharrem
2 safar
3 rebia el ouel
4 rebia et tani
5 djoumad el ouel
6 djoumad et tani
7 redjeb
8 chaban
9 ramadan
10 choual
11 doul kada
12 doul hidja

Zur islamischen Zeitrechnung vgl. S. 365

Reisen

Tankstelle	mahal lisence
Werkstatt	mahal mechanik
Landstraße	triq
Straße in der Stadt	derb, zankat
Eisenbahn	sekka
Hafen	marsa
Auto	tomobil
Bus	tobus
Polizei	poliss
Einfaches Hotel	fondouk
Besseres Hotel	hotel

Zimmer	bit
Gepäck	huaij
Wo?	feen
Ist das der Weg nach ...	hadi trek ...
Hier	hena
Weit	ba'id
Rechts	limin
Links	lechmal
Groß	kebir
Klein	seghir

Essen

Frühstück	ftur
Mittagessen	ghda
Abendessen	atach
Durst	khobz
Brot	khobz
Butter	zebda
Datteln	tmar
Ei	bida
Fisch	hute
Fleisch	leham
Hammel	kebch
Honig	asal
Huhn	djaje
Kaffee	kawa
Milch	halib
Öl	zit
Orange	tchina, limousse
Salz	melha
Tee	ataye
Trauben	ineb
Wasser	ma
Zucker	sokkar
Zwiebel	bsel
Löffel	m'allqa
Messer	me'us
Teller	tobsil
Papier	kaghet
Seife	saboun
Streichholz	uquid

Marokkanische Begriffe von A–Z

Adrar	Gebirge
Agadir	Speicherburg
Agdal	Obstgarten
Aguelmane	Bergsee
Ait	Die Söhne von ... (wird bei Berbern dem Stammesnamen vorangestellt)
Bab	Tor
Babouches	Pantoffelartige Schuhe
Bahr	Meer
Baraka	Heilige Kraft
Beni	Die Söhne von ... (wird bei Arabern dem Stammesnamen vorangestellt)
Bidonville	Slums (französisch für ›Kanisterstadt‹)
Bled	Land (im Gegensatz zur Stadt)
Bordj	Festung
Burnus (selham)	Weites, schweres Übergewand
Cadi	Richter, Beamter
Caid	Stammesführer
Chech	Turban
Cheikh	Führer einer Stammesfraktion
Dahir	Erlaß
Daiet	See
Dar	Haus
Djebel	Berg
Djellabah	Langer Kapuzenmantel
Djihad	Heiliger Krieg
Djiin	Geist
Djemaa	Versammlung, auch Name für Freitag und die Freitagsmoschee
Douar	Zeltlager, Dorf
Dragoman	Fremdenführer, Dolmetscher (türkisch)
Erg	Sandwüste
Fantasia	Reiterspiel
Fellah	Bauer
Fondouk	Herberge, einfaches Hotel
Foum	Enges Tal
Guedra	Frauentanz im Süden
Hadj	Pilgerfahrt nach Mekka
Haik	Weites Frauengewand
Hammada	Geröllwüste
Hamam	Dampfbad (›Türkisches Bad‹)
Haratin	Schwarze Oasenbewohner
Harem	Frauengemächer
Igouramen	Heilige Person bei Berbern
Imam	Vorbeter in der Moschee
Kaftan	Besticktes, wertvolles Kleid
Kasbah	Burg
Khaima	Nomadenzelt

Khamsa	Fünf, auch Bezeichnung für Silberamulett (›Hand der Fatima‹)	Moussem	Fest für einen Lokalheiligen
Koubba	Grabstätte	Muezzim	Gebetsausrufer
Koumiat	Krummdolch	Nouala	Rohr- und Strohhütte
Ksar (Plural: Ksour)	Befestigtes Dorf	Oued	Fluß, Flußbett
Makhzen	Regierung	Qibla	Gebetsmauer, nach Mekka gerichtet
Mahdi	Gottgesandter Glaubenskämpfer, Erlöser	Razu	Raubzug der Nomaden (davon abgeleitet ist unser Begriff ›Razzia‹)
Marabout	Heilige Person, auch Heiligengrab	Riad	Innenhof
Mechra	Furt	Ribat	befestigtes Kloster
Medersa	Theologische Hochschule, Religionsschule	Sidi	Herr (Anrede)
Medina	Altstadt	Souk	Markt, Marktstraße
Mellah	Judenviertel	Takia	Baumwoll- oder Leinenkäppchen
Mesdjid	Moschee	Tighremt	Speicherburg
Mihrab	Gebetsnische	Tizi	Bergpaß
Minarett	Moscheeturm	Ulema (Singular: Alem)	Islamische Rechtsgelehrte
Minbar	Gebetskanzel	Zaouia	Sitz einer religiösen Bruderschaft, auch Bezeichnung für Sekte
Moulay	Titel für hochstehende Personen (besonders Angehörige des Königshauses)		

Literaturhinweis: Wer sich etwas näher mit der arabischen Sprache beschäftigen möchte, dem sei der kleine Sprachführer ›Arabisch für Globetrotter‹ von H. G. Semsek empfohlen (Reihe ›Kauderwelsch‹, Peter Rump-Verlag, Buddestr. 15, Bielefeld). In derselben Serie erschien auch ein Band ›Französisch für Afrika‹, der sich zwar vor allem auf Schwarzafrika bezieht, aber auch den Marokko-Reisenden eine Hilfe ist, die kein oder nur wenig Französisch sprechen.

Praktische Informationen von A–Z

Apotheken

Apotheken sind französisch mit ›pharmacie‹ ausgeschildert und durch ein weißes Kreuz mit grüner Umrandung gekennzeichnet. Es gibt sie in allen größeren Orten; in den Großstädten liegen sie meist in den Zentren der Neustädte. Die Apotheken führen vor allem französische, Schweizer und deutsche Medikamente unter den gleichen Markennamen wie in Europa. Die Medikamente sind meist rezeptfrei und erheblich billiger als in Westeuropa. Das Angebot ist zumindest in den Großstädten reichhaltig. Auch Artikel wie Papiertaschentücher, Tampons und andere Dinge, die man bei uns in Drogerien erhält, werden hier geführt.

Öffnungszeiten: Montag bis Samstag zu den üblichen Geschäftsstunden. In den meisten Großstädten wird ein routierender *Nacht- und Sonntagsdienst* unterhalten.

Ärztliche Betreuung

Arztpraxen sind durch Messingschilder gekennzeichnet, die das Spezialgebiet und den Ausbildungsort (meist eine europäische Stadt) des betreffenden Arztes nennen. Die Bezeichnung für Arzt ist ›Médicine‹ oder ›Docteur‹, für Zahnarzt ›Dentiste‹. Alle sprechen französisch, viele englisch und manche auch deutsch, weil ihr Ausbildungsort in der Bundesrepublik Deutschland, Österreich oder der Schweiz lag. Ärzte gibt es in allen größeren Orten, die meisten in den Neustädten der Großstädte. Auf dem Lande ist die ärztliche Versorgung unzureichend. Eine Behandlung muß in der Regel sofort bar bezahlt werden. Lassen Sie sich eine detaillierte Rechnung ausstellen, damit Sie nach der Rückkehr eine *Rückerstattung* von Ihrer Krankenkasse bekommen!

Krankenhäuser gibt es in den meisten größeren Orten, die besten in Casablanca und Rabat. Die Behandlung ist in der Regel kostenlos. Die *Ambulanz* ist in den Großstädten jeweils unter der Telefonnummer 15 zu erreichen. Auf dem Lande vermittelt die Gendarmerie den Krankenhaustransport.

Vgl. Gesundheitsvorsorge, S. 316; Gesundheit, S. 370.

Auskunftbüros für Touristen

Es gibt zwei Arten von Auskunftsbüros für Touristen: Die Ämter der Organisation Nationale Marocain du Tourisme *(O.N.M.T.)* unterstehen dem staatlichen Touristenministerium; bei den *Syndicats d'Initiative* handelt es sich um die lokalen Fremdenverkehrsämter. Auskunft und Informationsmaterial erhält man bei beiden Büros, so daß für den Reisenden kaum ein Unterschied ersichtlich ist. Für Auskünfte, die andere Orte betreffen, sind allerdings meist die O.N.M.T.-Büros besser gerüstet. Die offiziellen Prospekte enthalten gute Stadtpläne, die praktischen Hinweise sind allerdings oft veraltet.

Büros der O.N.M.T. gibt es in Agadir, Al Hoceima, Casablanca, El Jadida, Fès, Marrakech, Meknes, Ouarzazate, Oujda, Rabat, Tanger und Tetouan. Die Adresse der **O.N.M.T.-Zentrale** ist **22 Avenue d'Alger, Rabat, ✆ 21252/21253/21254.**

Büros der Syndicats d'Initiative finden Sie in Agadir, Casablanca, Essaouira, El Jadida, Fès, Ifrane, Kenitra, Ksar es Souk, Marrakech, Meknes, Ouarzazate, Oujda, Rabat, Safi, Tanger (z. Zt. geschlossen), Taza und Tetouan.

Bettler

Bettler – meist alte, kranke oder behinderte Menschen oder Frauen mit kleinen Kindern – werden Ihnen in allen marokkanischen Städten begegnen. Da sie als vollwertige Mitglieder der islamischen Gemeinschaft gelten und Almosengeben zu den fünf wichtigsten Pflichten eines Moslems gehört, erhalten sie von vielen Einheimischen Gaben. Auch von Fremden wird erwartet, daß sie einem Bettler gelegentlich einige Münzen zukommen lassen. Keinesfalls darf ein Bettler geringschätzig behandelt werden!

In den Großstädten sieht man oft Bettler, die in Gruppen zusammenstehen und gemeinsam religiöse Formeln rezitieren. Sie sind Mitglieder von Bettlerorganisationen und gelten als gute Korankenner, die in besonderer Beziehung zu Allah stehen. Den Geber eines Almosens schließen sie in ihre Gebete ein. Sie genießen hohes Ansehen. Manche der Bettlerorganisationen spielten während des Widerstands gegen die Franzosen eine bedeutende Rolle als Nachrichtenübermittler.

Kindern dagegen sollten Sie nie Geld ohne Gegenleistung geben – es sei denn, Sie wollen dazu beitragen, die Zahl jugendlicher Bettler zu vergrößern.

Botschaften und Konsulate

... der Bundesrepublik Deutschland

Botschaft, 7 Zankat Madnine (ehemals Rue Mohammed el Fatih), **Rabat, ✆ 32532**

Konsulat, 42 Avenue des F.A.R., Casablanca, ✆ 314872

Konsulat, 47 Avenue Hassan II., Tanger, ✆ 21600

... von Österreich

Botschaft, 2 Rue Tiddas, Rabat, ✆ 64003

Konsulat, 26 Boulevard de la Resistance, Casablanca, ✆ 279615

... der Schweiz

Botschaft, Square Condo de Satriano (Square de Berkane), Rabat, ✆ 24695

Konsulat, 79 Avenue Hassan II., Casablanca, ✆ 260211

Konsulat, 9 Rue Henri Regnault, Tanger, ✆ 34721

Öffnungszeiten: in der Regel zwischen Montag und Freitag von 9–12 Uhr. Für Notfälle außerhalb dieser Zeiten sind Telefonnummern an den Eingängen der Vertretungen angeschlagen.

Botschaften anderer Länder: Die Praktischen Hinweise innerhalb der Ortsbeschreibung von Rabat enthalten weitere Botschaftsadressen (vgl. S. 114).

Diebstähle, Betrug und Gewaltdelikte

Diebstähle sind in einigen Großstädten und den Haupttouristenzentren relativ häufig, auf dem Lande dagegen selten. Besondere Vorsicht ist in Tanger geboten. Autos werden selten gestohlen, aber oft aufgebrochen. Vor Diebstählen können Sie sich schützen, wenn Sie folgende Vorsichtsregeln beachten: Tragen Sie Ihr Geld stets verdeckt am Körper (Brustbeutel oder Geldgürtel)!

Zeigen Sie größere Geldbeträge niemals öffentlich und verwenden Sie zum Bezahlen eine separate Geldbörse mit Kleingeld!

Behandeln Sie Reisepaß und Flugtickets wie Bargeld! Lassen Sie Ihre Kamera und andere Wertsachen niemals unbeobachtet liegen!

Lassen Sie Geld und Wertsachen nie im Auto oder im Hotelzimmer zurück (viele Hotels besitzen Safes)!

Seien Sie im Gedränge (Busbahnhöfe, Märkte) besonders vorsichtig, vor allem, wenn Sie Ihr Gepäck bei sich tragen!

Stellen Sie Ihr Auto nicht in unbeleuchteten Straßen ab, sondern vertrauen Sie es einem Parkwächter an!

Bedenken Sie, daß besonders in den beliebten Treffpunkten jugendlicher Reisender (Mirhleft, Tarhazout, Ketama) Diebstähle sehr häufig auch von Ausländern, d. h. ›fellow travellers‹ begangen werden.

Vor *Betrugsversuchen* ist besonders in den Touristenzentren (vor allem Tanger!)

Vorsicht geboten: Handeln Sie die Preise für alle Dienstleistungen unbedingt vorher aus und bestehen Sie hartnäckig auf einmal abgemachten Preisen!

Mißtrauen Sie allen Personen, die Ihnen ein ›Sonderangebot‹ aufdrängen oder Sie unbedingt in einen bestimmten Laden führen wollen! Achten Sie stets auf richtiges Wechselgeld, besonders bei ›fliegenden Händlern‹ (Straßenhändler ohne festen Stand)!

Lassen Sie sich auf keinen Fall auf eines der ›Glücksspiele‹ ein, zu denen Sie häufig auf Marktplätzen eingeladen werden! Geben Sie Unbekannten gegenüber keine Auskünfte über Ihren Unterkunftsort, Ihre Abreisezeit und Ihren nächsten Zielort!

Jugendliche ›Guides‹, die sich häufig als ›Studenten‹ vorstellen, werden Sie in den meisten Fällen in einen Souvenirladen führen wollen (wo sie Provision erhalten) oder beabsichtigen irgendein anderes ›Geschäft‹. Fragen Sie deshalb jeden, der Sie anspricht, auf den Kopf zu, worin sein ›Business‹ besteht, und lassen Sie sich weder von harmlos klingenden Beteuerungen noch von Hartnäckigkeit (in der die marokkanischen ›Guides‹ weltweit unübertroffen sind!) beeindrucken!

Gewaltdelikte sind in Marokko weitaus seltener als in Westeuropa; Touristen werden von ihnen nur in wenigen Fällen betroffen (meist im Zusammenhang mit Drogenhandel, vor allem in Tanger und Ketama).

Häufiger dagegen *geraten Reisende selbst mit dem Gesetz in Konflikt.* Es handelt sich dabei vor allem um Verstöße gegen das Rauschmittelgesetz, illegalen Verkauf von Kraftfahrzeugen, Überschreiten der dreimonatigen Aufenthaltsdauer und Verstöße gegen islamische Moralvorstellungen (Nacktbaden o. ä.). Angesichts der vor allem bei Rauschmitteldelikten verhängten drakonischen Strafen und der berüchtigten Haftbedingungen ist die strikte Einhaltung der entsprechenden gesetzlichen Bestimmungen unbedingt ratsam!

Vgl. Autodiebstahl, S. 329, Fremdenführer S. 368, Haschisch, S. 371, Verhalten im Alltag, S. 378.

Einkauf und Souvenirs

Das vielfältige marokkanische Kunsthandwerk ist noch immer überwiegend traditionell orientiert, doch hat sich in jüngerer Zeit unübersehbar ein Wandel vollzogen: Billige amerikanische und europäische Importe haben manche Handwerkszweige zurückgedrängt, und die massenhafte Produktion in großen Manufakturen hat die Qualität vieler Artikel verschlechtert. Andere Gewerbe haben dagegen durch den wachsenden Tourismus neuen Aufschwung erhalten. Viele bei Touristen beliebte Waren wurden traditionell allerdings nie in Marokko hergestellt – weder die schreiend bunten Wandbehänge mit Kamelmotiven noch die Aschenbecher mit Minarettbildern oder gar die beleuchteten venezianischen Gondeln, um nur einige Beispiele für solch falsche Folklore zu nennen.

Wenn Sie allerdings die großen Souvenirläden der Touristenzonen meiden und die Seitenstraßen der Souks aufsuchen, werden Sie noch immer zahlreiche Läden mit preiswerten, qualitätvoll verarbeiteten Artikeln finden. Da die Geschäfte eines Gewerbezweiges stets dicht beieinander liegen, sind Vergleiche leicht möglich. Die Souks der großen Städte – besonders die von Fès und Marrakech – bieten praktisch alle Erzeugnisse des marokkanischen Handwerks an. Günstigere Preise und oft auch bessere Qualität verspricht allerdings ein Kauf der Waren an ihrem Herstellungsort.

Einen guten Überblick über das Kunsthandwerk können Sie sich im voraus an folgenden Orten beschaffen: in den Museen für marokkanische Volkskunst; in den staatlichen Geschäften Maisons de l'Artisanat und Co-opartim, die es in den großen Städten gibt; in den lokalen Kunsthandwerkszentren. Die genannten Geschäfte bieten Artikel guter Qualität zu festen Preisen an; diese Preise liegen allerdings meistens 15–20 % höher als die, die Sie durch ausdauerndes Handeln in den Souks erzielen können.

Allgemein gilt: Informieren Sie sich vor dem Kauf ausführlich und vergleichen Sie das Angebot verschiedener Läden miteinander! Geben Sie kleinen, abgelegenen Geschäften den Vorzug! Feilschen Sie in den Souks und bei Straßenhändlern hartnäckig um jeden Gegenstand! Vgl. Handeln, S. 370.

Die wichtigsten Produkte des Kunsthandwerks

Teppiche werden auf fast allen Märkten angeboten. Überwiegend gute Qualität, schöne Muster, farbecht. Material: Schaf-, Ziegen- oder Kamelhaar. Es gibt zwei Grundtypen:

Berberteppiche stammen vorwiegend aus Mittlerem Atlas (bes. Azrou), Hohem Atlas (bes. Quarzazate) und der Region um Chichaoua (Haouz). Vorherrschend sind einfache, geometrische Muster und figürliche Darstellungen, die oft Ereignisse der Stammesgeschichte schildern. Jeder Stamm hat eigene Muster und Farben.

Arabische Teppiche, die meist aus Rabat und Salé stammen, kamen erst im 18. Jh. auf, sie zeigen türkischen Einfluß. Typisch sind komplizierte Muster mit vielen Blumenmotiven; meist sitzt ein rautenförmiges Medaillon in der Mitte. Die dominierende Farbe ist Dunkelrot.

Die Preise richten sich nach Qualität und Größe. Die offiziell festgelegten *Richtpreise* pro Quadratmeter erfahren Sie in den Fremdenverkehrsämtern oder den staatlichen Geschäften (s. o.). Wollen Sie einen Teppich kaufen, machen Sie sich bereits zu Hause in einschlägigen Geschäften sachkundig!

Bei der Wiedereinreise in die Bundesrepublik Deutschland, nach Österreich oder in die Schweiz müssen ca. 25 % *Zoll* bezahlt werden (heben Sie die Einkaufsrechnung auf!).

Wollen Sie sich einen Teppich nach Europa nachschicken lassen, können Sie sich in der Regel auf die Ehrlichkeit der Händler verlassen.

Lederarbeiten (›Maroquinerie‹) werden in allen Gegenden Marokkos hergestellt. Zentren sind: Marrakech, Fès, Rabat, Meknes,

Muster eines Berberteppichs (links) und eines arabischen Teppichs aus Fès (rechts)

Tetouan, Chechaouen, Tafilalet und Taroudannt. Das breite Angebot umfaßt vor allem Taschen, Schuhe und Sandalen, Gürtel, Sättel und verschiedene andere Gebrauchsgegenstände. In den Verzierungen existieren viele lokale Varianten (z. B. Einfärbungen, Einritzungen, Einwirkungen von Gold- oder Silberfäden); dazu kommen zahlreiche lokale Spezialitäten (z. B. die prachtvollen Bucheinbände in Fès).

Holzarbeiten: Das marokkanische Holzhandwerk produziert vor allem Möbel, Kästchen, Schachbretter und Armreifen. Am schönsten und bekanntesten sind die Intarsienarbeiten aus Essaouira (mit Silber-, Perlmutt- und Elfenbeineinlagen); weitere Zentren sind Salé, Rabat, Meknes, Fès, Khemisset und Casablanca.

Keramik: Zentrum ist Safi, danach auch Salé, Fès, Meknes, Marrakech, Ouezzane, Chechaouen und Taroudannt. Hergestellt werden überwiegend Gefäße und andere Gebrauchsgegenstände, daneben glasierte Dachziegeln und Fayencefliesen.

Kupfer- und Messingschmiedearbeiten findet man in zahlreichen Orten, vor allem in Fès und Marrakech. Spezialitäten sind Gefäße, Lampen, Tabletts und andere Gebrauchsgegenstände, oft mit schönen Gravuren verziert.

Silberschmiedearbeiten sind besonders im Süden (Gebiet der Chleuh) verbreitet. Zu den schönsten Arbeiten gehören Krummdolche und Frauenschmuck (Armreifen, Ketten, Broschen, Ringe u. a., oft mit Perlen, Halbedelsteinen oder Bernstein kombiniert).

Goldschmuck: Die Goldschmiedekunst ist das traditionelle Gewerbe der Juden, da Gold für Moslems als unheilbringend gilt. Zentren sind die großen Mellahs von Fès, Meknes, Marrakech und Essaouira. In der Regel ist Goldschmuck feiner gearbeitet als Silberschmuck und erheblich teurer.

> Gold- und Silberschmiedearbeiten sollten Sie nie bei Straßenhändlern kaufen, da diese meist Fälschungen anbieten!

Eisenschmiedearbeiten: Es handelt sich dabei überwiegend um Gebrauchsgegenstände, die in allen größeren Städten, vor allem in Meknes, hergestellt werden. Eisenschmiede gelten – da sie mit Feuer arbeiten – oft als Inhaber magischer Kräfte.

Textilien: *Kleider* werden im ganzen Lande hergestellt. Für *Stickereien* bekannt sind Fès, Rabat, Salé, Tetouan, Meknes und Azemmour (jeweils spezifische Muster). *Wolldecken* kommen vor allem aus dem Mittleren Atlas und aus Beni Mellal.

Flechtwaren: Körbe und Matten sind im ganzen Land verbreitet; besonders bekannt sind die Erzeugnisse von Salé.

Halbedelsteine (Amethyste u. a.): häufig im Hohen Atlas angeboten (Vorsicht, viele Fälschungen!).

Feste und Feiertage

Religiöse Feiertage

Grundlage der religiösen Feiertage ist der *islamische Kalender,* der in Marokko neben dem auch bei uns gültigen gregorianischen Kalender besteht. Während sich unsere Zeitrechnung nach der Sonne richtet, rechnet der islamische Kalender nach Mondmonaten. Zwölf Monate mit je 29 oder 30 Tagen ergeben Jahre mit einer Länge von 354 oder 355 Tagen (es wechseln jeweils 19 Jahre mit 354 Tagen und 11 Jahre mit 355 Tagen). Das islamische Jahr ist also 10 oder 11 Tage kürzer als unseres, die Differenz zwischen beiden Zeitrechnungen ändert sich ständig. Beginn der islamischen Zeitrechnung ist das Jahr 622 n. Chr. (Jahr der *Hedschra,* der Flucht Mohammeds aus Mekka). 1986 ist das islamische Jahr 1406 (dauert bis zum 5. 9.), die Differenz beträgt also nicht mehr 622, sondern nur noch 580 Jahre. Wegen des Unterschieds in den Zeitrechnungen fallen die religiösen Feste jedes Jahr auf einen anderen Zeitpunkt. Die exakten Daten werden von den Ulema, den Rechtsgelehrten, von Jahr zu Jahr nach dem Mondstand bestimmt. Alle großen islamischen Feste beginnen an einem Freitag. Alle im folgenden genannten Datumsangaben sind nur als grobe Richtwerte zu verstehen.

Der *Fastenmonat Ramadan* beginnt 1986 am 10. 5. und 1987 am 29. 4.; er dauert 30 Tage.

Während dieser Zeit ist den Gläubigen von Sonnenaufgang bis Sonnenuntergang jegliches Essen, Trinken und Rauchen verboten (was von der überwiegenden Mehrheit der Marokkaner – vor allem den älteren – auch eingehalten wird). Fast alle Cafés und Restaurants (die für Touristen ausgenommen) und auch viele Lebensmittelläden bleiben dann tagsüber geschlossen, Geschäfte und Behörden haben kürzere Öffnungszeiten. Besonders in den Medinas und auf dem Land ist es dann für den Reisenden schwierig, etwas zu essen oder zu trinken zu bekommen; zudem sollte man die verständlicherweise leicht reizbaren Fastenden nicht durch öffentliches Essen provozieren und auch für nachlassende Leistungen z. B. des Hotelpersonals Verständnis zeigen. Hebt der abendliche Ruf des Muezzin das Fastengebot auf, wird ausgiebig gespeist, Cafés und Restaurants füllen sich, und bis in die frühen Morgenstunden (bis 2–3 Uhr oder länger) herrscht lebhaftes Treiben in den Straßen.

Die wichtigsten religiösen Feste sind:

Achoura: Beginn des islamischen Jahres, des ersten Monats *Moharrem* (1986 am 5. 9., 1987 am 25. 8.), mit Umzügen (besonders für Kinder) und Festessen gefeiert. Ursprünglich Todestag des Imam Hussein (Nachfolger des Schiitengründers Ali und wichtigster Märtyrer der Schiiten).

Mouloud: Geburtstag des Propheten, am zwölften Tag des dritten Monats *Rebia el Ouel* (1986 am 14. 11., 1987 am 3. 11.), dauert mehrere Tage (besonders eindrucksvoll in Salé).

Chabana: Vorabend des Fastenmonats *Ramadan* (neunter Monat), mit Feuerwerk und Festessen begangen.

Aid es Seghir oder **Aid el Fitr:** (›das kleine Hammelfest‹), am Tag nach dem Ende des *Ramadan* (1986 am 9./10. 6., 1987 am 29./30. 5.), mit Geschenkaustausch, Festessen und Essensgaben an die Armen verbunden.

Aid el Kebir oder **Aid el Idha:** (›das große Hammelfest‹), größtes islamisches Fest, wird am zehnten Tag des zwölften Monats *Doul Hidja* begangen, dem Höhepunkt der Pilgerfahrt nach Mekka (1986 am 15./16. 8., 1987 am 5./6. 8.). Jede Familie schlachtet dabei einen Hammel, was an die Opferung Isaaks durch Abraham erinnert.

Familienfeste

Prächtigstes Familienfest ist die **Hochzeit.** Sie wird auf dem Lande oft noch so prunkvoll gefeiert, daß die beteiligten Familien auf Jahre hin hohe Schulden aufnehmen müssen. An den Festmählern, die sich über mehrere Tage erstrecken können, nehmen manchmal mehrere hundert Personen teil; auch Fremde sind in der Regel willkommen. Traditionell wird eine Heirat von den Eltern arrangiert; der Austausch von Geschenken zwischen den beteiligten Familien und die Zahlung eines Brautpreises gehen der eigentlichen Zeremonie voraus.

Weitere Familienfeste:

Die **Geburt eines Jungen** wird etwa eine Woche später gefeiert, die Gäste bringen kleine Geschenke mit.

Die **Beschneidung eines Jungen** findet in der Regel spätestens im siebten Lebensjahr statt und symbolisiert seine Aufnahme in die islamische Gemeinschaft; aus diesem Anlaß werden ihm große Geschenke gemacht.

Begräbnissen geht eine mehrtägige Trauerzeit voraus, in der die Angehörigen das Haus kaum verlassen; Frauen aus der Nachbarschaft beklagen den Toten, an der eigentlichen Beerdigung nehmen nur Männer teil; danach folgt ein Totenmahl.

Staatsfeiertage

1. 1. **Neujahrsfest;**
3. 3. **Fête du Thrône,** Fest der Thronbesteigung von König Hassan II., mehrtägige Feiern, besonders eindrucksvoll in Rabat;
1. 5. **Tag der Arbeit;**
14. 5. **Jahrestag der Armeegründung;**
9. 7. **Fête de la Jeunesse,** Geburtstag von König Hassan II., begangen als Fest der Jugend;
6. 11. **Jahrestag des ›Grünen Marsches‹** (vgl. S. 294);
18. 11. **Fête de l'Independance,** Unabhängigkeitstag (Rückkehr von Mohammed V. aus dem Exil).

Moussems

Moussems sind regionale religiöse Feste zu Ehren eines Lokalheiligen *(Marabout)* und als solche mit Wallfahrten, Fantasias, großen Märkten und vielfältiger Unterhaltung verbunden. Viele sind inzwischen zu Touristenattraktionen geworden. Fast jedes marokkanische Dorf feiert einen Moussem; die wichtigsten sind:

Moussem für Moulay Idris I. in Moulay Idris: September. Größter Moussem des Landes mit über 100000 Pilgern (vgl. S. 202).

Moussem für Moulay Idris II. in Fès: Ende August/Anfang September (vgl. S. 223).

Moussem von Moulay Abdallah: Findet Ende August 10 km südlich von El Jadida statt. Berühmte Fantasias (vgl. S. 130).

Moussem in Goulimine: Anfang Juni. Größter Moussem der Saharanomaden, großer Kamelmarkt (vgl. S. 291).

Moussem von Tan Tan: Ende Mai/Anfang Juni. Ebenfalls von Nomaden besucht und mit einem Kamelmarkt verbunden.

Moussem von Sidi Ahmed ou Moussa: Findet Ende August im Anti-Atlas (an der Route Tiznit–Tafraout) statt (vgl. S. 286).

Moussem für Moulay Ben Aissa in Meknes: Am Mouloud (s. o.). Auftritt sogenannter ›tanzender Derwische‹ (vgl. S. 169).

Moussem für Moulay Bouchta: Findet im Oktober beim Ort Fès el Bali statt. Zahlreiche Fantasias (vgl. S. 162f.).

Moussem von Imilchil: dritte oder vierte Septemberwoche. Bekannt als *›Heiratsmarkt der Ait Hadiddou‹* (vgl. S. 233ff.).

Die meisten kleineren Moussems finden in den Monaten August und September statt. Die genauen Termine verschieben sich von Jahr zu Jahr, Auskunft geben die Fremdenverkehrsämter.

Lokale Feste

Neben den Moussems gibt es eine Reihe anderer lokaler Feste, die aber weniger religiösen Charakter haben, sondern vor allem mit der Erntezeit verbunden sind oder an bestimmte historische Ereignisse erinnern.

Sultan Tolba-Fest in Fès: April. Traditionelles Fest der Studenten der Kairaouine-Universität (vgl. S. 223).

Wachslaternenfest in Salé: am Vorabend des Mouloud-Tages. Soll auf Prozessionen der Korsaren zurückgehen (vgl. S. 114).

Kirschenfest in Sefrou: April oder Juni (vgl. S. 227).

Pferdefest in Tissa (Provinz Fès): Ende September/Anfang Oktober. Berühmte Fantasias.

Rosenfest in El Kelaa des Mgouna: Mai.

Dattelfest in Erfoud: Oktober.

Olivenfest in Rafsai (Provinz Fès, am Rand des Rifgebirges): Mitte Dezember.

Olivenfest in Ouezzane: erste Dezemberwoche.

Mandelblütenfest in Tafraout: Februar.

Honigfest in Immouzer des Ida Ou Tanane (Provinz Agadir): Mai.

Festspiele und Messen

Folklorefestival von Marrakech: Mai oder Juni, Dauer 10 Tage. Findet seit 1961 statt, gibt eine hervorragende Übersicht über traditionelle Tänze, Trachten und Musik des ganzen Landes (vgl. S. 249).

Internationale Messe von Casablanca: alle zwei Jahre im April oder Mai.

Regionalmessen für Landwirtschaft und Industrie finden in den meisten Provinzhauptstädten statt (vorwiegend zwischen Mai und August). Außerdem veranstalten inzwischen viele von Touristen frequentierte Orte Folkloretage bzw. -wochen.

Fantasias

Fantasias sind Reiterspiele als Bestandteil jedes größeren Moussems und zahlreicher anderer Feste. Reiter auf reich geschmückten Pferden bieten dabei einzeln oder in Gruppen eindrucksvolle Kunststücke und Wettkämpfe dar. Die Reiter tragen Gewehre – meist alte Vorderlader –, die beim Reiten abgefeuert werden. Die schönsten Fantasias finden im Rifgebirge statt (besonders beim Pferdefest von Tissa), daneben beim Moussem von Moulay Abdallah bei El Jadida.

Fremdenführer

Einen Führer benötigen Sie nur dann, wenn Sie in Zeitnot sind und die Medina einer großen Stadt möglichst schnell besichtigen wollen. Ansonsten werden Sie sich überall auch allein zurechtfinden.

Offizielle Fremdenführer können Sie bei den O. N. M. T.-Büros, den Syndicats d'Initiative oder in großen Hotels engagieren. Sie tragen ein Abzeichen und einen Dienstausweis und sprechen französisch, daneben oft auch englisch und/oder deutsch. Die Tarife sind festgelegt, aber von Ort zu Ort verschieden. Sie betragen ab 10 DM pro halben und 15 DM pro ganzen Tag. Ein zusätzliches Trinkgeld wird erwartet. *Nicht-offizielle Führer,* darunter sehr häufig Kinder und Jugendliche, bieten ihre Dienste in allen Orten mit Touristenverkehr an – meist recht hartnäckig und mit äußerst phantasievollen Erzählungen darüber, warum sie Touristen ansprechen (Interesse an Kontakt mit Fremden, ›I want to practise my english‹ etc.). Diese ›Guides‹ (vgl. auch S. 320 und S. 363) werden (wie auch einige offizielle Führer) oft von Geschäften (oder auch von Drogenhändlern) dafür bezahlt, daß sie Kunden anlocken (die angeblichen ›Sonderpreise‹, die Sie bei einem Kauf in einem solchen Geschäft bekommen, enthalten dann in Wirklichkeit einen Provisionsaufschlag für Ihren Schlepper). Wollen Sie dennoch einen solchen Führer engagieren, handeln Sie den Tarif unbedingt im voraus aus! Reisegruppen müssen neuerdings übrigens stets von einem marokkanischen Führer begleitet werden.

Gastfreundschaft

Die Marokkaner sind traditionell äußerst gastfreundlich. In den Städten und besonders in den Touristenzentren ist die alte Gastfreundschaft inzwischen allerdings sehr zurückgegangen, auf dem Lande hat sie sich hingegen noch weitgehend erhalten, besonders in abgelegenen Gebieten. Eine besondere Ehre bedeutet es, zum Essen ins Haus geladen zu werden. Die Ablehnung einer ernstgemeinten Einladung wird dabei als Beleidigung empfunden, sofern Sie nicht wirklich zwingende Gründe vorbringen können.

Die Schuhe müssen beim Betreten eines Hauses stets ausgezogen werden. Es gilt als Kränkung, wenn Sie Speisen ablehnen. Die Frau und die Töchter des Gastgebers werden Sie in der Regel nur dann zu Gesicht bekommen, wenn das Essen serviert wird: Frauen dürfen nicht mit Männern zusammen essen (für europäische Frauen gilt dies allerdings nicht). Loben Sie alle Speisen und bedanken Sie sich überschwenglich! Revanchieren Sie sich möglichst mit kleinen Gegengeschenken: Beliebt sind Ansichtskarten, Kugelschreiber, Fotos, europäische Münzen und Briefmarken, Einwegfeuerzeuge, Schlüsselanhänger, Anstecknadeln und ähnliche Kleinigkeiten. Bieten Sie keinesfalls Geld an, dies wäre eine grobe Beleidigung! Bedenken Sie, daß eine Einladung zum Essen für die meisten Marokkaner großen finanziellen Aufwand bedeutet.

Geld

Die marokkanische Währung ist der *Dirham DH)*, der in 100 *Centimes* unterteilt ist. Es gibt Münzen zu 1 (selten!), 5, 10, 20 und 50 Centimes sowie zu 1 und 5 DH und Banknoten zu 5 (selten), 10, 50 und 100 DH. In der ehemaligen französischen Zone wird 1 DH oft noch als 100 Francs bezeichnet; in der früheren spanischen Zone nennt man 10 Centimes häufig 1 Peseta. Manche Leute bezeichnen 5 Centimes als 1 Rial (dies war die Untereinheit der Währung vor der Kolonialzeit), 1 DH entspricht danach 20 Rial.

Die *Inflationsrate* liegt bei mehr als 8–10 % pro Jahr, für einige Artikel (z. B. Fleisch) ist sie höher. Beachten Sie, daß die im vorliegenden Band angegebenen Preise im allgemeinen dem Stand von Juni 1986 entsprechen und für 1987 mit einem mindestens 10 % höheren Preisniveau zu rechnen ist! Der Dirham ist in den letzten Jahren mehrfach abgewertet worden.

Wechselkurs (Stand Juni 1986)
1 Dirham = 0,25 DM
1 DM = 4 Dirham

Geldwechsel

Banken, die Devisen zu offiziell festgelegten Kursen tauschen, gibt es in allen größeren Orten. *Reiseschecks* werden von den meisten, *Eurocheques* nur von den größeren Banken in den Städten und Touristenzentren akzeptiert. Beide Scheckarten erzielen einen etwas günstigeren Wechselkurs als Bargeld (abzüglich Kommissionsgebühr). Die Banken sind in der Regel montags bis freitags von 9–11.30 Uhr und von 14.00 bis 16.30 Uhr geöffnet, im Sommer etwas länger. Die Bankschalter an größeren Flughäfen und Grenzübergangsstellen sind meist bis 22 Uhr offen (auch an Wochenenden), akzeptieren aber meist keine Schecks. In den Großstädten gibt es einige Banken und auch *private Wechselstuben* mit längeren Öffnungszeiten (zum Teil auch am Wochenende).

Geldwechsel ist auch in größeren Hotels und Restaurants möglich, allerdings wird dort in der Regel nur Bargeld akzeptiert. Auch viele Geschäfte nehmen Devisen als Zahlungsmittel an.

Geldwechsel bei *Schwarzhändlern* lohnt sich nicht: Der Wechselkurs liegt kaum über dem der Banken, und das Risiko, betrogen zu werden, ist recht groß (ungültige Scheine, plötzliches Davonlaufen).

Geldüberweisungen von Europa an marokkanische Banken sind möglich; sie dauern allerdings mindestens eine Woche (meist länger) und werden in der Regel nur in Dirham ausbezahlt.

Wollen Sie Dirham in Devisen zurücktauschen, müssen Sie die Wechselbescheinigungen der Banken aufbewahren.

Vgl. Devisenvorschriften, S. 319.

Gesundheit

Durchfälle und *Magenverstimmungen* sind die Krankheiten, mit denen Sie in Marokko am ehesten rechnen müssen. Die Ursachen sind verunreinigtes Wasser, verdorbene Nahrungsmittel, Erkältungen des Magen-Darm-Trakts durch zu kalte Getränke und zu fettes Essen. Meiden Sie ungeschältes Obst, rohes Fleisch, nicht-pasteurisierte Milch, Speiseeis, Salate (in Wasser gewaschen!) und zumindest außerhalb der Großstädte auch Leitungswasser. Mineralwasser (mit oder ohne Kohlensäure) ist in allen Lebensmittelgeschäften und Cafés erhältlich. Für Fahrten in sehr abgelegene Gebiete sind Tabletten zur Wasserdesinfizierung (eventuell auch ein Wasserfilter) nützlich.

Leiden Sie an starkem Durchfall, sollten Sie folgende Maßnahmen ergreifen: Bleiben Sie einen Tag im Bett und nehmen Sie nur ungezuckerten Tee und Zwieback oder Toast zu sich. Trinken Sie viel Flüssigkeit (nicht kalt), da der Körper viel Wasser verliert. Nehmen Sie Kohletabletten und Imodium oder ein ähnliches die Darmperistaltik verlangsamendes Mittel. Meiden Sie Obst. Essen Sie auch an den folgenden Tagen nur leicht verdauliche Kost und nehmen Sie Kompensan (oder ein ähnliches Präparat). Suchen Sie einen Arzt auf, wenn der Durchfall mit blutigem Stuhl (Gefahr einer Amöbenruhr) verbunden ist oder länger als vier Tage in heftiger Form andauert.

Einen *Sonnenbrand* holen Sie sich in Marokko erheblich schneller als in mitteleuropäischen Breiten. Besonders im Sommer ist es deshalb ratsam, bei längeren Aufenthalten in der Sonne einen Kopf- und Nackenschutz zu tragen und die Haut mit Sonnenöl und/oder fetthaltiger Creme zu schützen. Bei großer Hitze sollten Sie viel Flüssigkeit trinken und Salz zu sich nehmen (bindet Wasser im Körper). Kopfschmerzen, Gleichgewichtsstörungen und fortwährende Abgeschlagenheit können auf Salzmangel hindeuten, den sie am besten durch Mineralsalztabletten ausgleichen.

Wegen des oft erheblichen Unterschieds zwischen hohen Außen- und niedrigen Innentemperaturen ist die Gefahr von *Erkältungen* recht groß (besonders wenn man verschwitzt ist).

Wunden müssen sofort desinfiziert werden (Gefahr von Infektionen, besonders Tetanus!). Sollten Sie von einem Hund, einem Pferd oder einem Kamel gebissen werden, gehen Sie unbedingt sofort zum Arzt (Tollwutgefahr!).

Vermeiden Sie das Baden in Gewässern, die in der Nähe menschlicher Siedlungen liegen: Diese könnten mit *Bilharzien* verseucht sein (Würmer, die auch durch die unverletzte Haut in den Körper eindringen). Besonders gefährlich sind auch Wassergräben zur Feldbewässerung.

Geschlechtskrankheiten sind in Marokko sehr verbreitet.

Bei Beachtung einer gewissen Vorsicht in gesundheitlichen Dingen besteht kein Anlaß zu übertriebener Ängstlichkeit.

Vgl. Schlangen und Skorpione S. 375 und Gesundheitsvorsorge S. 316

Gewichte und Maße

Metrisches System.

Goethe-Institute

Goethe-Institute (denen die Pflege und Vermittlung deutscher Kultur im Ausland obliegt) gibt es in folgenden Orten:

Rabat, Zankat al Jabli; Casablanca, Place du 16. Novembre; Tanger, Place Mohammed V.

Diese Institute verfügen über Bibliotheken, zeigen kostenlos deutschsprachige Filme und führen kulturelle Veranstaltungen durch.

Hamam (›Türkisches Bad‹)

Unter Hamam (auch ›Bains Maures‹ genannt) versteht man öffentliche Badehäuser, die dem Türkischen Bad ähneln. In Marokko sind sie seltener als in den weiter östlich gelegenen arabischen Ländern oder in der Türkei. Die Medinas der meisten größeren Städte (vor allem im Norden) verfügen aber über eine oder mehrere dieser Einrichtungen. Ein Hamam besteht aus verschiedenen Räumen, deren Fußböden beheizt sind. Durch Wasseraufgüsse wird Dampf erzeugt. Neben Wasch- und Ruhegelegenheiten gehören Massagen zum Angebot. Für Männer und Frauen gibt es getrennte Öffnungszeiten oder verschiedene Bäder. Badekleidung nicht vergessen!

Neben den eigentlichen Hamam finden sich in allen größeren Orten auch *öffentliche Duschgelegenheiten* (›Douches‹). Alle diese Einrichtungen sind in der Regel recht sauber.

Handeln

Das Aushandeln von Preisen ist in Marokko noch immer sehr verbreitet, aber nicht überall üblich. Handeln ist nicht angebracht in Restaurants, Hotels, Cafés und in Läden mit ausgeschilderten Preisen. Dagegen ist es in den Souks, bei Straßenhändlern und bei angebotenen Dienstleistungen unbedingt erforderlich, um den Preis zu feilschen. Die Preise von Dienstleistungen und Waren des täglichen Bedarfs werden Sie schnell kennenlernen (achten Sie darauf, was die Einheimischen zahlen!), ein hartnäckiges Bestehen auf dem richtigen Preis genügt dann meist. Beim Einkauf in den Souks ist das Handeln schwieriger: In der Regel kann man davon ausgehen, daß man nicht mehr als ein Drittel oder die Hälfte des ursprünglich geforderten Preises zahlen sollte (deshalb anfangs nur ein Fünftel oder ein Viertel der vom Verkäufer zuerst genannten Kaufsumme bieten!). Insbesondere in den Touristenzentren werden aber von vornherein oft derart überhöhte Preise gefordert, daß Sie auch dann noch zuzahlen, wenn Sie die ursprüngliche Forderung auf ein Drittel herunterhandeln. Zudem ist die Handelswilligkeit der Verkäufer hier geringer.

Besonders beim Kauf wertvollerer Artikel sollten Sie folgende *Ratschläge* beachten: Erkundigen Sie sich vorher unverbindlich (d. h. ohne ein konkretes Angebot zu machen) in mehreren Läden und suchen Sie kleine, abgelegene Geschäfte auf (vgl. S. 363)! Handeln Sie nur, wenn Sie einen Gegenstand auch wirklich kaufen wollen! Nehmen Sie sich viel Zeit und schweifen Sie beim Verkaufsgespräch vom Thema ab! Bleiben Sie freundlich und zeigen Sie viel Geduld! Treten Sie selbstbewußt auf (nicht aber überheblich)! Zeigen Sie Ihr Kaufinteresse nicht zu deutlich! Nennen Sie nicht übereilt Gegenpreise, da Sie einen einmal gebotenen Preis später nicht mehr unterbieten können! Schenken Sie Erzählungen über ›einmalige Gelegenheiten‹ keinen Glauben! Warten Sie mit größeren Käufen bis zum Ende Ihrer Reise, da Sie dann besser über Preise und Handelstechniken informiert sind!

Haschisch

In vielen Gegenden Marokkos wird indischer Hanf (Cannabis indica) angebaut, aus dem Haschisch und der marihuanaähnliche Kif gewonnen werden. In den meisten Gebieten ist der Anbau offiziell nicht gestattet und dient lediglich dem lokalen Eigenbedarf. In der Umgebung von Ketama (Rifgebirge) wird Cannabis aber völlig legal produziert. Illegal freilich wird es dann in großen Mengen nach Europa geschmuggelt. Besitz und Genuß von Drogen sind offiziell ebenfalls verboten; Haschisch und Kif sind aber unter den Einheimischen – besonders im Norden des Landes – sehr verbreitet. Beide Rauschmittel werden häufig und z. T. sehr hartnäckig auch Ausländern angeboten. Zentrum des Drogenhandels ist Tanger, gefolgt von Tetouan und anderen Städten des Nordens. Die Preise für Haschisch liegen im Norden bei etwa 2 DM das Gramm, im Anbaugebiet von Ketama (vgl. S. 155) noch niedriger. Im Süden ist das Angebot geringer, die Preise steigen bis auf das vierfache.

Anders als für Einheimische ist der Drogenbesitz für Ausländer aber keineswegs risikolos. Vor allem jugendliche Reisende werden öfters von der Polizei kontrolliert (Fahrzeugkontrollen, gelegentlich auch Durchsuchungen von Billighotels). Viele Drogenhändler versuchen zudem, Ihre Kunden zu betrügen: Sie verschwinden mit dem Geld (oft unter dem Vorwand, die Polizei käme); sie verkaufen wertlose Ersatzstoffe; sie versuchen, den Kunden in ein Haus zu locken und dort zu berauben. Manche Händler arbeiten auch mit der Polizei zusammen. Die Zollkontrollen bei der Ausreise aus Marokko und bei der Einreise nach Spanien sind sehr gründlich. Auch das Verschicken von Drogen per Post funktioniert nicht: Auslandspakete können nur von bestimmten Postämtern aus versandt werden, wo sie eine Zollkontrolle durchlaufen müssen. Die Haftstrafen für Drogenbesitz – und besonders für den Versuch des Schmuggels – sind sehr hoch, und marokkanische Gefängnisse genießen keinen guten Ruf!

Die Fälle der Inhaftierung von Reisenden haben in jüngster Zeit stark zugenommen. Bestechungsversuche wirken keineswegs immer, die Botschaften sind meist machtlos, und selbst im günstigsten Fall muß mit langwierigen Verhandlungen gerechnet werden. Die Einhaltung der gesetzlichen Bestimmungen ist deshalb dringend anzuraten.

Kinos

Kinos, die Filme in französischer Sprache oder in arabischer Sprache mit französischen Untertiteln aufführen, gibt es in allen größeren Orten (in Städten liegen sie meist in der Neustadt). Die Eintrittspreise liegen sehr niedrig. *Deutschsprachige Filme* werden gelegentlich von den Goethe-Instituten gezeigt (vgl. S. 370), *englischsprachige* von den Kulturzentren Großbritanniens (Rabat) und der USA (Rabat, Casablanca, Tanger und Fès).

Leitungswasser

Leitungswasser in den Groß- und Mittelstädten ist in der Regel gechlort und gefahrlos trinkbar. Außerhalb der Städte sollten Sie zu Mineralwasser greifen oder das Wasser durch Tabletten, Filter oder Abkochen desinfizieren. Ausgesprochen gefährlich kann Brunnenwasser sein.

Moscheebesuch

Moscheen dürfen in Marokko nur von Moslems betreten werden. Einzige Ausnahme ist die Grabmoschee des Moulay Ismail in Meknes; außerdem sind solche Moscheen zugänglich, die heute nicht mehr bzw. nur gelegentlich benutzt werden (z. B. die Moscheeruinen von Tinmal und in der Chellah von Rabat). Eine gewisse Entschädigung bieten die zugänglichen *Medersas* (Koranschulen) von Fès, Meknes, Salé und Marrakech.

Museen

Geöffnet sind marokkanische Museen in der Regel täglich außer Dienstag von 9–12 und 14–18 Uhr (manche schließen etwas früher). Geringe Eintrittsgebühr. In einigen Museen finden Führungen in französischer, gelegentlich auch in englischer oder deutscher Sprache statt. Die Führer erwarten ein kleines Trinkgeld. Die meisten Museen sind nicht nur wegen ihrer Sammlungen sehenswert, sondern auch, weil sie in alten Palästen oder Festungen untergebracht sind. Viele besitzen reich geschmückte Innenräume und schöne Gartenanlagen.

Fès

Museum für marokkanische Volkskunst: im *Dar Batha-Palast* (vom Ende des 19. Jh.s) untergebracht; reichhaltigstes Museum seiner Art in Marokko. Neben zahlreichen anderen Objekten des Kunsthandwerks ist vor allem die große Sammlung reich verzierter Türen und Minbars (Gebetskanzeln) sehenswert.

Waffenmuseum: im *Bordj Nord* (Festung aus dem 16. Jh.) untergebracht; die alten Waffen stammen größtenteils aus dem Arsenal von Moulay Ismail.

Marrakech

Museum für marokkanische Volkskunst: im *Dar Si Said-Palast* (Ende 19. Jh.) untergebracht; zu sehen sind vor allem Objekte des berberischen Kunsthandwerks (umfangreichste Sammlung dieser Art in Marokko).
Als Museum kann außerdem das prachtvolle *Palais de la Bahia* (um 1900) gelten.

Meknes

Museum für marokkanische Volkskunst: im *Dar Jamai-Palast* (vom Ende des 19. Jh.s) untergebracht; Sammlungen aus allen Bereichen des Kunsthandwerks.

Rabat

Archäologisches Museum: reichhaltigstes Museum seiner Art in Marokko; zeigt neben prähistorischen und phönizisch-karthagischen vor allem römische Funde. Besonders eindrucksvoll sind die Bronzen aus Volubilis.

Museum für marokkanische Volkskunst und **Musée des Oudaias:** ersteres in einem Neubau, letzteres in einem *Kasbah-Anbau* vom Ende des 17. Jhs. untergebracht; umfangreichste Sammlungen ihrer Art nach denen von Fès.

Daneben besitzt Rabat ein *Museum zum Gedächtnis Mohammeds V.* (bei seinem Mausoleum) und ein kleines *Postmuseum.*

Tanger

Kasbah-Museum: in der *Kasbah* aus dem 17. Jh. untergebracht; gliedert sich in die *Abteilungen für marokkanische Volkskunst,* für *Archäologie* (mit prähistorischen und römischen Funden aus der Umgebung und mit Kopien der Volubilis-Bronzen) und für *Stadtgeschichte* (mit Gemälden von Delacroix).

Daneben gibt es in Tanger das *Musée Forbes* für militärische Miniaturen (im Mendoub-Palast).

Tetouan

Archäologisches Museum: sehenswert vor allem die Funde aus Lixus (besonders Mosaike) und anderen römischen Ausgrabungsstätten der ehemaligen spanischen Zone; daneben auch prähistorische Funde und ein Modell des Kromlech von Msoura (vgl. S. 91).

Museum für marokkanische Volkskunst: in einem Gebäude vom Anfang des 19. Jh.s untergebracht; beachtenswert vor allem die rekonstruierte Empfangshalle eines maurischen Hauses und eine alte Brautsänfte.

Sonstige

Neuere kleine Museen gibt es in **Essaouira** (Musée Sidi Mohammed Ben Abdallah, regionale Volkskunst; in altem Palais) und **Larache** (archäologische Funde aus Lixus; in der Festungsanlage).

Nachtleben

Allgemein gibt es in Marokko abends nur wenige Unterhaltungsmöglichkeiten. Das Angebot an *Nachtclubs* (gelegentlich mit Bauchtanz) und *Diskotheken* (Boite de Nuit) ist nur in Tanger und Casablanca, mit Abstrichen auch in Agadir und Rabat, relativ groß. In den übrigen Städten sind solche Einrichtungen meist auf die Luxushotels begrenzt. Auch die großen Hotels und Feriendörfer in den Badeorten besitzen eigene Nachtclubs. Die Getränkepreise liegen auf mitteleuropäischem Niveau, also relativ hoch.

Ansonsten ist die abendliche und nächtliche Unterhaltung auf Cafés, Restaurants und öffentliche Plätze beschränkt. Besonders auf den Hauptplätzen der Medinas und in den Neustadtzentren herrscht abends ein reges Treiben (vor allem im Süden), das allerdings spätestens um 22 Uhr zu Ende geht (in den Neustädten etwas später).

Nationalparks

Obwohl Marokko über eine große Zahl landschaftlicher Höhepunkte verfügt, gibt es bisher erst zwei Nationalparks: das Gebiet des *Djebel Tazekka* (bei Taza) und das Massiv des *Djebel Toubkal* (Hoher Atlas).

Öffnungszeiten

Behörden und Banken sind montags bis freitags von 8.30 oder 9 bis 12 Uhr und von 14 oder 14.30 bis 16.30 oder 17 Uhr geöffnet. In den Sommermonaten zieht sich die Mittagspause manchmal länger hin, dafür wird dann abends später geschlossen.

Die Öffnungszeiten der *Geschäfte* schwanken erheblich, da es kein Ladenschlußgesetz gibt. Die Geschäfte in den Neustädten sind in der Regel von 9–12 Uhr und von 14.30 oder 15 bis 19 oder 19.30 Uhr geöffnet. Sonntags sind sie meist geschlossen. Die Läden in den Souks legen oft eine längere Mittagspause ein. Abends sind sie in der Regel lange offen, manchmal bis nach 21 Uhr. Sie schließen meistens am Freitagvormittag (manchmal auch den ganzen Freitag). Jüdische Geschäfte sind Samstags geschlossen.

Photographieren

Filme internationaler Marken sind in Marokko in vielen Geschäften erhältlich (erkennbar an den entsprechenden Reklameschildern), allerdings erheblich teurer als in Europa. Belichtete Filme sollten wegen der Hitze nicht allzulange mitgeführt werden. Sie können sie in den einheimischen Photogeschäften schnell, billig und zuverlässig entwickeln lassen. Kameras – vor allem wertvolle – sind beliebte Objekte für Diebe. Seien Sie deswegen sehr vorsichtig und schließen Sie unter Umständen eine Kameraversicherung ab.

Porträtphotographie von Einheimischen ist in den großen Städten und in den von Touristen häufig besuchten Orten in der Regel nicht allzu problematisch. Allerdings sollten Sie auch hier zurückhaltend sein und im Zweifelsfall durch eine kleine Geste eine Erlaubnis einholen. Betende Personen sollten Sie auf keinen Fall photographieren. Auf dem Lande und besonders in von Fremden selten besuchten Gebieten ist Vorsicht angebracht: Kinder drängen sich auch hier oft danach, geknipst zu werden, die Erwachsenen sind aber häufig kamerascheu. Frauen sollten Sie auf dem Lande möglichst nur photographieren, wenn es von ihrem Vater bzw. Ehemann erlaubt wird. Rechnen Sie damit, daß in den von Touristen häufig besuchten Orten Personen wie Schausteller, Wasserverkäufer und auch Bettler oft eine Bezahlung erwarten, wenn Sie eine Aufnahme von ihnen machen.

Militärische Anlagen und Objekte wie Häfen, Brücken, Flughäfen etc. unterliegen dem üblichen Photo-Verbot.

Polizei

Für Verkehrsangelegenheiten (z. B. Verkehrsunfälle) ist die *Gendarmerie* zuständig, für Kriminalfälle (z. B. Diebstähle) die *Sureté,* die auch ›Police‹ genannt wird. Beide Abteilungen haben getrennte Dienststellen. Die Sureté ist in den Städten in mehrere Reviere eingeteilt, die in der Regel zentral gelegen sind. Die Hauptstelle heißt Commissariat. In den Städten hat der *Polizeinotruf* die **Telefonnummer 19.**

Post

Die Aufschrift *PTT* (Abkürzung von Poste, Télégraphe, Téléphone) kennzeichnet die Postämter, von denen es in größeren Städten mehrere in zentraler Lage gibt. Die Postämter sind im allgemeinen montags bis freitags von 8.30–12 und von 14.30–18.30 sowie samstagvormittags geöffnet, im Sommer montags bis donnerstags 8–15.30 sowie freitags und samstags 8–12.30 (im Ramadan und bei kleineren Ämtern kürzere Öffnungszeiten).

Post aus Marokko sollten Sie per Luftpost verschicken (Aufschrift: par avion), da andere Sendungen sehr lange brauchen. Luftpost ist, wenn sie auf einem Hauptpostamt aufgegeben wurde, etwa vier bis sieben Tage unterwegs. *Pakete* ins Ausland können nur von bestimmten Postämtern in den größeren Städten abgeschickt werden.

Postlagernde Sendungen nach Marokko müssen mit dem Vermerk ›poste restante‹und mit der Angabe des Postamtes (Name der Stadt und der Hinweis ›poste centrale‹) versehen sein. Sie können gegen Vorlage eines Reisepasses und Zahlung einer kleinen Gebühr abgeholt werden. Manchmal werden Sendungen nicht unter dem Nachnamen des Empfängers eingeordnet, sondern unter seinem Vornamen oder gar unter der Anrede. Lassen Sie den Postbeamten also auch dort nachsehen!

Briefmarken sind außer in den Postämtern auch in größeren Tabak- und Schreibwarenläden und in großen Hotels erhältlich.

Briefkästen, die es in genügender Zahl gibt, sind gelb und tragen die Aufschrift ›Postes‹. Da manche von ihnen aber nur selten oder gar nicht geleert werden, sollten Sie Ihre Sendungen sicherheitshalber bei einem Postamt einwerfen. Besser noch, Sie geben sie auf und lassen sie vor Ihren Augen abstempeln.

In den Postämtern werden auch *Ferngespräche* vermittelt.

Radio und Fernsehen

Die *Deutsche Welle Köln* kann in Marokko zwischen 10 und 22 Uhr auf Kurzwelle 19,25 und 29 m empfangen werden. Eines der drei *marokkanischen Radioprogramme* sendet in französischer, spanischer und englischer Sprache. Im Norden des Landes können die Sender von *Gibraltar* (englischsprachig!) und *Spanien* empfangen werden.

Das marokkanische *Fernsehen* sendet täglich etwa zwei bis drei Stunden lang in französischer Sprache. Gelegentlich gibt es auch Nachrichten in Englisch. Spielfilme sind meist französisch synchronisiert oder mit französischen Untertiteln versehen.

Schlangen und Skorpione

Unter den Schlangen, die vor allem im Süden Marokkos recht häufig vorkommen, gibt es auch einige giftige Arten (u. a. Puffottern und Sandvipern). Eine übertriebene Furcht ist jedoch unangebracht, da Schlangen im allgemeinen vor Menschen flüchten. Tagsüber verbergen sie sich vor der großen Hitze, abends verlassen sie ihre Verstecke.

Beachten Sie folgende *Vorsichtsmaßregeln:* Tragen Sie außerhalb von Ortschaften festes Schuhwerk! Greifen Sie nicht in Felsritzen oder unter größere Steine! Sollte der seltene Fall eintreten, daß jemand von einer Schlange gebissen wird, sollten Sie folgendermaßen reagieren: Binden Sie die Wunde zum Herzen hin ab (nicht zu fest, die Binde etwa alle zwanzig Minuten für ein bis zwei Minuten lockern, gebissene Stelle stets nach unten halten)! Desinfizieren Sie die Wunde vorsichtig (Einschnitte mit dem Messer und Ausbrennen bringen mehr Gefahr als Nutzen)! Gehen Sie sofort zum Arzt bzw. bringen Sie den Gebissenen dorthin! Beschreiben Sie dem Arzt die Schlange genau (bzw. nehmen Sie diese mit, falls es Ihnen gelingen sollte, sie zu töten), damit das richtige Serum gewählt werden kann! Auch bei harmlosen Schlangenbissen empfiehlt sich – falls nicht schon ein entsprechender Schutz besteht – eine Tetanusimpfung (Wundstarrkrampfgefahr!).

Skorpione sind vor allem in der Wüste häufig. Sie verstecken sich gerne in Schuhen oder Schlafsäcken. Ihre Bisse sind oft sehr schmerzhaft, in der Regel aber ungefährlich. Gebissene Kinder sollten sofort zum Arzt gebracht werden, ansonsten ist ein Arztbesuch nur dann dringend geboten, wenn es zu Atemnot und einem Anschwellen der Lymphdrüsen kommt oder sich Schocksymptome einstellen. Wie bei einem Schlangenbiß sollte aber in jedem Falle eine Tetanusimpfung vorgenommen werden.

Schuhputzer

In allen größeren Städten bieten Schuhputzer – meist Kinder – ihre Dienste an; sie sollten mit etwa 3–4 DH entlohnt werden.

Souks

Der arabische Begriff Souk entspricht dem persischen *Basar* und ist die Bezeichnung für *Markt.*

Auf dem Lande ist ein Souk der Handelsplatz eines Stammes oder einer Stammesfraktion. Ländliche Produkte werden hier untereinander und gegen städtische Waren getauscht. Daneben dient der Souk auch als politisches und soziales Zentrum eines Stammes: Hier werden Neuigkeiten weitergegeben, Kontakte geknüpft und vielfältige Unterhaltungen geboten. Ländliche Souks finden meist einmal, manchmal zweimal wöchentlich statt. Viele Marktorte tragen Namen, die Region oder Stamm und den Wochentag angeben: Souk el Arba du Rharb etwa ist der Mittwochsmarkt im Gebiet des Rharb!

Früher waren die meisten ländlichen Souks nicht mit festen Siedlungen verbunden; an den Markttagen wurden an bestimmten Plätzen Zelte und Verkaufsstände aufgebaut. Diese Plätze waren in der Regel so verteilt, daß jeder innerhalb eines Tagesrittes einen Souk erreichen konnte. In der Kolonialzeit erweiterte sich der Einzugsbereich der einzelnen Märkte durch bessere Straßen und öffentliche Verkehrsmittel erheblich; ihre Zahl nahm deshalb stark ab. Erst in dieser Zeit entstanden um die Soukplätze feste Siedlungen, die meisten der ländlichen Marktorte besitzen deshalb ein modernes Ortsbild. In abgelegenen Gebieten – besonders in den Gebirgen – gibt es aber bis heute Souks, die nur an Markttagen zum Leben erwachen. Sie sind in der Michelin-Karte (vgl. S. 319) verzeichnet.

Die *städtischen Souks* trugen stets einen anderen Charakter: Die große Bevölkerungszahl erforderte hier ständigen Handel und feste Dienstleistungsangebote. So entstanden in den Städten dauerhafte Souks, die an allen Tagen der Woche geöffnet sind. Neben ländlichen Produkten werden hier vor allem die Erzeugnisse des vielfältigen Handwerks ausgetauscht; die einzelnen Marktstraßen sind dabei nach den verschiedenen Gewerben aufgeteilt. Während auf dem Lande die Hersteller ihre Waren meistens selbst verkaufen, sind die städtischen Souks in der Hand professioneller Händler. Besonders in den alten Handelszentren dominieren dabei die Großhändler: Sie kaufen Waren auf und lagern sie in den Fondouks. Dort werden sie an Kleinhändler weiterverkauft, die sie in ihren zahlreichen Läden anbieten. Besonders herausragend war die Rolle des Großhandels stets in Fès; die führenden Handelsfamilien dieser Stadt stellen bis heute einen wesentlichen Teil der politischen und wirtschaftlichen Elite Marokkos.

Der Anteil des Großhandels nimmt heute weiter zu, der steigende Import ausländischer Waren verschiebt den Schwerpunkt des Handels in die modernen Küstenstädte, moderne Geschäfte in den Neustädten drängen die Bedeutung der Souks zurück, in den Souks beanspruchen Souvenir- und Massenartikelläden immer mehr Raum. In den alten Handelsstädten haben die Souks aber – zumindest abseits der Hauptgassen – noch vieles von ihrem traditionellen Charakter bewahren können.

Die wichtigsten Souks

Die größten und sehenswertesten städtischen Souks sind die von Fès und Marrakech; daneben die von Meknes, Tetouan, Rabat/Salé, Tanger, Tiznit und Taroudannt.

Die wichtigsten ländlichen Wochenmärkte sind

... in Nordwestmarokko:

sonntags	Souk el Had, Ouled Jelloul, Had Kamouni
montags	Souk Tnine de Kenitra
dienstags	Khemisset, Souk Tleta
mittwochs	Souk el Arba du Rharb, Tiflet
donnerstags	Souk Khemis Rmila
freitags	Djemaa Mograne, Djemaa Lalla Mimouna
samstags	Souk Sebt de Kenitra

... im Rifgebirge:

dienstags	Tleta Ketama
donnerstags	Chechaouen
samstags	Targuist

... im Mittleren Atlas:

sonntags	Midelt
donnerstags	Azrou

... in Marrakech und Umgebung:

dienstags	Sidi l'Aid
donnerstags	Marrakech

... in Anti-Atlas, Sous und Sahara:

samstags	Kamelmarkt von Goulimine

dienstags	Inezgane
mittwochs	Tafraoute
donnerstags	Tiznit
freitags	Tiznit, Taroudannt, Bou Izakarn

... in Dra, Dades und Tafilalet:

sonntags	Tazenakht, Ouarzazate, Ksar es Souk, Rissani, Erfoud
montags	Skoura, Taliouine, Mhamid, Tinerhir
dienstags	Ksar es Souk, Rissani
mittwochs	Zagora, Boulemane, El Kelaa des Mgouna
donnerstags	Agdz, Askaoun, Tagounite, Ksar es Souk, Rissani, Skoura

Bei vielen kleineren ländlichen Souks kann der Markttag aus dem Ortsnamen entnommen werden: Das hinter Souk folgende Wort gibt den Wochentag an (vgl. Wochentage im arabischen Sprachführer, S. 358).

Steinewerfer

Auf dem Lande werfen Kinder gelegentlich Steine gegen vorbeifahrende Wagen. Sie sollten darin keinen Fremdenhaß sehen. Das Ganze ist eher ein gefährliches Spiel, gegen das Sie kaum etwas unternehmen können. Sollten Sie als Fußgänger mit Steinen beworfen werden – was sehr selten geschieht –, wirken entrüstetes Schimpfen, eine Drohgebärde oder eine angedeutete Verfolgung.

Strom

110–115 Volt Wechselstrom, in großen Hotels meist 220 Volt.

Telephonieren

Öffentliche Fersprechzellen finden sich vereinzelt in den Großstädten. Sie werden mit 50 Centime-Stücken bedient. Telephone gibt es außerdem in allen Postämtern, den größeren Hotels und in manchen Cafés (durch ein Schild an der Tür, das ein Telephon zeigt, gekennzeichnet). Fern- und Auslandsgespräche werden von den Postämtern vermittelt. Mit längeren Wartezeiten für Gespräche nach Europa ist zu rechnen (erfahrungsgemäß geht es abends am schnellsten). Größere Hotels melden in der Regel solche Gespräche für Sie beim Postamt an, auch wenn Sie kein Gast sind. Sie können dann in der Rezeption warten. Allerdings wird dafür eine Gebühr erhoben.

Ein Gespräch nach der Bundesrepublik Deutschland, Österreich oder der Schweiz kostet etwa 10 DM für die ersten drei Minuten und ca. 4 DM für jede der folgenden (Hotels verlangen bis zu 40 % mehr!).

Toiletten

Außer in größeren Hotels und teureren Restaurants, wo es Sitztoiletten gibt, sind in Marokko Steh- bzw. Hocktoiletten üblich. Toilettenpapier werden Sie nur selten vorfinden, da sich die Marokkaner in der Regel mit Wasser (ein Wasserhahn befindet sich in den meisten Toiletten) und den Fingern der linken Hand reinigen. Wenn Sie sich mit dieser Art der Säuberung nicht anfreunden können, sollten Sie stets einen Vorrat an Toilettenpapier mit sich führen. Nur wenige Toiletten entsprechen den mitteleuropäischen Vorstellungen von Hygiene.

Trink- und Bedienungsgelder

In einfachen *Cafés* und *Restaurants* sind Trinkgelder nicht üblich, in teuren gibt man in der Regel etwa 10 % des Rechnungsbetrages. Bei *Taxifahrten* sollten Sie den auf dem Taxameter angegebenen Betrag aufrunden. Wurde der Fahrpreis vorher ausgehandelt, ist kein Trinkgeld erforderlich. *Gepäckträger* (auch die, die Gepäckstücke auf die Dächer der Busse laden) erhalten ca. 2 DH. *Sonstige Dienstleistungen* wie die von Park- oder Museumswächter werden mit 1–2 DH entlohnt. Personen, die Dienstleistungen nicht selbst anbieten, sondern von Ihnen um Hilfe oder eine Auskunft gebeten werden, erwarten kein Trinkgeld.

Als freundschaftliche Geste wird das Anbieten von Zigaretten aufgefaßt. Es ist deshalb empfehlenswert, stets Zigaretten mitzuführen – auch für Nichtraucher!

Verhalten im Alltag

Die traditionelle marokkanische Gastfreundschaft wird zwar in den Touristenzentren zunehmend von einem ausgeprägten Geschäftssinn verdrängt, noch immer sind aber die meisten Marokkaner Fremden gegenüber äußerst zuvorkommend. Die Aufdringlichkeit vieler Händler und Fremdenführer in den Touristenzentren wirkt zwar lästig, sollte Sie aber nicht zu der falschen Annahme verleiten, diese kleine Minderheit sei repräsentativ für alle Marokkaner. Bedenken Sie, daß diese Aufdringlichkeit aus der wirtschaftlichen Kluft zwischen reichen Touristen und armen Einheimischen resultiert und wappnen Sie sich mit Geduld und Verständnis!

Für Ihr eigenes Verhalten sind die wichtigsten Grundregeln Toleranz gegenüber den einheimischen Sitten und Höflichkeit. Greifen Sie niemals die Religion an! Respektieren Sie auch Traditionen und Verbote, die Ihnen unverständlich erscheinen! Marokkaner haben ein stark ausgeprägtes Ehrgefühl, wirken Sie deshalb nie beleidigend oder überheblich! Üben Sie Zurückhaltung bei Gesprächen über Politik – besonders in bezug auf den König und den Konflikt um die Westsahara! Trinken Sie keinen Alkohol in der Öffentlichkeit (ausgenommen dort, wo er ausgeschenkt wird)! Beachten Sie, daß alte Leute stets besonders respektvoll behandelt werden! Bleiben Sie immer freundlich!

Als *Mann* sollten Sie nie eine Frau ansprechen oder anstarren, besonders dann nicht, wenn sie verschleiert ist!

Als *Frau* sollten Sie sich in der Öffentlichkeit äußerst zurückhaltend benehmen! Tragen Sie keine für marokkanische Moralbegriffe aufreizende Kleidung (vgl. S. 318)! Werden Sie belästigt, sollten Sie sich allerdings entschieden zur Wehr setzen: Lautes Schimpfen wirkt hier in der Regel Wunder. Seien Sie in dieser Beziehung keinesfalls ängstlich, Sie werden in der Öffentlichkeit stets Unterstützung finden!

Während des Fastenmonats *Ramadan* (vgl. S. 366) sollten Sie tagsüber nicht öffentlich essen oder trinken! Verständlicherweise sind die Fastenden in dieser Zeit recht reizbar.

Für den Umgang mit Behörden benötigen Sie außerordentliche Geduld und viel Hartnäckigkeit. Sie können hier nur etwas erreichen, wenn Sie unverändert freundlich bleiben.

Marokkaner sind in der Regel deutschfreundlich. Ursache dafür ist, daß Deutschland früher Feind der verhaßten Kolonialmacht Frankreich war. Seien Sie deswegen nicht überrascht und halten Sie Unkenntnis über die Verbrechen des Nationalsozialismus zugute, wenn Ihnen Hitler als ›großer deutscher Politiker‹ präsentiert wird!

Die Bezeichnung ›Hippie‹ gilt in Marokko als negativ (außer bei einem Teil der Jugendlichen). Bedenken Sie, daß allzu saloppe oder gar schmutzige Kleidung sowie lange Haare bei Männern oft ausreichen, um in diese Kategorie eingeordnet zu werden, manchmal sogar schon das Reisen mit Rucksack.

Wasserverkäufer

In vielen Städten werden Ihnen die auffällig bunt gekleideten Wasserverkäufer begegnen. Früher waren sie unentbehrlich für die öffentliche Wasserversorgung und genossen deshalb großes Ansehen. Heute fristen viele ihre Existenz nur noch als Photomodell für die Touristen. Die meisten Wasserverkäufer werden Sie entsprechend auffordern, gegen ein Trinkgeld eine Aufnahme von ihnen zu machen.

Zeitungen

In Marokko erscheinen verschiedene Tageszeitungen in französischer Sprache: Le Matin du Sahara, Maroc Soir, Al Maghrib (alle regierungsnah), L'Opinion (Istiqlal-Partei), Libération (der sozialistischen USFP nahestehend) u. a. Sehr häufig sind auch die wichtigsten französischen Tageszeitungen und Wochenmagazine erhältlich, in den meisten größeren Städten zusätzlich auch englische Blätter. *Deutschsprachige Zeitungen* gibt es nur in einigen Großstädten und den Hauptbadeorten. In Tanger, Casablanca und Agadir treffen sie manchmal schon am Abend des Erscheinungstages ein, sonst meist mit ein oder zwei Tagen Verspätung. Zeitungen werden an Zeitungsständen und in Schreibwarengeschäften in den Hauptstraßen der Neustädte verkauft.

Deutschsprachige Bücher werden Sie nur sehr selten finden, englische und französische dagegen sehr oft. Die Goethe-Institute (vgl. S. 370) unterhalten aber Bibliotheken, in denen Sie deutschsprachige Literatur finden.

Zeitunterschied

Marokko gehört zur Zone der Greenwich Mean Time (GMT), die Mitteleuropäischer Zeit (MEZ) minus einer Stunde entspricht. Sie müssen die Uhr also eine Stunde zurückstellen, wenn Sie nach Marokko kommen. Auch Marokko kennt eine Sommerzeit, beginnt aber später mit dieser (erst im Juni) und beendet sie später; zeitweise gibt es deshalb Zeitdifferenzen bis zu zwei Stunden (im Frühjahr) bzw. Zeitgleichheit (im Herbst).

Zigaretten

Zigaretten werden in allen Kiosken und Läden mit einem entsprechenden Schild (früher Zigarette auf blauem Grund, neuerdings drei zusammenhängende Ringe in weißem Kreis auf blauem Grund) und von vielen Straßenhändlern verkauft. Die beliebtesten einheimischen Marken sind Casa Sports (rot ohne Filter, Bleue mit Filter, ähneln den Gauloises) sowie die Filterzigaretten Olympic (rot = heller, blau = dunkler Tabak), Riad, Dakhia und Best (leichter). Sie kosten nur wenige Dirham. Häufig werden auch französische, andere europäische und amerikanische Zigaretten zu etwas höheren Preisen, die allerdings immer noch unter den bundesdeutschen liegen, verkauft.

Zollbestimmungen für die Rückreise

Die Ausfuhr von Artikeln des persönlichen Bedarfs und von Souvenirs und Geschenkartikeln ist in unbegrenzter Höhe möglich. Beachten Sie aber die europäischen Zollbestimmungen: Für die zollfreie Einfuhr von Souvenirs liegt die Wertgrenze in der Bundesrepublik Deutschland bei 100 DM, in Österreich bei 650 Ö. S. und in der Schweiz bei 200 Franken. Zollfrei sind außerdem 200 Zigaretten, 1 Liter Spirituosen und 2 Liter Wein, 250 g Kaffee und 100 g Tee. Für Teppiche wird ein Zoll in Höhe von ca. 25 % des Einkaufspreises erhoben (Rechnung aufbewahren).

Stellen Sie sich darauf ein, daß die marokkanischen Grenzkontrollen bei der Ausreise sehr gründlich sind; ebenso die bei der Einreise nach Spanien!

Weiterreise von Marokko

Nach Algerien und ins östliche Nordafrika

Der Grenzübertritt von Marokko nach Algerien ist zur Zeit problematisch, je nach den politischen Verhältnissen vielleicht sogar unmöglich: 1979 waren sämtliche Grenzübergänge geschlossen, der Flugverkehr eingestellt und die diplomatischen Beziehungen abgebrochen. Seit Ende 1980 können die Grenzen zwar wieder überschritten werden, und seit Anfang 1983 zeichnet sich auch eine vorsichtige Entspannung zwischen beiden Staaten ab, die u. a. in der offiziellen Aufhebung aller Reisebeschränkungen resultierte. Dennoch ist es in den letzten Jahren immer wieder vorgekommen, daß die marokkanischen Behörden aus Europa kommenden Reisenden die Einreise verweigerte, wenn deren Paß ein gültiges algerisches Visum enthielt. Wollen Sie nach Algerien weiterreisen (bzw. von Algerien einreisen, was im allgemeinen weniger problematisch ist), erkundigen Sie sich deshalb unbedingt vorher beim marokkanischen Fremdenverkehrsamt (vgl. S. 315) nach der aktuellen Lage!

Algerisches Visum: Am besten bereits vor Reiseantritt besorgen! Beachten Sie aber, daß Ihnen die Einreise nach Marokko u. U. verweigert werden kann, wenn Sie ein algerisches Visum im Paß haben. Sie können dieses Problem durch die Verwendung eines zweiten Reisepasses umgehen (vgl. S. 315), die marokkanischen Behörden können Ihnen aber dennoch Schwierigkeiten machen, wenn Sie Marokko mit dem Ziel Algerien verlassen wollen.

In Marokko ist das Visum normalerweise bei der algerischen Botschaft in Rabat oder bei den Konsulaten in Casablanca und Oujda erhältlich, die aber wegen des Abbruchs der diplomatischen Beziehungen gegenwärtig alle geschlossen sind. Eine algerische Vertretung wird allerdings weiterhin im Gebäude der Botschaft der Vereinigten Arabischen Emirate in Rabat unterhalten. Hier können abgelaufene algerische Visa (mit denen eine Einreise nach Marokko in der Regel möglich ist) verlängert werden. Die Ausstellung neuer Visa hängt von der jeweiligen politischen Lage ab. Algerien verlangt einen Pflichtumtausch von ca. 600 DM pro Person unabhängig von der Aufenthaltsdauer!

Grenzübergangsstellen (von Nord nach Süd): *Saidia-Marsa Ben Mehidi, Ahfir-Bab el Assa, Oujda- Maghnia, Ain Benimathar-El Aricha* (wird häufig geschlossen), *Figuig-Beni Ounif* (wird häufig geschlossen), *Ain Ech Chair-Colomb Béchar* (wird häufig geschlossen), *Foum el Hassane-Tindouf* (bereits seit mehreren Jahren geschlossen).

Verkehrsmittel: *Busse* verkehren häufig zwischen Oujda und Maghnia/Tlemcen und am Übergang Ahfir. Direktzugverbindung von Casablanca nach Tunis über Fès, Oujda, Tlemcen und Algier seit Jahren eingestellt.

Flugverbindungen ab Casablanca-Mohammed V. mit Air Algerie und Royal Air Maroc (RAM) nach Oran und Algier. RAM und Tunis Air fliegen nach Tunis (3× wöchentlich, RAM darüber hinaus nach Tripolis (1 × wöchentlich) und nach Kairo (4 × wöchentlich).

Beachten Sie, daß alle Verkehrsverbindungen zwischen Marokko und Algerien je nach politischer Lage eingestellt werden können.

Nach Süden

Auf dem Landweg sind Reisen nach Süden derzeit nur mit Ausnahmegenehmigung (vgl. S. 290) möglich, und auch das nur bis Boujdour (Westsahara). Die Piste nach Mauretanien ist weiterhin für jeglichen Touristenverkehr gesperrt.

Flugverbindungen

... in die Westsahara: Täglich von Casablanca/Agadir nach El Aioun (Laayoune), von dort weiter nach Tan-Tan (2 × wöchentlich), Smara (3 × wöchentlich) und Dakhla (3 × wöchentlich). Linie: Royal Air Maroc/ Royal Air Inter.

... nach Westafrika: Von Casablanca-Mohammed V. nach Abidjan (1 × wöchentlich), Bamako (1 × wöchentlich, über Agadir), Conakry (1 × wöchentlich), Dakar (4 × wöchentlich), Freetown (1 × wöchentlich), Nouakchott (3 × wöchentlich). Linien: Royal Air Maroc und UTA/Air Afrique.

Nach den Kanarischen Inseln

Flüge nach Las Palmas ab Casablanca (3 × wöchentlich), Agadir (1 × wöchentlich) und El Aioun (3 × wöchentlich). Linie: Royal Air Maroc/Royal Air Inter. Außerdem verschiedene Fährverbindungen ab Cadiz (Spanien).

Rückreise nach Europa

Fähren: Vgl. Anreise (S. 325) und die Praktischen Hinweise zu den Ortsbeschreibungen von Tanger (S. 79), Ceuta (S, 80), Melilla (S. 131) und Casablanca (S. 125).

Zur Vermeidung lästiger Zollkontrollen bei der Einreise in die Heimat empfiehlt sich die Verwendung des Personalausweises (die Stempel im Paß können den Zöllnern verraten, daß man aus dem ›Drogenland‹ Marokko kommt).

Eisenbahn: *Casablanca – Paris:* Tägliche Verbindung ab Casablanca Gare du Port mit Umsteigen auf die Fähre Tanger – Algeciras (vgl. S. 323). Ankunft in Paris Gare d'Austerlitz nach ca. 48 Stunden; Tarif um 250 DM. Von Juni bis September verkehrt ein zusätzlicher Zug.

Algeciras – Genf: Tägliche Verbindung Algeciras – Barcelona (Fahrtzeit 23–35 Stunden!), dort Anschluß nach Genf (Fahrtzeit ca. 11 Stunden).

Bus: Direktbusse der CTM ab Casablanca über Tanger nach Bordeaux/Tours/Paris sowie nach Nîmes/Montpellier/Avignon/ Lyon; dazu Anschlußbusse ab Marrakech und Agadir. Fahrtzeit ab Tanger ca. 2 Tage, Tarife je nach Ziel 220–270 DM.

Flüge: Vgl. Angaben bei Anreise (S. 322) und die Praktischen Hinweise zu den Ortsbeschreibungen von Tanger (S. 79) und Casablanca (S. 125).

Sonstige Ziele

Von Casablanca-Mohammed V. bestehen Flugverbindungen nach Nord- und Südamerika und in den Vorderen Orient.

Bitte senden Sie Korrekturen, Ergänzungen und Verbesserungsvorschläge an:

Dr. Michael Köhler
c. o. DuMont Buchverlag
Mittelstr. 12–14
5000 Köln 1

Literaturhinweise

Allgemeine Landesübersichten/Kultur, Geschichte, Politik

Kronenberg, E.: Z. B. Marokko, Piper 1970: Anschauliche und sensible Einführung in die aktuellen Probleme Marokkos, leider vergriffen (nur antiquarisch oder in Bibliotheken).

Canetti, Elias: Die Stimmen von Marrakesch, Hanser 1967 (Neuausgabe 1984 bei Büchergilde Gutenberg): Verschiedene Kurzgeschichten des Literaturnobelpreisträgers, die die wohl besten Stimmungsbilder von Marokko vermitteln (sehr empfehlenswert als Reiselektüre!).

Merian-Heft Marokko, 1975 (Neuausgabe 1986): Verschiedene sehr informative Artikel vor allem über die aktuellen Probleme des Landes, aber auch über Geschichte und Landschaft, gute Aufnahmen, unbedingt empfehlenswert.

Neumann, Wolfgang: Die Berber-Vielfalt und Einheit einer alten nordafrikanischen Kultur, Du Mont Dokumente, 1983: Detaillierte und einfühlsame Darstellung der berberischen Kultur mit Schwerpunkt Marokko; unbedingt empfehlenswert für alle, die sich intensiver mit berberischer Sozialorganisation, Wirtschaft, Kunst und Religion befassen wollen (enthält auch weiterführende Literaturhinweise).

Abu Nasr, Jamal M.: A History of the Maghrib, Cambridge 1975: Standardwerk über die Geschichte des Maghreb.

Wer sich allgemeiner für die Kultur des Islam interessiert, dem seien die beiden Bände der *Fischer-Weltgeschichte ›Islam‹* und *Grabar, Oleg:* Entstehung der Islamischen Kunst (DuMont Dokumente 1980) empfohlen (in beiden Werken umfangreiche Literaturhinweise). Übersetzungen des *Koran* sind bei Kohlhammer und Reclam erschienen. Daneben finden Sie in Bibliotheken verschiedene Bildbände über Marokko bzw. Nordafrika, eine Reihe von Reiseberichten aus dem letzten bzw. vom Anfang dieses Jahrhunderts (als Einstimmung für eine Reise besonders empfehlenswert) sowie eine große Zahl von Spezialwerken über Einzelaspekte der marokkanischen Kultur.

Über die aktuelle Lage in Nordafrika informieren die auch bei uns erhältlichen Zeitschriften *›Jeune Afrique‹* (in französisch), *›Middle East‹* (in englisch) und *›AfriqueAsie‹* bzw. *›AfricAsia‹* (französische und englische Ausgaben). Artikel zum Westsahara-Konflikt finden sich häufiger auch in den bundesdeutschen Dritte-Welt-Zeitungen wie *›Antiimperialistisches Informationsbulletin‹* (Marburg), *›Pogrom‹* (Gesellschaft für bedrohte Völker, Göttingen) und *›Iz3W‹* (Informationszentrum Dritte Welt, Freiburg).

Der wohl größte lebende Schriftsteller Marokkos ist *Driss Chaibi,* dessen Roman ›Die Zivilisation, Mutter‹ (beschäftigt sich mit der Emanzipation von Marokkanerinnen in den 40er Jahren) 1982 bei Reclam Leipzig erschien.

Reiseführer

Guide Bleu (Blauer Führer), Hachette Paris: ›Klassiker‹ unter den Marokko-Reiseführern, bester Kunstführer mit detaillierten Routenbeschreibungen, sehr zuverlässig, gutes Kartenmaterial. Deutsche Ausgabe von 1966 leider vergriffen (nur noch antiquarisch!) und zudem veraltet, französische (1975) leider sehr teuer.

Helfritz, Hans: Marokko – Berberburgen und Königsstädte des Islam, DuMont Kunst-Reiseführer, 7. Auflage 1985: Als Reisebegleiter weniger geeignet, aber empfehlenswert für Vor- und Nachbereitung (gute Übersicht über prähistorische, römische, berberische und islamische Kunst).

Burckhardt/Pfister: Marokko, Walter-Reiseführer, 1975: Ebenfalls weniger ein Reisebegleiter, aber gute Einführung in Geschichte, Alltag und Sitten des Landes.

Därr, Erika: Marokko vom Rif zum Antiatlas, Reiseführer für Globetrotter, Reihe ›Reise Know-How‹, München 1985. Mäßiger, z. T. schwacher allgemeiner Teil, z. T. aber sehr gute und detaillierte Routenbeschreibungen (besonders für den Süden und die Berggebiete) mit Hinweisen, die sich in keinem anderen Führer finden; für Rucksackreisende weniger geeignet, empfehlenswert für Autofahrer, die in abgelegene Gebiete wollen.

Die übrigen deutschsprachigen Reiseführer enthalten weniger kunsthistorische Angaben als die drei erstgenannten und weniger praktische als der vorliegende oder Därr (das gilt auch für die verschiedenen ›Alternativführer‹!). Hervorzuheben ist lediglich der Nordafrika-Führer des *Mai-Verlages* (sehr gute allgemeine Übersicht über den Maghreb. Für Französischsprechende empfiehlt sich noch der *Guide Vert* von Michelin.

Praktische Ratgeber/Spezialthemen

Detaillierte Hinweise zur Ausrüstung und Wartung von Fahrzeugen bei Fahrten in die Wüste finden sich in *Ursula und Wolfgang Eckert:* Algerische Sahara (DuMont Richtig reisen/Reise-Handbuch, 3. Auflage 1986) sowie in *Klaus und Erika Därr:* Transsahara (Reihe ›Reise Know-How‹). Hervorragende Ratgeber für medizinische Probleme sind *David Werner:* Wo es keinen Arzt gibt (Reihe ›Reise Know-How‹) sowie *Wolf und Gabriele Lieb:* Medizinfibel für Weltreisende (Reihe ›Globetrotter schreiben für Globetrotter‹). Als Sprachführer zu empfehlen: die *Kauderwelsch*-Bände ›Arabisch‹ und ›Französisch für Afrika‹ (vgl. S. 360). Für Bergsteiger ein ›Muß‹: *Thomas Clarmann:* Der Hohe Atlas – Wandern, Klettern und Skibergsteigen in Marokko (C. & M. Hofbauer-Verlag, München 1985). Vor allem (aber nicht nur!) für Frauen, die nach Marokko reisen, zu empfehlen: *Christine Pollok:* Zwischen Kuss & CousCous (Peter Rump-Verlag, Buddestr. 15, Bielefeld). Neben sinnvollen praktischen Tips für alleinreisende Frauen werden hier Hintergrundinformationen über Männer- und Frauenrollen in islamischen Ländern vermittelt.

Register

Vgl. auch Inhaltsverzeichnis des ›Gelben Teils‹ S. 313 f.

Die Berber

Vielfalt und Einheit einer alten nordafrikanischen Kultur
Von Wolfgang Neumann. 223 Seiten mit 30 farbigen und 82 einfarbigen Abbildungen, Register, kartoniert (DuMont Dokumente)

»Das Buch ist eine Muß-Lektüre für jeden Touristen, der in das westliche Nordafrika reist. Denn er erhält hier ein jederzeit wissenschaftlich fundiertes Buch von einem Volk, das sich, von Ausnahmefällen abgesehen, bislang nicht assimilieren ließ und dem nicht nur der Europäer, sondern auch der Araber äußerst suspekt vorkommt.« *Die Presse, Wien*

»Richtig reisen«: Tunesien

Reise-Handbuch
Von Michael Köhler. 406 Seiten mit 47 farbigen und 205 einfarbigen Abbildungen, 37 Karten und Plänen, 58 Seiten praktischen Reisehinweisen, Register

»Wer Tunesien, den kleinsten der Maghrebstaaten, wirklich kennenlernen will, wer also nicht lediglich auf tiefbraune Haut aus ist, die man sich an tausend anderen Orten dieser Welt ebenso gut erwerben kann, für den ist der Band ›Tunesien‹ der ideale Begleiter und Wegbereiter. Auch dieser Band der Reihe ist beeindruckend informativ und anregend (von Kultur bis Kompaß, der bei Wüstenfahrten unerläßlich ist)« *Nürnberger Zeitung*

DuMont Kunst-Reiseführer

- Ägypten und Sinai
- Algerien
- Belgien
- Bulgarien
- Bundesrepublik Deutschland
  - Das Allgäu
  - Das Bergische Land
  - Bodensee und Oberschwaben
  - Bremen und das nördliche Niedersachsen (Herbst '86)
  - Die Eifel
  - Franken
  - Hessen
  - Köln (Herbst '86)
  - Kölns romanische Kirchen
  - Die Mosel
  - München
  - Münster und das Münsterland
  - Zwischen Neckar und Donau
  - Der Niederrhein
  - Oberbayern
  - Oberpfalz, Bayerischer Wald, Niederbayern
  - Ostfriesland
  - Die Pfalz
  - Der Rhein von Mainz bis Köln
  - Das Ruhrgebiet
  - Sauerland
  - Schleswig-Holstein
  - Der Schwarzwald und das Oberrheinland
  - Sylt, Helgoland, Amrum, Föhr
  - Der Westerwald
  - Östliches Westfalen
  - Württemberg-Hohenzollern
- Volksrepublik China (Herbst '86)
- DDR
- Dänemark
- Frankreich
  - Auvergne und Zentralmassiv
  - Die Bretagne
  - Burgund
  - Côte d'Azur
  - Das Elsaß
  - Frankreich für Pferdefreunde
  - Frankreichs gotische Kathedralen
  - Korsika
  - Languedoc-Roussillon
  - Das Tal der Loire
  - Lothringen
  - Die Normandie
  - Paris und die Ile de France
  - Périgord und Atlantikküste
  - Das Poitou
  - Die Provence
  - Drei Jahrtausende Provence
  - Savoyen
  - Südwest-Frankreich
- Griechenland
  - Athen
  - Die griechischen Inseln
  - Alte Kirchen und Klöster Griechenlands
  - Tempel und Stätten der Götter Griechenlands
  - Korfu (Herbst '86)
  - Kreta
  - Rhodos
- Großbritannien
  - Englische Kathedralen
  - Die Kanalinseln und die Insel Wight
  - London (Sommer '86)
  - Schottland
  - Süd-England
  - Wales
- Guatemala
- Das Heilige Land
- Holland
- Indien
  - Ladakh und Zanskar
- Indonesien
  - Bali
- Irland
- Italien
  - Apulien (Herbst '86)
  - Elba
  - Das etruskische Italien
  - Florenz
  - Gardasee, Verona Trentino
  - Ober-Italien
  - Die italienische Riviera
  - Von Pavia nach Rom
  - Das antike Rom
  - Rom – Ein Reisebegleiter (Herbst '86)
  - Rom in 1000 Bildern
  - Sardinien
  - Sizilien
  - Südtirol
  - Toscana
  - Venedig
- Japan
- Der Jemen
- Jordanien
- Jugoslawien
- Karibische Inseln
- Kenya
- Luxemburg
- Malaysia und Singapur (Sommer '86)
- Malta und Gozo
- Marokko
- Mexiko
  - Unbekanntes Mexiko
- Nepal
- Österreich
  - Kärnten und Steiermark
  - Salzburg, Salzkammergut, Oberösterreich
  - Tirol
  - Wien und Umgebung
- Pakistan
- Papua-Neuguinea
- Portugal
  - Madeira (Herbst '86)
- Rumänien
- Die Sahara
- Sahel: Senegal, Mauretanien, Mali, Niger
- Die Schweiz
  - Tessin
  - Das Wallis
- Skandinavien
- Sowjetunion
  - Rußland
  - Sowjetischer Orient
- Spanien
  - Die Kanarischen Inseln
  - Katalonien
  - Mallorca – Menorca
  - Südspanien für Pferdefreunde
  - Zentral-Spanien
- Sudan
- Südamerika
- Südkorea
- Syrien
- Thailand und Burma
- Tunesien
- USA – Der Südwesten

»Richtig reisen«

- Algerische Sahara
- Amsterdam
- Arabische Halbinsel
- Australien
- Bahamas
- Von Bangkok nach Bali
- Berlin
- Budapest
- Cuba
- Elsaß (Herbst '86)
- Finnland
- Florida
- Friaul–Triest–Venetien
- Griechenland
- Griechische Inseln
- Großbritannien
- Hawaii
- Holland
- Hongkong
- Ibiza/Formentera
- Irland
- Istanbul
- Jamaica
- Kairo
- Kalifornien
- Kanada/Alaska
- West-Kanada und Alaska
- Kopenhagen
- Kreta
- London
- Los Angeles
- Madagaskar
- Malediven
- Marokko
- Mauritius
- Mexiko und Zentralamerika
- Moskau
- München
- Nepal
- Neu-England
- Neuseeland (Herbst '86)
- New Mexico
- New Orleans
- New York
- Nord-Indien
- Norwegen
- Paris
- Paris für Feinschmecker
- Peking/Shanghai
- Philippinen
- Rom
- San Francisco
- Die Schweiz und ihre Städte
- Seychellen
- Sri Lanka
- Südamerika 1, 2, 3
- Süd-Indien
- Texas
- Thailand
- Toscana
- Toscana und Latium
- Tunesien
- Venedig
- Wallis
- Wien
- Zypern